Vorlesebuch Religion 2

Vorlesebuch Religion 2

Für Kinder von 5–12 Jahren

Herausgegeben von Dietrich Steinwede und Sabine Ruprecht

Verlag Ernst Kaufmann, Lahr
Verlag Vandenhoeck & Ruprecht, Göttingen
Patmos-Verlag, Düsseldorf
Theologischer Verlag, Zürich

Theologische Beratung: Klaus Deßecker

Die Reihe besteht aus:
Vorlesebuch Religion 1
Vorlesebuch Religion 2
Vorlesebuch Religion 3
Arbeitshinweise – Registerband 1–3

CIP-Kurztitelaufnahme der Deutschen Bibliothek

Vorlesebuch Religion / hrsg. von Dietrich Steinwede
u. Sabine Ruprecht. – Lahr: Kaufmann;
Göttingen: Vandenhoeck und Ruprecht;
Düsseldorf: Patmos-Verlag;
Zürich : Theologischer Verlag
Früher in d. Verl. Kaufmann, Lahr,
Vandenhoeck u. Ruprecht, Göttingen,
Benziger, Zürich, Köln u. Theol. Verl., Zürich.

NE: Steinwede, Dietrich [Hrsg.]

2.–121.–126. Tsd. – 1987
ISBN 3-7806-0221-0 (Kaufmann);
ISBN 3-525-61174-1 (Vandenhoeck u. Ruprecht);
ISBN 3-491-80016-1 (Patmos-Verl.);
ISBN 3-290-11331-0 (Theol. Verl.).

121.–126. Tausend 1987

Hergestellt bei Hubert & Co., Göttingen

ISBN 3-7806-0221-0 (Kaufmann)
ISBN 3-491-80016-1 (Patmos)
ISBN 3-525-61174-9 (Vandenhoeck & Ruprecht)
ISBN 3-290-11331-0 (TVZ)

Vorwort

Band 2 des Vorlesebuches Religion erweitert und ergänzt das Programm des 1. Bandes. Themen werden variiert, differenziert, als andere Spiegelungen gleicher menschlicher Grundprobleme wiederaufgenommen, neue Themen, vor allem solche, die sich in Korrespondenz zu den großen christlichen Festen verstehen lassen, treten hinzu. Die Texte — es handelt sich um wesentlich mehr Originalbeiträge als in Band 1 — spiegeln die Welt des Konkreten in ihrer Vielfalt und Realitätsdichte. Sie haben Anstoßcharakter. Sie eröffnen Welt. Sie machen Erfahrungen nicht nur bewußt, sie stiften Erfahrung. Sie befreien zu aufrichtigem Antworten, zu Lebensaktivität und Lebensmut. Sie sensibilisieren für Menschlichkeit, für Innerlichkeit. Sie bereiten vor auf die Welt von morgen.

Sprachlich durchschaubar, von den Motiven her überzeugend, richten sie sich gegen alles, was in ethischem oder sozialem Sinne Manipulation heißt. In Realitätsnähe und Offenheit setzen sie Normen eines humanen Zusammenlebens, die über den Alltag hinaus auf „letzte Anliegen" (P. Tillich) des Menschen verweisen.

Kinder werden angehalten, zu denken, zu vergleichen, zu urteilen. Der intensive, unmittelbare, plastische Sprachstil der Texte (im Ton hier und da aggressiver als in Band 1) schafft ihnen Voraussetzungen für emotional-intuitive Erkenntnisse. Eltern und Religionslehrer, auch Lehrende in Vorklasse, Kindergarten und Kindergottesdienst, erhalten Material für eine sozial-politisch-religiöse Erziehung, die Ruhe und Raum zum Verstehen, zum Helfen und Heilen zu schaffen vermag.

Vieles ist anders als in Band 1:

1. Gegenüber einer Aufgliederung nach Altersstufen *dort* ist *hier* einer *thematischen* Anordnung der Vorzug gegeben worden. Das macht das sachliche Angebot überschaubarer, bringt aber, da viele Texte mehrere Themenaspekte enthalten, mancherlei Zuordnungsschwierigkeiten mit sich.

2. Der größer gewordene Anteil von Gedichten und Kurztexten (auch Kinderaussagen) soll deutlich machen, daß neben dem Vorlesen und dem reagierenden, interpretierenden Nachgespräch auch die sprach-

liche Detailarbeit am überschaubaren Text für das eigene Betrachten, Bedenken und Urteilen der Kinder wichtig ist. In der Schule können diese Kurztexte auch einer sprachlich dichten Zusammenfassung von Arbeitsergebnissen in Tafelanschrift, Arbeitsblatt und Hefteintrag dienen.

3. Im Registerteil ist eine stärkere theologische Profilierung versucht worden. Sie findet ihren Ausdruck in einer sorgfältiger reflektierten, sparsameren Zuordnung von biblischen Kontexten und Kontextgruppen weniger zu Einzelgeschichten als zu den übergreifenden Themen.

4. Mit seiner Dokumentation von Unterrichtsversuchen trägt der Anhangsteil auch zur didaktischen Profilierung bei. Insbesondere zum Weihnachtskreis finden sich dort mancherlei Hinweise, wie man in ganz unterschiedlichen Gesprächen, auch im Rollenspiel oder anderen Arbeitsformen, mit den Texten umgehen kann. Damit wird Band 2 noch stärker zu einem Arbeitsbuch für den schulischen Unterricht, für den Religionsunterricht, den sozialkundlich-politischen Unterricht, den Deutschunterricht.

Insgesamt steht ‚Religion' hier nicht für religiöse Gefühlsamkeit, wohl aber für emotional-affektive Betroffenheit und Hingabe, vor allem jedoch für kritisches Beobachten und Hinterfragen von Daseinserfahrungen, für die Erfahrung von Freiheit und Bindung, für alles, was zum intensiven Nachdenken auffordert, was aufregend-wichtig ist.

Göttingen
Bonn/Bad Godesberg, Mai 1973

Sabine Ruprecht
Dietrich Steinwede

Ein Freund

Ein Freund ist jemand,
der dich gern hat.
Es kann ein Junge sein.
Es kann ein Mädchen sein.
Oder eine Katze.
Oder ein Hund.

Manchmal erkennst du deine Freunde nicht,
auch wenn sie bei dir sind die ganze Zeit.
Du gehst an ihnen vorbei
und siehst nicht, wie gern sie dich haben
auf ihre Art.
Und wenn du dann denkst,
du hast keine Freunde,
dann mußt du innehalten
und dich besinnen . . .

Freunde mußt du eben manchmal suchen!

Manche haben viele, viele Freunde.
Manche haben ein paar Freunde.
Aber jeder,
jeder in der ganzen weiten Welt
hat bestimmt einen Freund!

Hast du deinen gefunden?

Joan Walsh Anglund, gekürzt

Einen Freund wie meinen

Einen Freund wie meinen
muß man haben.
Ich hab' ihn schon im Kindergarten
gekannt.
Er ist 9 Jahre alt
und friert immerfort.
Er trägt zwei Pullover

mit langen Ärmeln,
aber er ist sehr stark.
Er war der erste,
der im Kindergarten mit mir spielte.
Er hat langes, schwarzes Haar
und ist sehr groß.
Er wird immer mein Freund sein.

Roberto, 9 Jahre, Italien

Ich möchte einen Freund

Ich möchte einen Freund,
der treu ist.
Der sich nicht groß macht
und laute Reden schwingt.
Auch nicht einen,
der immer zuerst an sich selbst denkt.
Ich möchte einen Freund,
der mich wirklich gern hat
und dem ich meine Geheimnisse
anvertrauen kann.
Mein Freund kann auch ein Mädchen sein,
aber kein launisches!
Ich muß mich auf sie verlassen können.
Sie darf mich nie verraten.

Carol, 10 Jahre, England

Niki fährt Schlitten

Der Winter hatte dicke Schneewolken über die Stadt geschickt. Morgens standen die Autos als weißverschneite Hügel am Straßenrand, und der Hausmeister schimpfte, weil er mit dem Schaufeln nicht fertig wurde. Niki aber freute sich, denn gleich nach dem Mittagessen wollte er zum Rodeln in den Stadtpark gehen. Er hatte einen neuen Schlitten bekommen. Und Bernd aus dem ersten Stock hatte ihn gefragt, ob sie zusammen rodeln wollten. Der große, starke, schnelle Bernd, der am

lautesten von allen redete und Niki sonst nur über die Schulter ansah. Niki konnte sein Glück kaum fassen.
„Na fertig, Kleiner?“ sagte Bernd, als sie sich im Hausflur trafen. „Nun gib mal Gas!“
„Wo ist denn dein Schlitten?“ erkundigte sich Niki.
„Brauch ich nicht“, erklärte Bernd. „Du hast ja einen.“
Er schubste Niki zur Begrüßung erst einmal die Treppe hinunter, und kaum hatten sie die Haustür hinter sich zugemacht, sprang er auf den Schlitten. Dort saß er, blickte lässig nach rechts und nach links und ließ sich ziehen. Nicht einmal das machte Niki etwas aus. Wenn nur der große Bernd mit ihm zum Rodeln ging.
„Nehmt mich mit!“ rief Tim von gegenüber. „Mein Schlitten ist kaputt. Nehmt mich mit!“
„Verdufte !“ sagte Bernd von oben herab. Und Niki wiederholte: „Verdufte!“
Denn Tim war noch kleiner als er, und er wollte mit Bernd rodeln.
Heute wird's Klasse, dachte er. Aber das war leider daneben gedacht. Es wurde gar nicht Klasse. Im Gegenteil.
Bernd, der keinen Schlitten hatte, griff sich am Rodelberg mir nichts dir nichts den von Niki und sauste los.
„Ich will mitfahren!“ rief Niki. „Der Schlitten gehört mir!“
Bernd kümmerte sich nicht um sein Geschrei, und als er ihn schließlich mitnahm, fuhr er so wild, daß Niki noch lauter schrie.
„Hör auf!“ schrie er. „Laß mich 'runter! Aufhören!“
Da schubste ihn Bernd in einen Schneehaufen.
„Du bist mir zu blöd“, sagte er und lief zu Heiner aus dem Nachbarhaus, der gerade mit seinem Schlitten ankam.
Niki klopfte sich traurig den Schnee ab. Dieser gemeine Kerl, dachte er und wollte nach Hause gehen.
Doch plötzlich stand Tim neben ihm, Tim von gegenüber, zu dem er vorhin so hochnäsig „verdufte“ gesagt hatte.
„Rodelst du mal mit mir, Niki?“ fragte Tim. „Mein Schlitten ist doch kaputt.“
„Von mir aus“, sagte Niki. Große Lust hatte er nicht. So ein Kleiner, dachte er. Mit dem macht es keinen Spaß. Aber das war schon wieder danebengedacht. Es machte sogar großen Spaß. Tim war nicht mutiger

und nicht ängstlicher als Niki, deshalb paßten sie zusammen auf einen Schlitten. Sie sausten den Berg hinunter, sie schrien und johlten und lachten, und wenn sie hinfielen, klopfte einer den anderen ab.
„Toll ist das, Niki", sagte Tim. „Gehen wir morgen wieder zum Rodeln?"
„Klar", sagte Niki. „Jeden Tag von mir aus."
An den großen Bernd dachte er nicht mehr.

Irina Korschunow

Der Freund

Ein Jahr lang waren wir Freunde: Hans-Peter und ich. Als er das erstemal in unsere Klasse kam, gefiel er mir gleich. Seine großen Ohren, die vielen Sommersprossen, wie er so lachte, das fand ich lustig. Neben mir war gerade ein Platz frei. Ich freute mich, daß er sich neben mich setzte.
Wir merkten es bald: Er war faul. Seine Hose zog Hochwasser, immer trug er das gleiche Hemd, seine Hefte waren schmuddlig. Aber da war er schon mein Freund, und ich ließ ihn morgens abschreiben, wenn er keine Schularbeiten gemacht hatte.
Seine Mutter machte im Altersheim sauber. Sie hatten auch zwei Zimmer dort. Groß waren die nicht, aber richtig gemütlich. Einmal fragte ich ihn: „Wo ist denn dein Vater?"
Er sagte bloß: „Ooch, ich weiß nicht. Der ist jetzt fort. Irgendwo."
Jeden Nachmittag ging ich zu Hans-Peter. Manchmal half ich ihm bei der Arbeit: Papierkörbe ausleeren, den langen Flur bohnern oder die Straße fegen. Dann war er schneller fertig, und wir konnten spielen. Wir durften für die alten Leute auch Kuchen vom Bäcker holen. Eine Frau, die ganz nach vorn gebückt ging, gab uns immer eine Mark und fünfzig für Käsetorte. Das Stück kostete aber nur eine Mark und zwanzig. Dreißig Pfennig konnten wir behalten. Dafür kauften wir eine Makrone, die teilten wir uns.
Den ganzen Nachmittag strolchten wir im Gelände herum. Wir spielten Fußball und Verstecken. Manchmal fuhren wir mit den Rädern ins Wolfenholz. Dort gab es dicke Buchen, die waren mit Schlingpflanzen

bewachsen. Die Stiele wurden fest und dick wie Seile. Wir hangelten uns hoch und schwangen hin und her. Ich war Tarzan und Hans-Peter war der Affe.

Es war schön mit Hans-Peter. Wir stritten uns nie. Die anderen Jungen in der Klasse trauten sich nicht, ihn zu ärgern. Weil er doch mein Freund war.

Nur mit den Schularbeiten wurde es immer ärger. Ich sagte beim Nachhausekommen: „Los, mach jetzt was!" Aber er lachte und ging zu den alten Leuten ins Fernsehzimmer.

Eines Tages wollte ich ihn abholen wie immer. Ich klopfte und jemand sagte: „Ja?" — Als ich reinkam, saß ein Mann am Tisch, Hans-Peter daneben. Hans-Peter hatte einen roten Kopf und guckte mich nicht an. Der Mann sagte, ich solle wieder verschwinden, Hans-Peter müsse Schularbeiten machen, und mit dem Rumstrolchen, das sei jetzt vorbei.

Ich setzte mich draußen auf eine Bank. „Er wird schon kommen", dachte ich. Da kam die alte Frau mit dem krummen Rücken geschlurft und setzte sich neben mich.

„Ja, ja", fing sie an zu reden, „jetzt ist er also wieder da. Wenn das nur gut geht! Zwei Jahre hat er gesessen. Zu dritt können sie wohl hier nicht bleiben. Das kann man den alten Leuten nicht zumuten, daß so einer hier wohnt."

Ich dachte: „Was redet die Alte für Zeug?" Aber komisch war mir doch zumute. Sollte ich noch warten oder lieber gehen?

Am anderen Morgen fragte ich Hans-Peter: „War das dein Vater?" Er kriegte einen roten Kopf und nickte nur.

Später hat die Lehrerin gesagt, Hans-Peter würde jetzt fleißig arbeiten, aber es wäre besser, wenn er die Klasse wiederholt. So ist er in eine andere Klasse gekommen.

Ich bin noch ein paarmal zum Altersheim gegangen. Auf der Bank habe ich gewartet. Hans-Peter ist nicht gekommen. Einmal habe ich gesehen, wie der Vater die Büsche verschnitten hat, und Hans-Peter hat die Zweige zusammengefegt. Ich habe gedacht: „Er darf also doch hier wohnen." Und einmal habe ich die beiden zusammen mit den Rädern im Wolfenholz getroffen. Sie haben geredet und gelacht;

ich glaube, sie haben mich gar nicht gesehen. Es hat mich richtig gepackt, daß mich Hans-Peter vergessen hat. Es war schön, als er mein Freund war, ehrlich! Aber dann habe ich gedacht: „Er hat ja jetzt seinen Vater."

Hanna Hanisch

Hannes Strohkopp

Es war einmal ein kleiner Junge, der hieß Hannes Strohkopp. Er war, ehrlich gesagt, der Schlechteste in der ganzen Klasse, hatte fast alles fünf: Turnen, Schönschrift, Rechnen, Malen — außer Gesang. Gesang hatte er vier.
Hannes Strohkopp war auch nicht stark und hatte auch nichts zu verschenken, denn sein Vater war arm. Und weil er niemandem vorsagen konnte — er wußte selber nichts — deswegen hatte er keinen einzigen Freund. Er war immer allein.
Alle in der Klasse waren gemein gegen ihn. Sie bewarfen ihn in der Pause mit großen Kastanien, steckten ihm Juckpulver in den Kragen, klebten ihm Kletten auf den Kopf und schossen aus ihren Blasrohren mit Mehlbeeren auf ihn.
Wenn Lehrer Birkenreisig ihn aufrief: „Strohkopp!!!", dann kam das wie ein Blitz von oben. Als ob ihn ein Stein getroffen hätte.
Einmal fragte Birkenreisig ganz schnell hintereinander: „Fünf und drei und zwei weniger vier mal fünf weniger neun und sechs weniger eins mal null, los beeil Dich, mach schnell, los los los, schon vorbei!"
Und er bekam wieder eine Fünf, denn er wußte es natürlich nicht. Er hätte es auch langsamer nicht gewußt, aber schnell erst recht nicht.
Ein anderes Mal fragte Birkenreisig: „Die linken Nebenflüsse des Nils? — — Strohkopp!!"
Einer zischte von vorne: „Hotzenplotz und Neiße."
„Hotzenplotz und Neiße", sagte Hannes Strohkopp und fing schon an, sich zu freuen, weil es beinahe das erste Mal gewesen wäre, daß er etwas wußte.
Aber das stimmte nicht.

Das war Quatsch, und er bekam zwei gesalzene Ohrfeigen wegen Verhöhnung des Lehrpersonals, eine Eintragung ins Notizbuch und eine Sechs. Die anderen freuten sich und feixten.
Nur wenn Hannes Strohkopp ganz allein durch die Felder streifte, wenn er im Teich Fische und Wasserflöhe fing, wenn er Karnickelspuren verfolgte — dann war alles gut.
Manchmal erlebte er sogar ganz verzauberte Geschichten . . .

Janosch

Uli und ich

Quer durch meine Schrift ging ein Strich, und deswegen bekam ich keine Zwei. Zu Hause haben sie gesagt, ich brauchte es mir nicht gefallen zu lassen. „Ich will nicht mehr neben Uli sitzen", habe ich zu meiner Lehrerin gesagt. „Wo willst du denn sitzen, Petra?" hat sie gefragt. „Neben Peter", habe ich gesagt.
Ich habe meine Sachen vom Tisch genommen und bin einfach gegangen und habe kein Wort zu Uli gesagt. Und Uli hat auch nichts gesagt. Er ist dagestanden und hat geguckt und hat ganz nasse Augen gehabt.
Dann hat Rolf sich zu Uli gesetzt, und ich habe gedacht, wie lange das wohl gut geht. Gleich am nächsten Tag hat Rolf gepetzt, daß Uli mit dem Stuhl wackelt, daß Uli an den Füller stößt, daß Uli das Radiergummi nimmt, daß Uli abguckt. Um jede Kleinigkeit hat Rolf aufgezeigt, und es hat mich ganz nervös gemacht.
Jörg ist wieder da; er war lange krank. Er hat sonst neben Peter gesessen, und es ist selbstverständlich, daß er seinen Platz wieder nimmt. In unserer Klasse sind vierzig Plätze, acht Plätze bleiben immer frei, weil wir nur zweiunddreißig sind. Ich gucke mich um. Ich sehe, der Platz neben Uli ist auch frei; Rolf fehlt. Ich weiß selbst nicht, weshalb ich mich wieder auf meinen alten Platz setze.
Ich will meine Sachen auspacken, da sagt Uli: „Ich finde, man kann nicht einfach wiederkommen, wenn man einmal weggegangen ist."
Ich habe nicht erwartet, daß Uli so was sagt. Ich weiß nicht, was ich tun soll. Ich denke daran, daß er geweint hat, als ich weggegangen bin. Da fragt meine Lehrerin: „Was sagst denn du dazu, Petra?" Ich bringe

kein Wort heraus. Da fragt sie noch mal. Ich sage: „Uli hat recht" – „Ja, und?" fragt die Lehrerin. „Heute bleibe ich hier sitzen. Morgen kann ich mich ja woanders hinsetzen", sage ich.
Keiner hat weiter ein Wort dazu gesagt. Auch nicht am nächsten Tag. Und nicht die andern Tage. Ich weiß nicht, wie lange ich schon wieder neben Uli sitze. Manchmal stößt er mich an, und verschrieben habe ich mich seinetwegen auch. Aber man kann sich auch was gefallen lassen, finde ich. Und so unruhig wie früher ist er gar nicht mehr.

Irmela Wendt

Pit kommt zu einem Hund

eine Stehaufgeschichte für Kilian

Pit hatte eine Zahnlücke und konnte über die Schulmauer spucken, einen Handstand machen und bis 50 unter Wasser bleiben, wenn man sehr schnell zählte. Pit war das, was Erwachsene eine Katastrophe nennen. Sie wagten kaum dorthin zu schauen, wo Pit gerade stand. Eigentlich stand er gar nicht, sondern balancierte auf einem Bein und juckte sich.
„Was hast du nur?" fragten sie.
„Ich habe Ungeduld", erwiderte Pit. Er haßte Antworten und fragte lieber selbst, so daß sein Vater sagte: „Ich bin kein wandelndes Lexikon."
„Was ist ein Lexikon?"
„Wo das drinnen steht, was du nicht weißt."
„Das muß aber ein dickes Buch sein."
Pit war das einzige Kind eines einzigen Vaters und einer einzigen Mutter. Er ging in die zweite Klasse der Volksschule und konnte ein Ei malen, daß jedes Huhn vor Neid erblassen mußte. Schon sehr lange wünschte er sich einen Hund, und zwar einen richtigen mit richtigen Zähnen. Frau Besen, die zwei Stockwerke tiefer wohnte, hatte einen Hund, der Caesar hieß und beinahe ein Pudel war. „Das ist kein Hund, sondern ein Kopfkissen", sagte Pit. Auch sah er Frau Besen sehr ähnlich. Daraufhin nannte Pit sie Tante Caesar. Ob sie auch bellen kann?

„Wie willst du denn einen Hund ernähren?" fragte die Mutter.
„Ach, der frißt sich schon durch."
„Und wenn wir verhungern?"
„Dann geht der Hund für uns auf die Jagd."
Pit bettelte und bettelte. „Wenn ich doch einen Hund hätte, wenn ich doch, wenn ich."
Pit, der tagsüber keine Furcht kannte, zitterte jede Nacht vor Angst. Eine Schar kleiner Männchen hüpfte auf seiner Bettdecke umher, starrte ihn grimmig an und streckte ihm die Zunge heraus. Pit schloß die Augen, aber die Männchen gingen nicht weg.
„Verschwindet!" schrie er, und die Mutter rannte besorgt in sein Zimmer.
„Was fehlt dir?"
„Hier sind kleine Männchen."
„Wo?" fragte die Mutter.
„Die kann nur *ich* sehen."
Die kleinen Männchen kamen jede Nacht. Pit machte kein Auge zu.
„Ich brauche einen Hund. Der frißt sie auf."
Der Vater jedoch hatte einen besseren Einfall. Er hängte das Bild eines dicken Polizisten über das Bett seines Sohnes und sagte: „Wenn sie wiederkommen, wird sie der Polizist verhaften." Aber Pit hängte das Bild wieder ab und warf es in die Mülltonne. Als ihn sein Vater fragte, ob die kleinen Männchen wieder dagewesen wären, erwiderte Pit: „Ja, sie haben den Polizisten verhaftet. Ich muß einen Hund haben."
„Wir haben keinen Platz in der Wohnung."
„Ach, Paps, der Hund kann in meinem Bett schlafen."
„Da kriegst du Flöhe."
„Die schenke ich weiter."
Pit bekam keinen Hund, er sah auch keine kleinen Männchen mehr, aber dafür träumte er von Hunden, die so groß waren, daß, wenn sie bellten, die Schule zusammenstürzte. Aber wie das so ist, man wünscht sich etwas mit aller Macht, und gerade in dem Augenblick, in dem man den Wunsch schon fast vergessen hat, geht er in Erfüllung. Genauso erging es Pit. Eines Mittags, als die Uhren zwölf schlugen, traf Pit auf der Straße einen herrenlosen Hund, bei dem er nicht sicher war, ob der Kopf vorne oder hinten saß. Es war ein langhaariger Hund, größer als

ein Dackel und kleiner als ein Pudel. Pit pfiff auf den Fingern, und der Hund hob den Kopf, überraschenderweise dort, wo Pit den Schwanz vermutet hatte.

„He!" schrie Pit, aber er hätte wissen müssen, daß Hunde nicht reden können. Der Hund hob für einen Augenblick die haarigen Ohren und bellte. Es war die schönste Stimme, die Pit je bei einem Hund gehört hatte. Er ging vorsichtig auf das Tier zu und streckte seine Hand aus. Sofort begann der Hund mit dem Schwanz zu wedeln — oder war es der Kopf? Pit wußte immer noch nicht, wo der Kopf und wo der Schwanz saß. Erst als der Hund nach seiner Hand schnappte, wußte er Bescheid. „Du Feigling!" schrie er, meinte aber sich selbst.

Als er mit zitternden Knien weiterging, sah er über seine Schulter hinweg, wie ihm der Hund folgte: Wenn er stehenblieb, blieb auch der Hund stehen. Das Schauspiel wiederholte sich, bis sie vor die Haustür gekommen waren.

„He!" sagte Pit, und der Hund bellte nicht mehr. Er trottete hinter Pit die Treppe hoch und schnupperte an den Stufen.

„Wo hast du den Hund her?" fragte die Mutter.

„Wir sind uns auf der Straße begegnet", antwortete ihr Sohn und streichelte den Hund, der es ruhig geschehen ließ.

„Der geht ja rückwärts", rief die Mutter verwundert aus.

„Nein, der tarnt nur seinen Kopf."

„Wie heißt er denn?"

„Struwwelpaul "

„Warum nicht Struwwelpeter?"

„Den gibt's schon."

Der Vater war höchst erstaunt, als er nach Hause kam und auf seinem Sessel ein neues Kissen fand, das sogar beißen konnte.

„Das ist Struwwelpaul", erklärte Pit und spreizte die Beine.

„Und wer ist das?"

„Das ist mein Hund." Der Vater ließ sich nur schwer bewegen, Struwwelpaul wenigstens für eine Nacht dazubehalten. Nicht länger.

„Wenn irgend etwas passiert, trägst du die Schuld", sagte er, und noch in derselben Nacht geschah sehr viel. Struwwelpaul sollte auf einer Matte im Gang schlafen. Er dachte aber nicht daran und jaulte, bis ihn

der Vater ins Bad sperrte. Dort sprang Struwwelpaul in die Badewanne und kam nicht mehr heraus. Ein wütendes Gekläff schallte durch die Wohnung. Der Vater stürzte mit wehendem Nachthemd herbei und befreite Struwwelpaul aus einem Handtuch, in das er sich verbissen hatte.
„Ich werfe ihn auf die Straße."
Pit schlich aus seinem Zimmer zu der Stätte des Unheils, wo ihn der Hund schwanzwedelnd begrüßte. „Ich nehme ihn in mein Zimmer." Der Vater hatte schon die Wohnungstür geöffnet.
„Er ist doch fremd hier", klagte Pit. Der Vater schimpfte noch eine Weile, dann ließ er seinem Sohn den Willen. Struwwelpaul folgte Pit mit hängenden Ohren. Wer jedoch glaubt, damit wäre alles gut gewesen, irrt sich sehr, denn kaum waren die beiden im Zimmer, sang Struwwelpaul ein Schlaflied, daß selbst Caesar aufgeweckt wurde — und das wollte was heißen. Pit hatte einmal gehört, daß der Mond die Hunde zum Gesang verleite — und er zog den Vorhang noch fester zu, aber Struwwelpaul mußte den Mond in den Knochen spüren, er bellte aus Leibeskräften. Pit wollte ihm die Schnauze zuhalten, ergriff jedoch in der Hast den Schwanz, und das Bellen wurde noch lauter. Die Mutter riß die Tür auf und sah, wie sich ihr Sohn mit dem Hund auf dem Boden wälzte.
„Ich glaube, er ist ein Mondanbeter", sagte Pit atemlos und stand auf. Struwwelpaul kroch unters Bett und knurrte. Auch diesmal setzte sich Pit mit Erfolg für seinen Freund ein. „Jetzt ist er muckshundestill. Hörst du, er schläft schon."
Was aber wie ein Schnarchen klang, waren Geräusche, die Struwwelpaul beim Zerreißen der Schuhe machte, die Pit jeden Abend unters Bett stellte. Für sie kam jede Hilfe zu spät. Pit knipste das Licht aus und hoffte, daß sich Struwwelpaul in der Dunkelheit beruhigen würde. Er sprang ins Bett und lauschte. Ein Knurren, Reißen und Kratzen ertönte. Wieder sprang Pit auf. Diesmal waren es seine Hose und sein Hemd, die in Fetzen herumlagen. Struwwelpaul hockte auf allen vieren da und schaute Pit aus halb verdeckten Augen an. Er schien glücklich zu sein, sehr glücklich.
„Wahrscheinlich hat er noch Hunger", dachte Pit und schlich in die Küche, um ein Stück Brot zu holen. Als er zurückkam, lag Struwwel-

paul im Bett. Sein Fell zitterte behaglich. Pit kroch neben ihn unter die Bettdecke und versuchte seinen Nachbarn aus dem Bett zu stoßen. Struwwelpaul stemmte die Pfoten auf. So konnte das nicht weitergehen, aber es ging so weiter. Pit schlief erschöpft ein, neben ihm rumorte der nach Straße stinkende Struwwelpaul, der erst dann einschlief, als er das Federbett aufgerissen hatte, so daß die Federn im Zimmer herumflogen.

Am nächsten Morgen schloß Pit gleich wieder die Augen, als er das Unheil sah. Struwwelpaul schlief am Fußende und hatte eine Pfote über den Kopf gelegt. Pit schlug die Augen zum zweiten Male auf, aber noch immer hatte er nicht den Mut aufzustehen. Struwwelpaul hatte seinem Namen Ehre gemacht, das ganze Zimmer war zerstruwwelt. Als die Mutter ihren Sohn wecken wollte, schrie sie auf und taumelte zurück.

„Was ist denn hier geschehen?"

„Struwwelpaul hat nach einem Schatz gegraben", stammelte Pit, der sich nicht sehr wohl in seiner Haut fühlte.

„In deiner Hose?" fragte die Mutter.

„Überall."

Der Vater stürmte mit Rasierseife auf der Wange in das Zimmer.

„Ich zähle bis drei, wenn dann der Hund nicht verschwunden ist, geschieht ein Unglück."

Aber Struwwelpaul konnte nicht zählen und gähnte. Er hatte ein weißgefiedertes Fell, jedoch machte der Vater nicht viel Federlesens und jagte ihn auf die Straße.

Pit mußte in seinem Sonntagsstaat in die Schule gehen. Als er wieder nach Hause kam, saß Struwwelpaul vor der Tür und wedelte mit dem Schwanz.

„He!" schrie Pit entgeistert. „Wenn ich dich mit hochnehme, geht es uns schlecht." Struwwelpaul verstand die menschliche Sprache immer noch nicht und schlich sich hinter seinem Freund die Treppe hoch. Er wich Pit nicht mehr von der Seite.

„Da siehst du, er ist mein Freund."

„Aber so viele Hemden und Hosen haben wir gar nicht, um ihn satt zu füttern", sagte die Mutter.

Mit der Zeit gewöhnte sich Struwwelpaul auch an Hundekuchen und Knochen. Schließlich ging sogar Vater mit ihm spazieren. Pit hatte endlich einen Hund.
„Ihr müßt beide zum Friseur", sagten die Leute auf der Straße.
„Wir tarnen uns", erwiderte Pit, der Struwwelpaul sehr ähnlich geworden war, und konnte vor Stolz kaum laufen.

Herbert Heckmann

Verreisen

Sibille und Mutter durften zur Oma reisen. Mutter trug den großen Koffer, Sibille ihre Umhängetasche.
„Ich freu mich so! Ich freu mich so!" sang Sibille und hopste an Mutters Hand von einem Bein auf das andere.
Mutter war froh, als sie in der Bahnhofshalle ankamen — nicht nur wegen des schweren Koffers. Auf dem Fahrplan suchte sie den Bahnsteig, von dem der Zug abfahren sollte, dann schob sie Sibille durch die Sperre. Sie stiegen noch eine Treppe hinauf — und endlich waren sie richtig.
„So!" befahl die Mutter. „Hier bleiben wir und warten, bis der Zug einfährt. Du rührst dich nicht von der Stelle, Sibille!"
Überall, neben, hinter und vor Sibille standen Menschen mit Gepäck: Wenige einzeln, oft zwei, manche zu fünf oder sechs beieinander. Immer mehr Leute strömten herbei. Das nahm kein Ende!
„Wollen die alle mit unserem Zug fahren?" fragte Sibille.
„Leider!" antwortete die Mutter. Doch der Lautsprecher übertönte ihre Stimme, und so nickte sie nur.
Sibille verstand bloß: „Bitte von der Bahnsteigkante zurücktreten!"
Dann begann der Boden unter ihren Füßen zu zittern. Fauchend und donnernd rollte der Zug an ihr vorbei. Die Bremsen quietschten; langsam lief er aus — aber immer weiter.
„Unser Zug!" rief Sibille in den Lärm hinein. Sie schaute die Mutter an.

In diesem Augenblick fingen die Reisenden auf dem Bahnsteig an, hinter dem ausrollenden Zug herzulaufen.
Sibille wollte Mutters Hand fassen.
Mutter wurde abgedrängt.
„Mutti! Mutti!" schrie Sibille.
Aber die Menschen rissen das Kind mit sich fort.
Sibille hämmerte mit den Fäusten und trat. Niemand kümmerte sich um das weinende Kind.
Dann stand der Zug.
Alle die hastenden Menschen stürzten sich auf den Zug; sie stauten sich mit ihrem Gepäck vor den Abteiltüren. Sibille blieb allein, mitten auf dem Bahnsteig. Weinend suchte sie nach Mutter. Sie wischte sich die Tränen aus den Augen, um besser sehen zu können. Keine Mutter! Nirgends Mutter!
Da ging der Beamte mit der roten Mütze vorüber; in der Hand hielt er die weiße Scheibe mit dem grünen Rand.
„Herr Eisenbahner!" schluchzte Sibille. „Bitte, bitte, lassen Sie nicht abfahren. Ich habe meine Mutti verloren."
Der Mann mit der roten Mütze beugte sich zu Sibille hinab.
„Wie heißt du denn?"
Aber noch ehe Sibille geanwortet hatte, schallte es aus dem großen Lautsprecher über den ganzen Bahnsteig: „Wo ist die kleine Sibille? Wo ist die kleine Sibille? Sofort zum Aufsichtsbeamten!"
Der Mann mit der roten Mütze führte Sibille zu einem kleinen Häuschen mitten auf dem Bahnsteig. Dort saß ein anderer Eisenbahner vor vielen Fernsprechern. In der Ecke stand mit zerzaustem Haar ...
„Mutti!" rief Sibille.
Der Mann mit der roten Mütze lachte.
„Da haben wir aber noch einmal Glück gehabt!"
Er nahm Mutters Koffer auf.
„Kommen Sie, bitte. Es ist Zeit!"
Und er brachte Mutter mit Sibille an den Zug. Kaum hatte er die Wagentür hinter den beiden geschlossen, als er zweimal pfiff. Dabei zwinkerte er Sibille zu. Dann gab er das Abfahrtszeichen.

Hans Peter Richter

Niki und das Dreimeterbrett

Seitdem Niki schwimmen gelernt hatte, ging er oft mit den anderen Kindern in die Badeanstalt. Sie lag ganz in der Nähe und war das Schönste vom ganzen Sommer. Niki schwamm wie ein Fisch. Er tauchte, schlug Purzelbäume, planschte und prustete. Am liebsten wäre er den ganzen Nachmittag im Wasser geblieben. Nur vor einem fürchtete er sich: Vor dem Sprungturm. Und deshalb bekam er einen gewaltigen Schreck, als der große Bernd sagte: „Los, heute springen wir alle vom Dreimeterbrett."

Niki wollte schnell einen Haken schlagen und verschwinden. Aber Bernd rief: „Du auch, Niki! Oder bist du etwa feige?"

Und weil Niki das nicht zugeben wollte, kletterte er mit klopfendem Herzen die Leiter hinauf, bis er oben stand und tief unten das dunkle Wasser sah.

Nein, dachte er, ich tu's nicht. Ich warte, bis die anderen gesprungen sind, dann klettere ich wieder hinunter.

Doch da sagte der große Bernd: „Niki soll als erster springen, damit wir sehen, daß er keine Angst hat. Los, Niki!"

Er wollte ihn nach vorn aufs Brett schieben, auf das schmale Brett hoch über dem Wasser. Und das war zuviel.

„Ich hab' Angst!" schrie Niki. „Ich will 'runter!"

Er riß sich los und lief zur Leiter. „Feigling!" lachten die anderen hinter ihm her. „Niki ist ein Feigling!"

Darüber ärgerte er sich so sehr, daß er nach Hause ging.

Dort saß der Großvater auf dem Balkon.

„Na, Niki, Spaß gehabt beim Baden?" fragte er.

„Hm", druckste Niki, „hm, ja, nein." Und weil man dem Großvater sowieso nichts vormachen konnte, erzählte er ihm die ganze Geschichte.

Der Großvater hörte zu und nickte.

„Soll ich dir mal etwas verraten, Niki? Das Dreimeterbrett ist gar nicht hoch. Es kommt dir bloß so vor, weil du Angst hast. Und Angst hast du nur, weil du noch nie hinuntergesprungen bist. Paß auf, wir versuchen es einmal zusammen. Ich springe zuerst ..."

„Du?" rief Niki. „Glaub' ich nicht."

„Jawohl, ich", sagte der Großvater. „Ich hab' nämlich keine Angst, weil ich weiß, daß es nicht hoch ist. Also, willst du?"
„Hm", machte Niki mißtrauisch. Aber am Abend, als alle anderen Kinder längst zu Hause waren, ging er mit dem Großvater noch einmal in die Badeanstalt. Zusammen kletterten sie auf das Dreimeterbrett, und nachdem der Großvater gesprungen war, kniff Niki die Augen zu und sprang hinterher. Hilfe! wollte er schreien, aber dann — kaum zu glauben, dann war es gar nicht schlimm. Beim zweiten Mal kam ihm das Brett längst nicht mehr so hoch vor, und nach dem vierten Sprung hatte Niki seine Angst endgültig verloren.
Als der große Bernd am nächsten Tag grinsend sagte: „Spring mal vom Dreimeterbrett, du Feigling!", da kletterte Niki seelenruhig hinauf. Es machte platsch, und bevor Bernd seinen Mund zugeklappt hatte, schwamm Niki schon unten im Wasser.

Irina Korschunow

Der tapfere Heiner

Endlich, endlich hatte Heiner es durchgesetzt, daß er allein zur Schule gehen durfte.
Bisher hatte ihn die Mutti täglich hingebracht; denn Heiner war gerade erst zur Schule gekommen, und die Mutti fand, er wäre noch zu klein, um allein zu gehen.
„Ich zu klein?!" hatte Heiner gerufen. „Na hör mal, Mutti! Ich bin sechs Jahre alt!"
Da hatte die Mutti nachgegeben. Heiner hatte ihr nur fest versprechen müssen, niemals über die Straße zu gehen. Das brauchte er ja auch nicht; denn die Schule war auf der gleichen Straßenseite, auf der Heiner wohnte.
Heiner machte sich also stolz allein auf den Schulweg. Er reckte seine Stupsnase in die Luft und fühlte sich sehr großartig bis — ja, bis zu Wendlands Gartentür. Erst da fiel ihm der große, schwarze Hund ein, vor dem er sich schon immer ein bißchen gefürchtet hatte. Aber als die Mutti dabeigewesen war, hatte ihm ja nichts passieren können.

Der große, schwarze Hund hatte zwar jedesmal mißtrauisch geschaut; aber er hatte kein einziges Wau gebellt — als die Mutti dabei war! Aber wie würde das nun, wenn Heiner ganz allein an ihm vorbeiginge? Heiner stand ein paar Meter von der Wendlandschen Gartentür entfernt, und seine Stupsnase war nicht mehr so hoch in die Luft gereckt. Zu gern wäre er auf die andere Straßenseite gegangen; denn Autos, nicht wahr, Autos beißen ja nicht! Aber die Mutti hatte es streng verboten. Was tun?

Heiner holte tief Luft und rannte los. Nur so schnell wie möglich vorbei! Kaum war er vor der gefährlichen Tür, da stürzte der große, schwarze Hund auch schon mit wütendem Gebell heran. Es klang, als hätte er die größte Lust, den kleinen Heiner noch vor der Schule zum Frühstück zu verspeisen.

Zum Glück war das Tor so hoch, daß der Hund nicht darüberspringen konnte. Als Heiner vorbei war, mußte er stehenbleiben, um Luft zu schnappen. So, fürs erste war die Gefahr vorbei. Aber wie würde das nun heute mittag? Von seinen Klassenkameraden ging keiner hier entlang.

Nun, am Mittag war es leider genauso wie am Morgen: Heiner holte Luft und rannte los, und der große schwarze Hund stürzte ans Gartentor und bellte, knurrte und fletschte die Zähne, daß es ein Grauen war. Und leider, leider, bestand gar keine Hoffnung, daß es morgen früh und morgen mittag anders sein würde!

Nun hätte Heiner ja die Mutti bitten können, daß sie ihn wieder wie vorher täglich zur Schule begleitete. Aber das vertrug sich gar nicht mit Heiners Stolz. Der Vati würde lächeln und die große Schwester würde ihn auslachen.

„Heiner Angsthase!" würden sie sagen.

Er hatte ja auch Angst, und wie! Aber muß das denn jeder wissen, wenn man Angst hat?

Heiner fand: nein. Und so rannte er am nächsten Tag wieder mit Herzklopfen an dem wütend bellenden, gefährlichen, schwarzen Hund vorbei.

Eine Weile ging das nun so, und die Mutti meinte, Heiner sähe in letzter Zeit richtig blaß aus. Sie gab ihm noch ein Frühstücksbrot mehr mit in die Schule; aber das half natürlich auch nichts.

Eines Tages sagte die Mutti:
„Heiner, du könntest eigentlich die kleine Christiane von Körners morgens immer mitnehmen. Sie hat ja den gleichen Weg zu ihrem Kindergarten. Ihre Mutti ist krank, und allein mag Christiane nicht gehen. Sie fürchtet sich so vor Wendlands Hund."
„So, tut sie das?" fragte Heiner nur.
„Ja, sieh mal, die Christiane ist ja auch noch klein und ein Mädchen dazu", meinte die Mutti. „Wenn sie aber mit dir geht, hat sie keine Angst."
„Das will ich hoffen!" sagte Heiner.
Am nächsten Morgen stand die kleine Christiane an der Haustür und wartete auf Heiner.
„Fein, daß du mit mir gehst", sagte sie, während sie ihre kleine Hand in Heiners Hand schob. „Wenn du dabei bist, habe ich keine Angst. Du beschützt mich doch, nicht?"
„Klar", sagte Heiner.
Und dann kam Wendlands Garten in Sicht.
„Du gehst ja auf einmal so langsam, Heiner?" meinte Christiane.
„Unsinn", sagte Heiner und ging ein bißchen schneller.
„Warum hältst du meine Hand so fest?" erkundigte Christiane sich jetzt. „Hast du auch Angst vor Wendlands bissigem Hund?"
„Ich?!" Heiner lachte laut. „Überhaupt nicht, du Dummerchen. Ich habe dich bloß so festgehalten, weil ich dachte, du hättest vielleicht Angst."
Christianes schwarze Kirschenaugen strahlten zu ihm auf.
„Wenn du dabei bist, überhaupt nicht!"
„Das will ich hoffen", sagte Heiner. „Sag mal, du kannst doch rennen, nicht?"
„Rennen? Warum denn, Heiner? Meinst du, wir sollen an dem Hund vorbeirennen?"
„Wieso? Der Hund hat damit gar nichts zu tun. Ich dachte, wir rennen eben ein bißchen."
Christiane verzog den Mund.
„Warum denn? Oh jetzt weiß ich — du hast doch Angst, Heiner!"
„Ach was! Ich dachte nur, du hättest Angst, und da wollte ich dir den Gefallen tun und schnell vorbeirennen — damit du keine Angst hast."

„Das sagst du jetzt bloß so! Du hast doch Angst. Und dann – dann habe ich auch Angst!"
Christiane sah ihn bedenklich an.
„Ich werde dir beweisen, daß ich keine Angst habe!" sagte Heiner. „Faß mich an, und dann gehen wir ganz langsam vorbei!"
Vielleicht würde der große, schwarze Hund doch über das Tor springen und sie alle beide fürchterlich beißen.
Aber das war Heiner nun auch schon egal. Lieber ließ er sich beißen, als daß so ein kleines Mädchen ihn für feige hielt!
„Du brauchst gar nicht zu zittern!" sagte er, als er Christiane fest an der Hand packte und ganz langsam, Schritt für Schritt, an das Gartentor und den gefährlichen Hund heranging.
„Ich?" fragte Christiane. „Ach nein, ich dachte gerade, das wärst du, der so zittert mit der Hand."
„Bei dir piept's wohl?" sagte Heiner und ging mit zusammengebissenen Zähnen weiter.
Gleich – dachte er, gleich.
Aber es passierte gar nichts, überhaupt nichts. Der große, schwarze Hund stand still hinter dem Gitter und betrachtete fast freundlich die beiden Kinder, die da langsam Hand in Hand an ihm vorbeigingen. Und auf einmal begriff Heiner, daß der Hund bisher immer nur gebellt und getobt hatte, weil er, Heiner, so wild vorbeigerannt war!

Katrin Thomas

Der Nachtvogel

Ein Junge hatte immer große Angst, wenn er nachts allein in der Wohnung sein mußte. Seine Eltern gingen oft am Abend fort.
Dann konnte der Junge vor Angst nicht einschlafen. Er hörte etwas rauschen, und das war, als ob jemand im Zimmer atmete.
Er hörte ein Rascheln und ein Knacken, und das war, als ob sich etwas unter seinem Bett bewegte.
Aber viel schlimmer war der Nachtvogel.
Der Junge sah ihn immer ganz still draußen auf der Fensterbank sitzen, und wenn unten ein Auto vorbeifuhr, schlug der Vogel mit den

Flügeln, und der Junge sah den riesigen Schatten von den Flügeln an der Zimmerdecke.

Der Junge erzählte seinen Eltern von der Angst. Aber sie sagten nur: „Stell dich doch nicht an! Du bildest dir das alles nur ein."

Und sie gingen immer wieder am Abend fort, weil sie den Vogel nicht sehen konnten, weil sie das alles nicht glaubten.

Einmal war der Junge wieder allein, und es schellte an der Wohnungstür.

Der Junge wurde steif vor Angst.

Wieder schellte es.

Es schellte und schellte.

Dann war es still, lange Zeit war es still.

Dann kratzte etwas an der Hauswand. Das war der Vogel! Jetzt kletterte er mit seinen Krallen an der Mauer hoch. Jetzt war er an der Fensterbank. Und jetzt schlug er mit seinem Schnabel an die Scheibe! Einmal, zweimal, immer wieder, immer lauter, und gleich würde das Glas zerbrechen, gleich würde der Vogel ins Zimmer springen!

Der Junge packte die Blumenvase vom Tisch neben dem Bett. Er schleuderte sie zum Fenster.

Das Glas zersplitterte. Wind fuhr ins Zimmer, daß der Vorhang hoch an die Wand schlug, und der Vogel war fort.

Auf der Straße unten hörte der Junge seine Eltern rufen.

Er rannte auf den Flur, er fand im Dunkeln sofort den Lichtschalter und den Knopf vom Türöffner. Er riß die Wohnungstür auf und lief den Eltern entgegen.

Er lachte, so froh war er, daß sie da waren. Aber sie schimpften. Ihre schönen Ausgehkleider waren naß vom Blumenwasser.

„Was soll denn das wieder heißen?" fragte der Vater. „Jetzt ist die Scheibe kaputt!"

„Und mein Mantel! Sieh dir das an!" rief die Mutter.

„Der Nachtvogel war am Fenster", sagte der Junge. „Der Nachtvogel hat mit seinem Schnabel ans Fenster gepickt."

„Unsinn!" sagte der Vater. „Wir hatten den Schlüssel vergessen, und du hast das Schellen nicht gehört. Darum haben wir mit einer Stange vom Bauplatz an dein Fenster geklopft."

„Es war der Nachtvogel, wirklich!“ sagte der Junge. „Der Nachtvogel war es!“
Aber die Eltern verstanden das nicht. Sie gingen immer wieder am Abend fort und ließen den Jungen allein.
Er hatte immer noch Angst, er hörte immer noch das Rauschen und Knacken. Aber das war nicht so schlimm.
Denn der Nachtvogel kam nie mehr wieder, den hatte er vertrieben. Er selbst hatte ihn vertrieben, er ganz allein.

Ursula Wölfel

Jeder hat Angst

Es ist Nacht. Ich habe Angst. Ich habe geträumt: Da kommt ein großer Sturm! Ich kann den Wind hören. Ich sehe die weißen Wellen. Sie kommen auf mich zu. Sie sind so hoch wie ein Haus. Ich sitze in einem Boot. Die Wellen sind viel größer. Sie kommen in mein Boot. Der Wind schüttelt mein Boot. Ich kann mich nicht mehr festhalten. Die Wellen sind stärker. Der Wind ist stärker. Ich habe große Angst. Da bin ich aufgewacht. Es ist Nacht.
Ich rufe nach meinem Vater. Er schläft. Ich komme aus meinem Bett. Ich gehe zu ihm hin. Ich wecke meinen Vater auf. Ich erzähle ihm den Traum und daß ich Angst habe.
Er legt seinen Arm um mich. Ich bin ganz nahe bei ihm. Er sagt: „Es ist gut, daß du gekommen bist. Jetzt können wir miteinander sprechen. Du kannst mir alles erzählen. Dann ist die Angst nicht mehr so schlimm.“
Er sagt: „Jeder hat Angst. Nicht nur im Traum. Ich habe auch Angst.“
Ich frage meinen Vater: „Was machst du, wenn du Angst hast?“ Er sagt: „Ich spreche darüber mit einem Freund. Der lacht nicht. Der hat mich gern. Der versteht mich.“
Ich frage meinen Vater: „Ist die Angst dann weg?“ Er sagt: „Nein. Die Angst ist nie ganz weg. Aber sie ist nicht mehr so schlimm. Wer einen Freund hat, der ist gut dran. Der ist nicht allein. Der kann sagen: „Hilf mir, ich habe Angst.“

Ich frage meinen Vater: „Und wer keinen Freund hat? Was macht der?" Er sagt: „Der ist mit seiner Angst allein. Das ist schwer. Der kann mit niemand darüber sprechen. Jeder braucht einen Menschen, der ihn gern mag, der ihn liebhat, der ihm hilft, der mit ihm spricht, der ihm eine Freude macht."
Mein Vater sagt: „Jetzt schlaf wieder ein. Du brauchst keine Angst mehr zu haben."

Markus Hartenstein

Bömmels Traum

Es war sieben, als Bömmel die Treppe herunterkam zum Frühstück. Auf halber Höhe blieb er stehen und gähnte. Dann kratzte er sich am Kopf und ging hinunter. Er brauchte erst um acht in der Schule zu sein. Sie hätten ihn noch eine Viertelstunde länger schlafen lassen sollen. Aber Vater mußte ins Büro. Vater frühstückte gern und lange. Vater wollte, daß Bömmel beim Frühstück dabei war. „Hast du was?" fragte der Vater und legte die Zeitung beiseite. „Nö", sagte Bömmel. „Dann sitz grade", sagte der Vater. „Ich kann das nicht haben, wenn du da so herumhängst."
„Oha", dachte Bömmel, „der hat schlecht geschlafen. Und das ausgerechnet heute." Er machte seinen Rücken steif und rührte in seinem Kakao herum. „Du hast doch was?!" sagte der Vater. „Nun laß ihn doch zufrieden", sagte die Mutter. „Er kriegt heute seine Rechenarbeit zurück." „Also doch", sagte der Vater. „Wußte ich doch, daß da was war. Na, da wollen wir das Beste hoffen, was?"
Bömmel blickte ihn schief an. Er hatte Angst genug vor der Arbeit. Warum fing der Alte jetzt auch noch an? Er fühlte, wie die Wut in ihm hochstieg. Er mußte sich zusammennehmen, daß er nicht anfing zu heulen.
„Nun laß ihn zufrieden", sagte die Mutter. Ihr Blick ging vom Vater zu Bömmel. „Es wird schon klappen, nicht Bömmel?" Sie strich über seinen Arm, als sie das sagte. Bömmel schluckte seinen letzten Bissen Brot hinunter und stand auf. „Also Tschüs", sagte er, „ich muß los". Er zog seinen Anorak an, warf seinen Tornister auf den Rücken und

hatte schon die Hand auf der Türklinke, da hörte er die Mutter sagen: „Du solltest den Jungen nicht immer gleich so anfahren, damit hilfst du ihm doch nicht." „Ach", war die Antwort, „wann will der denn endlich wach werden?" „Endlich wach werden", dachte Bömmel, als er am Zaun entlang ging, „der hat gut reden. Der sollte mal Meier als Rechenlehrer haben", und er schlug mit der Hand nach den grünen Spitzen der Hecke, die sich durch einen weißgestrichenen Holzzaun streckten.
An der Ecke bei Windmöllers kam Tuli angerast. Er sprang gegen den Zaun und bellte wie ein Verrückter. Er tat so, als wolle er den ganzen Zaun umbrechen, nur um an Bömmel heranzukommen. Bömmel blieb stehen. Einen Augenblick lang starrte er schweigend auf den Hund, der sich immer wieder gegen den Zaun warf. Dann raffte er sich zusammen. „Halt's Maul, du alte Töle", sagte er und schoß mit dem Fuß einen Stein gegen den Zaun. Tuli raste, als wäre er übergeschnappt, doch Bömmel drehte sich um und ging . . .
Aber da, wie ein Blitz, traf es ihn. Er hatte sein Heft vergessen. Ausgerechnet das Heft für Meier. Was tun? — Kam er ohne Heft, war Meier sauer; kriegte er den Zug nicht mehr und kam zu spät, war Meier auch sauer.
Auf dem Absatz drehte Bömmel sich um und rannte zurück. „Junge, was ist denn?" rief die Mutter erschrocken, als er an der Tür wieder auftauchte. „Heft vergessen" hechelte Bömmel, war schon in seinem Zimmer, griff das Heft und fegte aus der Tür. Noch drei Minuten. Aber welch einen Weg hatte er noch vor sich: das lange Stück an der Bahn entlang bis zum Aufgang im Tunnel, dann die Treppe hoch und auf den Bahnsteig. Neben ihm lief schon der Zug ein. Bömmel sauste in den Tunnel, wetzte die Treppe hoch und stand vor dem Mann mit der roten Mütze. Der stieß gerade mit vollen Backen die Luft in die Trillerpfeife, hob seine grüne Kelle. Einen Augenblick dachte Bömmel: „Er schlägt mich platt." Aber der gab das Signal zur Abfahrt. „Halt!" schrie er, „zurückbleiben, Bengel!" Doch Bömmel witschte ihm unter dem Arm durch. Er sprang auf's Trittbrett, dann in den Wagen. Die Tür schlug zu. „Mensch", sagte Micha, „hast du aber Schwein gehabt."
Gleich in der ersten Stunde kam Meier mit der Arbeit. Sie saßen noch gar nicht richtig, da fing er schon an: „Ich weiß nicht, was mit euch

los ist, das ist mal wieder miserabel ausgefallen." Und er rief Abed auf. Abed ging nach vorn. Bömmel saß auf seinem Platz in der letzten Bank und brütete. Klarer Fall, die Arbeit war daneben.
Durch die großen Fenster fiel die Sonne herein, aber Bömmel kam es vor, als wären die Scheiben aus Milchglas. Dann war er dran. Meier hatte sein rotes Notizbuch mit den Zensuren wie ein offenes Dreieck auf den Tisch gestellt. Bömmel stand auf und ging zwischen den Bankreihen langsam auf das Notizbuch zu. Und je weiter er ging, um so größer wurde das verdammte Notizbuch. Als er vorne war, war das Notizbuch ein riesiges, rotes, flammendes Plakat geworden. „Fünf", sagte Meier. „Was glaubst du wohl, was passiert, wenn du so weiter machst? Fang endlich an, was zu tun, sonst müssen wir dich auf eine andere Schule bringen."
Dann waren alle Hefte ausgegeben. „Also, Kinder", sagte Meier, „das ist klar, das muß besser werden."
In der Pause verglichen sie die Hefte. „Wieviele Aufgaben hast du richtig?" fragte Micha. „Anderthalb", sagte Bömmel. „Ich auch", sagte Micha. „Und was hast du?" fragte Bömmel. „Ne vier", sagte Micha. „Nanu", sagte Bömmel, „zeig mal dein Heft."
Sie verglichen. Und es waren dieselben Aufgaben. „Mensch, da gehste hin", sagte Franz Brummer, der dazugekommen war, Franz, ein As im Rechnen. „Nö", sagte Bömmel, „mach ich nicht". „Mensch, du bist ja blöd", trompetete Franz. „Nein", sagte Bömmel, „ich weiß nicht. Wenn ich so gut wäre wie du, ja, dann würd' ich es riskieren. Aber so — ich trau mich nicht." Da schellte es und sie hatten Religion.
Herein kam der Pfarrer Niebuhr. Heute trug er einen schwarzen Anzug und ein schwarzes Hemd mit einem runden weißen Kragen. Also hatte er nachher eine Beerdigung. Der Pfarrer Niebuhr hatte einen kleinen Bauch und einen leicht schaukelnden Gang, wie ein Seemann, und ein rundes, freundliches Gesicht.
„Ich erzähl euch heute eine Geschichte und ihr . . . Bömmel!" Bömmel schrak auf, er hatte gedöst. „Ihr werdet mir sagen, was die Geschichte für Kinder bedeutet: Eines Tages wollten einige Leute Kinder zu Jesus bringen."
„Ach", dachte Bömmel, „kenn' ich. Immer derselbe Quark", und er betrachtete die Kritzeleien auf seinem Tisch.

„Er sollte sie segnen, aber die Jünger wollten sie nicht an Jesus heranlassen. Sie dachten: Was sind schon Kinder? Die haben doch gar keine Probleme. Die haben auch noch nichts geleistet. Sie kennen die Gebote nicht, sie halten die religiösen Gesetze nicht. Und so lange sie das nicht können und nicht tun, sind sie gar nichts. Die haben gar kein Recht darauf, gesegnet zu werden."
„Wie bei Meier", dachte Bömmel und zeichnete mit dem Finger einen Elefanten auf der Tischplatte nach.
„Aber Jesus wurde wütend, als er die Jünger reden hörte und . . ."
„Die Geschichte ist doch alt", dachte Bömmel. „Was Vater wohl zu der Fünf sagen wird?" Und die großen hellen Fenster wurden wieder zu Milchglasscheiben.
Plötzlich aber schoß ein schwarzes Ungetüm in das weiße Feld. Niebuhr war an der Fensterseite entlanggegangen: „Warum paßt du nicht auf? Wiederhole, was ich zuletzt gesagt habe!"
Bömmel stand auf. Die verflixte Geschichte. Er kannte sie doch! „Na," sagte Niebuhr. Die Klasse kicherte.
Bömmel fing an: „. . . und da sagte der Herr Jesus . . ." Aber was hatte er denn nun gesagt? Bömmel nahm einen zweiten Anlauf. „. . . und da sagte der Herr Jesus . . ." In diesem Augenblick platzte die Klasse los. Sie lachten und blökten. Und Niebuhr lachte auch, und Bömmel fühlte, wie er ganz klein wurde, und er setzte sich hin.
Als er nach Hause kam, stand die Mutter in der Küche. Durch das Fenster hatte sie ihn die Straße hinauftrödeln sehen. Sie wußte Bescheid: „Na, Bömmel, wie war's?" Schweigend gab Bömmel ihr das Heft. Sie seufzte, als sie die Fünf sah. „Bömmel, Bömmel", sagte sie, „wie soll das weitergehen?" Und Bömmel senkte den Kopf: „Pap muß unterschreiben!"
Nach dem Essen rief die Mutter den Vater an: „Hör zu, er hat die Rechenarbeit vorbeigeschrieben . . . Aber tu mir einen Gefallen, reg dich nicht auf, wenn du nach Hause kommst, und brüll nicht so."
Als der Vater nach Hause kam, spielte Bömmel mit der Eisenbahn. „Na", sagte der Vater, „wie geht's?" „Och", sagte Bömmel „es geht". „Zeig mal dein Heft her", sagte der Vater, „komm wir sehen es uns zusammen nochmal an." „Na", dachte Bömmel, „das scheint ja noch mal gut zu gehen."

Als der Vater dann aber die Fehler sah, da wurde er böse. „Wie kannst du nur so blöde sein? Meine Güte. Hier, sieh dir das an. Das gibt's doch gar nicht, daß du das nicht kannst."
Bömmel fing an, sich um den Tisch herumzudrücken. „Hier kommst du her", sagte der Vater. Er zeigte mit dem Finger unmittelbar vor sich auf den Boden. „Hierher!"
Zaghaft schob sich Bömmel auf den angezeigten Platz. Er kannte diesen Finger. Am liebsten hätte er hineingebissen. Aber dadurch wäre alles nur schlimmer geworden.
„Wie soll das nun weitergehen? Antworte!"
„Ich weiß doch selbst", dachte Bömmel, „daß es so nicht weitergehen kann."
„Was soll denn bloß aus dir werden", sagte der Vater, „keiner wird dich nehmen."
Bömmel merkte wieder, wie er schrumpfte.
„Ich muß auch arbeiten", sagte der Vater. „Jeder muß arbeiten, und du mußt dich auch daran gewöhnen. Wer nichts leistet, kommt zu nichts."
Bömmel hatte den Kopf gesenkt und blickte auf die Schuhe des Vaters. Da, plötzlich bückte sich der Vater, nahm ihn in die Arme und sagte: „Bömmel, Bömmel, die Mutti und ich, wir haben dich doch lieb." Und nach einer Weile: „Geh' jetzt ins Bett! Morgen wird's besser, ja?"
Bömmel ging in sein Zimmer hinauf. Er ließ die Eisenbahn noch einmal laufen, aber es machte ihm keinen Spaß. Das war ein blöder Tag. Er zog sich aus und legte sich ins Bett. Noch einmal sah er Tuli gegen den Baum springen. Noch einmal hörte er seinen Vater sagen: „Bömmel, Bömmel, die Mutti und ich, wir haben dich doch lieb." — Dann schlief er ein und schlief und schlief — und träumte.
Er träumte von einer großen Halle. Ein riesiges Dach wölbte sich über schweren Eisenträgern. Er rief: „Meier!" und langgezogen hallte es zurück: „e-i-e-r!"
An allen Seiten hatte die Halle große, helle Fenster aus Milchglas, und in drei von vier Wänden war eine Tür. Bömmel war die Halle fremd. Und doch hatte er irgendwie das Gefühl, daß er sie kannte. Und mitten in der Halle sah Bömmel sich selber stehen. Und nun ging er auf die erste Tür zu, auf die Tür direkt vor ihm. Da flog sie plötzlich auf, und

herein stürzte ein Mann in einer Uniform mit einer riesigen, roten Mütze, einer Signalkelle, groß wie eine Bratpfanne, und einer Trillerpfeife. Wie angewurzelt blieb Bömmel stehen. Mit vollen Backen pustete der Mann in die Trillerpfeife, — da spürte Bömmel einen Ruck in Armen und Beinen, und da wußte er, daß er ein Stück kleiner geworden war.

Wieder pfiff der Mann kurz und schrill, wieder der Ruck, und wieder war Bömmel kleiner. Noch ein Pfiff! Und noch einmal fühlte Bömmel, wie er schrumpfte. Nun hob der Mann die Signalkelle wie eine Fliegenklatsche und machte einen Schritt auf Bömmel zu. Da kam Leben in Bömmels Beine. Er drehte sich um und wollte auf die zweite Tür zurennen. Die öffnete sich, und ein Mann mit einem roten Buch kam herein. „Bömmel, komm mal her." Der Mann sagte es mit hallender Stimme. Und Bömmel ging auf den Mann zu, den langen Weg durch die große Halle, und Bömmel fühlte, wie er klein und kleiner wurde. Und der Mann bückte sich, und er stellte das rote Buch vor der Tür auf den Boden wie ein offenes Dreieck, und er sagte: „Spring rüber, wenn du raus willst."

Aber Bömmel konnte nicht. Das Buch war höher als eine Tür, und die glitzernden Brillengläser des Mannes über dem Buch waren so groß wie riesige Spiegel.

Bömmel drehte sich um. Er trat den Weg zur dritten Tür an. Er war keine drei Meter mehr von ihr entfernt, da sprang sie auf, und eine Figur kam herein wie ein schwarzer Kegel mit einem rosigen, runden Kopf. Der schwankte, schaukelte, fiel polternd zur Erde und rollte auf Bömmel zu. Doch Bömmel war jetzt so klein, daß er unter dem Hals des Kegels, da wo er am dünnsten war, durchschlüpfen konnte. Und Bömmel rannte, was er konnte, aus der Halle durch die Tür nach Hause. So winzig war er jetzt, daß er unter der Haustür durchschlüpfen konnte. Er sah seine Eltern, hörte, wie sie über ihn redeten und sich um ihn sorgten. Aber sie sahen ihn nicht und sie hörten ihn nicht, und er sah den Schuh seines Vaters wie einen Berg neben sich und schlich in sein Zimmer und ins Bett. Niemals vorher war er so klein und so allein gewesen. Als er sich aber umdrehte — da sitzt da einer. Sitzt ganz still, blickt ihn ruhig an, so als hätte er auf ihn gewartet und sagt: „Bömmel, was ist mit dir?"

„Ich hab' Angst", sagt Bömmel.
„Warum?" fragt der Andere.
Bömmel: „Ich kann nichts."
Der Andere: „Du bist der beste Mann im Tor."
„Ja", sagt Bömmel, „ja, das stimmt. Ich hab' den weitesten Abschlag."
„Auf dich ist Verlaß", sagt der Andere.
Und Bömmel fühlt auf einmal, wie seine Arme und Beine prall werden und sich strecken.
„Aber die Fünf im Rechnen", sagt Bömmel.
„Ja", sagt der Andere.
Bömmel: „Die macht mich kaputt."
Der Andere: „Kannst du nicht rechnen?"
Bömmel: „Doch, eigentlich schon. Aber die Angst! Weißt du, wenn es soweit ist, hab' ich Angst und dann klappt gar nichts mehr."
„Das verstehe ich", sagt der Andere, „aber warum hast du Angst?"
Bömmel: „Weil ich 'ne Niete bin."
Der Andere: „Das verstehe ich nun aber gar nicht. Du hast eine Drei in Deutsch."
„Ja", sagt Bömmel.
„Du kannst mit der Eisenbahn umgehen und Stecker reparieren und hast eine Dampfmaschine gebaut."
„Ja", sagt Bömmel.
„Wieso soll jemand wie du eine Niete sein, selbst wenn er in Rechnen Fünf ist?"
„Keiner mag mich", sagt Bömmel.
„Das stimmt nicht", sagt der Andere. „Deine Mutter mag dich, dein Vater mag dich und ich mag dich auch."
Und wieder fühlt Bömmel, wie er dicker wird. Er hat das Gefühl, er strotzt richtig.
„Aber einer, der nichts leistet, hat hier nichts zu suchen."
„Wer sagt das?"
„Unser Lehrer."
„Aber du bist der Bömmel, also hast du hier genausoviel zu suchen wie alle anderen."

„Wer sagt das?"
„Ich", sagt der Andere.
„Du hast gut reden", sagt Bömmel, „du brauchst auch keine Rechenarbeiten zu schreiben."
Aber er merkt, daß er wieder ein Stück größer geworden ist. Er ist schon fast wieder so groß wie er früher war.
„Ja", sagt der Andere, „das stimmt. Ich brauche keine Rechenarbeiten zu schreiben. Dafür weiß ich etwas anderes."
„Was denn?"
„Wieviel ein Mensch wert ist."
„Vater sagt manchmal, ich tauge gar nichts", sagt Bömmel traurig.
„Das meint er nicht so", sagt der Andere.
„Er sagt, wer nichts leistet, ist auch nichts wert."
„Das stimmt nicht."
„Sagst du!"
„Ja, sage ich! Jeder ist genau so viel wert wie der andere."
„Du meinst es gut", sagt Bömmel, „aber . . ."
„Du bist genau so viel wert wie dein Rechenlehrer", sagt der Andere.
„Das solltest du ihm mal sagen", lacht Bömmel. „Nein, ehrlich, das solltest du ihm mal sagen!" Und Bömmel lacht und lacht, und der Andere lacht mit. Und je mehr sie lachen, um so mehr fühlt Bömmel, wie er wächst. Seine Arme strecken sich und seine Beine. Er wird groß und größer. Und wenn es so weitergeht, wird er bald mit den Füßen unten gegen das Bettgestell stoßen.
Ihr Lachen wird lauter, und Bömmel sieht, wie die Wände zurückweichen und sein Zimmer zu einer großen Halle wird. Und ihr Lachen hallt und dröhnt, und Bömmel sieht wieder die Eisenträger und die Milchglasscheiben und die Betonwände und die Türen. Er sieht die rote Mütze und den Rechenlehrer und den Kegel. Jetzt sind sie vor Schreck ganz bleich, als sie den riesigen Bömmel sehen. Und je größer Bömmel wird, um so kleiner werden sie. Die rote Mütze stößt aufgeregt in die Trillerpfeife, doch Bömmel und der Andere lachen so laut, daß niemand die Pfeife hört. Plötzlich wird der Mann kleiner, bei jedem Pfiff. Die riesige rote Mütze sackt ihm über die Ohren bis auf die Schultern. Er schleppt den Griff seiner Signalkelle wie einen Bal-

ken hinter sich her. Er will aus der Halle herauskommen. Dabei knicken ihm vor Anstrengung die Knie ein. „Guck mal", brüllt Bömmel. „Guck mal! Er hat O-Beine! Das hab ich früher nie gesehen!" Und er schlägt sich lachend auf die Schenkel, daß es knallt.

Erschrocken hat der Rechenlehrer sein rotes Buch vor die Brust gepreßt und ist zwei, drei Schritte zurückgewichen. Jetzt, als er sieht, daß Bömmel ein Riese geworden ist, der fast bis an das Dach der Halle reicht, jetzt hält er sein rotes Notizbuch wie ein Dach über seinen Kopf und rennt zur Tür. Aber bei jedem Schritt, den er tut, schrumpft er, und als er an der Tür angekommen ist, ist er so klein geworden, daß er sie nicht mehr öffnen kann. Er bückt sich wie ein Schwimmer auf dem Startblock vor dem Startschuß, wirft die Arme nach hinten, um Schwung zu holen, reißt sie hoch und springt an die Klinke. „Meier hopp!" schreit Bömmel, dem das einen Bärenspaß macht. Meier aber ist so steif, daß er sich auf den Hintern setzt, als er jetzt wieder auf den Boden kommt.

Drüben hat die rote Mütze die Signalkelle an die Tür gelehnt. Sie versucht, am Griff emporzuklettern, um durch's Schlüsselloch zu entkommen. „Warte, Bürschchen", schreit Bömmel und biegt sich vor Lachen: „Wir sprechen uns noch!" Er kann nicht mehr. Das Lachen hat ihn schlapp gemacht. Bömmel muß sich hinsetzen. Das Dach der Halle wird hell und heller. Erst ist es wie Nebel, dann wie Milchglas, durch das die Sonne scheint, und dann kommt langsam ein Gesicht auf ihn zu. Es ist das Gesicht seiner Mutter. „Bömmel", sagt sie, „du mußt aufstehen. Du mußt doch um acht da sein, nicht wahr?"

Bömmel rieb sich die Augen und sah sich um. Kein Zweifel, dies war sein Zimmer, und da lag seine Schultasche. Langsam wühlte er sich aus dem Bett, stieg in die Hausschuhe und ging ins Bad. Vor dem Spiegel blieb er stehen. Er war genauso groß wie gestern. Die Schule würde sein wie gestern. Alles war wie gestern.

Aber nach der zweiten Stunde wartete ein kleiner Schüler auf Herrn Meier, den Rechenlehrer. „Na, Bömmel, möchtest du was von mir?" „Ja", sagte Bömmel, „sehen Sie sich doch bitte mein Heft noch einmal an. Ich habe nicht mehr Fehler als Micha, und er hat eine Vier!"

Hans May

Ich sagte

Ich sagte, Mama, ist Papa nicht großartig? Er hat einen Frosch für mich gefangen.

Osamu Noguchi, 5 Jahre, Korea

Mein Vater — Dein Vater

Hendrik:
Mein Papa kann Pfeifen schnitzen. Und kleine Mühlen basteln!
Anneke:
Das ist doch nichts Besonderes.
Hendrik:
Er kann Ställe zimmern!
Anneke:
Meiner arbeitet in der Fabrik!
Hendrik:
Aber meiner kann Häuser bauen. — Wenn einer einen Kaninchenstall bauen kann, kann er auch ein Haus bauen!
Anneke:
Mein Vater liest Bücher!
Hendrik:
Mein Vater kann mit einem Löwen kämpfen!
Anneke:
Mein Vater kann Judo!
Hendrik:
Was ist das?
Anneke:
Wenn du dich raufst mit einem, der viel größer ist als du, und dann schleuderst du ihn flupp durch die Luft und in großem Bogen auf die Erde — das ist Judo.
Jetzt muß Hendrik sich wohl etwas Gewaltiges ausdenken. Denn sein Papa soll der erste sein:
Mein Vater kann Züge zusammenstoßen lassen.
Das macht meinem Vater keinen Spaß.
Anneke schneidet eine Fratze dazu.
Jetzt ist Hendrik am Ende. Er gibt auf. Aber Anneke sagt ganz schnell

hintereinander: Und mein Vater kann Feuerwerk machen. Er kann Klavier spielen. Und er läßt sich einen Bart wachsen.
Hendrik seufzt: Ich gehe nach Hause. — Aber eigentlich meint er: Ich gehe zu Mutter.

An Rutgers (bearbeitet)

Rolf macht einen Vorschlag

Der Regen hört nicht auf. Vater geht wieder einmal zum Fenster. Aber er sieht immer das gleiche: Es regnet. Pfützen stehen auf der Straße. Klatsch — klatsch — klatsch fallen die Regentropfen hinein.
„Ich hatte mich so auf den Nachmittag gefreut", sagt Vater zur Mutter, die mit Lotti ins Zimmer gekommen ist, „die ganze Woche habe ich im Büro auf dem Stuhl gehockt; heute wollte ich mich mit euch im Wald einmal richtig auslaufen, aber ausgerechnet am Sonntag muß es den ganzen Tag regnen. Und Montag scheint dann wieder die Sonne. Das kennt man ja!"
„Dann laß uns doch Montag spazierengehen", schlägt Rolf vor, „du bleibst einfach zu Hause, und wir haben dann einen schönen Tag!"
„Aber ich habe doch keinen Urlaub", sagt Vater, „ich kann doch nicht einfach zu Hause bleiben!"
„Laß doch die anderen ohne dich arbeiten", sagt Rolf.
Vater und Mutter lachen. „Schön wär's", sagt Vater, „aber das geht wirklich nicht; was würden sie denn bei der Firma sagen."
„Laß die doch sagen, was sie wollen", meint Rolf. „Bitte, Vati, bleib morgen hier", bettelt nun auch Lotti.
„Kinder, das darf ich nur, wenn ich krank bin", sagt der Vater, „aber dann könnten wir ja keinen Ausflug machen!"
„Warum sagst du der Firma nicht, du hättest keine Lust zur Arbeit?"
„Ihr seid zwei Dummerle", sagt die Mutter, „Vater kann doch nicht einfach von der Arbeit wegbleiben, er muß doch Geld verdienen! Oder wollt ihr nichts mehr essen? Wollt ihr kein Zeug und keine Schuhe mehr haben?"
Daran haben Rolf und Lotti nicht gedacht. Der Vater sieht ihre erstaunten Augen. „Ja, so ist es", sagt er, „ich muß Geld verdienen, ob

ich will oder nicht, sonst kann Mutter nicht einkaufen — und wir haben nichts zu essen! Aber ich arbeite ja nicht allein! Mutter arbeitet auch, den ganzen Tag, für uns alle! Und sie bekommt kein Geld!"

Wilhelm Krick

Ich habe meinen Vater nie gekannt

Ich habe meinen Vater nie gekannt, aber meine Mutter hat mir gesagt, daß ich auch einen Vater habe! Da war ich sehr glücklich.

Mildred, 6 Jahre, Canada

Eine Mutter

Was Kinder aus Nordamerika, aus den USA, über ihre Mutter sagen:

Eine Mutter ist jemand zum Liebhaben und Spielen. Eine Mutter haben, ist wirklich schön!

Debbie, 6 Jahre

Mütter schlecken zwischen den Mahlzeiten, aber uns verbieten sie es! So sind Mütter!

Mary Claire, 7 Jahre

Mutter hat viele Gesichter und viele Hände während eines einzigen Tages! Danke schön!

Jo Anne, 6 Jahre

Wenn ich ein Geheimnis habe, kann ich's meiner Mutter ins Ohr sagen . . .
Oft . . . aber nicht immer!

David, 7 Jahre

Mutter

Ich bin oft allein zu Hause beim Aufgabenmachen, weil meine Mutter auswärts arbeitet. Dann bin ich einsam und wollte, sie säße bei mir. Ich bin sehr traurig, wenn meine Mutter nicht da ist, und ich vermisse

ihre Zärtlichkeit, denn ich sehe sie so selten während des Tages. Wenn sie kocht und im Haus arbeitet, bin ich froh, weil sie in meiner Nähe ist, aber wenn sie wieder weggeht, möchte ich weinen. Der schönste Tag ist der Sonntag, weil meine Eltern da zu Haus sind.
Ich kann den ganzen Tag mit ihnen sein, und die Liebe meiner Mutter macht mich glücklich.

Laura, 8 Jahre, Italien

Schöne Buchstaben

„Setz dich, Stefan, und schreib schön! Als ich sieben war", sagt Stefans Mutter, „schrieb ich jeden Tag eine Seite voll Buchstaben, einen Buchstaben schöner als den anderen. Zur Belohnung durfte ich zum Kaufmann gehen und für den Lehrer Zigaretten holen."
Stefan schreibt Buchstaben, einen schlechter als den anderen, eine ganze Seite voll.
„Was soll das heißen?" fragt Stefans Mutter.
„Das sind *meine* Buchstaben. Und ich hole auch keine Zigaretten."

Irmela Wendt

Das neue Spiel

An einem Sonntag, als die Familie am Frühstückstisch sitzt und Krischan an seinem Marmeladenbrot kaut und kaut, sagt sein Vater: „Ich weiß ein neues Spiel. Heute will ich mich einmal genauso benehmen wie Krischan."
Krischan ist von dem Einfall begeistert und ruft: „O ja, Vati, fang mal gleich damit an!"
Der Vater nickt, und Krischan beobachtet ihn gespannt. Was wird er jetzt wohl tun?
Der Vater nimmt sein Marmeladenbrot in die Hand, macht einen großen Happ, stippst dabei die Nase in die Marmelade, und nun kaut er. Er kaut und kaut, ganz langsam. Fast eine halbe Stunde lang ißt er an einer Schnitte.

„Beeil dich!" sagt Krischan. „Du wolltest doch nachher mit mir spielen."
Der Vater kaut an seinem letzten Bissen ruhig weiter. Als er endlich fertig ist, sagt die Mutter zu ihm: „Eine Scheibe Brot ist aber zu wenig, iß noch eine zweite!"
Der Vater schiebt die Unterlippe vor und antwortet: „Ich mag nicht!" — „Aber ich meine es doch nur gut!" ruft die Mutter.
Der Vater stampft mit dem Fuß auf und ruft: „Ich mag aber nicht!"
Jetzt wird es selbst dem kleinen Krischan zu dumm. „Wirst du wohl gehorchen?" sagt er streng, als sei er heute Vater.
Da zieht der Vater sein Gesicht zusammen und tut, als heule er: „Huhuhuuu, wenn ich doch nicht mehr mag!"
Es dauert noch eine Weile, bis sie den Vater dazu bringen, eine zweite Brotscheibe zu nehmen. Und als sie ihn endlich so weit haben, bohrt er verdrießlich mit dem Messer in der Butter herum, löffelt das halbe Marmeladenglas leer, so daß ein schwabbelnder Musberg auf seiner Brotscheibe liegt. Dann leckt er zum Überfluß noch das Messer mit der Zunge ab.
„Pfui, pfui, pfui!" ruft Krischan da empört. „So etwas tut man nicht! Nimm uns doch nicht die ganze Marmelade weg!"
Der Vater tut so, als höre er gar nicht hin. Er hebt die Brotscheibe mit dem Musberg auf, und — schwupp, da kleckert es auch schon herunter.
„Das ist ja schrecklich, wenn du so frühstückst!" ruft Krischan. „Erst kaust du stundenlang, so daß Mutter den Tisch nicht abdecken kann. Dann willst du nichts mehr essen und stampfst und heulst. Dann nimmst du uns die ganze Marmelade weg und leckst das Messer ab. Jetzt kleckerst du auch noch! Willst du an dieser Brotscheibe vielleicht auch wieder eine Stunde lang herumkauen?" Krischan ist wütend auf seinen Vater.
„Gewiß doch", sagt der Vater, „und paß mal auf! Gleich werde ich auch noch das Milchglas umstoßen. Nase und Hände werde ich hinterher auch nicht abwaschen. Ich spiele doch Krischan! Hast du das vergessen?"
Krischan hält sich beide Ohren zu. „Das hält ja kein Mensch aus", stöhnt er.

Da lacht die Mutter laut, und auch Vater muß lachen. „Doch!" rufen sie. „Wir müssen das fast jeden Tag aushalten, und zwar mit dir!"
Eine Weile ist Krischan verblüfft. Er denkt nach. Und zuletzt muß er sogar selbst lachen, weil Vater so gut gespielt hat.

Eva Rechlin

Wenn

Ich saß am Tisch, saß nur so da, und plötzlich fiel mir etwas ein.
Mir fiel ein, wie schön es sein müßte, wenn auf der Welt alles umgekehrt eingerichtet wäre. Also zum Beispiel sollten Kinder die Hauptsache sein, und die Erwachsenen müßten ihnen in allem und allem gehorchen. Überhaupt sollten Kinder wie Erwachsene und Erwachsene wie Kinder sein. Das wäre fabelhaft und sehr, sehr interessant.
Zuerst stellte ich mir vor, wie es Mama wohl gefallen würde, wenn ich herumgehe und sie tun muß, was ich will, ja und Papa auch, dem würde das gefallen! Von Großmama zu reden, lohnt nicht, sie würde sicher tagelang heulen. Ich befehle auf Teufel komm heraus; alle sollen sich im Bösen an mich erinnern! Zum Beispiel wenn Mama am Tisch sitzt, sage ich zu ihr: „Was ist denn das für eine Mode: Essen ohne ein Stück Brot dazu? Das ist ja ganz was Neues! Guck in den Spiegel — schau, wie du aussiehst! Wandelndes Gerippe! Iß jetzt, hab ich gesagt!"
Und mit gesenktem Kopf fängt sie an zu essen. Aber ich lasse nicht locker: „Schneller! Stopf dir nicht die Backentaschen voll! Träumst du wieder? Mußt du immerzu die Welträtsel lösen? Kau ordentlich! Rutsch nicht auf dem Stuhl herum!"
Und dann käme Papa von der Arbeit. Noch ehe er den Mantel ausgezogen hat, schreie ich ihn an: „Aha, da bist du ja! Immer muß man auf dich warten! Wasch dir die Hände. Aber gründlich! Verschmier nicht bloß den Dreck. Wenn *du* das Handtuch benutzt hast, ist es nicht mehr zu brauchen. Bürste dreimal und spar die Seife nicht. Los, zeig die Fingernägel. Das ist ja ein Skandal — keine Nägel, Krallen sind das! Wo ist die Schere? Zuck nicht zurück! Ich schneide dir schon nicht ins Fleisch. Ich schneide ganz vorsichtig. Schnief nicht, du bist kein Mädchen. So, fertig. Jetzt komm zum Essen."

Papa würde sich artig an den Tisch setzen und leise zu Mama sagen: „Nun, wie geht es dir?"
Und sie würde genauso leise antworten: „Danke, gut!"
Aber ich sofort: „Geschwätz bei Tisch? Solange ich esse, sind gefälligst alle stumm und taub! Merkt euch das für euer ganzes Leben. Es ist eine goldene Regel! Papa! Leg sofort die Zeitung weg, du elende Landplage!" Und folgsam würden sie bei mir am Tisch sitzen.
Wenn dann Großmutter kommt, kneife ich die Augen zusammen, schlage die Hände über dem Kopf zusammen und keife: „Papa, Mama! Guckt euch bloß unsere Alte an! Wie sieht sie wieder aus! Die Bluse aufgerissen, der Hut im Nacken! Die Backen feuerrot, der Hals ganz naßgeschwitzt! Großartig, das muß man sagen. Gib's nur zu, du hast wieder Hockey gespielt? Und was ist das für ein scheußlich verdreckter Stock? Wozu bringst du so was nach Hause? Was? Ein Hockeyschläger? Mir aus den Augen — zur Hintertür!"
Nun gehe ich im Zimmer hin und her und sage zu den dreien: „Nach dem Essen setzt ihr euch an die Schulaufgaben, ich gehe ins Kino." Natürlich bitten und betteln sie sofort: „Nimm uns mit! Wir möchten auch ins Kino!"
Aber ich: „Nichts da! Papperlapapp! Gestern wart ihr auf einer Geburtstagsgesellschaft, Sonntag habe ich euch in den Zirkus mitgenommen. Ihr bleibt zu Hause. Da habt ihr 30 Kopeken für Eis, damit Schluß!"
Dann bettelt Großmutter: „Nimm wenigstens mich mit. Jedes Kind kann doch einen Erwachsenen umsonst mit reinnehmen."
Aber ich rede mich heraus: „Dieser Film ist für Leute über siebzig Jahre verboten. Sitz zu Hause, Rumtreiberin!"
Ich gehe an ihnen vorbei, knalle absichtlich laut mit den Absätzen, als merkte ich gar nicht, daß alle nasse Augen haben. Ich ziehe mich an, drehe und wende mich vor dem Spiegel, summe vor mich hin und quäle sie dadurch noch mehr, ich mache die Wohnungstür auf und sage ...
Ich konnte mir nicht mehr ausdenken, was ich sagen wollte, denn meine Mutter, die richtige, lebendige, kam herein und sagte: „Da sitzt du ja immer noch! Iß jetzt. Schau, wie du aussiehst — wandelndes Gerippe."

Viktor Dragunskij

Trotzdem

Wenn die Mama morgens schreit:
Aufstehn, Kinder, höchste Zeit! —
sagt ein richtig braves Kind:
Die spinnt!

Zähneputzen, frische Socken
und zum Frühstück Haferflocken,
Vaters Sprüche: Das macht stark! —
alles Quark!

Wer am Morgen ohne Schimpfen,
Fluchen, Stinken, Naserümpfen
etwa brav zur Schule geht —
der ist blöd.

Lärmen, prügeln, Türen knallen,
allen auf die Nerven fallen,
grunzen, quieken wie ein Schwein —
das ist fein!

Rülpsen, Spucken, Nasebohren,
Nägel kauen, schwarze Ohren,
schlimme Worte jede Masse —
Klasse!

Und wenn Papa abends droht:
Schluß mit Fernsehn, Abendbrot! —
schreit doch jedes Kind im Haus:
Raus!

Trotzdem:
Kinder, schützt eure Eltern!

Hans Adolf Halbey

Ich hab' Zeit

Aber wo geht bloß die Zeit von meinen Eltern immer hin!
Gut, mein Vater geht morgens arbeiten, kommt zum Mittagessen nach Hause, und dann geht er wieder arbeiten. Abends ist er müde. Er guckt

Fernsehen. Oder geht mit Mutter ins Kino oder zu Bekannten. Samstags schläft er lange. Und mittags wäscht er das Auto. Und sonntags schläft er wieder lange, mittags auch. Und guckt Fernsehen. Ich hab' ihn schon lange gebeten, daß er mir meine Uhr repariert. „Ich hab' keine Zeit, gerade jetzt nicht!" sagt er immer wieder. Nie hat er Zeit. Ich trau' mich schon gar nicht mehr, ihn zu fragen. Wenn ich jetzt nur „Uhr" sage, wird er schon ärgerlich.

Na ja, Mutter hat wirklich viel zu tun. Wo ich den Bruder gekriegt hab'. Er ist so winzig. Man muß noch alles für ihn tun. Er kann ja überhaupt nichts selber machen. Aber mit mir geht das den ganzen Tag: „Schscht! Leise! Weck deinen Bruder nicht auf!"

Ewig schickt sie mich raus, spielen. Manchmal hab' ich einfach keine Lust dazu. Manchmal kommt's mir so vor, als schleppte Mutter den ganzen Tag meinen Bruder auf dem Arm. Das stimmt natürlich nicht, er schläft ja noch viel. Aber dann hat sie auch keine Zeit, um mit mir mal wie früher Ball zu spielen oder in den Zoo zu gehen. Dann muß sie bügeln oder putzen. Eben irgendwas.

Ich denke mir oft, wie das wäre, wenn Mutter mich zum Mittagessen ruft, und ich käme nicht. Sie würde noch ein paarmal rufen, dann schrein, und dann käme sie ins Kinderzimmer gerast. Und sie wäre erst wütend, weil ich da bin, aber keine Antwort gegeben habe. Sie würde mich rütteln, und „Sigrid! Sigrid!" rufen. Aber ich würde keine Antwort mehr geben, denn ich wäre tot.

Und Vater käme ins Zimmer gerannt. Und beide würden mich in die Arme nehmen. Abwechselnd würden sie mich an sich drücken, mich streicheln. Sie würden weinen und „arme, kleine Sigrid" sagen.

Und Vater würde seine Arbeit vergessen.

Mutter würde meinen kleinen Bruder vergessen.

Die ganze, ganze Zeit würden sie bei mir sitzen und wären traurig, weil ich nicht mehr da bin. Ich würde ihnen so fehlen.

Wenn ich wirklich tot wäre, würde ich das natürlich alles nicht mehr merken. Aber ich überlege mir manchmal, ob ich mich mal totstellen soll? Wenigstens ein bißchen scheintot? Dann würden sie endlich merken, daß ich, die Sigrid, auch noch da bin.

Susanne Kilian

Was ein Kind gesagt bekommt

Der liebe Gott sieht alles.
Man spart für den Fall des Falles.
Die werden nichts, die nichts taugen.
Schmökern ist schlecht für die Augen.
Kohlentragen stärkt die Glieder.
Die schöne Kinderzeit, die kommt nicht wieder.
Man lacht nicht über ein Gebrechen.
Du sollst Erwachsenen nicht widersprechen.
Man greift nicht zuerst in die Schüssel bei Tisch.
Sonntagsspaziergang macht frisch.
Zum Alter ist man ehrerbötig.
Süßigkeiten sind für den Körper nicht nötig.
Kartoffeln sind gesund.
Ein Kind hält den Mund.

Bertolt Brecht

Zuerst die Kinder

Wenn ich Minister wäre, gäbe es viele neue Gesetze. Besonders für die Familie. Vater oder Mutter, einer von ihnen müßte immer bei den Kindern sein, bis sie selbständig sind. Eltern, die ihre Kinder allein ließen, würden hart bestraft. Nur das Gefängnis wäre schlecht, denn dann brechen sie aus!

Ich würde ein *Kindergericht* machen, da könnten die Kinder hingehen, wenn ihre Eltern sie ungerecht strafen. Kinder sind gerechter als die Erwachsenen, das habe ich schon oft gemerkt. Eltern, die keine Kinder haben, müßten ein Kind adoptieren. Vielleicht aus Vietnam oder Biafra. Oder Tibet. Das würde auch ein Gesetz sein.

Ich wäre ein guter Minister, denn ich würde immer zuerst an die Kinder denken. Und ich würde versuchen, ihnen beizustehen. Die Erwachsenen können sich schon selber helfen.

Aber ich glaube kaum, daß ich Minister werde, ich habe eine schlechte Note in Betragen!

Erwin, 11 Jahre, Deutschland

Hört auf!

Immer sagen die Großen zu uns, wir sollen nicht streiten und recht schön brav sein. Ich liege abends in meinem Bett, und meine Eltern haben Krach und Streit, daß man es durch alle Wände hört. Die Schimpfworte, die sie zueinander sagen — alle, die sie uns verbieten.
Ich möchte am liebsten aus meinem Bett springen und rufen: „Hört auf!" Aber ich kann nicht, ich bin wie gelähmt.
Wie soll man sich da auf der Welt noch auskennen?

Hansjörg, 11 Jahre, Österreich

Nachts

Ich hör die Bäume wispern, die Katze schnurren, die Hunde bellen.
Wie soll ich da schlafen?
Ich hör meinen Dad voll Wut. Er zerreißt ein Blatt in kleine Fetzen, während meine Mutter dasitzt und weint.
Wie soll ich da schlafen?

Susan, 8 Jahre, England

Wie andere Mütter auch

Frau Meinert ging den Weg wieder zurück. Sie hatte die Schulhefte vergessen. Überhaupt war sie vergeßlich geworden. Manchmal glaubte sie, daß die Kinder sie deswegen ein wenig belächelten.
Es war nicht so, daß ihre Schüler sie nicht mochten. Aber natürlich hatten sie lieber junge Lehrer. Frau Meinert hatte lange Jahre nicht in ihrem Beruf gearbeitet. Nun wollte sie es noch einmal versuchen.
Sie wechselte die Einkaufstasche in die andere Hand und bog um die Ecke. Die Schultür stand offen. Die Hausmeisterin putzte eben die Treppe. Als Frau Meinert die Klinke zum Klassenzimmer herunterdrückte, hatte sie das Gefühl, jemand müsse im Raum sein. Dann sah sie in Elkes weit aufgerissene Augen.
„Oh ..." stammelte Elke.

Sie saß in der letzten Bank und machte Schulaufgaben.
„Warum erschrickst du denn so?"
Frau Meinert lächelte. Elke sah blaß aus in der letzten Zeit.
„Ich kann zu Hause nicht 'rein."
„Geht deine Mutter zur Arbeit?"
„Nein", Elke schluckte, „es ist ... Ach, ich weiß auch nicht!"
Und dann begann sie plötzlich zu weinen. Frau Meinert legte ihre Hand auf Elkes Schulter. Sie schwieg. Nach einer Weile hob Elke den Kopf.
„Sie lassen sich scheiden", sagte sie. „Sie haben jetzt keine Zeit für mich."
Dann wischte sie sich mit dem Handrücken die Tränen aus dem Gesicht. Frau Meinert hielt Elke ihr Taschentuch hin.
„So ist das also", sagte sie. „Weißt du", fügte sie hinzu, „ich bin jetzt auch oft allein. Mein Sohn ist nämlich vor ein paar Monaten nach Amerika gegangen. Wie wäre es, wenn du mich manchmal besuchtest? Zum Beispiel jetzt? Ich lade dich zum Mittagessen ein."
„Sie haben einen Sohn?"
Elke blickte sie erstaunt an.
Frau Meinert nickte.
„Er heißt Jürgen und ist genau so blond wie du."
Elke packte ihre Sachen zusammen. Dann gingen sie miteinander fort.
„Ich will nicht, daß sie sich scheiden lassen", sagte Elke.
„Du mußt ihnen jetzt vertrauen", entgegnete Frau Meinert. „Sie bemühen sich, das Richtige zu tun."
„Es ist nicht richtig", behauptete Elke.
„Das können wir nicht entscheiden", sagte Frau Meinert. „Was richtig ist, kann nur jeder für sich selber wissen."
„Aber meine Mutter ist traurig."
„Ja", sagte Frau Meinert. „Weißt du", meinte sie dann, „Freude und Leid wechseln wie Tag und Nacht. Wie Sommer und Winter. Aber wenn Schnee fällt, bedeutet das nicht, daß es niemals wieder grün wird."
In der folgenden Zeit sprachen Frau Meinert und Elke oft miteinander. Und für Elke war nun alles ein wenig leichter. Sie war nicht mehr allein.

Gleichzeitig aber änderte sich, — anfangs fast unmerklich, — die Stimmung in der Klasse. Es schien Elke, als entfernten sich die anderen von ihr. Und war es nicht oft während der Unterrichtsstunden, als liege eine kleine, aufsässige Unruhe in der Luft?
„Gestern hat sie zum zweitenmal vergessen, die Aufgaben nachzusehen", stand auf dem Zettel, den Dorothee an Elke vorbei zu Gisela schob. „Morgen vergißt sie ihren Kopf."
Ringsum wurde gekichert.
„Ihr seid gemein", sagte Elke in der Pause.
„Ach!" rief Dorothee. „Habt ihr Frau Meinerts kleinen Liebling gehört?"
Elke schwieg. Sie nahmen es ihr also übel, daß Frau Meinert sich jetzt manchmal um sie kümmerte. Eigentlich hatte sie noch zu ihr gehen wollen, um ihr ein Buch zurückzubringen. Sie zögerte. Dann drehte sie sich um und ging in der anderen Richtung fort.
Am nächsten Tag brachte Petra die Maus mit.
„Wir lassen sie laufen, wenn sie reinkommt!" rief Dorothee. „Und dann quietsche ich los."
„Hoffentlich fällt sie nicht in Ohnmacht", meinte Petra.
Elke mußte lachen.
„Wegen 'ner Maus? Als Frau Meinerts Sohn noch klein war, hat er immer weiße Mäuße in der Wohnung gehalten."
Die anderen staunten.
„Sie hat einen Sohn?"
„In Amerika", sagte Elke. „Er ist vor ein paar Monaten fortgegangen. Da hat sie angefangen, wieder als Lehrerin zu arbeiten."
„Vielleicht, weil sie sich einsam fühlte", überlegte Gisela.
„Darum hat sie ja jetzt Elke ins Herz geschlossen", meinte Dorothee spitz.
„Ach, das ist bloß, weil ich auch oft allein bin", sagte Elke. Sie zupfte am Ärmel ihres Pullovers herum.
„Meine Mutter arbeitet nämlich neuerdings."
„Ihre Eltern haben sich scheiden lassen", erklärte Monika leise. Sie wohnte in derselben Straße.
„Na ja", Elke wollte gehen.
„Eigentlich ist das ja nett", meinte Petra plötzlich.

„Was?"
„Ich meine, daß sie sich um Elke kümmert, wenn doch alles so ist."
„Sie kommt!" schrie Gisela.
Sie huschten auf ihre Plätze. Es wurde eine ruhige Stunde. Und nach der Schule brachten sie die Maus gemeinsam in den Park und ließen sie laufen.
„Am Sonntag ist Muttertag", fiel es Monika ein, als sie zurückgingen. „Habt ihr schon was?"
Ja, alle hatten daran gedacht.
„Du auch?"
Elke nickte.
„Für meine Mutter habe ich ein Kissen genäht, aber, — ich wollte eigentlich auch Frau Meinert etwas schenken."
„Ist doch Quatsch!" meinten ein paar. „Schließlich ist sie eine Lehrerin!"
„Aber eine Mutter ist sie auch", sagte Gisela. „Genau wie andere Mütter."
Sie entschieden sich für eine karminrote Azalee. Am Sonntagmorgen um zehn klingelten sie bei Frau Meinert.
„Herzlichen Glückwunsch!"
„Ja", Frau Meinert lächelte ein wenig verlegen, „was ist denn los?" Sie wußte nicht, daß Muttertag war. Sie war eben vergeßlich. Aber was machte das schon? Und auch, daß sie einen altmodischen, fast ein wenig lächerlichen Flanellmorgenrock trug, erwähnte nachher niemand.
„Sie hat sich doll gefreut", sagte Petra. „Richtig wie die anderen Mütter auch."

Gina Ruck-Pauquèt

Joschis Garten

„Amsel, Drossel, Fink und Star", sang er, als er die Haustür aufschloß. Auf der Treppe begegnete ihm Frau Brasnik aus dem zweiten Stock. „Junge!" rief sie. „Jetzt erst kommst du nach Hause!"

„Ja", sagte Joschi, „guten Tag", und dann schlug er schnell die Wohnungstür hinter sich zu.
Er warf den Ranzen in sein Zimmer, riß das Küchenfenster auf und beugte sich weit hinaus. Hinter Dächern und Mauern, dort, wo Mörikestraße und Lessingstraße sich kreuzten, wehte ein kleiner grüner Schopf von Zweigen im Himmel. Von der Kirchturmuhr schlug es vier. Er suchte eine Vase für die Blumen und stellte den Strauß ins Wohnzimmer, auf den kleinen Tisch neben dem Klappbett der Mutter.
Am Suppentopf schnupperte er nur und schob ihn wieder zurück in den Kühlschrank. Er aß ein paar Löffel Pudding und stand wieder am Fenster. Schließlich nahm er sein Rechenheft aus dem Ranzen und zeichnete auf die letzte Seite ein Viereck. Mit Buntstiften malte er ihm einen breiten dunkelgrünen Rand, in die Mitte ein Halbrund von hellerem Grün. Er setzte rote, gelbe und blaue Tupfen hinein und schrieb darunter: „Mein Garten". Mit einer Stecknadel heftete er das Blatt auf die Tapete über seinem Arbeitstisch.
Nun schlug es fünf. Er begann, unruhig durch die Wohnung zu wandern, öffnete und schloß die Fenster, rückte die Blumen nach rechts, nach links, hielt im Badezimmer den Kopf unter den Wasserhahn und lief mit wirren nassen Haaren wieder in sein Zimmer.
Er zeichnete am vierten Gartenplan, als die Mutter kam. Er lief ihr entgegen und nahm ihr die Tasche ab.
„Hast du eingekauft?" fragte er.
„Dumme Frage. Aber wie du wieder aussiehst! Dein Hemd! Deine Haare!"
„Ach so", sagte er und kämmte sich vor dem Garderobenspiegel. Er sah, wie sie ins Wohnzimmer ging und ihre Handtasche und ein Päckchen auf den Tisch legte. Im Vorübergehen streifte ihr Rock den Blumenstrauß.
„Ich habe mich nämlich unter einen Rasensprenger gestellt", sagte er. „Deshalb sieht das Hemd so zerknittert aus. Ein wunderbarer Garten war das, draußen in der Vorstadt."
„Und daran, daß ich alles wieder waschen und bügeln muß, denkst du gar nicht", sagte sie. „Ich muß gleich wieder fort. In der Tasche ist Obst und Buttermilch. Und geh nicht so spät schlafen. Ich weiß nicht, wann ich zurückkomme."

„Könnten wir nicht auch einen Garten haben?“ fragte Joschi. „In der Mörikestraße ist ein Grundstück zu verkaufen.“
Die Mutter stand hinter der Schranktür und suchte aufgeregt in den Fächern. „Hast du meinen roten Gürtel gesehen?“ fragte sie.
„Als du ein Kind warst, hattest du auch einen Garten“, sagte Joschi.
„Einen Garten willst du haben? Unsinn. Wir brauchen keinen Garten.“
„Ich möchte aber so gern einen haben.“
„Aber man kann nicht alles bekommen, was man haben möchte.“
Sie ging ins Badezimmer, und wieder streifte ihr Rock den Blumenstrauß. Joschi lief ihr nach und sah zu, wie sie ihre Lippen nachzog.
Er sagte: „Tante Herta hat einen Garten, Sauers haben einen, unser Lehrer hat einen, viele Kinder in meiner Klasse haben Gärten.“
„Sei endlich still davon. Ich habe nein gesagt.“
Wieder ging sie ins Wohnzimmer. Sie tat etwas in ihre Tasche.
„Kinder mit Vätern haben Gärten“, sagte Joschi.
Sie hörte es nicht, weil das Taschenschloß zuschnappte.
„Sei brav, Joschi. Gute Nacht.“ Sie wollte ihm einen Kuß geben, aber er drehte den Kopf weg. Sie sagte: „Denk nicht mehr daran. Morgen hast du wieder einen anderen Plan. Ich muß mich beeilen.“
Sie stand an der Tür und zog Handschuhe über. Joschi sah ihr zu, er biß sich auf die Lippen. Laut tropfte in der Küche der Wasserhahn, und dann schrillte die Klingel, zweimal kurz, einmal lang.
„Geh schon!“ sagte Joschi. „Laß den gnädigen Herrn nicht warten.“
Da kam sie einen Schritt auf ihn zu. Sie hob die Hand mit dem weißen Handschuh und schlug ihm ins Gesicht.
Laut klapperten ihre Absätze auf den steinernen Stufen im Treppenhaus. Die Haustür fiel ins Schloß. Ein Auto fuhr an.
Vier Türen gab es auf dem kleinen Vorplatz. Eine nach der anderen warf Joschi krachend ins Schloß. Die Küchentür, die Badezimmertür, die Wohnzimmertür, die Tür zu seinem Zimmer. Und riß sie wieder auf, schmetterte sie wieder zurück, und wieder und wieder, bis Frau Brasnik an die Decke klopfte.

Ursula Wölfel

Sascha geht fort

Eines Tages war der Gedanke plötzlich da. Er war da wie die Spinne hinter dem Haus, über die man sich nicht wunderte. Von nun an paßte Sascha argwöhnisch auf. Er trug Kleinigkeiten zusammen, wie man Bausteine zusammenträgt für ein Haus.

Zum Beispiel, daß seine Mutter nicht einsah, daß Wollstrümpfe kratzen. Eine richtige Mutter würde das einsehen. Und auch der Vater schien Sascha immer fremder.

Jeden Abend stellte der Vater die Mausefalle in der Korridorecke auf. Und jeden Abend mußte Sascha sie im Schutz der Fernsehgeräusche unauffällig zuschnappen lassen.

Sascha hatte Mäuse gern. Mäuse waren Kobolde in grauen Pelzmänteln. Männchenmachende Zwerge mit schwarzen Glasperlenaugen. Saschas Vater bekämpfte die Mäuse, weil sie seine alten Pantoffeln angeknabbert hatten. Sascha würde immer auf der Seite der Mäuse sein. Auch, wenn sie seine Pantoffeln anknabberten. Und seine Pantoffeln waren neu.

Das konnte es nicht geben, daß ein Kind so anders war als seine Eltern! Mußte nicht eine Mutter ihrem Sohn glauben, daß er sich den Hals gewaschen hatte? Wenn er wirklich ihr Sohn war, mußte sie doch fühlen, daß er nicht log. Statt dessen hatte sie ihm obendrein eine Ohrfeige gegeben. Bloß, weil er protestiert hatte, als sie ihm den Hals noch einmal wusch.

Nein, es stand fest: Saschas Eltern waren nicht seine wirklichen Eltern!

Abends, wenn Sascha im Bett lag, stellte er sich vor, wie alles geschehen war. Damals war er noch ganz klein gewesen. Da hatten seine richtigen Eltern ihn verloren. Vermutlich draußen vorm Gartentor. Es hatte irgend etwas mit einem Volksauflauf zu tun. Schrecklich viele Menschen waren da, und darum konnte es geschehen. Diese Eltern hier hatten ihn gefunden. Und natürlich hatten sie ihn behalten wollen.

Sonderbar war, daß Sascha sich seine richtigen Eltern nicht vorstellen konnte. Er sah immer nur ihre Umrisse, wie eine Strichzeichnung, die

innen leer war. Fest stand jedoch, daß sie Sascha liebten. Sie würden ihm keine Wollstrümpfe anziehen und kein Aufhebens davon machen, wenn er Nüsse mit den Zähnen knackte.
Sein eigen Fleisch und Blut, fiel es Sascha ein. Er fand, daß das sehr aufregend war: Sein eigen Fleisch und Blut. Es wurde ihm ordentlich heiß.
„Ich will zu euch!" sagte er zu den leeren Umrissen.
Dann drückte er sein Gesicht in die Kissen, weinte und schlief ein. In der Nacht träumte er seine Eltern auf einer Insel. Sie hatten ein Boot und lachten. Aber Sascha schwebte irgendwo in der Luft, und sie bemerkten ihn nicht.
Am anderen Morgen konnte Sascha sich gut an den Traum erinnern. Das war der Tag, an dem er Bohnensuppe aß, obschon er sie nicht mochte. Es hatte überhaupt keinen Sinn, etwas zu sagen. Diese fremden Menschen würden ihn doch nicht verstehen.
Nun war es nicht so, daß der Gedanke Sascha immerzu quälte. Er war zwar ständig in Sascha, aber er war wie ein Tiger, der lange schläft, und dann plötzlich aufwacht, um zu knurren.
Am lautesten knurrte er, als die Sache mit dem Auto passierte. Nie zuvor hatte er so gewaltig geknurrt. Sascha hatte einfach im Auto gesessen, als sein Vater die Tür aufriß, und ihn am Kragen herauszerrte. Junge Hunde nahm man so am Nackenfell, wenn sie ins Zimmer gemacht hatten oder sonstwas.
Aber, daß man einen Jungen schüttelte, bloß, weil er im Auto gesessen hatte, konnte nur bedeuten, daß man ihn überhaupt nicht verstand. Vermutlich hatte der fremde Vater angenommen, Sascha wollte mit dem Auto fahren. In Wirklichkeit aber hatte Sascha den Zündschlüssel nur soweit herumgedreht, daß die Scheibenwischer funktionierten.
Aber es hatte keinen Sinn, das zu erklären. Es hatte überhaupt alles keinen Sinn. Sascha starrte durch das Fenster seines Zimmers hinaus in den Regen. Der Regen spann den Garten ein.
Wie ein Netz, dachte Sascha. Aber man konnte durch. Es war Sonntagnachmittag. Im Fernsehen würde es einen Wildwestfilm für Kinder geben. Trotzdem beschloß Sascha, jetzt zu gehen. Fortzugehen für immer.

Er blickte sich im Zimmer um. „Er ging und ließ alles zurück", fiel es ihm ein. Das war aus einem Buch. Sascha würde gehen und alles zurücklassen.
Sein Regenmantel hing an der Tür. Sascha beschloß, ihn nicht anzuziehen. Er würde bis auf die Haut naß werden. Ein Anflug von Selbstmitleid trieb ihm etwas Rundes in die Kehle, über das er nur schwer schlucken konnte.
Er verließ sein Zimmer und ging den Flur entlang. Im Wohnzimmer war Kaffeeduft und Musik. Sascha öffnete die Haustür und schloß sie hinter sich. Sehr langsam ging er über den Kiesweg. Es knirschte unter seinen Füßen. Schritt für Schritt machte Sascha.
Natürlich bemerkten sie nicht, daß er fortging. Sie waren ja auch nicht seine richtigen Eltern. Es war ganz klar. Sascha ging und drehte sich nicht um. Der Kiesweg war gleich zu Ende. Sascha verlangsamte seine Schritte noch mehr. Dann aber riß er entschlossen das Gartentor auf.
Wohin sollte er gehen? Nach rechts? Nach links? Kein Mensch auf der Welt fragte danach, wohin Sascha ging. Er war nun allein. Er war fortgegangen. Es würde am besten sein, nachzudenken.
Sascha setzte sich auf die Bordsteinkante. Er würde sich erkälten. Wen kümmerte es? Es regnete nun stärker. Der Regen fiel über Sascha her wie ein Feind. Sascha spürte die Nässe, die durch seinen Pullover drang. Ein Tropfen rollte ihm über die Stirn und sprang an der Nasenspitze ab.
Dann waren da noch mehr Tropfen. Möglich, daß Sascha weinte. Seltsam war nur eines: so sehr er sich auch bemühte, nachzudenken, es gelang ihm nicht. Seine Gedanken fanden keinen Punkt, auf den sie zusteuern konnten.
Nie war es so leer um Sascha gewesen. Er erschrak. Plötzlich merkte er, daß er fror. Er zitterte. Aber schlimmer war die Kälte in ihm. Eine Ewigkeit verging.
Dann aber, ganz langsam, wich die innere Kälte der Erinnerung an den Kaffeegeruch und die Musik aus dem Fernseher. Es war Sascha, als erwachte er. Jetzt zitterte er nur noch. Wenn er nicht sofort aufstand, würde er sich tatsächlich erkälten.

Er ging hinein und schloß das Gartentor hinter sich so behutsam, als sei es aus Glas. Auf der Mitte des Kiesweges merkte er, daß er nasse Füße hatte. Er ging schneller.
Da drinnen saßen sie, — sein Vater und seine Mutter. Sie sahen nicht, daß er zurückkam. Und sie wußten nichts davon, daß er fortgewesen war.

Gina Ruck-Pauquèt

Die Schuhe

Von der nahen Turmuhr schlug es dreimal.
Walter schreckte hoch. Schlaftrunken tastete er mit der rechten Hand auf dem Fußboden neben seinem Bett herum, bis er die Taschenlampe gefunden hatte. Mit der Taschenlampe kroch er unter die Bettdecke und leuchtete auf seine Armbanduhr. Viertel vor sechs. Er löschte das Licht wieder und schob die Lampe unter das Kopfkissen. Dann drehte er sich zur anderen Seite. Aber auch dort blieb er nicht lange ruhig liegen. Mit geschlossenen Augen wälzte er sich unruhig hin und her im Bett. Plötzlich fuhr er auf. Wo war die Taschenlampe? Er tastete unter das Kissen. Verzweifelt suchte er. Endlich fühlte er sie, riß sie hervor und richtete sie auf das Zifferblatt. Der große Zeiger stand erst über der elf. Erleichtert seufzte er auf und legte sich wieder zurück. Noch einmal kuschelte er sich warm ein.
Mit vier hellen und sechs tiefen Schlägen kündete die Turmuhr die Zeit. Sie riß Walter aus festem Schlaf.
Noch einmal schaute er auf die Uhr. Dann glitt er geräuschlos aus dem Bett. Nur der Schein seiner Taschenlampe erhellte das Zimmer. Er zog rasch seine Hose an, warf eine Strickjacke über und schlüpfte in die Hausschuhe. Als er einen Schritt voran machte, knarrte eine Diele unter seinen Füßen. Darum vermied er die Mitte des Fußbodens und ging jetzt auf Zehenspitzen entlang der Wand zum Schrank. Ganz vorsichtig drehte er den Schlüssel. Die Taschenlampe zwischen den Zähnen, wühlte er mit beiden Händen unter der Wäsche im obersten Fach. Schließlich holte er eine längliche Pappschachtel hervor. Mit der Schachtel schlich er ebenso leise, wie er zum Schrank gekommen war,

zum Bett zurück. Er hockte sich auf den Bettrand und strahlte die Schachtel an, um noch einmal die Gebrauchsanweisung zu lesen.

Draußen dämmerte es. Das Zwielicht tauchte alles in ein trauriges Grau. Die ersten Vögel piepsten. Irgendwo in der Gegend ließ jemand seinen Wagen an.

Walter öffnete die Schachtel. Lächelnd entnahm er ihr eine große Tube. Die Tube in der Hand, stelzte er zur Zimmertür. Diesmal gab der Fußboden keinen Laut. Walter biß sich auf die Unterlippe, als er ganz langsam die Klinke niederdrückte. Das Schloß knackte leise. Er öffnete nur einen Spalt. Durch diesen Spalt zwängte er sich in den Flur. Die Hüfte am Treppengeländer stieg er abwärts. Auf jeder dritten Stufe horchte er.

Das Haus lag noch in tiefem Schlaf. Aus dem Schlafzimmer der Eltern drang das leichte Schnarchen des Vaters herüber.

Beinahe wäre Walter über den gepackten Koffer gestolpert, der unten neben der Treppe stand. Quer über dem Koffer lag Vaters Reisemantel. Um nur keinen Lärm zu machen, bewegte sich Walter auf allen Vieren zum Schuhschrank.

Die Tür des Schuhschranks quietschte.

Regungslos verharrte Walter, den Blick auf die Tür des elterlichen Schlafzimmers gerichtet. Er hielt den Atem an. Als sich nichts regte, griff er nach Vaters Reiseschuhen. Mit den Schuhen in der Hand schob er sich in die Küche. Erst als er die Küchentür fest hinter sich geschlossen hatte, schaltete er das Licht an. Die grelle Helle zwang ihn, zuerst die Augen zu schließen. Als er sich gewöhnt hatte, nahm er einen von Mutters Putzlappen. Er setzte sich auf den Küchenboden und schraubte die Tube auf.

Beim Fenster stand ein Paar von seinen eigenen Schuhen. Sie trugen noch den Schmutz vom Vortag.

Walter langte danach. Er wischte den groben Schmutz mit dem Putztuch ab. Dann drückte er ein wenig aus der Tube auf das Oberleder. Ein glänzender schwarzer Wurm lag auf der Kappe. Mit dem Daumen arbeitete er die Paste in das Leder hinein, bis der Schuh stumpf zu glänzen begann. Doch bald verwandelte sich der stumpfe Glanz in spiegelndes Schimmern. Als Walter schließlich noch den Putzlappen anfeuchtete und damit über den Schuh wischte, schien der Schuh wie gelackt. Walter steckte ihn auf die Hand und drehte ihn im Lampenlicht hin und her. Er lachte glücklich vor sich hin und murmelte: „Das war teuer; aber das lohnt sich."

Je nachdem wie das Licht auf den Schuh fiel, warf er Lichtblitze zurück. Die Falten im Leder waren verschwunden; der Schuh sah aus wie neu. Den zweiten Schuh ließ Walter ungeputzt. Er griff nach Vaters Reiseschuhen. Auch sie bearbeitete er auf die gleiche Weise; bald erstrahlten auch sie. Geräuschlos tanzte Walter durch die Küche. Dann verschloß er die Tube, verstaute den Putzlappen und wollte sich die Hände waschen.

Aber der Wasserhahn rauschte, und das Wasser platschte in das Spülbecken. Schnell drehte er wieder zu. Er säuberte seine Hände nur notdürftig am Putzlappen, löschte das Licht und verließ die Küche. Vaters blanke Reiseschuhe stellte er neben den Koffer. Dann schlich er in sein Zimmer zurück.

Als die Mutter kam und ihn wecken wollte, schlief er tief und fest. Er lachte im Schlaf.

Beim Waschen sah er, daß die Farbe nicht abging. Alle Versuche nützten nichts: Daumen und Handballen blieben grau. Als er an den Frühstückstisch trat, saß der Vater schon reisefertig. Er strich sich ein Brot. Zufällig sah er auf Walters Hände. Sein Gesicht wurde streng. „Mit solchen Händen kommst du zu Tisch?"

„Das ist Farbe, die geht nicht ab."

Die Mutter schaute die Hände an. „Warum hast du mir das nicht gestern gesagt, wir hätten es mit Farblöser versucht."

Walter brummte etwas, das niemand verstand.

Der Vater verschluckte sich am Kaffee.

Die Mutter blickte Walter vorwurfsvoll an.

„Wie hast du meine Reiseschuhe so blank gekriegt?" Vater blickte Mutter an. „Und wozu? Du wußtest doch, daß ich diesmal andere anziehe."

Mutter hob verwundert den Kopf. „Ich habe nichts daran gemacht."

Vater lachte. „Hör mal — die sehen aus wie gelackt; so blank waren die noch nie. Wie hast du das geschafft?"

„Ich habe nichts an deinen Reiseschuhen gemacht!" Mutter wollte aufbegehren . . .
Da sagte Walter leise: „Ich habe sie geputzt."
Vaters Miene erstarrte. „Ach so, du warst das."
Mit weiten Augen starrte Walter seinen Vater an. Auf einmal mußte er schlucken. Er sprang auf und lief aus dem Zimmer.
„Unmöglich, wie der Bursche sich benimmt!"
Walter hörte es noch. Dann stürmte er die Treppe hinauf in sein Zimmer. Er konnte die Tränen nicht mehr zurückhalten. Er warf sich auf's Bett. Das Weinen schüttelte ihn. Aber gleich sprang er wieder auf. Aus dem Schrankfach riß er die Wäsche, bis er die Schachtel fand. Die Schachtel in der Hand warf er sich quer übers Bett und heulte. Das Bett zitterte von seinen Schluchzern. Langsam wurde er ruhiger.
„Willst du Vater nicht ‚Auf Wiedersehen' sagen und ‚Gute Reise' wünschen?" Die Mutter rief es von unten.
Wieder wollte das Weinen in ihm hochkommen. Er wühlte sich in's Deckbett.
„Walter!" klang es zum zweitenmal von unten herauf.
Da stand er auf. Mit den grauen Händen wischte er sich durch's Gesicht. Tief atmete er ein. Langsam ging er die Treppe hinab.
Vater stand schon bei der Tür.
„Auf Wiedersehen, Vater", sagte Walter leise, „Gute Reise!" Dann hielt er ihm die Schachtel mit der Tube hin. „Hier, nimm das bitte mit! Das macht die Schuhe so blank. Ich hab' es vom Taschengeld für dich gekauft."

Hans Peter Richter

Die Biene

Tagelang hat es geregnet. Nun scheint die Sonne wieder. Ich mache am offenen Fenster meine Schularbeiten, und nebenan sitzt Vater am Schreibtisch. Plötzlich höre ich, wie Vater zu mir herüberkommt. Er hat ein Blatt Papier in der Hand. Er hält es vorsichtig, wie etwas Kostbares. Als er näherkommt, sehe ich, daß auf dem Papier eine Biene liegt, die nicht mehr fliegen kann.

„Schau doch“, sagt Vater, „ist die wohl krank, oder hat sie vielleicht bloß Hunger? Ich fand sie gerade auf meinem Schreibtisch. Du könntest ihr ein Tröpfchen Honig geben.“
Er legt das Blatt mit der Biene auf meinen Tisch, und ich besorge den Honig. Das Honigtröpfchen fällt auf das Papier, und schon rappelt sich das Tierchen auf. Ein Zittern läuft durch den kleinen Körper, und langsam schiebt die Biene sich auf das Honigtröpfchen zu. Nun hat sie es erreicht und beginnt zu saugen. Die Flügel fangen an zu zittern und zu surren. Man kann sehen, wie das kleine Geschöpf sich erholt. Hunger hat es gehabt, sonst nichts. Es hat nach dem langen Regen keine Blüte mehr gefunden, hat sich zwischen den hohen Häusern verflogen und ist dann erschöpft auf Vaters Schreibtisch gelandet, glücklicherweise auf dem richtigen Schreibtisch.
Da — die Biene hat sich völlig erholt; sie fliegt auf und summt zum Fenster hinaus ins Freie.

A. Hackemann

Tante Ada und ihre Vögel

Als die alte Tante Ada sehr alt geworden war, ging sie ins Altersheim, in ein kleines Zimmerchen mit drei Betten, wo schon zwei andere Frauchen wohnten, die genau so alt wie sie waren. — Die alte Tante Ada wählte sich gleich einen Lehnstuhl am Fenster aus, setzte sich und bröselte einen trockenen Zwieback auf das Fenstersims.
„Gut so, dann bekommen wir Ameisen“, brummten die anderen zwei alten Mütterchen.
Aber aus dem Garten, der das Altersheim umgab, kam ein Vogel hergeflogen, pickte die Krümel mit dem besten Appetit auf und flog wieder davon.
„Na also“, murrten die zwei Alten, „was habt ihr nun davon? Hat alles aufgepickt, und damit ist er weggeflogen. Genau wie unsere Kinder, die in die weite Welt hinausgeeilt sind, wer weiß wohin, und die an uns, die wir sie doch aufgezogen haben, überhaupt nicht mehr denken.“
Die alte Tante Ada erwiderte nichts darauf, aber jeden Morgen zerkrümelte sie einen Zwieback auf dem Fenstersims, und der Vogel kam

und pickte alles auf, immer zur gleichen Zeit, pünktlich wie ein Mittagsgast, und wehe, wenn sein Zwieback einmal nicht bereit war! Man muß gesehen haben, wie nervös er dann wurde.

Nach einigen Wochen brachte der Vogel seine Jungen mit, denn er hatte sich ein Nest gebaut und vier Junge bekommen, die jetzt auch voller Eifer den Zwieback der alten Tante Ada aufpickten. Jeden Morgen kamen sie, und wenn sie nichts fanden, schlugen sie empört Lärm.

„Da sind die Vögel wieder", sagten die zwei anderen Alten ein bißchen neidisch zu der alten Tante Ada. Dann eilte die, das heißt „eilen" konnte man das nicht gut nennen, sie trippelte vielmehr mit winzigen Schrittchen zu ihrer Kommode hin, zog einen Zwieback zwischen der Bonbontüte und der mit Kaffee hervor, während sie murmelte „Geduld, Geduld, ich komme schon . . ."

„Ach", sagten die anderen zwei, „wenn es genügen würde, einen Zwieback auf dem Fenstersims zu zerkrümeln, um unsere Kinder wieder heimzulocken! — Und eure Kinder, Tante Ada, wo sind die?"

Das wußte die alte Tante Ada nicht mehr genau. Vielleicht in Österreich, vielleicht in Australien; aber sie ließ sich nicht aus der Ruhe bringen, sondern zerkrümelte ihren Zwieback für die Vögel und sagte zu ihnen:

„Eßt, eßt auf! Sonst habt ihr nicht genügend Kraft zum Fliegen nachher."

Und wenn sie ihren Zwieback aufgepickt hatten, sagte sie: „Fort, fliegt weg! Auf was wartet ihr noch? Flügel sind zum Fliegen da."

Die zwei anderen Alten schüttelten den Kopf und dachten, die alte Tante Ada sei ein wenig verrückt. Obwohl sie arm und alt war, fand sie noch etwas zum Herschenken und erwartete dafür gar keinen Dank.

Da starb die alte Tante Ada, und ihre Kinder erfuhren erst später davon, so daß es sich für sie nicht mehr lohnte, zu ihrem Begräbnis herzureisen. Aber die kleinen Vögel kamen den ganzen Winter hindurch auf das Fensterbrett geflattert und schimpften laut, weil die alte Tante Ada ihnen ihren Zwieback nicht hinausgelegt hatte.

Gianni Rodari

Die letzte Reise

Werner saß am Tisch und zeichnete. Außer dem Klappern des Geschirrs hörte man nur manchmal das Stöhnen des Dackels Waldmann. Er lag in seinem Körbchen neben dem Herd. Jedesmal, wenn er sich umdrehte, ächzte er laut.
Dann schaute Mutter sich um und schüttelte den Kopf.
Waldmann hatte sich den ganzen Tag nicht von seinem Körbchen erhoben. Nicht einmal zum Mittagessen war er gekommen.
Als der Hund sich wieder herumwälzte und dabei jämmerlich klagte, sagte Mutter: „Werner!"
„Ja, Mutter?" fragte Werner zurück.
„Ich glaube", meinte sie, „es ist soweit." Eine kurze Zeit war es ganz still im Zimmer, dann fuhr die Mutter fort: „Wir müssen Waldmann noch heute abholen lassen."
Werner blickte nicht auf. Seine Stimme klang gedrückt. „Können wir nicht noch etwas warten?"
„Es hat doch keinen Zweck, Junge, wir haben schon so lange gewartet!" entgegnete Mutter. „Du darfst nicht unvernünftig sein."
„Er soll aber nicht abgeholt werden", erklärte Werner, „dann möchte ich ihn fortbringen."
„Ich weiß nicht, ob das richtig ist? — Aber wenn du unbedingt willst."
Werner stand vom Tisch auf und legte seine Sachen fort.
„Ich weiß, wo es ist!" sagte er.
Mutter beugte sich tiefer über das Spülbecken.
„Ich gehe!" Werner nahm die Leine vom Schlüsselbrett und rief leise: „Waldmann!"
Doch der Dackel hörte nichts.
So mußte der Junge lauter rufen.
Erst beim dritten Rufen hob der Hund den Kopf. Müde wedelte er mit dem Schwanz. Als er die Leine sah, kletterte er mühsam aus seinem Körbchen und stellte sich vor Werner hin. Doch noch ehe Werner sich gebückt hatte, um ihm das Halsband umzulegen, bettete Waldmann seine weißhaarige Schnauze auf Werners Schuh. Dabei jaulte er leise.
Die Mutter hob Waldmann hoch und drückte ihn an sich. Dann setzte sie ihn wieder ab. Rasch verließ sie das Zimmer.

Werner befestigte die Leine am Halsband und ging mit dem Hund hinaus.

Draußen stand Mutter. Obgleich es im Flur dunkler war, konnte Werner erkennen, daß sie feuchte Augen hatte. „Hier hast du Geld. Er frißt doch so gern Hackfleisch. Kaufe ihm ein Viertel — und fahrt mit der Straßenbahn!" sagte sie.

Werner nahm das Geld und öffnete die Tür.

Da begann Waldmann zu winseln und versuchte, Werner wieder zur Tür hereinzuziehen.

Werner mußte den Dackel auf den Arm nehmen und die Treppe hinab tragen.

Auf der Straße tappte Waldmann langsam an der Leine hinter Werner her. Das Tier schaute nicht nach rechts und nicht nach links, sondern nur vor sich auf den Boden.

Als sie am Gitter eines Vorgartens vorübergingen, bellte dahinter ein anderer Dackel.

„Guck, Waldmann, dort ist die Hexe", sagte Werner.

Waldmann blickte zu ihm hoch, bewegte den Schwanz ein wenig, aber Hexe schaute er nicht an; er schnüffelte nicht einmal am Türpfosten.

Unter den Bäumen am Straßenrand waren die welken Blätter zusammengefegt. Sonst hatte es Waldmann immer besondere Freude gemacht, in diesen Blätterhaufen herumzutollen. Aber auch dieses Spiel reizte ihn nicht; die welken Blätter ließen ihn gleichgültig. Mühsam schleppte er sich hinter Werner her.

Dann waren sie beim Fleischer angelangt. Werner band den Dackel an einem Haken vor der Tür fest, um das Hackfleisch zu kaufen. Doch bevor er den Laden betrat, beugte er sich zu dem Hund hinab: „Warte schön hier, Waldmann. Ich kaufe dir etwas ganz Feines. Weißt du was? — Hackfleisch! — Das magst du doch so gern. Bleib hier liegen; ich bin gleich wieder da." Dabei streichelte er dem Hund den Kopf.

Waldmann leckte Werners Schuh.

Als Werner das Hackfleisch gekauft hatte, lag der Dackel noch immer wie vorhin.

Der Junge knüpfte die Leine los und zog mit dem Hund einige Häuser weiter. Dort, unter einem Torbogen, hinter einem halbgeschlossenen Eisentor, hockte er sich zu Waldmann.

Während der Dackel mit dem Schwanz wedelte, wickelte Werner langsam das Hackfleisch aus. Dabei sprach er zu dem Hund wie zu einem Freund: „Jetzt lebst du genau so lange wie ich, Waldmann, und bist doch schon so alt. Kurz nach meiner Geburt hat Großvater dich mir geschenkt, damit ich ein Tier zum Spielen hätte. Du warst noch ganz klein wie ich auch. Nun bin ich noch ein Junge, du bist aber schon ein uralter Hund." Werner kraulte Waldmann hinter dem rechten Ohr.
Der Hund bettete den Kopf auf die Vorderpfoten und wedelte leicht mit dem Schwanz.
Werner erzählte weiter: „Und wie oft haben wir zusammen gespielt! Weißt du noch, wie du mir das Leben gerettet hast? Vielleicht ein Jahr war ich damals alt. Mutter hatte mich beim Einkaufen im Wagen vor dem Geschäft abgestellt. Dich hatte sie am Wagen festgebunden!" Während Werner sprach, legte er das Hackfleisch vor Waldmann hin.
Der Dackel schnupperte daran und nahm zwei kleine Bissen; dann leckte er nur noch darüberhin und legte sich vor den Jungen. Geduldig schaute er ihn an und hörte zu.
„Als wir beide so allein vor dem Laden standen, da habe ich so wild geschaukelt, daß der Wagen plötzlich von selber zu laufen anfing. Ich habe mich nur darüber gefreut, daß der Wagen rollte. Du aber, du hattest sofort erkannt, daß der Wagen auf die Straße kippen würde; und dort war viel Verkehr. Du hast gebellt und hast dich mit deinen kurzen Beinen gegen den Boden gestemmt, um den rollenden Wagen aufzuhalten." Der Junge erhob sich und deutete an, wie damals alles geschehen war.
Waldmann folgte Werner mit müdem Blick. Leise jaulte das Tier vor sich hin.
„Aber die Leine, die am Wagen festgemacht war, hat dir den Hals zugezogen. Doch du hast so lange gehalten, bis fremde Leute dir zu Hilfe gekommen sind. — An dem Tag hatte Mutter keine Lust mehr, weiter einzukaufen. Aber am Abend haben Vater und Mutter dich als meinen Lebensretter gefeiert. — Weißt du das noch?"
Der Dackel erhob sich.
Werner zeigte auf das Hackfleisch, das noch immer auf dem Papier hingebreitet lag. „Magst du das nicht mehr?" fragte er.

Waldmann senkte den Kopf.
„Du magst doch sonst so gern Hackfleisch. Nimm doch!"
Der Dackel zog an der Leine. Er berührte das Fleisch nicht mehr.
„Schade!" sagte Werner. „Das hat dir Mutter doch geschenkt."
Waldmann blickte auf die Straße und ging nicht mehr zum Fleisch zurück.
„Dann lassen wir es für einen anderen Hund liegen!" sagte der Junge und verließ mit dem Dackel die Einfahrt.
Der Weg bis zur nächsten Haltestelle war noch weit.
Waldmann konnte nicht mehr laufen. Werner nahm ihn auf den Arm.
Endlich waren sie angelangt. Als die Straßenbahn hielt, bestiegen sie den Anhänger.
Der Schaffner kam, um das Fahrgeld entgegenzunehmen. Dann deutete er auf Waldmann und sagte: „An dem Opa hast du aber auch nicht mehr lange Freude."
Werner schüttelte den Kopf und bezahlte. Dann schaute er nach hinten zum Fenster hinaus.
Waldmann hatte den Kopf zwischen die Vorderpfoten gelegt und schnaufte.
An der Endhaltestelle stieg Werner schnell aus.
Waldmann lief nicht mehr.
So trug ihn der Junge. Das Tier schmiegte den Kopf an seine Brust.
Zu beiden Seiten der Straße standen Bäume und zwischen den Bäumen Bänke. Doch so spät im Herbst saß niemand mehr auf den Bänken. Werner begegnete keinem Menschen.
Vor einem grüngestrichenen Holztor machte Werner halt. Da er Waldmann noch immer auf dem Arm hielt, klingelte er mit dem Ellbogen.
Drinnen kamen Schritte über einen Sandweg zum Tor. Eine Frau öffnete. — Noch bevor Werner etwas gesagt hatte, nahm sie ihm den Hund ab und sagte: „Ich weiß schon Bescheid. Deine Mutter hat angerufen." Sie nestelte an der Halsbandschnalle und reichte Werner Leine und Halsband von Waldmann heraus.
„Auf Wiedersehen!" grüßte sie und schloß das Tor, ohne Werners Antwort abzuwarten.
Werner blieb vor dem verschlossenen Tor stehen.

Drinnen ertönte ein langgezogenes Jaulen.
Werner drehte sich um; er ging zu einer Bank. Obgleich es ganz fein zu regnen begann, setzte er sich dort nieder. Mit der Hundeleine malte er Striche in den feuchten Sand zu seinen Füßen und weinte.

Hans Peter Richter

Viel Hilfe

Ein Lieferwagen war in den Graben geraten. Es hatte Scherben gegeben.
Der Fahrer blutete. Jemand lieh ihm ein Rad. Er fuhr schnell zum Arzt.
Kaum war er weg, da jagte auch schon die Feuerwehr heran. Ein Unfallauto kam angebraust. Ein Krankenwagen war auch bald da. Sogar ein Peterwagen heulte herbei.
Ist das nichts?

Max Heß

Wassja und der Bettler

Wassja hatte vier Kopeken.
Er ging zum Bäcker, kaufte eine Semmel, und der Bäcker gab ihm eine Kopeke heraus. Da ging er nach Hause.
„Um Christi willen, gib mir was!“ sagte der Bettler.
Wassja tat es um die Semmel leid – er gab dem Bettler die Kopeke. Dann aber tat ihm der Bettler leid: er kehrte um und gab dem Bettler auch noch die Semmel.

Leo N. Tolstoj

Fräulein Eberlings Kinder

Alle, die in dem großen Haus wohnten, mochten Fräulein Eberling gern. Immer war sie freundlich und grüßte. Sie war gar nicht häßlich, sie hatte sogar ein richtig hübsches Gesicht, aber sie hatte einen Buckel, und deswegen war sie wohl ihr Leben lang sehr scheu gewesen und hatte auch keinen Mann gefunden, der sie heiraten wollte. Nun wohnte sie ganz allein, nur mit einem Dackel, in der Dachwohnung, und die Leute meinten, sie habe wohl auch keine Verwandten oder Freundinnen, denn sie ging nirgendwohin. Morgens fuhr sie zur Arbeit, mittags kam sie kurz heim, nachmittags fuhr sie wieder zur Arbeit und kam um halb sechs zurück. Und sonntags morgens ging sie zur Kirche. Jeden Mittag und jeden Abend nach dem Essen führte sie ihren Dackel aus, einmal um den Block. Sonst war sie immer zu Hause.

Sie arbeitete in einem Büro. Sie verdiente nicht schlecht, sagten die Leute, und der Hausmeister, den sie ab und zu in ihre Wohnung rief, wenn der Wasserhahn nicht funktionierte oder das Fenster klemmte, berichtete, daß sie ihre Wohnung sehr hübsch eingerichtet und tipptopp sauber habe. Aber nie kam Besuch. Was sie abends oder sonntags tat, wußte niemand. Vielleicht las sie? Vielleicht hörte sie Radio?

„Sie strickt Jäckchen für den Dackel und liest ihm vor", sagte Herr Priest aus dem zweiten Stock.

„Laß nur", sagte seine Frau. „Sie hat ja niemand anderen, den sie liebhaben könnte. Wenn sie Kinder hätte, wäre sie eine wunderbare Mutter."

Frau Roth, die schon zehn Jahre im ersten Stock wohnte, sagte, sie könne sich noch erinnern, wie Fräulein Eberlings Mutter gelebt habe. Sie sei aber schon sehr krank gewesen. Fräulein Eberling habe sie rührend gepflegt. Dann sei die alte Frau Eberling gestorben, und Fräulein Eberling sei ganz außer sich gewesen. Sie habe sich nicht daran gewöhnen können, allein zu sein, und habe nur immerzu geweint. Schließlich sei sie eines Tages mit einem jungen Dackel heimgekommen, und seitdem sei sie wieder zufrieden gewesen.

„Aber was, wenn der Dackel eines Tages stirbt?" fragte Frau Giesel, die neben Frau Roth wohnte.

„Das wird nicht mehr lange dauern", antwortete Frau Roth. „Denn er muß schon steinalt sein."

Im Parterre wohnte Fräulein Miesebach. Sie war nicht verheiratet, aber sie hatte zwei Kinder, einen fünfjährigen Jungen und ein dreijähriges Mädchen. Fräulein Miesebach arbeitete in einer Fabrik. Tagsüber nahm sie die Kinder mit in den Kindergarten der Fabrik. Man sagte, sie verdiene nicht viel, aber die Kinder waren immer ordentlich angezogen. Oft, wenn Fräulein Eberling mit ihrem Dackel die Treppe herunterkam, warteten die Miesebachkinder schon unten vor ihrer Wohnungstür, um den Hund zu streicheln, und manchmal begleiteten sie auch Fräulein Eberling rund um den Block und durften den Dackel führen.

Eines Tages geriet das ganze Haus in Aufregung: Fräulein Miesebach war verunglückt. Sie war in der Mittagspause schnell aus der Fabrik in einen Laden gelaufen, um irgendwas einzukaufen, und auf dem Rückweg war sie überfahren worden. Sie war gleich tot. Eine Frau, die in derselben Fabrik arbeitete und im Nachbarhaus wohnte, brachte die Kinder am Abend heim. Aber man konnte sie ja nicht allein in der Wohnung lassen. Frau Giesel holte sie zu sich herauf. Da saßen sie nun und schauten sich erschrocken um. Sie wußten noch gar nicht, was passiert war, und verstanden das alles nicht. Das kleine Mädchen fing schließlich an zu weinen und rief nach seiner Mutter. Als Frau Giesel beide auf den Schoß nahm und ihnen erklärte, was mit ihrer Mutter geschehen war, fing auch der kleine Junge jämmerlich an zu weinen, und nach einer Weile schliefen beide auf Frau Giesels Schoß ein, und sie legte sie in das Bett, das noch von ihren eigenen Kindern da stand. Sie hatte nämlich selber vier Kinder, aber die waren alle schon groß.

„Schrecklich“, sagte Frau Roth. „Was wird nun mit den armen Würmern?“

„Das Jugendamt wird sich schon um sie kümmern“, sagte Frau Giesel. „Sie werden eben ins Waisenhaus gebracht. Ich kann sie nicht behalten. Mein Mann ist zu alt für Kinderlärm, und ich bin auch froh, daß ich meine eigenen groß habe.“

Fräulein Eberling kam am nächsten Abend zu den Giesels und brachte den beiden Kleinen eine große Tüte Bonbons. Aber die Kinder freuten sich am meisten darüber, daß der Dackel mitkam. Sie nahmen ihn auf den Arm und spielten mit ihm, und als Fräulein Eberling ihn ausführte, begleiteten sie sie.

Der nächste Tag war ein Sonntag. An dem war das Begräbnis von Fräulein Miesebach. Alle Leute im Haus gingen mit auf den Friedhof, sogar Fräulein Eberling. Nur Frau Giesel nicht. Sie blieb daheim mit den Miesebachkindern.

Am Montag ging Fräulein Eberling nicht zur Arbeit, und die Leute im Haus wunderten sich. Schließlich ging Frau Roth hinauf zu ihr. Vielleicht war sie krank geworden? Sie hatte ja niemand, der sich um sie kümmerte. Frau Roth fand Fräulein Eberling mit verweintem Gesicht: Als sie vom Begräbnis zurückgekommen sei, habe der Dackel tot in seinem Körbchen gelegen. Jetzt sei sie wieder ganz allein. Sie schluchzte bitterlich.

Frau Roth nahm Fräulein Eberling mit zu sich hinunter und kochte einen heißen Tee für sie. Ein paar Tropfen Rum tat sie auch hinein. Frau Roth war schon eine alte Frau, sie hatte in ihrem Leben viel erlebt. Sie konnte Fräulein Eberlings Kummer gut verstehen. Sie bat den Hausmeister, den Dackel hinten auf dem Wäscheplatz zu begraben, und zu Fräulein Eberling sagte sie: „Heute schlafen Sie hier bei mir, und morgen wollen wir weitersehen."

Auch am nächsten Tag ging Fräulein Eberling nicht zur Arbeit.

„Wofür lebe ich denn eigentlich?" sagte sie. „Ich habe jetzt niemand mehr, für den ich sorgen kann!"

„Das ist wahr", sagte Frau Roth. „Man braucht jemand, den man lieb hat und für den man sich abrackert."

„Ich will nicht mehr weiterleben!" schluchzte Fräulein Eberling.

„Die armen Miesebachkinder können einem auch leid tun", sagte Frau Roth, die eine kluge alte Frau war. „Die haben jetzt keine Menschenseele, die für sie sorgt und sie lieb hat. Und es sind so liebe Kinder. Im Kinderheim wird niemand so richtig Zeit für sie haben."

Fräulein Eberling horchte auf.

„Man kann ihnen nur wünschen", sagte Frau Roth, „daß sie jemand zu sich nimmt, und zwar so bald wie möglich. Denn solche kleinen Kinder brauchen noch eine Mutter, die sie auf den Schoß nimmt und abknutscht."

Fräulein Eberling hörte zu weinen auf.

„Heute morgen haben sie sie abgeholt und ins Kinderheim gebracht", sagte Frau Roth. „Aber sie wollten gar nicht weg. Sie haben gebrüllt wie am Spieß."

Und so kam es, daß Fräulein Eberling die Miesebachkinder aus dem Waisenheim holte.

Daß sie einen Buckel hat, stört die Kinder nicht. Jeden Tag nach dem Abendessen, um die Zeit, in der Fräulein Eberling früher ihren Dackel um den Block führte, klettern sie auf ihren Schoß und lassen sich Geschichten von ihr erzählen. Sie weiß viele. Manchmal ist es jetzt in der Wohnung nicht ganz so ordentlich wie früher, aber das stört sie nicht mehr. Und jeden Sonntag, wenn schönes Wetter ist, macht sie mit den Kindern einen Ausflug — mal in den Zoo, mal in den Stadtwald. Kürzlich kam auch eine Kollegin aus dem Büro auf Besuch, und zu ihrem Geburtstag lud Fräulein Eberling Frau Roth zu Kaffee und Kuchen ein.

„Sie sagen jetzt Mutti zu mir", erzählte Fräulein Eberling.

Gudrun Pausewang

Einsamer alter Mann

Wer bist du, einsamer alter Mann? Deine Augen strahlen nicht. Deine Füße tanzen nicht. Dein Gesicht ist voller Falten. Dein Bart ist ein Urwald.

Es dürfte nicht sein: Alter Mann, du bist ganz allein. Deine Augen sehen ohne Blick. Keiner tröstet dich. Keiner lacht dich an. Keiner hält deine Hand. Keiner schenkt dir Liebe.

Nimm meine Hand, komm schlag ein. Alter Mann, du bist nicht mehr allein!

Karen, 12 Jahre, Trinidad

Geldangelegenheiten

„Mir ist langweilig, langweilig, langweilig!" sagte Peter und ließ sich vornüber in den Sessel fallen. Er kniete, hatte die Backe am Kissen und griff mit den Händen zwischen die festen Innenseiten des Sessels. Er tastete sich abwärts, bis es nicht weiter ging. Seine Fingerspitzen berührten etwas Hartes. Peter versuchte ein paarmal, die Finger darumzulegen. Ah, da hatte er es, da kam es zum Vorschein: ein Zweischillingstück. Zwei ganze Schillinge — ganz allein für ihn. Er hielt die Münze in der Hand und betrachtete sie. Es war ein funkelnagelneues Stück, ohne ein Fleckchen darauf, zwar nicht glänzend, aber sauber und mattsilbern.

„Mamiii!" rief er, „sieh mal, was ich hab!"

„Na, Peter, was hast du denn?"

„Ich hab ein Zweischillingstück unten im Sessel gefunden, und was man findet, kann man behalten!"

„Das ist ja großartig!"

„Ich will mir was dafür kaufen, Mama!"

„Das kann ich mir denken. Wie ich dich kenne, willst du bestimmt sofort losziehen, nicht wahr? Meinetwegen, geh."

Peter rannte auf die Straße und blieb stehen. Was sollte er tun, was wollte er kaufen? „Ich werde nicht alles auf einmal ausgeben", dachte er. „Diesmal überlege ich es mir, ich mache mir einen Plan. Es soll ein Abenteuer werden." Zwei ganze Schillinge! Er hielt die Münze fest in der Hand. „Jetzt weiß ich: Ich gehe zuerst ein bißchen in den Park. Die Sonne scheint, und ich habe noch den ganzen Nachmittag Zeit."

Er ging die Straße entlang; die Absätze und Spitzen seiner Schuhe machten Klicketi-klack, Zweischillingstück, Klicketi-klack, Zweischillingstück. Der weite Platz schien den Rhythmus aufzunehmen, bis zu den Dächern der hohen Häuser ringsum. Er ging vom Bürgersteig runter, um die Straße zu überqueren. Der Haupteingang des Parks lag genau gegenüber.

„He! Was ist denn mit dir los?" rief jemand. „Warum guckst du nicht hin, wo du gehst!" Peter sprang zur Seite und drehte sich um. Unmittelbar hinter ihm hatte ein Auto gehalten.

„Haben Sie mich nicht gesehen?" sagte Peter. „Wissen Sie, ich habe hinten im Kopf keine Augen."

„Du . . .!" Der Mann fuhr davon, ohne seinen Satz zu beenden.

Als Peter im Park war, ging er quer übers Gras. Es waren nicht viele Leute da. Er setzte sich auf einen Liegestuhl und überlegte, was er alles kaufen könnte. Er sah rings um sich die Tauben im Gras und lächelte über die Art, wie sie liefen: links-rechts, links-rechts, ihre fetten Körper schwankten beim Laufen von einer Seite zur anderen.

„Drei Pennies macht der Stuhl, junger Mann“, sagte der Parkwächter.
„Ich will Ihnen mal was sagen“, sagte Peter, „Sie können den Stuhl umsonst haben. Sie bekommen ihn von mir geschenkt!“
Er stand auf und ging schnell weg.
„He, du junger Affe“, schrie der Mann, „komm sofort her!“
Aber Peter war weg wie der Wind.
Zwei ganze Schillinge! Draußen vor dem Park ging er langsamer, um nachzudenken, und nahm das Geld in die andere Hand. Die Münze war ganz warm. Er ging langsam weiter und dachte und dachte nach. Er stolperte beinahe über einen Mann, der noch langsamer als er vor ihm herging.
Peter blieb stehen. „Was für ein komischer Mann“, dachte er. Die Beine des Mannes waren ganz krumm, sie steckten in den weitesten Hosen, die Peter je gesehen hatte. Bei jedem Schritt störten sie ihn. Links-rechts, links-rechts, der kurze Körper des Mannes schwankte beim Gehen von einer Seite zur anderen. Peter ertappte sich dabei, wie er den Gang des Mannes nachmachte.
Der Mann drehte sich um.
„Was ist denn mit dir los?“ sagte er.
„Ich tue, als ob ich eine Taube wäre“, erwiderte Peter.
„So“, sagte der Mann, „das ist interessant.“
„Haben Sie hinten im Kopf Augen?“ fragte Peter. „Wie haben Sie mich gesehen?“
„Augen sind überall“, sagte der Mann.
„Ja?“ sagte Peter.
„Gewiß“, fuhr der Mann fort, „ein Künstler braucht Augen.“
„Sind Sie ein Künstler?“
„Sieh her“, sagte der Mann. Peter sah hin. Ein paar Gemälde und Zeichnungen standen auf dem Bürgersteig und hingen vom Parkzaun.
„Ich komme gerade vom Mittagessen“, sagte der Mann. „Künstler müssen essen.“
„Andere Leute auch“, sagte Peter.
„Es gibt keine Gerechtigkeit“, sagte der Mann. „Zum Beispiel der Premierminister.“
„Verstehe ich nicht“, sagte Peter.

„Kannst du auch nicht", gab der Mann zurück, „du bist zu jung."
„So jung bin ich auch wieder nicht", antwortete Peter. „Darf ich mir mal Ihre Bilder ansehen?"
„Sieh nur, wenn du Augen hast, zu sehen", sagte der Mann. „Niemand sieht die Dinge so, wie ich sie sehe — ich bin eben Künstler. Ich male meistens Porträts. Ich habe den Premierminister gemalt. Das ist er", sagte er und zeigte auf ein Bild.
„Kennen Sie ihn?" fragte Peter.
„Ich brauche ihn nicht zu kennen. Ein Blick genügt. Sehen alle gleich aus, diese Leute. Alle diese Minister, die ganze Gesellschaft. Übel, sage ich dir, ganz übel. Aber du läßt mich jetzt besser allein, ich muß mich konzentrieren. Dies ist die Tageszeit, in der ich nachdenke. Künstler sein ist nicht leicht."
Er setzte sich auf ein kleines Klappstühlchen und lehnte sich gegen den Zaun. Er schloß die Augen und sah aus, als wolle er auf der Stelle einschlafen. Peter war verwirrt. Das schien eine merkwürdige Art, nachzudenken! Er starrte den Mann an, die Bilder auf dem Bürgersteig, am Zaun, und wieder den schlafenden Mann.
Der Mann war nicht sehr alt; im Schlaf war er ganz ruhig. Wie er so schlief, schien er in sich zusammenzusinken und dahinzuschwinden. Die Mütze des Mannes lag auf dem Boden. Darin lag ein Penny, daneben eine ausländische Münze.
Plötzlich beugte sich Peter runter und ließ das Zweischillingstück in die Mütze des Mannes fallen. Dann drehte er sich um und rannte, rannte den ganzen Weg nach Hause.

Joseph S. Rippier

Miteinander spielen

In der Häuserzeile, in die Renate mit ihren Eltern gezogen ist, gibt es ziemlich viele Kinder. Einige sind nett, einige sind nicht so nett. Am liebsten möchte Renate mit dem großen Mädchen spielen, das im hinteren Eckhaus wohnt. Sie heißt Almut. Nach den Ferien kommt sie in die fünfte Klasse.

Almut kann etwas Schönes: Sie kann Ball spielen, während sie läuft. Sie läuft auf dem Steinplattenweg, die Häuserzeile entlang, und dabei wirft sie den Ball vor sich auf den Boden und fängt ihn wieder. Immerzu, ganz gleichmäßig. Renate möchte das auch lernen. Aber entweder wirft sie den Ball zu steil — dann ist sie, wenn er vom Boden hochkommt, schon an ihm vorbeigelaufen. Oder sie wirft ihn zu schräg — dann kann sie ihn nicht einholen. Oder sie wirft ihn zu stark oder zu schwach — dann muß sie springen oder sich bücken, um ihn zu fangen. Kann man das, während man läuft?

Einmal kommt Almut des Weges und sieht, wie Renate sich plagt. Sie fragt: „Soll ich's dir mal zeigen?"

Renate nickt. Sie hält Almut den Ball hin. Aber Almut hält ihr die Schultasche entgegen. Sie kann jetzt nicht. „Heute nachmittag", sagt sie. „Oder nein, da geht's auch nicht. Also: morgen nachmittag."

Renate erzählt der Mutter von Almut, sie erzählt dem Vater von Almut, sie träumt von Almut.

Aber am nächsten Tag hat die große Almut die kleine Renate vergessen. Sie hat neue Schulkameraden und neue Schulfächer, sie hat viel zu tun. Auch Renates Eltern haben viel zu tun. Und Renate sagt nichts.

Renate läuft Rollschuh mit den Nachbarskindern. Einige sind wirklich nett. Ihren Ball hat sie ganz unten in ihr Schränkchen gepackt, eine Puppendecke drüber.

Manchmal sieht sie Almut. Dann geht sie ihr aus dem Weg.

Ein kleiner Junge spielt im Sandkasten Kuchenbacken. Er bringt keine richtigen Kuchen zustande, er preßt den Sand nicht fest genug in das Förmchen, oder der Sand ist zu trocken.

Da kommt ein Mädchen des Weges und fragt ihn: „Soll ich's dir mal zeigen?"

Der kleine Junge nickt, und das Mädchen setzt sich zu ihm und zeigt ihm, wie man Sandkuchen backt. Und am nächsten Tag bauen sie miteinander einen Sandberg mit vielen Tunnels und mit einer Taubenfeder als Fahne obendrauf.

Das Mädchen heißt Renate.

Kristof Wachinger

Sonnenblume

Im Winter waren Vögel auf dem Balkon gewesen, Meisen und Spatzen. Sascha hatte sie mit Sonnenblumenkernen gefüttert. Damals steckten Tannenzweige im Blumenkasten.

Jetzt war Sommer. Die Geranien setzten Knospen an. Aber es wuchs noch etwas anderes zwischen ihnen, eine kleine Pflanze mit zwei grünen Blättern.

„Das wird eine Sonnenblume", sagte die Mutter. „Ein Kern vom Vogelfutter muß hineingefallen sein."

Und sie hob die Hand, um den Keimling auszuzupfen.

„Nein!" schrie Sascha.

Die Mutter schaute ihn an und lachte. Und von dem Augenblick an war es klar, daß die Sonnenblume Sascha gehörte.

„Wann wird sie blühen?" fragte er.

„Noch lange nicht", antwortete die Mutter. „Zuerst muß sie groß werden."

Sascha schaute jeden Tag ein paarmal nach. Die Sonnenblume schien ihm unverändert. Eine Weile vergaß er sie fast. Aber dann war sie plötzlich doch ein Stück gewachsen. Sascha gab ihr täglich Wasser. Er strich vorsichtig über die Blätter, die so rauh waren wie die Zunge einer Katze. Er stellte sich vor, wie die Sonnenblume sein würde, wenn sie erst ihr goldenes Blütengesicht entfaltete. Wir werden uns gegenüberstehen, dachte er, und uns anschauen. Möglicherweise würde er ihr das sagen, — daß sie eigentlich ein Körnchen Vogelfutter gewesen war. Und daß eine Meise sie damals aus ihrem Schnabel fallen ließ. Es konnte natürlich auch ein Spatz gewesen sein, aber Sascha wollte, daß es eine Meise war.

Doch vorerst blühte die Sonnenblume nicht. Sie wuchs und bekam neue Blätter. Und eines Tages stellte Sascha fest, daß sie größer war als er. Überhaupt entfernte sie sich von ihm. Sie lehnte sich vor und reckte sich über die Balkonbrüstung hinaus.

Sascha war traurig und ärgerlich. Zum Schluß wird sie umfallen, dachte er. Er suchte im Park nach einem Stöckchen und band sie an.

„Warum wird sie denn so groß?" fragte Sascha. „Wohin will sie?"

„Zur Sonne", antwortete die Mutter.

„Das schafft sie doch nie!" meinte Sascha.
„Wer weiß das schon", sagte die Mutter.
„Ist schon mal eine Blume bis zur Sonne gewachsen?" fragte Sascha verblüfft.
„Bis jetzt noch nicht", entgegnete seine Mutter. „Aber sie versucht es eben."
Von da an düngte Sascha die Sonnenblume mit einer grünen Flüssigkeit aus einer Flasche. Und die Sonnenblume wuchs. Am besten konnte man sie jetzt von der Straße her sehen. Sie streckte sich aus dem Balkon, dann hob sie sich mit einem sanften Knick dicht an der Hauswand entlang weiter empor. Längst hatte Sascha den dicken Blumenstengel mit einer Kordel an dem Haken in der Balkonwand befestigt.
Wenn es stürmt, wird sie oben abbrechen, dachte er besorgt. Aber er wußte nicht, was er dagegen tun konnte.
„Was starrst du denn da an?" fragte plötzlich neben ihm ein Junge, der sein Freund war.
„Die Sonnenblume", sagte Sascha.
Der andere lachte.
„Züchtest wohl jetzt Gemüse, hm?"
Sascha spürte, daß er zornig wurde. Aber gleichzeitig war ihm die Sache auch peinlich. Er schwieg. Als er später auf dem Balkon stand, hatte er ein ungutes Gefühl. Gemüse! dachte er erbost, und ihm war, als habe er jemanden im Stich gelassen.
Als die Sonnenblume die Brüstung des oberen Balkons erreicht hatte, sah Sascha die Knospe. Nun würde sie also blühen.
„Wenn sie blüht, wächst sie nicht mehr weiter", sagte seine Mutter.
Sie hat die Sonne nicht erreicht, dachte Sascha. Aber sie hat es wenigstens versucht!
Was ihn am meisten störte, war die Tatsache, daß seine Blume nun da oben blühen würde, ausgerechnet am Balkon des alten Mannes, der so unfreundlich war. Und er, Sascha, der die winzige Pflanze behütet hatte, — was hatte er nun davon?
Er beschloß, sich nicht weiter um die Angelegenheit zu kümmern. Ab und zu schielte er natürlich trotzdem hinauf. Aber dann war es seine Mutter, die ihm eines Morgens sagte, daß die Sonnenblume nun blühe.

Die Knospe war aufgebrochen. Die gelben Blütenblätter stellten sich rings um das dunkelgoldene Blumenherz. Sascha blinzelte zu ihr hoch. Sie ist selber eine Sonne, dachte er dann. Eine wunderbare Sonne. Er stand lange sehr still. Es war seine Blume. Glücklich war er und stolz und auch traurig.

Am anderen Tag fing der Ärger an. Eben als Sascha hochsah, schlug der alte Mann sein schmutziges Staubtuch aus, — direkt ins Gesicht der Sonnenblume.

„He!" rief Sascha.

Er rief es ziemlich zaghaft. Dann wurde ein Besen über die Brüstung gekippt.

„Mensch!" sagte Sascha laut.

Sekundenlang glaubte er das Gesicht des alten Mannes zwischen den Blumentöpfen mit Petersilie auftauchen zu sehen. Aber er konnte sich auch getäuscht haben.

Die Tücher und der Besen aber wedelten täglich ihren Staub in das goldene Gesicht der Blume. Der ist für mich erledigt, beschloß Sascha. Für alle Zeit!

An einem heißen Nachmittag badete Sascha mit den anderen Kindern im Kanal, als sich vom Westen eine Wolkenwand vorschob. Es gibt ein Gewitter, dachte Sascha. Sturm! Meine Sonnenblume wird umknicken.

„Ich muß nach Hause", sagte er.

Die anderen lachten ihn aus.

„Hast wohl Angst!"

Sascha antwortete nicht. Er lief los. Schon hatten die Wolken die Sonne verschluckt. Blitze flammten auf, und der Donner schlug seine große Trommel. Sascha rannte, als gehe es um sein Leben. Es regnete wie mit Peitschenschlägen. Ich komme zu spät, dachte Sascha, und er warf sich gegen den Sturm. Bestimmt ist sie umgefallen.

Aber als er endlich keuchend um die letzte Ecke stolperte, sah er, daß die Sonnenblume unverändert stand. Er rannte die Treppen empor und stürzte auf den Balkon. Hinter ihm warf der Sturm die Tür ins Schloß. Die Geranien wurden hin und hergeschüttelt, und ein paar ihrer Blüten waren geknickt. Die Sonnenblume aber stand seltsam still. Trotzdem

umfaßte Sascha mit beiden Händen ihren Stengel. Dann beugte er sich über die Brüstung und schaute hinauf.
Dicht unter dem schweren, goldenen Kopf seiner Blume war ein Band um den Stiel geschlungen. Und das Band verschwand zwischen den Eisenstäben des oberen Balkons. Zuerst begriff Sascha nicht. Dann aber wurde ihm klar, daß der alte Mann seine Sonnenblume festgebunden hatte. Er hatte sie festgebunden, damit der Sturm sie nicht knickte. Sascha schämte sich.
„Er ist prima", sagte er später entschlossen zu seiner Mutter. „Und der Staub ist jetzt auch weg, vom Regen."
Dann war das Gewitter vorüber. Nur in der Ferne brummte der Donner wie ein müder Bär.
„Findest du nicht auch, daß sie den Kopf ein wenig hängen läßt?" fragte Sascha.
„Sie ist nun bald verblüht", sagte seine Mutter. „Mit den reifen Kernen kannst du im Winter die Vögel füttern."
Sascha schwieg. Dann fiel ihm etwas ein.
„Einen stecke ich in die Blumenerde", sagte er. „Im nächsten Frühjahr!"
Und er sah ganz fröhlich aus.

Gina Ruck-Pauquèt

Markus hilft andern Leuten

„Oh, ist der nicht zu schwer für dich?" ruft Frau Schimmelpfennig, als sie ihren Markus einen Riesenascheimer durchs Gelände rollen sieht. „Dies ist schon mein vierter!" strahlt Markus. „Ich helf' andern Leuten." Schon klingelt er bei der jungen Frau Reimer. „So, da ist ihr Eimer!" „Manchmal hat er doch sehr nette Einfälle, der Junge!" denkt Frau Schimmelpfennig und fährt fröhlich zum Einkaufen.
Als sie eine Stunde später zurückkommt, sieht sie vor sich die kleine Oma Grüneberg auf wackeligen Beinen daherkeuchen. Was tut sie? Sie schleppt einen leeren Ascheimer von der Straße vorn bis zu ihrem Reihenhaus, das zwischen Reimers und Schimmelpfennigs liegt. Nur bei den letzten drei Metern kann die Nachbarin ihr noch helfen.

Drinnen sitzt Markus gemütlich vor dem Fernseher und guckt „Robby, Tobby und das Flie-wa-tüt".
„Da bist du also, du Schlingel!" ruft die Mutter zur Tür herein. „Sag mal, kannst du mir erklären, warum du allen möglichen jungen Leuten hilfst, die ihre Eimer mühelos allein tragen könnten — und ausgerechnet die arme alte Oma Grüneberg läßt du das schwere Ding allein hierherschaffen?"
„Ja, weißt du", sagt Markus und schielt, wie das mit dem Fli-wa-tüt wohl gerade weitergeht. „Weißt du, bei den anderen krieg ich Bonbons oder Schokolade dafür — und bei der Frau Grüneberg, da gibt's bloß so'ne ollen trockenen Kekse!"

Friderun Krautwurm

Der Schluß einer Geschichte

„Seit langem standen die Rothäute regungslos hinter den Bäumen. Der Junge ahnte nicht, daß sie da waren. Trotzdem bewegte er sich vorsichtig. Nun hatte er die Fichten erreicht. Mit wildem Geheul sprangen die Indianer hervor."
Als Horst soweit gelesen hatte, schlug die Uhr sechsmal.
„Ich muß heim!"
Horst sprang auf.
„Och", sagte Matthias. „Jetzt weiß ich nicht, wie die Geschichte ausgeht."
Matthias war krank. Seit vielen Wochen mußte er flach im Bett liegen. Früher hatten sie miteinander draußen herumgetobt.
„Morgen komme ich wieder", versprach Horst. „Dann lese ich den Schluß. Tschüs!"
„Tschüs!" sagte Matthias.
Als Horst am anderen Tag aus der Schule kam, war Besuch da. Schon von weitem sah er das alte, wackelige Auto vor der Haustür stehen. Das konnte nur zu Tim gehören. Tim war der jüngste Bruder seiner Mutter. Er wollte nicht, daß man ihn Onkel nannte. Den ganzen Sommer hatten sie auf ihn gewartet. So schnell er konnte, jagte Horst die Treppen herauf.

„Tim!“ schrie er, und warf im hohen Bogen seine Schultasche von sich.
„Hallo Horst!“ rief der andere fröhlich.
Er trug seine schmutzige braune Wildlederjacke, und die Kamera lag neben ihm. Tim war Bildreporter.
„Tim bleibt ein paar Tage hier“, sagte die Mutter. „Fein, was?“
„Au ja!“
Horst rückte einen Stuhl an den Tisch und griff nach den Fotos.
„Von dir?“ fragte er. „Neu?“
Tim nickte. Er zog ein Zigarettenpäckchen aus der Hosentasche und nahm eine verbogene Zigarette heraus. Tims Zigaretten waren immer krumm.
„Toll!“ sagte Horst.
Es waren Fotos von der Ankunft eines Politikers auf dem Flugplatz, von einem Tunnelbau, Aufnahmen vom Straßenverkehr und Schnappschüsse von einem Windhundrennen.
„Mensch, — jedes einzelne Hundehaar scharf! Dabei bewegen die sich doch so rasch!“
„Horst will nämlich auch Fotoreporter werden“, erklärte die Mutter.
„Ja, aber ich kann nur Sachen fotografieren, die sich ruhig halten“, sagte Horst. „Alles andere wird unscharf.“
Tim lachte.
„Wenn du eine schnelle Bewegung festhalten willst, mußt du eben auch schnell sein.“
Er nahm die Kamera vom Tisch und erklärte Horst ihre Möglichkeiten.
„Nach dem Essen fahren wir miteinander los“, schlug er vor. „Wir laufen ein bißchen durch den Stadtpark. Auf dem großen Kinderspielplatz gibt es Motive genug.“
„Läßt du mich denn mal mit deiner Kamera fotografieren?“ fragte Horst.
„Klar“, versprach Tim.
„Prima!“
Im selben Augenblick fiel Horst Matthias ein. Er sah ihn vor sich, wie er im Bett lag und auf ihn wartete. Eine Weile saß Horst ganz still.
„Ich bin gleich wieder da“, sagte er dann. „Ich muß bloß noch ...“
Und schon sauste er los.

Matthias schien ihm blasser als gewöhnlich.
„Hast du Schmerzen?"
„Ach was!" sagte Matthias. „Fein, daß du so früh kommst!"
„Nein", erklärte Horst, „ich muß wieder weg. Mein Onkel Tim ist da. Ich komme später wieder", versprach er. „Dann lese ich dir den Schluß vor."
Matthias war enttäuscht.
„Ist es schön draußen?" fragte er.
Es war sehr schön. Horst zögerte.
„Es geht", meinte er dann.
Er wandte sich zur Tür.
„Also, bis nachher!"
„Bis nachher", sagte Matthias.
Er hat doch Schmerzen, dachte Horst auf dem Heimweg. Und er fühlte sich unbehaglich.
Wenig später saß er in Tims ratterndem Auto. Sie hielten an einer Bude, kauften sich Schokoladeneis, dann fuhren sie zum Park hinaus.
„Schau dich um", sagte Tim. „Wesentlich ist, daß man sieht. Der kleine Junge da zum Beispiel ist größer als der Schwan, den er füttert. Und die alte Frau auf der Bank hält im Schlaf ihre Tasche fest umklammert. Vielleicht ist ein Brief ihres Sohnes darin. Ihre Hände sehen aus, als ob sie wach sind."
„Ja", staunte Horst.
„Man muß erkennen, was der Schwerpunkt eines Bildes sein könnte, was an einem Menschen am stärksten auffällt."
„An dem kleinen Mädchen da der Hut", sagte Horst.
„Richtig!" rief Tim. „Und an dem dicken Mann der dicke Hund, den er mit sich führt."
Sie streiften kreuz und quer durch den Park. Nie zuvor hatte Horst bemerkt, daß der Park so aufregend war. Er hatte das Gefühl, ein Jäger zu sein.
Ich muß das Matthias erzählen, dachte er. Aber wenn er sich an Matthias erinnerte, wurde er ein bißchen traurig.
Später ließ Tim ihn ein paar Aufnahmen machen. Ein Baby, das mitten auf der Wiese saß und weinte, ein ballspielender Boxerhund, ein Mäd-

chen, dem eine Taube Futter aus der Hand pickte, und drei pfeifenrauchende Männer auf einer Bank.

„Ob die Bilder was geworden sind?"

Horst hatte heiße Backen.

„Das sehen wir dann morgen!" lachte Tim. „Für heute werden wir wohl nach Hause müssen. Die Sonne ist schon fort."

„Wie spät ist es denn?"

Tim zog seine silberne Taschenuhr aus der Wildlederjacke.

„Halb sechs", sagte er. „Komm!"

Die Mutter wartete schon mit dem Abendessen.

„Kann ich nicht noch schnell zu Matthias?" fragte Horst.

„Nein", sagte sie. „Jetzt essen wir. Nachher darfst du noch auf einen Sprung hin".

Als Horst klingelte, wußte er nicht, ob Matthias seine Begeisterung verstehen würde. Vielleicht sollte er gar nicht so viel erzählen und ihm lieber die Geschichte vorlesen?

Matthias' Mutter öffnete ihm. Sie hatte geweint.

„Er ist im Krankenhaus", sagte sie. „Vor einer Stunde."

Horst fiel kein einziges Wort ein. Und auch zu Hause blieb er stumm.

„Na", grinste Tim, „der jüngste Reporter Deutschlands ist wohl müde?"

Horst nickte.

„Ja", sagte er.

Dann ging er in sein Zimmer.

Gina Ruck-Pauquèt

Die Brille

Hätte er die Brille aufgehabt, dann hätte er den Stein gesehen, über den er gefallen war. Aber er hatte sie rasch versteckt, um ihnen nachzulaufen. Wo eigentlich? Es wollte ihm nicht einfallen. Das Bein schmerzte, und er fühlte sich sehr elend. In der Hose war ein großes Loch, und er merkte, wie das Blut am Bein entlanglief und in den Schuh sickerte.

Sie waren ohne ihn weggegangen. Immer, wenn sie sich balgten, schrie er: „Vorsicht! Meine Brille!" Das war ihnen lästig. Er wußte es wohl. Aber er mußte es doch tun. Eine war ihm schon zerbrochen. „Paß auf deine Brille auf!" hatte die Mutter gesagt, als sie ihm eine neue besorgte, und er wußte, daß sie viel Geld dafür bezahlt hatte. Deshalb nahm er die Brille ab, ehe er ihnen nachlief, um sie einzuholen. Ohne Brille würden sie ihn mitnehmen, dachte er.
Aber jetzt lag er hier, und sie waren schon weit weg. „Sie werden mich nicht mehr hören, wenn ich rufe."

Eta Linnemann

Rita G., Hausfrau, berichtet ihrem Mann:

Nein, sowas, — Ludwig, ich bin sprachlos, — mach mal die Flurtür zu, — was ich da eben oben bei Frau Schmidt erlebt hab, das wirst du nicht glauben wollen! Ich bin raufgegangen, um zu fragen, ob sie morgen Wäsche hängen will oder ob ich kann. Sie machte die Tür auf und ist noch im Nachthemd. Ich frag' sie, ob sie krank sei, denn jetzt, nachmittags, schläft man ja nicht mehr, da schwankt sie so gegen den Türpfosten, hält sich fest und lallt: „Krank? Wer? Was wollen Sie? Wäsche? Was soll ich . . .?" Ich springe zu und will sie festhalten, denn ich denk, sie hat Fieber oder wird ohnmächtig, aber da merk ich es schon, — besoffen war das Weibsbild! Eine Fahne schlug mir entgegen, daß ich mir unwillkürlich die Nase zuhielt. Ich drehe mich natürlich sofort um und ging die Treppe wieder runter, da lallt sie noch hinter mir her: „Warum gehen Sie? Immer ist man allein!" oder so etwas Ähnliches. Ich hatte schon öfter so eine Ahnung, daß etwas mit ihr nicht stimmte. Also betrunken war sie dann! Nein, so was! Was wohl der Mann dazu sagt, wenn er nach Hause kommt? Aber der kommt ja auch erst nachts aus dem Wirtshaus. Na, für mich ist diese Person erledigt. Nachmittags um vier noch im Nachthemd! Und betrunken . . .!

U. Keller

Straßenverkehr

„Zwei Männer hatten mit ihrem Auto in Barkum (Kreis Vechta) ein Pferdefuhrwerk gestoppt und waren über den Kutscher, einen Landwirt, hergefallen. Nach Mitteilung der Polizei waren die Autofahrer angeblich erbost, weil sie mit ihrem Personenwagen das Pferdefuhrwerk nicht schnell genug hatten überholen können. Dem verletzten Landwirt gelang es nur mit Mühe, sich von den ‚Straßenrichtern' zu befreien und in ein Feld zu flüchten. Dort holten ihn die Männer jedoch wieder ein, verprügelten ihn zum zweiten Male und ließen ihn erst danach weiterfahren. Nach Angaben der Polizei haben mindestens 20 Menschen die Schlägerei beobachtet, ohne dem Landwirt zu helfen."

Peter Schneider

Der Streit um den Rollstuhlschieber

Martin schlägt so schnell und ohne Warnung zu, daß der lange Theo fast umkippt. In der nächsten Sekunde fährt ihm der Schreck durch die Glieder.

„Jetzt macht der Theo Mus aus mir!" blitzt es ihm durch den Kopf. Aber dann schwemmt die heiße Wut jeden Gedanken fort. Martin wirft sich mit voller Wucht auf den langen Theo und schreit:

„Du gemeiner Hund! Du gemeiner —"

Da liegen sie schon auf dem Boden — Sand scheuert in ihren Gesichtern. Martin krallt sich in den Haaren von Theo fest — der klemmt ihm die Luft ab — Geschrei ringsum —

„Los zeig's dem Bubi! Gib es ihm! — Rollstuhlschieber!"

Das grausame Wort reißt Martin wieder hoch. Er tritt um sich. Der lange Theo heult wie ein Präriehund.

„Warte, du kleiner, dreckiger Affe!"

Und wirft sich auf Martin. Jetzt ist es aus, denkt der — kriegt gerade noch ein Stück nackten Arm zu fassen und beißt sich verzweifelt fest.

Da, ein Schrei!

„Achtung! Feuerwehr! Brandgefahr!"

Irgendwas reißt sie auseinander. Martin kommt halb hoch — auch das noch — Lehrer Brand.

„Was ist denn hier los? Wollt ihr euch die Köpfe einschlagen?"

Der Ton bedeutet Alarmstufe eins. Aber Martin hört kaum hin. Wo ist denn Daniel? Wo ist — — ah, der Rollstuhl steht ein Stück weiter oben neben dem Auto von Herrn Brand. Daniel wirft die Arme in die Luft und schneidet schlimme Grimassen.

Ich Esel, denkt Martin, jetzt regt Daniel sich schrecklich auf, und ich bilde mir ein, ich tue was für ihn, wenn ich mich schlage. Ich muß zu ihm — schnell, aber da hat Herr Brand schon beide am Kragen — den langen Theo, dem der Sand aus den Haaren rieselt, und den staubigen Martin. Und die anderen stehen alle drumherum.

Hatte wohl keiner Zeit abzuhauen, überlegt Martin. Er kann noch nicht wieder klar denken. Doch, da liegt der Fußball auf der verlassenen Sportwiese.

Sieht fast ein bißchen bösartig aus — schwarz und weiß zwischen vertrockneten Grasbüscheln. Plötzlich merkt man wieder, wie schwül der Tag ist. Die Nachmittagssonne sticht wie mit heißen Nadeln.

„Jetzt mal raus mit der Sprache — was war hier los?"

„Er hat den Rollstuhl mit dem kleinen Idioten da an den Rand vom Platz gestellt — sagte, er wollte nur mal zusehen"; der lange Theo durchkämmt mit allen zehn Fingern seine aus den Fugen geratene Mähne. Er schnauft, weil er außer Atem ist und weil er sich langsam in gerechte Empörung hineinredet.

„Jawohl", kommt ihm da Alex aus dem Kreis der andern zu Hilfe, „eine Unverschämtheit ist das! Wir üben für das Rückspiel gegen die Cornelius-Schule, da steht der daneben und macht seine Faxen. Dabei kann sich doch kein Mensch auf den Ball konzentrieren, Herr Brand. So einer gehört in eine Anstalt und nicht auf unseren Spielplatz!"

„Und als ich ihm sage, er soll mit dem kleinen Idioten wieder abschieben, da haut er mir einfach ins Gesicht, Herr Brand. Das kann ich mir doch nicht gefallen lassen, wegen so einem . . ."

„Er ist kein Idiot!" schreit Martin. „Aber ihr seid zu blöde, um das zu begreifen."

Auf einmal fühlt er sich nur noch zerschlagen und todtraurig. Er will nach Hause mit Daniel. Es hat alles keinen Zweck.
„Ihr kommt euch wohl sehr großartig vor?" Herr Brand hat plötzlich eine messerscharfe Stimme.
„Nur weil einer nicht laufen kann wie ihr, habt ihr nicht das Recht, ihn zu verjagen! Und dir, Martin, fällt nichts besseres ein, als deinen Bruder mit den Fäusten zu verteidigen? Glaubst du, daß deine Kameraden ihn nach einer Tracht Prügel besser verstehen werden? Übrigens wäre der Rollstuhl umgekippt, wenn ich nicht zufällig dazugekommen wäre; und ihr habt das nicht einmal gemerkt bei eurer sinnlosen Rauferei."
Lehrer Brand läßt die beiden los:
„Glaubt ja nicht, daß der Fall damit erledigt ist — wir sprechen uns noch, morgen!"
Er dreht sich um, geht ein paar Schritte zum Auto und bleibt noch eine kleine Weile bei Daniel stehen. Dann fährt er los. Eine Staubwolke bleibt hinter ihm zurück.
Stumm gehen sie auseinander: der lange Theo mit seiner Mannschaft in die eine Richtung, Martin mit dem Rollstuhl in die andere. Es sind Jungen, wie es sie überall gibt; sie spielen Fußball, finden, daß die Schule ein lästiges Übel ist, und manche Probleme lösen sie lieber mit einem Fußtritt, ohne lange darüber nachzudenken — so wie viele Jungen zwischen zwölf und fünfzehn und wie viele Erwachsene auch.
Sie leben in einer kleinen Stadt, wie es tausende im Lande gibt: zwei Volksschulen, eine Realschule, ein selbstgebauter Sportplatz, zwei Kirchen, Geschäfte, Fabriken und Siedlungen.
Im Westen über der Autobahnbrücke schiebt sich jetzt eine schiefergraue Wolkenmasse über den Horizont. Gewitterspannung liegt in der Luft.

Marie Luise Elling

Klumpfuß

Ja, wer geht denn da mit seinem Klumpfuß?
Das ist der Franz.
Nein, wie das aussieht, wie der geht!

Los, wir rennen hinterher. Nein, wir hinken hinterher.
Hink! Hink! Hink!
Der merkt das gar nicht.
Der hat nicht nur'n Klumpfuß, der ist auch taub.
Er geht, als wäre niemand hinter ihm.
Zieh nur die Schultern 'n bißchen ein.
Du Klumpfuß!

Ich Klumpfuß
Ich sag' nichts.
Gegen euch kann ich gar nichts machen.
Ich hab' ja 'n Klumpfuß.
Aber das werd' ich mir merken.
Alles werd' ich mir merken.
Ich vergesse nichts.
Und eines Tages . . .
Ich weiß noch nicht wie, aber ich werd's euch zurückzahlen.
Bestimmt!

Susanne Kilian

Einer von vielen

Vierzehn Tage lebte Peter nun schon in seinem neuen Heim, im Kinderdorf Wahlwies. Bisher, das mußte er zugeben, war es ihm gut ergangen. Geschlagen wurde hier niemand, und die anderen elf Jungen und Mädchen in der schönen, hellen Wohnung schienen keine Angst zu haben. Drei Jahre war die kleine Schwester alt, vierzehn der älteste Bruder. Es war sehr merkwürdig: eine Familie mit Mutter, Vater und genau einem Dutzend Kindern – aber nur zwei davon hießen so wie die Eltern, denn das waren ihre eigenen. Von den übrigen hatte jedes einen anderen Namen mitgebracht. Und sie sahen auch kein bißchen wie Geschwister aus. In Peters Zimmer schliefen zum Beispiel noch zwei Jungen. Dirk war zwölf und sprach ganz merkwürdig. Wenigstens fand Peter das. Dirk kam nämlich aus Hamburg. Und Ralf war zehn – und er war ganz braun, wie Schokolade, und hatte braunes Kraushaar.

Recht verschieden waren sie zwar voneinander, die zwölf Kinder in diesem Haus, aber es fiel Peter gar nicht schwer, sie als wirkliche Geschwister anzuerkennen. Schade war nur, daß Horst, der größte von ihnen, in der nächsten Woche seine Siebensachen packen und in das Jugendwohnheim umziehen würde. Das lag zwar nur zwanzig Schritte entfernt und im gleichen Kinderdorf, aber immerhin: Horst fehlte dann beim Frühstück und beim Abendbrot, und beim Mittagessen, wenn das ganze Dorf im Speisesaal zusammenkam, gehörte er nicht mehr an ihren Tisch. Aber er hatte fest versprochen, daß er immer mal wieder zu Besuch kommen wollte. Sonntags bestimmt. „Wenn ich auch nicht mehr bei euch wohne", hatte Horst erklärt, „so sind Vater und Mutter doch immer noch meine Eltern, weißt du. Und wir sehen uns ja jeden Tag."

Horst hatte sich sogar schon eine Werkstatt ausgesucht, in der er lernen wollte. Goldschmied wollte er werden. Einmal hatte er Peter schon mit in die Goldschmiedewerkstatt genommen, und sie hatten sich alles angesehen. Vier andere Jungen waren dort schon in der Lehre. Der Meister war noch jung, und wenn er auch nach Arbeitsschluß nach Hause ging, erwartete ihn eine Wohnung wie die, in der Peter jetzt lebte. Er war nämlich nicht nur Meister, sondern auch Familienvater. Sein eigenes Kind war noch sehr klein und konnte noch nicht laufen, und dazu hatte er elf andere.

„Kann ich auch Goldschmied werden?" hatte Peter gefragt, und der Meister hatte genickt. „Warum nicht? Aber bis dahin hat's ja noch viel Zeit. Sieh dich ruhig auch einmal in den anderen Werkstätten um. Vielleicht findest du etwas, was dir noch viel besser gefällt, und du wirst Schneider, Feinmechaniker, Schlosser oder Tischler."

Peter nickte zustimmend. Ja, er wollte sich alles genau ansehen, und es stimmte ja auch, daß er noch vier Jahre Zeit hatte, bis er daran denken mußte, einen Beruf zu wählen.

Eines war ihm nämlich schon völlig klar geworden: Hier ließ sich's leben, und hier wollte er bleiben. Es war nicht nur schön, es war auch gut. Eine Heimat hatte er jetzt, und Geschwister auch. Nach vierzehn Tagen unterschied er sich kaum noch von den übrigen hundertzwanzig Kindern im Dorf. Bis auf eine Kleinigkeit. Seine Geschwister sagten

Vater und Mutter, wenn sie mit dem Töpfermeister und seiner Frau sprachen, in deren Haus sie lebten und die für sie sorgten.
Freilich hatte das Frau Boerner auch Peter schon am ersten Tage angeboten, aber der Junge hatte den Kopf geschüttelt. Niemand hatte ihn gedrängt. Die Geschwister wunderten sich zwar ein wenig, aber sie vergaßen es dann, weil Peter es überhaupt vermied, die Hauseltern anzureden.
Es war nur gut, daß niemand drängte. Peter hätte nicht erklären mögen, warum er nicht Vater sagen wollte und vor allem nicht Mutter. Nein, das hatte er bis jetzt immer zu seiner Tante gesagt. Und die hatte ihn beschimpft, gescholten und geschlagen. Mutter, nein, das war nicht gut.
Eines Abends saß die Familie um den Abendbrottisch versammelt, und es ging recht fröhlich zu. Alle Kinder hatten am Nachmittag draußen gespielt, und jetzt gab es viel zu erzählen. Neben Peter saß Angelika. Sie war sechs, aber noch so klein und schwach für ihr Alter, daß sie erst im nächsten Jahr zur Schule gehen sollte. Sie berichtete so lebhaft von der Puppe, die ihre Freundin aus dem Nachbarhaus geschenkt bekommen hatte, daß sie beim besten Willen nicht zugleich auch noch vorsichtig sein konnte. Und plötzlich war es geschehen: sie stieß ihren Becher um, dessen Inhalt über den Tisch und Boden spritzte. Sofort wußte Peter, daß er das schon einmal erlebt hatte. Genauso war es ihm selbst ergangen, und er erinnerte sich, wie sehr er darüber erschrocken war. Aber er wußte auch noch genau, was dann geschehen war. Damals hatte seine Tante ganz ruhig gesagt, er solle ...
„Geh in die Küche und hol einen Lappen, Angelika", sagte Frau Boerner.
Von diesem Augenblick an konnte Peter mit Sicherheit voraussagen, was nun geschehen würde. Angelika lief hinaus, kam gleich darauf wieder und ging daran, die Milch aufzuwischen. Peter sah zu Herrn Boerner hinüber. Der mußte doch jetzt aufspringen und ... Aber Herr Boerner blieb ruhig sitzen und lächelte sogar ein wenig, als die kleine Angelika sich so eifrig bemühte. Das war anders, als er vorausgesehen hatte. Da stimmte etwas nicht. Entschlossen sprang Peter auf, riß Angelika den Lappen aus der Hand, schlug ihn ihr zwei-, dreimal heftig ins Gesicht und schrie dabei mit zornrotem Gesicht: „Du Ferkel! Du

Schwein! Wer nicht anständig essen kann, der kriegt überhaupt nichts! Marsch, ins Bett!“ Wieder holte er zum Schlag aus, aber da hielt Herr Boerner seinen Arm fest.

Peter wandte sich um, sah zu dem Hausvater auf und hob schützend eine Hand vors Gesicht.

„Aber Peter!“ sagte Herr Boerner. „Was soll das? Setz dich bitte hin und iß.“ Dann wandte er sich Angelika zu, die zu erschrocken war, um zu weinen. „Mach nur weiter“, sagte er ruhig. „Das war sehr häßlich von Peter, aber er hat's bestimmt nicht so gemeint, weißt du. Und es tut ihm auch leid.“

Das Abendessen ging seinen Gang, als wäre nichts geschehen. Aber es war doch etwas geschehen. Peter fühlte es, und unter den verwunderten Blicken der Geschwister brachte er keinen Bissen mehr hinunter.

Wenn alle Kinder in den Betten lagen, kam Frau Boerner immer noch einmal, um gute Nacht zu wünschen. Sie kam auch heute, rückte bei Dirk ein Paar Schuhe ordentlich unter das Bett und gab dem dunkelhäutigen Ralf einen Löffel voll Hustensaft. Dann kam sie zu Peter und setzte sich auf die Bettkante. Peter sah sie verlegen und furchtsam an. Noch hatte niemand geschimpft, niemand ein hartes Wort gesagt. Aber jetzt mußte es kommen — er hatte es doch verdient!

Ein Weilchen sah ihn die Frau an, dann lächelte sie, schüttelte langsam den Kopf und fuhr ihm mit der Hand durch das Haar. „Du mußt nicht mehr daran denken“, sagte sie. „Das ist doch alles längst vorbei. Bei uns gibt es so etwas nicht.“

Und Peter legte das Gesicht in ihren Schoß und weinte. Die Frau saß ganz still. Nur ihre Hand fuhr beruhigend über den wirren Bubenschopf.

„Ich tu's auch nicht wieder“, sagte Peter, stockte und versicherte noch einmal: „Ganz bestimmt nicht . . ., Mutter!“ „Ich weiß, Peter. Gute Nacht!“ Sie löschte das Licht und ging hinaus.

Das alles ist nun schon zehn Jahre her. Peter ist längst ein junger Mann. Er ist übrigens wirklich Goldschmied geworden, und ein tüchtiger obendrein. Sein Meister in einer großen Stadt ist sehr zufrieden mit ihm.

Hans-Georg Noack

Hermann, Bossi und ich

In unserer Straße wohnt Hermann. Es ist merkwürdig mit ihm: Er ist kein Kind, er ist kein Mann. Er ist nicht jung, er ist nicht alt. Ich weiß selbst nicht, was er ist.
Jeden Tag geht Hermann die Straße auf und ab mit Bossi, seinem Hund. Er geht langsam. Manchmal bleibt er stehen. Dann stützt er sich auf seinen Stock und schaut sich um, ob jemand kommt und mit ihm redet.
Wenn ich mit dem Roller vorbeisausen will, hält er seinen Stock quer und ruft: „Halt an, Manfred! Du bist doch mein Freund."
Ich weiß, was er möchte: Ich soll ihm etwas erzählen. Ich soll mit ihm reden. Aber ich mag das nicht gern. Er spricht so laut und so poltrig, dabei sehe ich seine großen Zähne. Manchmal hat er Spucke am Mund. Dann muß ich wegsehen.
Seine Mutter steht am Fenster und ruft ihm nach: „Hermann, geh weiter! Geh schön spazieren mit Bossi!"
Einmal hat meine Mutter gesagt: „Wenn Hermann gesund wäre, könnte er verheiratet sein. Dann hätte er vielleicht einen Jungen, genau so alt wie du."
Ich habe gedacht: „Schade! Hier wohnen bloß alte Leute. Noch ein Junge in unserer Straße, das wäre schön!" Und ich habe gedacht: „Warum ist er nicht gesund? Was ist das für eine komische Krankheit?"
Aber auf Bossi hatte ich eine Wut. Wenn ich vergessen hatte, unsere Gartenpforte zu schließen, kam Bossi hereingerannt und machte einen Haufen hinter die Hecke. Weil ich meinen Roller dort abstelle, hatte ich dann den Ärger mit der Hundeschiete. Einmal habe ich Bossi eins mit der Schaufel übergezogen. Er hat mächtig gejault. Das war an dem Tag, als Vater verlangte, ich solle den Haufen mit der Schaufel wegtragen. Warum gerade ich? Hermann hatte doch auch schuld. Der konnte aufpassen auf Bossi.
Und nun ist Bossi tot. Gestern ist es passiert. Ich habe das Taxi quietschen hören. Sie fahren in unserer Straße immer so schnell die Abkürzung zum Krankenhaus. Bossi lag auf der Seite. Das Taxi brauste weiter. Der Fahrer hatte es wohl gar nicht gemerkt. Hermann hat

Bossi aufgehoben. Der Hund hing wie ein Lappen über seinem linken Arm. Mit der rechten Hand hat Hermann ihn gestreichelt, immerzu. So ist er mit Bossi nach Hause gehinkt. Seinen Stock hat er auf der Straße liegenlassen.

Ich habe den Stock genommen und bin ihm nachgelaufen. Da habe ich gesehen, wie Hermann geweint hat. Er war ganz naß im Gesicht; an Bossis Fell hat er es abgewischt.

Heute bin ich auf der anderen Straßenseite Roller gefahren. Aber Hermann ist nicht spazierengegangen. Ich war froh, daß ich ihn nicht getroffen habe. Ich hatte Angst, er würde wieder weinen.

Hanna Hanisch

Josch

Die Leute nannten ihn Josch. Er war größer als Sascha und ein bißchen schmutzig. Immer ließ er die Schultern hängen, und er ging, als ob er die Richtung nicht wisse. Seine Hände waren erstaunlich. Sie baumelten rechts und links an ihm herunter, die offenen Innenflächen schienen die Luft zu schaufeln.

Sascha mochte Josch. Sie gingen nebeneinander her und schwiegen. Manchmal trat Josch gegen einen Stein. Dann machte Sascha es ihm nach. Hin und wieder zog Josch auch die Nase hoch.

„Warum putzt du dir die Nase nicht?" fragte Sascha.

„Warum?" fragte Josch zurück.

„Weil ...", begann Sascha.

Aber dann wußte er es auch nicht. Er überlegte.

„Er sollte nicht mit diesem Josch spielen", hatte die Mutter zum Vater gesagt. „Der ist nicht in Ordnung."

„Hm", hatte der Vater gebrummt, ganz tief.

So, wie er es manchmal tat, wenn er etwas in den Nachrichten hörte.

Sascha fand Josch ganz in Ordnung, so, wie er war. Josch war eben Josch. Er schaufelte mit seinen Händen die Luft, und manchmal lächelte er. Er blickte dabei nicht Sascha an. Er lächelte geradeaus, und die Art, wie er lächelte war, als ob er wegen etwas um Verzeihung bitte.

„Josch ...", sagte Sascha.
Josch blickte sich schnell nach allen Seiten um.
„Ich heiße Josef", flüsterte er dann.
Sascha roch Josch's säuerlichen Geruch.
„Josef", sagte er, und auch er sprach leise.
Sie setzten sich nebeneinander auf die Bordsteinkante. Zwischen den Ritzen der Steine wuchs Gras. Sascha zupfte es heraus und drehte es in seiner Hand. Er dachte über Josch nach. Er hatte noch nie einen Jungen wie Josch gekannt. Josch war wie ein Paket, das man nicht aufkriegte. Man wußte nicht, was darin war.
„Was tust du am liebsten?" fragte Sascha.
„Nichts", sagte Josch.
Seine Augen waren, als hätte sie jemand mit grauer Kreide gemalt und ein bißchen verwischt.
Nichts, dachte Sascha, und er wunderte sich nicht einmal. So war Josch eben. Aber er war auch so, daß man dauernd über ihn nachdenken mußte. Sascha konnte sich zum Beispiel nicht vorstellen, daß Josch Wut kriegte, daß er weinte, oder wie er schlief.
Sascha schlief auf dem Rücken, die Arme weit von sich gestreckt. Oder manchmal schlief er auch auf dem Bauch.
„Ich hab viele Autos", sagte Sascha. „Wollen wir damit spielen?"
Josch lächelte ihn an. Da schämte sich Sascha plötzlich. So, als ob Spielzeugautos etwas Dummes wären.
„Wie alt bist du?" fragte er.
„Ich gehe nicht in die Schule", sagte Josch. „Ich gehe nie in die Schule."
„Und was willst du später werden?" fragte Sascha.
„Nichts", sagte Josch.
Nach einer Weile stand er auf und ging fort. Er schien vergessen zu haben, daß es Sascha gab. So war das manchmal.
Sascha hätte gerne mit seinen Eltern über Josef gesprochen. Aber sie dachten, daß Josch nicht gut für ihn sei. Sascha verstand das nicht. Josch war gut für ihn. Und außerdem war Josch sein Freund.
„Josef", sagte Sascha eines Tages, „du bist mein Freund."
Er wartete, daß der andere etwas sagen würde. Aber nichts geschah.
Sascha kramte sein Taschenmesser hervor.
„Da!" sagte er. „Schenk ich dir!"

Josch legte die Hände hinter den Rücken.
„Es kann nicht fliegen", sagte er.
Sascha blickte ihn an. Josch schien plötzlich aufgeregt.
„Komm!" flüsterte er. „Ich zeig' dir was!"
Sie gingen zum Schuttplatz, wo das Auto auf dem Rücken lag. Dahinter hockten sie sich nieder.
„Guck!" sagte Josch.
Er zog eine alte, schmuddelige Zigarettenschachtel aus der Tasche.
„Hier!"
„Was ist darin?" fragte Sascha.
„Löwen!" flüsterte Josch. „Sie gehören mir ganz allein!" sagte er dann laut.
„Mach mal auf!" sagte Sascha. „Zeig mal!"
„Wenn ich aufmache, fliegen sie fort."
Josch umschloß die Zigarettenschachtel mit beiden Händen.
„Löwen fliegen doch nicht!" sagte Sascha schnell.
„Warum nicht?" Josch blickte ihn an.
Er fragte nur mit dem Mund. Seine Augen fragten nicht mit. Sascha überlegte. Josch hatte Löwen in der Zigarettenschachtel, und Löwen konnten fliegen. Man sah Josch an, daß er ganz sicher war, also mußte es stimmen. Auf irgendeine Art, die Sascha nicht klar war. Nie zuvor hatte Sascha so viel nachgedacht wie in der Zeit mit Josch.
„Laß sie doch!" sagte Sascha. „Ich meine, — laß sie doch fliegen."
„Und ich?" fragte Josch.
Das verstand Sascha.
„Du hast doch mich", sagte er.
Josch lächelte an ihm vorbei.
„Du paßt nicht in die Schachtel", sagte er. „Aber einmal laß ich sie vielleicht", sagte er dann.
„Wann?" fragte Sascha.
„Weiß nicht."
Er steckte die Schachtel wieder in die Hosentasche.
Während der nächsten Tage regnete es. Und als die Sonne wieder schien, war Saschas Mutter dafür, daß Sascha im Garten spielte. Sascha baute eine unterirdische Burg für die Mäuse. Aber die Mäuse zogen nicht hinein. Und Sascha konnte Josch nicht vergessen.

Es gab so vieles, das er ihn fragen wollte. Zum Beispiel, was er so dachte. Sascha mußte wissen, was Josch dachte. Und dann mußte er wissen, ob es stimmte, daß Josch im Dunkeln umherlief.
Sascha wußte, daß Josch keinen Vater hatte. Und seine Mutter ging abends fort. Es hieß, Josch laufe im Dunkeln umher, und wenn ihm jemand begegne, renne er schreiend weg.
Ich fehle ihm, dachte Sascha, während er die Mäuseburg durch ein Erdbeben einstürzen ließ. Josch braucht mich. Später faßte er sich ein Herz.
„Was ist mit Josch nicht in Ordnung?" fragte er seine Mutter.
„Etwas in seinem Kopf", sagte die Mutter.
„Was denn?" wollte Sascha wissen.
Die Mutter zuckte die Achseln.
Sascha glaubte nicht, daß in Josch's Kopf etwas nicht in Ordnung war. Es war anders. Eine unsichtbare Mauer war rund um Josch, mit einer Tür, die man schwer fand. Aber ihn hatte Josch hereingelassen, und hinter der Tür waren die fliegenden Löwen.
Nach einer Woche hielt Sascha es nicht mehr aus. Er lief einfach fort und suchte seinen Freund. Zu allen vertrauten Plätzen ging er.
„Josef!" rief er. „Josef!"
Aber er bekam keine Antwort. Bevor es dämmerig wurde, kehrte er nach Hause zurück. Die Eltern mußten bemerkt haben, daß er fort gewesen war. Aber sie sagten nichts, schauten ihn nur forschend an.
Da bekam Sascha eine große, schreckliche Wut. Ihm war, als habe man ihm etwas gestohlen. Er schluckte und ließ die Gabel sinken.
„Wo ist Josch?" fragte er.
„Er ist jetzt in einer Anstalt", sagte der Vater.
„In einer Anstalt?" fragte Sascha.
„Das ist so wie ein Kinderheim", fiel die Mutter schnell ein.
„Kann ich ihn besuchen?" wollte Sascha wissen.
„Nein", sagte der Vater. „Nein."
Am anderen Tag sprachen sie im Lebensmittelgeschäft darüber.
„Er hat getobt, als sie ihn mitnahmen", hörte Sascha. „Er wollte irgend etwas. Aber keiner hat ihn verstanden."
Sascha ging auf den Schuttplatz und setzte sich hinter das umgekippte Auto. Josch hatte nie etwas gewollt. Es paßte irgendwie nicht.

Ich hätte ihn verstanden, dachte Sascha.
Aber Sascha war nicht dagewesen. Er stützte den Kopf in die Hände und starrte vor sich hin. Plötzlich bemerkte er ein paar Steine, die kunstvoll aufeinandergebaut waren. Er trat mit dem Fuß dagegen.
Vor ihm lag die Schachtel mit den Löwen. Sascha nahm sie vorsichtig in die Hand. Er überlegte. Dann ging er entschlossen nach Hause.
Er ging die Treppe zum Speicher empor und öffnete die Bodenluke. Dann schloß er die Augen, riß die Schachtel auf und hielt sie hinaus.
Sascha wußte natürlich, daß die Schachtel leer war. Aber die Löwen fliegen zu lassen, war das einzige, das er für Josch tun konnte.
Ganz langsam ging Sascha wieder nach unten. Sein Vater war schon zu Hause. Die Mutter stand neben ihm.
„Was hast du da oben gemacht?" fragte sie.
Sascha zerknüllte die Schachtel in seiner Hand und biß die Zähne zusammen. Es war furchtbar, daß man seinen Eltern nicht die Wahrheit sagen konnte, bloß, weil sie einen nicht verstanden.

Gina Ruck-Pauquèt

Freundesgruß

Ich bin der kleinste Mann mit leeren Händen.
Ich bin der ärmste Mann mit kleinen Händen.
Doch mit dir
kann der kleine, arme Mann
auch den größten Baum mit langen Ästen,
auch das hohe Haus mit vollen Tischen
in den kleinen leeren Händen
über große Berge tragen.

Günter Bruno Fuchs

Ist groß immer groß?

Einmal schauten sich Klaus und Michael eine Baustelle an. Vor ihnen lag ein hoher Haufen Sand und Kies, über den sie kaum hinwegsehen konnten. Nur die großen Kalksilos, der Bagger und die riesigen Baukräne ragten darüber hinaus.

Da kam ihr Freund Andreas. Er wohnte in einem Hochhaus, das dicht an diesem Bauplatz stand.
Andreas sagte: „Von unserem Wohnzimmer im 10. Stock sieht die Baustelle ganz anders aus. Man kann viel mehr sehen."
Andreas nahm seine Freunde mit nach Hause.
Sie fuhren mit dem Aufzug in den 10. Stock und schauten sich die Baustelle von oben an.
„Siehst du den Sand- und Kieshaufen, Michael?" rief Klaus.
„Und wie klein jetzt die Silos und der Bagger sind."
„Und die Baubuden!"
„Und die Balken sehen aus wie Streichhölzer."

Die Neue

Die Klassentür ging auf, und herein kam die Lehrerin, Fräulein Meier.
„Ich habe eine Neue mitgebracht", sagte sie und zog ein schüchternes schwarzgelocktes Mädchen hinter sich her. „Das ist Rosanna. Sie ist Italienerin und erst eine Woche in Deutschland. Sie kann noch kein Wort Deutsch. Ich hoffe, daß ihr Rosanna helft, sich schnell bei uns einzuleben.
Eine richtige Italienerin, toll! Alle waren begeistert, jeder wollte Rosanna neben sich haben.
Fräulein Meier setzte sie auf den freien Platz neben Ulrike. Ulrike war ganz stolz. Immer wieder mußte sie die Neue angucken. Die saß still da, den Kopf gesenkt, und sagte kein Wort.
In der Pause wurde Rosanna mit Fragen bestürmt. Aber Rosanna antwortete nicht, sondern blickte nur verwirrt von einem zum anderen.
Schließlich sagte sie irgend etwas. Herrje! Das klang vielleicht komisch! Die Kinder schüttelten sich vor Lachen.
„Sag das noch einmal, Rosanna!" riefen sie.
Doch Rosanna guckte nur erschrocken in die lachenden Gesichter. Dann ließ sie den Kopf sinken, und eine Träne kullerte über ihr braunes Gesicht.

„Das ist ja eine Heulsuse", sagten die Kinder. „Kommt, laßt uns Fangen spielen."
Sie ließen Rosanna stehen, liefen in eine andere Ecke des Schulhofes und spielten bis zum Ende der Pause Fangen.
Als alle in die Klasse zurückkehrten, weinte Rosanna immer noch. „So ein Pech", dachte Ulrike, „jetzt muß ich neben so einer Heulsuse sitzen." Und sie rückte ihren Stuhl ein wenig zur Seite.
Als Ulrike abends im Bett lag, dachte sie noch einmal über Rosanna nach. Wie hatte sie sich darüber gefreut, daß diese Rosanna neben ihr saß! Aber nun? Ich werde mich morgen woanders hinsetzen, dachte sie. Wer weiß, von was für Leuten die stammt. Wie die schon aussieht mit ihren kohlschwarzen Zottelhaaren!
Plötzlich ist Ulrike von lauter schwarzhaarigen Kindern umgeben. Sie bilden einen Kreis um sie, zeigen mit Fingern und reden in einer völlig unverständlichen Sprache auf sie ein. Was wollen die von ihr? „Ich kann euch nicht verstehen!" ruft Ulrike hilflos. Die schwarzhaarigen Kinder biegen sich vor Lachen. „Warum lacht ihr denn so? Ist denn das so komisch, wenn ich Deutsch rede?" fragt Ulrike ängstlich.
Jetzt zupfte ein Mädchen sie sogar am Ärmel und zeigt immer auf irgend etwas. Was soll das nur? „Ich verstehe doch nichts! Kann denn keiner von euch Deutsch. Sprecht doch Deutsch mit mir!" fleht Ulrike.
Aber die Kinder reden in ihrer merkwürdigen Sprache weiter und lachen nur noch mehr. Ulrike fühlt sich schrecklich einsam unter den vielen fremden Kindern. Sie fängt an zu weinen. „Ich möchte nach Hause! Bitte, laßt mich nach Hause!" schluchzt sie.
„Aber Ulrike, du bist doch zu Hause", sagte da eine ruhige Stimme.
„Ach, endlich jemand, der deutsch spricht!" rief Ulrike erleichtert.
„Wie soll ich denn sonst sprechen? Ulrike, was träumst du denn da?"
Es war die Mutter. Ulrike wachte auf.
Ein böser Traum war das gewesen ...
Aber hatte die schwarzhaarige Rosanna, die noch kein Wort Deutsch verstand, diesen bösen Traum nicht wirklich erlebt?

Gisela Schütz

Wir haben einen Neuen

Wir haben einen Neuen in der Klasse
mit roten Haaren, stell dir vor! —
Na und?
Deshalb klettert trotzdem er durch dichte Hecken,
deshalb spielt er trotzdem gern im Wald Verstecken,
weiß trotzdem, was ein Wigwam ist,
weiß trotzdem, wie man Pfeile schießt,
kann trotzdem einen Handstand machen,
kann trotzdem hundert andre Sachen.
Und hätt' er Sommersprossen, wär er kugelrund,
hätt' krumme Beine er, ich sagte nur: Na und?
Daß er so ist,
es ist nicht seine Schuld.
Daß du's nicht bist,
das ist nicht deine Schuld.
Doch wenn er fremd, verlassen bleibt und ganz alleine,
dann ist's nicht seine Schuld. Dann ist es deine.

Gisela Schütz

Neu in der Klasse

„Achtung!" Tobias stößt Rainer an. „Der Roller kommt!"
Bernd geht ruhig an ihnen vorbei. Nur ein aufmerksamer Zuschauer würde erkennen, daß seine Haltung verkrampft ist. Bernd weiß, daß sie ihn den Roller nennen. Sie machen sich über ihn lustig, — weil er das R rollt, weil er vom Land kommt, weil er neu in der Klasse ist. Das geht schon eine Weile so. Seit der ersten Deutschstunde, in der Bernd vorlesen mußte.
„Lach doch einfach mit, wenn sie grinsen", hatte seine Mutter gesagt.
Aber so leicht ist das nicht. Wenn sie mich nicht wollen, sollen sie es lassen, denkt Bernd zum hundertstenmal. Doch das hilft nur für eine

Stunde. Dann bohrt es wieder in ihm, und irgendwas sitzt in seiner Kehle. Es ist manchmal direkt, als müsse er heulen.
„Vorsicht!" Michael schießt einen Ball haarscharf an ihm vorbei.
Ich könnte euch zeigen, was Fußball ist, denkt Bernd. Aber er schweigt.
Ruhig geht er zwischen den andern ins Klassenzimmer. Immer ist ein wenig Abstand zwischen ihnen und ihm, leerer Raum. So, als ob ich die Masern hätte, fällt es Bernd ein.
Am Montag nach der Schule ruft ihn der Lehrer zu sich.
„Na", fragt er, „wie fühlst du dich denn bei uns?"
Bernd schluckt.
„Danke", sagt er dann.
Er hört selber, wie hölzern das klingt.
„Einen Freund hast du noch nicht gefunden?"
Bernd schüttelt den Kopf. Warum kann er bloß nicht reden?
„Bist du eigentlich immer so still?" will der Lehrer wissen.
„Ich . . .", beginnt Bernd.
„Na ja", der Lehrer klopft ihm leicht auf die Schulter, „du fühlst dich jetzt noch ein wenig fremd. Aber das wird schon werden."
Auf dem Heimweg patscht Bernd durch die Regenwasserpfützen. So etwas Dummes tut er sonst nie. Aber es ist eine Wut in ihm, die heraus-will. Und er weiß nicht, wie er sie loswerden soll.
Am Nachmittag ist großes Indianertreffen auf dem Hügel hinter der Stadt.
„Wollen wir den Neuen auch mitnehmen?" fragt Thomas.
„Den Roller?" Tobias schüttelt den Kopf. „Der ist doch doof!"
„Ja, aber . . .", der Neue tut Thomas leid. Wie er immer rumschleicht! Und keiner kümmert sich um ihn. Allerdings könnte er auch von sich mal etwas sagen.
„Also um halb drei!"
„Okay!" ruft Thomas, und dann hat er den Roller vergessen.
Am anderen Morgen hat Bernd eine blaue Vogelfeder vor sich auf dem Pult.
„Was hast du denn da?" fragt Thomas im Vorübergehen.
„Eine Eichelhäherfeder", sagt Bernd. „Willst du sie?"
„Nee", entgegnet Thomas.

Er ist mit seinen Gedanken längst woanders. Michael winkt ihm nämlich mit dem neuesten Abenteuerheft. Die leihen sie sich immer gegenseitig aus.
Einmal versucht auch Bernd, einen Blick in eines der Hefte zu werfen. Aber als Tobias ihm dann über die Schulter sieht und dabei ein bißchen drängelt, weicht er zur Seite aus und geht weg.
„Warum bringst du eigentlich nie einen deiner neuen Schulkameraden mit?" fragt die Mutter zu Hause. – „Ihr spielt wohl lieber draußen", meint sie dann.
Bernd spricht schon lange nicht mehr mit ihr über seine Schwierigkeiten in der Schule. Er mag nicht mehr darüber sprechen. Seine Mutter hat genug Sorgen. Wenn sie wüßte, wie ihm immer zumute ist, würde sie noch trauriger sein. Da läuft er lieber an den Nachmittagen allein die Straßen entlang.
Auch in der nächsten Zeit bleibt Bernd der Außenseiter in der Klasse. Die anderen haben es aufgegeben, über ihn zu lachen. Sie beachten ihn kaum. Er ist eben langweilig.
Aber dann spricht er sie eines Tages in der Pause an.
„Ich hab' Bonbons", sagt er. „Wollt ihr welche?"
Und er hält ihnen eine riesige Tüte entgegen. Sie finden es alle ein bißchen komisch, doch schließlich greifen sie zu.
„Toll!" sagt Tobias. „Außen 'rum Schokolade."
Sie bedanken sich und spielen weiter. Und nur Thomas bemerkt für einen Augenblick, daß Bernd ihnen von einer Ecke des Schulhofes her zuschaut.
In der folgenden Unterrichtsstunde stellt der Lehrer dann fest, daß in der Ausflugskasse fünf Mark fehlen.
„Wir wollen jetzt nicht weiter darüber sprechen", sagt er. „Für den Fall, daß einer von euch in Not war und das Geld ausgeliehen hat, möchte ich, daß es morgen wieder da ist. Der Junge kann sich auch jederzeit bei mir melden."
„Mensch, sowas tut doch keiner von uns!" sagt Tobias nach der Schule, als sie heimgehen wollen.
Sie stehen in einer Gruppe zusammen.
„Was macht der denn da?"

Sie alle sehen, wie der Roller auf der anderen Straßenseite entlanggeht. Dann plötzlich, zieht er etwas aus der Hosentasche und wirft es zwischen die Sträucher.
„Es ist die Tüte mit dem Rest der Bonbons", sagt Michael.
„He!" ruft Rainer.
Nein, Bernd läuft nicht fort. Mit hängenden Armen steht er da. Und dann heult er.
„Du hast das Geld geklaut", sagt Tobias.
Er sagt es ganz ruhig. Die anderen schweigen betreten. Thomas starrt auf die Bonbontüte in Michaels Hand. Auf eine verschwommene Art fühlt er sich schuldig.
„Du mußt es zurückgeben", sagt einer.
Bernd nickt.
„Wo soll er denn bis morgen fünf Mark hernehmen?"
„Was geht das uns an?" meint Tobias.
„Ich tu was dazu", sagt Thomas entschlossen. „Allein kann er das nicht in Ordnung bringen."
„Na ja", überlegt Rainer, „schließlich haben wir ja alle von den Bonbons gegessen."
„So'n Blödsinn zu machen!" brummt Michael. „Ist ein klarer Fall", setzt er hinzu, „jetzt müssen wir ihm helfen."
„Also gut", sagt Tobias. „Wir treffen uns um drei auf dem Fußballplatz. Kannst du eigentlich Fußball spielen?"
Bernd nickt. „Linksaußen."
„Warum hast du das nie gesagt?"
„Ihr wollt mich ja nicht."
„Nun red nicht so geschwollen daher!" Tobias versetzt Bernd einen freundlichen Rippenstoß. „Bis um drei also. Und nächstens spielst du dann mit."
Da muß nun zuerst so etwas passieren, denkt Thomas auf dem Heimweg, und er überlegt, wie Bernd sich nun fühlen mag.

Gina Ruck-Pauquèt

O großer Geist

O großer Geist,
bewahre mich davor,
über einen Menschen zu urteilen,
ehe ich nicht eine Meile
in seinen Mokassins gegangen bin.

Gebet der Siouxindianer

Tommy Langbein und Trapper Geierschnabel

„Trapper Geierschnabel" ist fast einen Kopf kleiner als „Tommy Langbein" — aber viel, viel stärker. Er kriegt sogar den dicken Ulli um, und das hat ihm noch keiner nachgemacht. Außerdem hat er meistens die besten Einfälle. Ob ihr Peter oder Kai nehmt, Markus oder Bernhard — alle fünf- bis siebenjährigen Jungen, die am Heckenweg wohnen, tun, was Jan Geyer, der „Trapper Geierschnabel", sagt. Und das ist „Tommy Langbeins" Unglück!

Der lange, dünne Tommy Langfeld wohnt erst seit sechs Wochen in der Stadtrandsiedlung und kann sich hier gar nicht zurechtfinden. In der kleinen Mietwohnung im Hochhaus früher hat seine Mutter nur immer „Sei leise, Tommy!" und „Still, Junge, sonst schimpft Frau Meyer nebenan!" zu ihm gesagt. Und jetzt schilt sie plötzlich: „Warum spielst du nicht mit den anderen Kindern draußen? Aus dir wird nie ein richtiger Junge!"

Die hat gut reden, die Mutter! Wenn Tommy nur zaghaft zehn Schritt weit zur Gartenpforte hinausmarschiert ist, bauen sich schon die ersten drei frechen Jungen vor ihm auf, rufen: „Sperre!" und lassen ihn nicht durch. Was soll man da machen? Versucht Tommy, sich durchzudrängen, so hauen ihn die andern, bis er heulend nach Hause läuft. Gibt er gleich auf und kehrt wieder um, so hängen sich die Jungen an ihn und schreien aus Leibeskräften: „Angsthase, Pfeffernase! Angsthase, Pfeffernase!" bis noch mehr Kinder zusammenlaufen. Sogar die kleine Ingrid, die im Nachbarhaus wohnt, zeigt dann auch mit dem Finger auf ihn und ruft mit:

„Laaang-bein, ba-by-klein, is noch nich' mal stubenrein. Laaang-bein, ba-by-klein ..."
Das Geschrei findet meist erst dann ein Ende, wenn Frau Langfeld erscheint und „Wollt ihr wohl machen, daß ihr wegkommt!" ruft. Aber so oft sie auch sagt: „Wehe, wenn ihr meinen Jungen noch 'mal ärgert!" — am nächsten Tag ist es doch wieder dasselbe.
Am liebsten würde Tommy nur noch im Zimmer spielen. Aber da ist dann wieder seine Mutter. Die sagt „Stubenhocker" zu ihm und „Jungen, die bald zur Schule kommen, dürfen keine Angst vor andern Kindern haben!" Tommy spürt wohl, daß seine Mutter recht hat; aber Angst hat er trotzdem. Und wie man dies scheußliche Gefühl los wird — das sagt ihm keiner.
Als Herr Geyer am Dienstagabend von der Arbeit kommt, sieht er seinen Jan mit vier anderen Jungen in Müllers großem Kirschbaum sitzen — und einen anderen kleinen Burschen, der eben laut heulend davonläuft.
„Was macht ihr denn hier?" ruft Herr Geyer ins Blättergewirr hinauf.
„Och, wir haben bloß Kirschkernwettspucken gemacht", antwortet Jan vom äußersten Ast. „Auf Tommy Langbein, weißt du! Der brüllt immer so schön. Und ich hab' am öftesten getroffen."
„So, so, fünf gegen einen, der sich nicht wehren kann! Ihr seid mir schöne Feiglinge!" sagte Herr Geyer und geht weiter. —
Beim Abendbrot stochert Jan, der Trapper Geierschnabel, merkwürdig lange in seinem Teller herum.
„Feige sind wir nicht, Pappi", erklärt er dann plötzlich. „Aber der Tommy ist zu blöde! Den muß man einfach ärgern."
„Wenn fünf auf einen losgehen, ist das immer unfair!" antwortet der Vater. „In allen Geschichten, die ich dir vom Trapper Geierschnabel erzählt habe, ist so etwas nie vorgekommen."
„Vielleicht ist der Tommy einfach nicht daran gewöhnt, mit so vielen Kindern zu spielen!" meint die Mutter. „Wenn er einen starken Freund hätte, der ihm hilft, würde er es sicher lernen."
Am nächsten Morgen versucht Jan, so zu tun, als hätte er nie etwas von einem Jungen namens Tommy Langbein gehört. Und damit er ihm auch ganz gewiß nicht in den Weg läuft, geht er mit all seinen Freun-

den auf das unbebaute Grundstück am äußersten Ende des Heckenweges und spielt dort.
So kommt's, daß Tommy Langbein einen ganzen Vormittag lang ungestört auf der Straße spielen kann, ohne daß jemand „Sperre" macht. Ingrid und ihre Freundin Bärbel, die gerade einen dritten Mann zum „Gummitwist" brauchen, finden es sehr gut, daß Tom jetzt hier wohnt.
Als seine Mutter ihn schließlich ruft, ist er schon beim „dritten Hopse" und die Mädchen erst beim „zweiten Hinke". „Toll!" sagen die beiden.
So gut hat Tommy das Mittagessen schon lange nicht mehr geschmeckt.
Am Nachmittag hat Jan, der Trapper Geierschnabel, eine neue Idee: In der großen Linde, die sie vormittags als Anschlagbaum benutzt haben, soll eine Baumhöhle gebaut werden. Alte Bretter bringt die Bande mit einiger Mühe genug zusammen. Aber dann kommt die große Schwierigkeit: „Wie kriegen wir die Dinger da 'rauf?" fragen sich die Jungen, und keiner weiß Rat.
Der unterste Ast ist viel zu hoch angewachsen. Schon das Erklettern der Linde macht einigen Mühe. Wie soll man nun die schweren Holzplatten nach oben wuchten?
Erst als der kleine Peter auf Ullis Schultern steigt, gelingt es, eins der Bretter zu Jan, der auf dem untersten Ast liegt, hinaufzubefördern. Aber das war besonders lang und schmal. Alle anderen sind viel kürzer und schwerer.
„Peter ist zu klein!" heißt es. „Ulf, du bist der Größte. Versuch du mal!" Aber viel weiter hinauf reicht Ulf auch nicht — und vor allem ist er so schwer, daß selbst der dicke Ulli „Ich knack' gleich zusammen!" schreit und die Last abwirft.
„Wir müssen einen haben, der viel länger ist und trotzdem leicht!" sagt Bernhard.
„Tommy Langbein!" ruft Jan von oben.
„Tommy Langbein??" fragen die anderen verwundert. „Tommy Langbein? Der Blöde?"
„Der ist nicht blöde!" erklärt Trapper Geierschnabel. „Der ist's bloß nicht gewohnt, mit Jungen zu spielen. Los, holt ihn her!"

Und wirklich: Bald stellt es sich heraus, daß Tommy gar nicht blöde ist: Der Brettertransport nach oben klappt ausgezeichnet, seit er dabei ist.
„Was'n Glück, daß du so lang bist, Tom!" meint der dicke Ulli, als sie alle in der fertigen Baumhöhle sitzen. Und als ihn gleich darauf einer „Tommy Langbein" nennt, da ist das kein Spottname mehr. Das ist eine Anerkennung — fast soviel wert wie der Name „Trapper Geierschnabel".
Und das will schon etwas heißen am Heckenweg.

Friderun Krautwurm

Der Hund

Er war nicht viel größer als ein Dackel; und er hatte auch krumme, kurze Dackelbeine, aber seine Ohren standen aufrecht. Auf dem Rücken mitten im schwarz-weiß gefleckten Fell prangte ein Wirbel roter Haare.
Er hieß Flocki. Der Name paßte nicht zu ihm; wie er dazu gekommen war, wußte niemand. Wenn man „Flocki" rief, spitzte er die Ohren; nannte man ihn aber „Dogge", dann gehorchte er sofort.
Flocki lebte in unserem Haus. Sein Herr bewohnte das Einzelzimmer rechts vom Hauseingang zu ebener Erde zur Miete. Den Herrn sahen wir selten — aber alle kannten Flocki, die Männer, die Frauen und besonders die Kinder. Und wir alle mochten Flocki gern. Sogar der stets schimpfende Fahrradhändler im Nachbarhaus trat manchmal aus seinem Laden, streichelte Flocki oder gab ihm ein Stück Zucker. Und die Witwe aus dem dritten Stock brachte ihm mittags regelmäßig Reste von ihrem Mittagessen.
Jeden Morgen machte Flocki seinen Rundgang um unseren Häuserblock. Die Schulkinder schauten aus dem Fenster, und sahen sie Flocki kommen, dann wußten sie: Es ist Zeit, zur Schule zu gehen.
Auf seinem Rundgang blieb Flocki zuerst beim Bäcker stehen. Er wartete geduldig, bis der Bäcker Zeit fand, vor die Tür zu kommen — und der Bäcker kam immer. Er warf ein trockenes Brötchen hoch, und Flocki mußte es aus der Luft fangen. Wenn Flocki hochsprang, bewegte er die

Beine, als wollte er fliegen, aber das Brötchen schnappte er. Mit dem Brötchen zwischen den Zähnen knurrte er einmal, dann hoppelte er um die Ecke wie ein lahmer Hase.

Dort war der Fleischerladen. Der Fleischer schenkte Flocki jeden zweiten Tag einen Knochen — aber nur jeden zweiten Tag. Das kannte Flocki genau; er verrechnete sich nicht einmal mit den Sonntagen: Am ersten Tag wedelte er mit dem Schwanz und lief vorbei; am zweiten Tag setzte er sich vor die Tür und bellte leise zweimal. Sobald er angeschlagen hatte, öffnete sich die Ladentür, und die Verkäuferin legte ihm seinen Knochen vor die Füße; er zerknackte ihn auf der Stelle.

Erst nach dem Rundgang ließ Flocki sich von seinem Herrn füttern. Als Nachtisch fraß er dann noch, was er in den Papiersäcken vor seinem Fenster fand. Das waren Wursthäute, Speckschwarten und abgenagte Knochen. Die legten ihm die Schulkinder hin, mit denen er nachmittags spielte.

Flocki tollte gern mit Kindern. Kinder durften ihn sogar am Schwanz ziehen, ohne daß er jaulte. Und wenn jemand mit den Kindern schimpfte, weil sie laut waren, dann fletschte Flocki die Zähne. Solange er mit Kindern spielte, wurde er nicht müde. Er jagte und ließ sich jagen, und er biß nie.

Aber wenn sein Herr ihm pfiff, gehorchte er sofort. Flocki blieb immer so nah, daß sein Herr ihn rufen konnte. Die beiden trennten sich nie. Wohin der Herr ging, dahin lief auch Flocki; und wenn der Herr — wie meistens — in seinem Zimmer arbeitete, saß Flocki auf der Fensterbank, bis die ersten Kinder sich auf der Straße zeigten. Als ich eines Mittags aus der Schule kam, lag Flocki wieder am Fenster und schaute auf die Straße. Er hatte mich noch nicht gesehen, da fuhr plötzlich mit heulenden Reifen ein grüner Wagen in unsere Straße ein. Vor unserem Haus bremste er quietschend. Er stand noch nicht: Fünf Schutzleute sprangen ab. Zwei blieben auf der Straße. Drei stürzten in unser Haus. Flocki bellte wütend. Dann verschwand er vom Fenster.

Ich guckte mich um. Aus allen Fenstern in der Straße guckten Leute. Alle Geschäftsleute standen vor ihren Läden. Und immer mehr Menschen versammelten sich vor unserem Haus. Die Schutzleute forderten sie auf, weiterzugehen, aber sie wichen höchstens drei Schritte zurück.

Die meisten starrten stumm auf unsere Haustür. Nur wenige tuschelten miteinander.
Die Tür öffnete sich. Zwei Schutzleute führten Flockis Herrn mit Handschellen gefesselt zum grünen Wagen. Flocki umkreiste sie, kläffte und versuchte zu beißen, bis einer von den abführenden Schutzleuten ihn mit dem Absatz trat, daß er jaulte. Der Herr wandte den Kopf und sagte: „Dogge, brav!" Aber die Schutzleute rissen ihn herum und stießen ihn in den Wagen, bevor er fertiggesprochen hatte.
Doch Flocki hatte den Befehl gehört. Gehorsam setzte er sich auf den Bürgersteig. Winselnd schaute er zum Fenster hin. Dort reichte ein Schutzmann große Pakete heraus, die in den Wagen verladen wurden. Dann blickte Flocki wieder zum Wagen hin, wo sein Herr verschwunden war, und er heulte leise auf.
Die vielen Zuschauer redeten jetzt erregt miteinander. Ein alter Mann wagte sich vor bis zu einem der Schutzleute und fragte. Aber der Schutzmann schüttelte nur den Kopf und beantwortete seine Frage nicht.
Als die Schutzleute alles verstaut hatten, verschlossen sie das Fenster. Man sah, wie sie von innen eine Siegelmarke über den Fenstergriff klebten. Dann verließen sie die Wohnung, bestiegen den grünen Wagen und fuhren mit Flockis Herrn davon.
Flocki bellte nur einmal, als der Wagen abfuhr. Dann sprang er auf die Fensterbrüstung, legte sich vor das verschlossene Fenster und wartete.
Die Zuschauer standen noch eine Weile beieinander und redeten. Dabei hörte ich, wie einer laut „Gefängnis" sagte. Kurz darauf gingen die Leute auseinander, aber das Wort „Gefängnis" blieb. Einer verriet es dem anderen, und am Nachmittag verkündete man jedem, der es wissen wollte, Flockis Herr sei ins Gefängnis gekommen. Über die Gründe dafür munkelte man zwar, doch niemand wußte sie genau anzugeben.
Flocki blieb den ganzen Nachmittag an seinem Platz. Er verließ die Fensterbrüstung selbst dann nicht, als die Kinder kamen und mit ihm spielen wollten.

Am nächsten Morgen saß Flocki noch immer vor seinem Fenster und zitterte. Als seine Zeit gekommen war, begann er jedoch mit dem täglichen Rundgang.
Vor der Tür des Bäckers stand er lange. Doch der Bäcker brachte ihm nichts. Er kam aus dem Laden und scheuchte den Hund davon.
Flocki trottete mit hängendem Kopf zum Fleischerladen. Er bellte, aber niemand gab ihm einen Knochen.
Flocki suchte die Winkel und Nischen nach etwas Freßbarem ab. Er fand wenig.
Als er zu seinem Fenster zurückkehrte, scharrte eben der Fahrradhändler von nebenan mit dem Fuß die Wursthäute, Speckschwarten und abgenagten Knochen aus den Päckchen der Schulkinder in das Kanalloch. Danach versuchte der Mann, den Hund fortzujagen, aber Flocki bleckte die Zähne. Er setzte sich wieder auf seinen Fensterplatz und wachte.
An diesem Tage ließ sich nicht einmal die Witwe aus dem dritten Stock sehen.
Flocki lag ruhig mit geschlossenen Augen auf der Fensterbank. Nur manchmal winselte er leise auf. Auch an diesem Nachmittag spielte er nicht mit uns Kindern. Immer wieder suchte er auf dem Stück von der Haustür bis zum Rand des Bürgersteiges die Spur seines Herrn. Dort, wo sie sich verlor, blieb er stehen und bellte heulend auf.
Als es dunkel wurde, begann Flocki zuerst leise, dann immer lauter zu jaulen. Stundenlang bellte er, und zuletzt hörte man ihn nur noch anhaltend heulen. Das dauerte die ganze Nacht. Er klagte, daß alle in der Straße ihn hören mußten. Viele konnten nicht schlafen. Manche rissen die Fenster auf und drohten Flocki. Aber Flocki trauerte weiter um seinen Herrn und jammerte vor Hunger.
Am Morgen lag Flocki vor der Haustür. Als wir Schulkinder zu ihm wollten, vertrat der Fahrradhändler uns den Weg. Die Päckchen mit Wursthäuten, Speckschwarten und abgenagten Knochen nahm er uns ab. Flocki blinzelte kaum.
An diesem Tag machte Flocki keinen Rundgang. Er war zu erschöpft. Als die Witwe aus dem dritten Stock von ihren Einkäufen zurückkam, blieb sie vor der Haustür stehen, um mit einer Nachbarin zu sprechen. Flocki schleppte sich heran und beschnupperte ihr Einkaufsnetz. Dabei

wimmerte er. Plötzlich drehte die Witwe aus dem dritten Stock sich um. „Dreckiges Vieh! Mach, daß du fortkommst! Du Hund von einem Zuchthäusler!" Und sie trat Flocki in die Seite. Flocki kroch an die Hauswand unter seinem Fenster, leckte seine Seite und legte dann die Schnauze auf die Pfoten. Er schloß die Augen. Die Witwe aus dem dritten Stock wandte sich wieder der Nachbarin zu und sagte: „Ich habe den Hundefänger angerufen, damit er diesen Köter abholt. Man will doch nachts seine Ruhe haben."
Am Nachmittag kam ein kleiner Lieferwagen. Er hielt vor unserem Haus. Ein kräftiger Mann in Lederjacke stieg aus. Er öffnete die Tür zum Laderaum und ging auf Flocki zu. Der Mann packte Flocki bei Schnauze und Schwanz. Flocki wehrte sich nicht. Der Mann warf ihn in den Laderaum und schlug die Tür zu. Als er davonfuhr, hörten wir Flocki noch einmal aufheulen.
Nach einer Woche wurde das Zimmer neben dem Hauseingang ganz geräumt. Vier Wochen später zog eine alte Frau als Mieterin ein. Flocki und seinen Herrn haben wir nie wiedergesehen. Die Witwe aus dem dritten Stock aber hält sich jetzt eine Katze.

Hans Peter Richter

Antonella

Klaus hat Krankenwagen gern. Sie sausen durch die Straßen. Sie sind so schön weiß. Sie haben ein leuchtend rotes Kreuz aufgemalt. Die Sirene kann man weithin hören. Auf dem Dach blinkt ein blaues Licht.
Klaus hat Krankenwagen gern. Fast so gern wie Polizeiautos. Schade, daß man nicht sehen kann, wer in dem Krankenwagen liegt. Klaus möchte den Krankenwagen am liebsten anhalten. Aber das geht doch nicht, meint seine Mutter.
Wenn er hineinschauen könnte, würde er sehen, daß auf der Bahre ein Mädchen liegt. Das Mädchen ist zwei Jahre älter als Klaus. Ihre Augen sind geschlossen. An der Stirn ist ein Loch. Aus dem Loch rinnt Blut.

Das Mädchen heißt Antonella.
Sie ist mit ihren Eltern aus Italien in die Bundesrepublik gekommen, weil ihr Vater in Italien keine Arbeit finden konnte. Klaus ist schon einmal in Italien gewesen, in den Ferien mit seinen Eltern. Sie haben am Strand gelegen. Sie sind jeden Tag im Meer geschwommen. Der Vater hatte damals gesagt: „Wir fahren nach Italien, weil dort immer blauer Himmel ist."
In Italien sprechen die Menschen italienisch.
In der Bundesrepublik sprechen die Menschen deutsch.
Italienisch ist eine Sprache, die Klaus nicht versteht.
Deutsch ist eine Sprache, die Antonella kaum versteht.
Antonella soll in der Schule in Deutschland die deutsche Sprache lernen.
Die deutsche Sprache ist eine schwere Sprache.
Die Lehrerin ist nett zu Antonella gewesen, aber einmal in der Rechenstunde hat sie gesagt:
„Was sollen wir denn mit dir machen, wenn du die Textaufgaben nicht verstehst?"
In Italien hatte Antonella eine gute Note in Rechnen gehabt. In der Bundesrepublik hat sie ihre Rechenaufgaben oft nicht lösen können.
Auf dem Schulhof, in der Pause, haben die anderen Kinder nicht mit Antonella spielen wollen.
Ein Mädchen hat zu ihr gesagt:
„Komm mir nicht zu nahe. Meine Mutter sagt immer, ihr Ithaker habt Flöhe."
Andere Kinder haben gerufen:
„Spaghettifresser! Ithaker!"
Antonella hat begriffen, daß dies Schimpfnamen sind.
In der Baracke, in der Antonellas Familie wohnt, sind die Kinder am Nachmittag immer allein.
Antonella hat auf ihre jüngeren Geschwister aufpassen müssen. Abends sind der Vater und die Mutter immer sehr müde.
Am Morgen ist Antonella manchmal ohne Hausaufgaben in die Schule gekommen.
Lange hat es die Lehrerin nicht gemerkt.

Die Lehrerin hat Antonella beim Unterricht auch nicht mehr aufgerufen, weil es immer so lange dauerte, bis sie eine Antwort herausbrachte. Antonella hat gar nicht dazugehört.
Sie hat nur dabeigesessen.
Einmal hat die Lehrerin am Morgen gefragt:
„Wer hat heute seine Hausaufgaben nicht gemacht? Er soll sich gleich melden."
Antonella hat nicht sofort verstanden, was die Lehrerin meinte. Da hat schon eines der deutschen Mädchen den Finger ausgestreckt und gesagt:
„Die Spaghettifresserin hat ihre Schulaufgaben nicht!"
Alle haben gelacht. Auch die Lehrerin ein bißchen. Nur Antonella nicht.
Die Lehrerin hat zu dem Mädchen gesagt:
„Inge, du sollst nicht petzen."
Aber dann hat sie von Antonella verlangt, sie solle ihre Hausaufgaben vorzeigen. Da hat sich herausgestellt, daß sie überhaupt keine Hausaufgaben macht.
Im Herbst sind die anderen Kinder in die nächste Klasse versetzt worden. Antonella aber mußte die dritte Klasse wiederholen.
Vater und Mutter haben zu ihr gesagt:
„Du mußt fleißiger sein, Antonella. In Deutschland sind alle Leute sehr fleißig."
Nach den Ferien ist Antonella wieder in die Schule geschickt worden. Der Vater hat gesagt, wenn er hört, daß sie die Schule schwänzt, schickt er sie wieder zurück nach Italien zur Großmutter.
Als in der Klasse die Plätze verteilt wurden, hat Dora gesagt:
„Neben einer Spaghettifresserin mag ich nicht sitzen."
Die Lehrerin hat mit Dora geschimpft, und Dora hat sich doch neben Antonella setzen müssen.
Wenn die Lehrerin einmal nicht hinschaute, haben Dora und die Mädchen in der Bank hinter Antonella Fratzen geschnitten und sie an den Haaren gezogen.
Sie haben auch geflüstert „Spaghettifresserin", immer wieder „Spaghettifresserin".

Heute morgen hat Dora ihren Füllfederhalter nicht finden können. Sie hat zu ihren Freundinnen gesagt:
„Den bin ich los für immer ... den hat die Spaghettifresserin geklaut."
Antonella hat „nein, nein" geschrien, aber die anderen Mädchen haben Dora zugestimmt und gerufen:
„Die hat ihn. Klarer Fall."
Dann haben sie versucht, Antonella ihre Schultasche wegzunehmen, um sie zu durchsuchen. Antonella hat die Tasche fest an sich gedrückt. Sie hat gehofft, die Lehrerin werde hereinkommen. Immer mehr Kinder haben auf Antonella eingeschlagen und sie am Kleid und an den Haaren gerissen.
Da hat sie die Tasche plötzlich fallen lassen und ist fortgelaufen. Einfach fort.
Sie hat nicht gewußt, wohin. Den Gang entlang, die Treppe hinunter, über den Hof, ohne nach rechts oder links zu sehen, über die Straße.
Antonella hat das Auto nicht kommen sehen.
Der Autofahrer hat nicht rechtzeitig bremsen können.
Antonella ist von dem Auto überfahren worden.
Der Fahrer ist herausgesprungen und hat geschimpft:
„Du blödes Gör! Kannst du nicht besser aufpassen."
Leute sind stehengeblieben und haben zu dem Autofahrer gesagt:
„Sie sind nicht schuld."
„Ist doch klar", hat ein Mann gemeint, „wo die her sind, da gibt's noch keine Autos. Nur Esel und Maultiere."
Der Krankenwagen ist gekommen. Die Krankenträger haben Antonella auf die Bahre gelegt. Sie hat die Lippen bewegt und etwas gemurmelt, aber ihre Augen sind zu gewesen.
Der eine Träger hat zu dem anderen gesagt:
„Was erzählt die denn da?"
„Weiß ich doch nicht!" hat der andere geantwortet, „glaubst du, ich kann italienisch? Los komm, nun mach schon!"
Jetzt muß der Krankenwagen schnell abfahren. Der Mann am Steuer schaltet das Blaulicht ein und gibt Gas.
Die Sirene macht herrlich Krach. Der Krankenwagen saust um die Ecke. Krankenwagen sind schön weiß und haben ein leuchtend rotes

Kreuz aufgemalt. Klaus hat Krankenwagen gern. Fast so gern wie Polizeiautos. Seine Mutter hat er gefragt:
„Was wird denn aus Antonella, wenn sie wieder gesund ist und aus dem Krankenhaus entlassen wird?“ Die Mutter hat nicht verstanden, was Klaus meint.

Frederik Hetmann

Die mit den grünen Haaren

Es war einer dieser Tage gewesen, an denen nichts Spaß machte. Das gab es manchmal. Man tat die gleichen Dinge wie sonst auch, aber alles erschien langweilig. Und gegen Abend war man dann mißgestimmt und ärgerlich und wußte nicht, warum.
„Heute ist'n Krimi im Fernsehen“, sagte Erik.
Im Vorübergehen zupfte er Blätter von einer Hecke.
„Weiß ich“, antwortete Udo.
Sie waren draußen am Omnibusbahnhof gewesen und dann quer durch die Stadt geschlendert.
„Doof!“ sagte Udo.
„Was?“ wollte Erik wissen.
„Da im Fenster die Hüte. Überhaupt alles!“ fügte er hinzu.
„Hüte sind immer doof“, sagte Erik. „Gehst du morgen mit ins Kino?“
Udo dribbelte seinen Ball vor sich her. „Kann ich nicht. Mein Bruder kommt heute abend. Er will morgen mit mir rausfahren.“
„Was macht dein Bruder?“ wollte Erik wissen.
„Studiert“, sagte Udo. „Paß mal auf!“ sagte er dann.
Sie hatten die kleine Brücke erreicht. Sie war fast menschenleer. Nur ein paar Italiener standen da, Gastarbeiter.
„Was denn?“ fragte Erik.
Da hatte Udo dem Ball schon einen Tritt versetzt. Eigentlich wollte er ihn haarscharf an den Männern vorbeischießen. Vielleicht hatte er nicht genau gezielt. Jedenfalls traf er einen der Italiener am Bein.
Natürlich war es ein scharfer Schuß gewesen. Aber war das ein Grund für einen Mann, sich derartig aufzuregen?

„Der hat sich erschreckt“, sagte Erik noch, da stürzte der Italiener auch schon auf Udo zu.
Er gestikulierte wie wild mit den Händen, und ein Redeschwall schoß aus ihm wie Erbsen aus einer geplatzten Tüte.
„He, du!“ rief da jemand, „laß die Kinder in Ruhe!“
Aber Erik und Udo waren auch schon fort.
„Du machst Sachen!“ meinte Erik.
„Das sind doch miese Typen“, sagte Udo. Er merkte, daß er zitterte. Vor Wut natürlich. „Das weiß doch jeder, daß die alle miteinander nichts wert sind! Wir hätten nicht weglaufen sollen.“
„Was denn sonst?“ fragte Erik.
„Wir hätten denen zeigen sollen, wer hier zu sagen hat!“
„Na, ich weiß nicht“, sagte Erik, „jeder andere wäre da auch erschrocken gewesen und wütend geworden.“
„Jeder andere!“ Udo schüttelte den Kopf. „Die kannst du doch nicht mit jedem anderen vergleichen. Wie die sich benehmen, das weiß man doch!“
Erik wußte es nicht. „Na, ja“, sagte er. Er war zu Hause angekommen. „Tschüs denn.“
Udo ging auch heim. Sein Bruder Rolf war schon da. Der Vater hatte Spätdienst, und die Mutter deckte den Abendbrottisch.
„Was hast du getrieben?“ fragte Rolf.
Er streckte die langen Beine in den Jeans weit von sich.
Udo hatte plötzlich das Gefühl, sehr klein zu sein.
„Ich habe versucht, einen Italiener zu erlegen“, erklärte er. „Einer von denen, die rumstehen.“
„Wie das?“ Rolf zog die Beine an und sah interessiert aus.
„Mit dem Fußball“, sagte Udo. „Boing, — Volltreffer!“
„Ist das eine Gewohnheit von dir?“ fragte Rolf.
„Was?“
„Auf Leute zu schießen.“
„Nee“, entgegnete Udo schnodderig, „nur auf Italiener.“
„Er kommt ins Flegelalter“, sagte die Mutter. „Hatte der dir was getan?“
Udo schüttelte den Kopf.

„Udo hat ihm aber anscheinend was getan", sagte Rolf.
„Ach Mensch, — ich hab' ihm doch bloß den Ball gegen das Bein geschossen!"
„Kanntest du den Mann?" fragte Rolf.
„Ich hab' doch gesagt, daß es so einer war! So ein Fremdarbeiter. Jemand hat mal erzählt, die schlafen zu Hause im Eselstall", dachte Udo verlegen.
„Wir können dann essen", sagte die Mutter. Sie setzte sich. „Das ist schon eine besondere Sorte, diese Gastarbeiter", sagte sie. „Messerstechereien, und den Mädchen pfeifen sie nach. Jedenfalls hast du kein Recht, mit Bällen nach ihnen zu schießen", fügte sie dann hinzu.
„Die Gastarbeiter", sagte Rolf. „Die Schwiegermütter. Die Juden. Die Gammler. Die Deutschen."
„Wie meinst du das?" fragte die Mutter.
„Das sind Menschengruppen", sagte Rolf. „Ich meine es so: Das sind Menschengruppen, über die man Urteile fällt. Aber Menschengruppen sind Zusammensetzungen aus einzelnen Menschen. Und wenn man die einzelnen Menschen nicht kennt, und dann doch über sie urteilt, dann ist das ein Vorurteil. Ein vorschnelles, ungerechtes Urteil."
„Das stimmt", sagte die Mutter, und sie nickte.
„Ja, aber . . ." begann Udo.
„Bitte?" sagte Rolf.
Udo schwieg.
„Vielleicht meinst du, daß Menschen, wenn sie zu ein und derselben Gruppe gehören, auch bestimmte, gleichartige Merkmale haben."
So etwas Ähnliches hatte Udo gedacht.
„Das ist richtig", fuhr Rolf fort. „Die Metzger verkaufen alle Fleisch, die Schwiegermütter haben alle ein verheiratetes Kind, die Studenten besuchen alle die Universität. Das stört dann auch weiter keinen. Schwierig wird es erst, wenn so eine kleine Gruppe sich anders verhält als die Mehrzahl der Menschen."
„Hm", überlegte Udo. „Warum eigentlich?"
„Ich glaube, weil jeder für sich in Anspruch nimmt, daß die Art, wie er lebt, die einzig richtige ist", meinte Rolf. „Sogar, wenn Leute anders aussehen als man selber, reizt das zum Vorurteil."

„Meinst du?“ fragte Udo.

Rolf nickte.

„Stell dir vor, eine Gruppe von Menschen würde in die Stadt einziehen, die alle grüne Haare hätten.“

„Dann würde ich lachen“, sagte Udo.

„Vielleicht würde jeder lachen“, meinte Rolf. „Zumindest am Anfang. Doch die Fremden würden immer Außenstehende sein. Weil sie anders sind, — die, mit den grünen Haaren.“

„Aber die Italiener haben wirklich Messerstechereien“, sagte die Mutter.

„Ja“, gab Rolf zu, „das mag vorkommen. Aber wenn eine Gruppe ‚anders‘ ist, dann werden ihr die Missetaten einzelner Gruppenmitglieder besonders angekreidet.“

„Na ja“, sagte Udo. „Ich verstehe schon, was du meinst. Und ich wollte ihn ja auch eigentlich nicht treffen mit dem Ball. Ich wollte nur haarscharf an ihm vorbeischießen.“

„Wenn es ein anderer Mann gewesen wäre, hättest du nicht einmal haarscharf an ihm vorbeigeschossen“, meinte Rolf.

Udo nickte.

„Vielleicht hat dein Italiener zu Hause wirklich im Eselstall geschlafen“, fügte Rolf hinzu. „Weil er sehr arm ist und keine richtige Wohnung für seine Familie hat. Vielleicht hat er einen Sohn. So einen Burschen wie dich. Und sicher wäre er gerne zu Hause geblieben bei seiner Frau und dem Jungen. Aber weil er hier viel mehr verdienen kann, hat er sich entschlossen, eine Weile in Deutschland zu arbeiten. An den Abenden weiß er nicht recht, was er tun soll. Ausgehen will er nicht, weil er das Geld heimschicken möchte. So steht er dann auf der Brücke, und vermutlich fühlt er sich nicht mal besonders wohl. Ja, und dann kommst du und erlaubst dir, ihn nicht leiden zu können. Dabei kennst du ihn nicht einmal.“

Udo senkte den Blick.

„Was soll ich denn jetzt tun?“ fragte er dann.

„Anfangen zu denken“, sagte Rolf. „Das ist alles.“

Gina Ruck-Pauquèt

Hautfarben

Ein Mädchen fuhr mit seinem Vater im Autobus. Sie wollten in die Stadt. Das Mädchen freute sich, es sollte neue Schuhe bekommen. Da stieg noch ein anderes Mädchen mit seinem Vater ein. Sie hatten beide eine dunkelbraune Haut, eine fast schwarze Haut.
Viele Leute im Autobus drehten sich um. Sie starrten den dunklen Mann und das dunkle Kind an. Sie flüsterten miteinander.
Das Mädchen dachte gar nicht mehr an die neuen Schuhe. Immer mußte es das dunkle Kind ansehen.
Dann stieg das Mädchen mit dem Vater aus. Auf der Straße fragte es:
„WARUM BIN ICH NICHT SCHWARZ?"
„Weil Mutter und ich eine helle Haut haben, nur darum", sagte der Vater.

Ursula Wölfel

Schwarz ist die Tinte

Schwarz ist die Tinte,
weiß das Papier,
man braucht beides,
deshalb schreiben wir mit Tinte auf Papier.
Tom ist weiß.
Ich bin schwarz.
Er lebt in meiner Straße, nah bei meinem Haus.
Wir gehen gemeinsam zur Schule,
rechnen und schreiben zusammen,
singen und spielen zusammen.
Tom ist mein Freund!

Alvadeer, 10 Jahre, USA

Der Ball

Wir liefen die Straße entlang. Friedrich hielt sich bei der Hauswand; ich blieb auf dem Bordstein. Ich warf den kleinen Vollgummiball, den ich im Schuhgeschäft geschenkt bekommen hatte. Er prallte von der Mitte des Gehsteigs hoch und flog Friedrich zu. Friedrich fing ihn auf und spielte ihn mir wieder zurück.

„Mein Vater kommt gleich heim!" rief Friedrich. „Ich muß bald nach Hause. Wir kaufen heute groß ein. Vielleicht bekomme ich auch irgendwo einen Ball geschenkt!"

Ich nickte und sprang über einen Kanaldeckel. Weil uns ein Fußgänger entgegenkam, setzte ich mit dem Werfen kurz aus. Kaum war der Mann vorüber, da schleuderte ich Friedrich den Ball wieder zu.

Friedrich hatte nicht aufgepaßt.

Es klirrte. Scherben fielen.

Der Ball rollte harmlos über den Gehsteig zu mir zurück.

Friedrich starrte mit offenem Mund auf die zertrümmerte Scheibe des Schaukastens.

Ich bückte mich nach dem Ball und begriff noch immer nicht, was geschehen war.

Da stand plötzlich die Frau vor uns. Sie faßte Friedrich beim Arm und zeterte los.

Auf ihr Geschrei hin wurden die Türen und Fenster in der Nachbarschaft geöffnet. Neugierige sammelten sich.

„Diebe! Einbrecher!" schrie die Frau.

Ihr Mann stand mit den Händen in der Hosentasche vor der Ladentür. Unbekümmert rauchte er seine Pfeife.

„Dieser Judenlümmel", verkündete die Frau allen, die es hören wollten, „drückt mir den Schaukasten ein; will meine Ware stehlen." Dann wandte sie sich wieder Friedrich zu: „Aber das ist dir noch einmal danebengegangen. Ich bin wachsam. Dich kenne ich, du wirst mir nicht entwischen. Euch Judenpack, ausrotten sollte man euch. Erst richten sie einem das Geschäft zugrunde mit ihren großen Kaufhäusern, dann bestehlen sie einen auch noch! Wartet nur, der Hitler wird es euch schon zeigen!" Wild schüttelte sie Friedrich hin und her.

„Aber er ist es doch gar nicht gewesen!“ rief ich dazwischen. „Ich habe den Ball geworfen; ich habe die Scheibe zerbrochen. Wir wollten nicht stehlen!“
Mit großen dummen Augen guckte die Frau mich an. Sprachlos öffnete sie den Mund.
Indessen fegte ihr Mann die Scherben auf die Gasse. Er nahm die großen und kleinen Garnrollen, die Sternchen mit schwarzem und weißem Zwirn und die Docken mit buntem Stickgarn aus dem Schaukasten und trug sie in den Laden. Plötzlich wurden die Augen der Frau ganz klein. „Was mischst du dich denn ein? Was hast du überhaupt hier zu suchen? Scher dich fort! Meinst du, weil ihr zusammen in einem Hause wohnt, deshalb müßtest du den Judenlümmel in Schutz nehmen? Verschwinde!“ zischte sie mich an.
„Aber ich habe doch den Ball in den Kasten geworfen!“ versuchte ich noch einmal.
Die Frau holte mit der Hand zum Schlag aus, ohne Friedrich loszulassen. Friedrich weinte. Mit dem freien Ärmel wischte er sich die Tränen ab. Er verschmierte sein ganzes Gesicht. Und ich schwieg.
Irgendwer hatte die Polizei angerufen.
Atemlos und schwitzend radelte ein Schutzmann heran. Er ließ sich von der Frau alles berichten.
Wieder erzählte sie die Geschichte vom versuchten Einbruch. Ich zupfte den Schutzmann am Ärmel: „Herr Wachtmeister“, sagte ich, „er hat es nicht getan. Ich habe mit meinem Ball die Scheibe eingeworfen.“
Die Frau blickte mich drohend an. „Glauben Sie ihm nicht, Herr Wachtmeister!“ geiferte sie. „Er will nur den Judenlümmel in Schutz nehmen. Glauben Sie ihm nicht! Er denkt, der Jude sei sein Freund, weil sie beide im gleichen Hause wohnen.“
Der Schutzmann beugte sich zu mir herab. „Das verstehst du noch nicht, dazu bist du noch zu klein“, erklärte er mir. „Du glaubst, du tust ihm einen Freundesdienst, indem du für ihn eintrittst. Du weißt doch: Er ist Jude. Glaub mir: Wir Erwachsenen haben unsere Erfahrung mit Juden. Man kann ihnen nicht vertrauen; sie sind hinterlistig und betrügen. Niemand außer der Frau hat gesehen, was der Jude dort getan hat . . .“

„Aber sie hat es doch gar nicht gesehen!" unterbrach ich ihn. „Nur ich bin dabeigewesen; ich habe es getan!"
Der Wachtmeister zog die Augenbrauen zusammen: „Du wirst doch diese Frau nicht als Lügnerin hinstellen wollen!" Ich wollte noch etwas sagen, aber der Schutzmann ließ mich nicht mehr zu Worte kommen.
Er übernahm Friedrichs Handgelenk von der Frau. Geleitet von der Frau und einem langen Zug von Neugierigen führte er Friedrich unserem Hause zu.
Ich schloß mich dem Zug an.
Auf halbem Weg begegneten wir Herrn Schneider.
Schluchzend rief Friedrich: „Vater!"
Erstaunt schaute Herr Schneider den Aufzug an. Er kam heran, grüßte und blickte verdutzt von einem zum andern.
„Ihr Sohn?" begann der Wachtmeister.
Aber die Frau ließ ihn nicht weiterreden. Mit einem Wortschwall wiederholte sie ihre Erzählungen. Nur die Anspielung auf den Juden ließ sie diesmal fort.
Herr Schneider hörte geduldig zu. Als sie zu Ende war, nahm er Friedrichs Kinn und hob den Kopf hoch, um Friedrich in die Augen zu schauen. „Friedrich", fragte er ernst, „hast du den Schaukasten mit Absicht zerschlagen?"
Friedrich schüttelte schluchzend den Kopf.
„Ich bin es gewesen, Herr Schneider. Ich habe meinen Ball hineingeworfen, aber ich habe es nicht absichtlich getan!" rief ich und zeigte ihm den kleinen Vollgummiball.
Friedrich nickte.
Herr Schneider holte tief Atem. „Wenn Sie das, was Sie mir soeben erzählt haben, beeiden können", sagte er zu der Frau, „dann erstatten Sie bitte Anzeige. Sie kennen mich; Sie wissen meine Anschrift!"
Die Frau antwortete nicht.
Herr Schneider zückte seine Geldbörse. „Und nun lassen Sie bitte meinen Sohn los, Herr Wachtmeister!" sagte er scharf. „Ich bezahle den Schaden sofort."

Hans Peter Richter

Gekreuzigt

Ich heiße Joel König. Ich bin ein erwachsener Mann, ein Jude. Ich lebe in Holland.
Als ich ein Kind war, lebte ich in Deutschland, in der Stadt Heilbronn. Mein Vater war Rabbiner in der jüdischen Gemeinde dort. Wir waren eine große Familie.
Es war das Jahr 1934, der Anfang der Hitlerzeit. Juden hatten damals nichts zu lachen. Ich war gerade sechs Jahre alt und zur Schule gekommen. Es war die Schule in der Karlstraße in Heilbronn.
Lesen, Schreiben und Rechnen zu lernen, fiel mir nicht schwer. Aber wenn der Lehrer einmal aus der Klasse ging, lernte ich auch noch andere Dinge: „Halt die Gosch, du Depp!" Oder: „Ich schlag dich auf'n Deez, daß du ungespitzt in den Erdboden fährst!" — und Ähnliches. Und wenn ich mich unversehens in einem Knäuel wiederfand, in einem Knäuel sich balgender Jungen, so war ich bestimmt nicht der Schwächste.
Aber es gab noch eine andere Art von Raufereien, damals, 1934.
Eines Tages, die Schule war zu Ende, ich schlenderte, den Ranzen auf dem Rücken, nach Hause, da begegneten mir drei Jungen aus meiner Klasse an einer Straßenecke, wo ich sie sonst noch nie gesehen hatte. Sie sahen mich so merkwürdig an. Lautlos gingen sie neben mir her. Eine ganze Weile. Plötzlich, wie auf Befehl, warfen sie ihre Ranzen hin und fielen über mich her. Sie stießen mich zu Boden und schlugen auf mich ein. Es war ein ungleicher Kampf. Zerschunden, verschmutzt und verweint kam ich zu Hause an.
Was sollte das nur? Warum hatten sie es auf mich abgesehen? Waren sie neidisch, weil ich ihnen im Lesen und Schreiben voraus war? Oder konnte Wolfgang, einer von den dreien, es nicht verwinden, daß ich ihn einmal auf dem Schulhof besiegt hatte?
Erst später wurde mir klar, was sie meinten. Das Wort hatte ich schon gehört, als sie über mich herfielen. Aber ich begriff zuerst noch nicht, was es eigentlich bedeuten sollte. Das Wort hieß „Juden-Stinker". Sie hatten es immer wieder geschrien.
Aber dann hatte ich es begriffen. „Geh ihnen aus dem Wege", sagte mir Mutter, als ich weinend zu ihr kam. „Sage: ‚Ihr stinkt! Ihr stinkt!

Ich bin der Jude. Aber ihr stinkt!' Schlag zurück, wenn sie dich angreifen. Wehre dich, so gut du kannst!" Das war der Rat meiner Mutter. „Und im übrigen", sagte sie, „ich werde dafür sorgen, daß dir von jetzt ab deine Brüder entgegenkommen, wenn du auf dem Nachhauseweg bist."

Meine Brüder waren Jakob und Leon. Jakob war 12 und Leon war 10 Jahre alt.

Aber dann geschah etwas, was mich in sehr großen Schrecken versetzte. Es war Winter. Draußen lag Schnee. Schon seit 14 Tagen hatte ich gemerkt, daß in der ganzen Klasse eine feindselige Stimmung gegen mich aufgekommen war. „Judenstinker, Judenstinker" tönte es mir entgegen, als ich eines Morgens in die Klasse kam. Der Lehrer war noch nicht da. „Ihr habt den Heiland gekreuzigt, unsern Herrn Jesus, ihr Judenstinker!" So schrien sie von allen Seiten.

„Jesus?" Wer war das? Den Namen hatte ich nie gehört. „Heiland?" Und „gekreuzigt?" Wir? Wir Juden? Wir sollten diesen Jesus, diesen Heiland von den Christen, ans Kreuz geschlagen haben? Das konnte doch nicht sein. Ich war erschrocken: Wieso wir? Wir Juden?

Mein Gefühl aber sagte mir: Vorsicht! Nichts sagen! Aufpassen!

Der Lehrer kam herein. Der Unterricht begann.

Mittags ging ich eine andre Straße als sonst nach Hause. Aber sie hatten es gemerkt. Als ich um die Ecke der Moltkestraße bog, standen sie vor mir — und nicht nur drei, sondern ein ganzer Haufe.

Was sollte ich tun? Davonrennen? Die Angst kroch in mir hoch. Nein! Meine Angst zugeben? Nein! Niemals! Verstohlen blickte ich mich um. Wenn doch nur Jakob und Leon kämen. Aber nein, sie konnten ja nicht. Ich war ja eine andere Straße gegangen. Wenn ich nur schon bei unserem Gartentor wäre.

Aber es gab kein Entkommen mehr. Zwei meiner Kameraden packten mich und preßten mich gegen einen Gartenzaun. Ein Gejohle brach los. Und dann ging ein Hagel von Schnee- und Eisbällen auf mich nieder. Es schmerzte und brannte schrecklich — aber nichts brannte so sehr wie das Wort, das ich immer wieder hören mußte: „Judenstinker! Judenstinker! Ihr habt unseren Heiland gekreuzigt!"

Ich erlitt eine Strafe, die ich nicht verdient hatte, eine Strafe, die — wie ich später begreifen sollte — ungezählte meiner Glaubensgenossen

von den Christen immer wieder erlitten hatten. Was für eine unheimliche, befremdende Religion das doch war, der meine Klassenkameraden anhingen!
Ihre Rache aber für den gekreuzigten Heiland kam erst zum Ende, als vorüberkommende Erwachsene eingriffen: „Jetzt aber Schluß! Laßt den Jungen doch gehen! Schämt ihr euch nicht? So viele auf einen!"
Da ließen sie ab von mir.

Nach den Aufzeichnungen des Joel König

Die Geschichte vom jungen Krebs

Ein junger Krebs dachte bei sich: ‚Warum gehen alle Krebse in meiner Familie immer rückwärts? *Ich* will vorwärts gehen lernen, so wie die Frösche, und mein Krebsschwanz soll mir abfallen, wenn ich es nicht fertigbringe.'
Und heimlich begann er zwischen den großen Steinen seines heimatlichen Bächleins zu üben. In den ersten Tagen kostete ihn dieses Unternehmen ungeheure Kräfte. Überall stieß er sich und quetschte sich seinen Krebspanzer, unaufhörlich verfing sich ein Bein im anderen. Aber von Mal zu Mal ging es ein bißchen besser, denn: alles kann man lernen, wenn man will.
Als er seiner Sache sicher war, stellte er sich vor seine Familie und sagte: „Jetzt schaut mir einmal zu!"
Und machte einen ganz prächtigen kleinen Lauf vorwärts.
„Sohn", brach da seine Mutter in Tränen aus, „bist du denn ganz verdreht? Komm doch zu dir — gehe so, wie es dich dein Vater und deine Mutter gelehrt haben. Gehe wie deine Brüder, die dich alle lieben."
Seine Brüder jedoch lachten ihn nur aus. Der Vater schaute ihn eine gute Weile streng an und sagte dann: „Schluß damit. Wenn du bei uns bleiben willst, gehe wie alle Krebse. Rückwärts! Wenn du aber nach deinem eigenen Kopf leben willst — der Bach ist groß — geh fort und komm nie mehr zu uns zurück!"
Der brave, junge Krebs hatte die Seinen zwar zärtlich lieb, war aber so sicher, er handle richtig, daß ihm nicht die mindesten Zweifel ka-

men. Er umarmte seine Mutter, sagte „Lebewohl" zu seinem Vater und zu seinen Brüdern und machte sich auf in die Welt.

Als er an einem Grüppchen Kröten vorüberkam, erregte er großes Aufsehen. Sie hockten unter den Blättern einer Wasserlilie, um als gute Gevatterinnen ihren Schwatz zu halten. „Jetzt geht die Welt verkehrt herum", sagte eine dicke Kröte, „schaut euch nur diesen jungen Krebs an! Da müßt ihr mir recht geben!"

„Ja, Respekt gibt es überhaupt nicht mehr", sagte eine andere.

„Pfui, pfui", sagte eine dritte.

Doch der junge Krebs ließ sich nicht anfechten und ging aufrecht seine Straße weiter, man muß es wirklich sagen.

Plötzlich hörte er, wie ihn ein alter Krebs, an dem er vorüberging, rief. Der sah ganz melancholisch aus und hockte allein auf einem Stein.

„Guten Tag", sagte der junge Krebs.

Der Alte betrachtete ihn lange, schließlich sagte er: „Was glaubst du, was du da Großartiges anstellst? Als ich noch jung war, wollte ich auch den Krebsen das Vorwärtsgehen beibringen. Sieh mal, was mir das eingebracht hat! — Ich muß ganz allein leben, und die Leute würden sich lieber die Zunge abbeißen, als ein Wort an mich richten. — Hör auf mich, solange es noch Zeit ist! Bescheide dich, lebe wie die anderen! Eines Tages wirst du mir für meinen Rat dankbar sein!"

Der junge Krebs wußte nicht, was er antworten sollte, und blieb stumm. Aber im Innern dachte er: ‚Ich habe doch recht! Ich habe recht!'

Und nachdem er den Alten höflich gegrüßt hatte, setzte er stolz seinen Weg fort.

Ob er weit kommt? Ob er sein Glück macht? Ob er alle schiefen Dinge dieser Welt gerade richtet?

Wir wissen es nicht, weil er noch mit dem gleichen Mut und der gleichen Entschiedenheit dahinmarschiert wie am ersten Tag. Wir können ihm nur von ganzem Herzen „Gute Reise" wünschen.

Gianni Rodari

Schule

Die Kinder wollten eine neue Straßenbande gründen. Alle sollten dazugehören, die Kleinen und die Großen. Um drei Uhr nachmittags wollten sie sich im Hof von Nummer 17 treffen.
Die Kleinen waren schon um zwei Uhr da, aber von den Großen fehlten um halb vier immer noch drei. Sie hatten zuviel Schulaufgaben zu machen. Die anderen saßen auf den Mülltonnen oder an der Hauswand und warteten und langweilten sich.
„Immer die blöde Schule!" sagte ein Junge. „Ich wollte, ich hätte das nie angefangen."
„Dich fragt doch keiner, ob du willst oder nicht. Du mußt eben", sagte ein anderer.
„Und wenn man einfach nicht in die Schule geht?" fragte einer von den Kleinen.
„Alle müssen in die Schule gehen, das ist ein Gesetz", sagte ein Mädchen.
„Warum?" fragte der Kleine.
„WARUM MÜSSEN ALLE IN DIE SCHULE GEHEN?"
Einer sagte: „Damit man später einen richtigen Beruf haben kann."
„Nein, damit man überhaupt etwas lernt", sagte ein anderer.
„Und damit alle dasselbe lernen", sagte das Mädchen.
Sie unterhielten sich noch lange darüber.

Ursula Wölfel

An der Parkuhr

Klaus sitzt neben seinem Vater im Auto. Sie schlängeln sich durch den dichten Verkehr bis zur Wallstraße. Hier ist das Schuhgeschäft, in dem Klaus neue Schuhe bekommen soll. Vater möchte das Auto vor dem Eingang parken, aber da ist kein Platz an den Parkuhren frei.
„Was machen wir jetzt?" fragt er und fährt langsam die breite Straße hinunter bis zur Ampel an der nächsten Ecke. Dort biegt er rechts ein, etwas weiter am Hauptbahnhof noch einmal und dann gleich wieder ein drittes Mal. Die Schneidergasse ist Einbahnstraße, auf der linken

Seite ist das Parken erlaubt. Hier hat Vater öfter einen Platz gefunden. Heute jedoch stehen die Autos so dicht, daß man nicht einmal für ein Moped eine Lücke fände. Was nun?
Aber da sind sie schon wieder in die Wallstraße eingebogen.
„Vater!" ruft Klaus plötzlich. „Dort! Dort! Der rote Wagen fährt weg!"
Vorsichtig steuert Vater das Auto in die Parklücke.
„Da haben wir aber Glück gehabt!" sagt er. „Hier, Klaus, steck den Groschen in die Parkuhr."
Klaus steigt aus und sucht den kleinen Schlitz, in den er das Geld werfen muß. Die Uhr zeigt noch zwanzig Minuten Parkzeit an. „Eigentlich brauchten wir nur fünf Pfennig zu zahlen", sagt Klaus, „— oder gar nichts, wenn wir in einer Viertelstunde wieder hier sind."
„Heute ist offener Samstag", sagt der Vater. „Wir können froh sein, wenn wir es in einer halben Stunde schaffen."
Vater hat recht. Die ganze Stadt scheint unterwegs zu sein. Klaus kann gar nicht neben dem Vater bleiben; er läuft zwei Schritte voraus.
Im Schuhgeschäft ist es heiß und laut. An der Kasse staut sich eine Menschenschlange. Kein Sessel ist frei.
„Heute ist alles verhext", sagt Klaus.
Sie warten. Verkäuferinnen eilen mit hohen Stapeln Kartons hin und her. Die Minuten verstreichen. Warum müssen die Leute nur so wählerisch sein?
Aber als Klaus mit dem Vater endlich Platz gefunden hat, kann er sich selbst nicht entscheiden. Es gibt so viele herrliche Schuhe hier!
„Nun entschließe dich aber", sagt der Vater. „Die Parkzeit ist gleich um!"
Die Eile verdirbt Klaus fast die Freude am Aussuchen. „Na gut, da nehme ich eben die schwarzen", seufzt er. „Darf ich sie gleich anbehalten?"
„Ausnahmsweise!" sagt Vater. „Aber jetzt lauf schon zum Auto vor! Ich bezahle noch."
Klaus rennt los. Von weitem sieht er einen Polizisten an den Parkuhren entlanggehen. Wenn die Uhr abgelaufen ist, muß Vater Strafe bezahlen, denkt Klaus.

Wahrhaftig, der Zeiger steht auf Null. Mit ängstlichen Blicken sieht Klaus an dem Polizisten hinauf.

„Gehörst du zu dem Auto?"

Klaus nickt. Dann holt er tief Luft und sagt: „Bitte, Herr Wachtmeister, schreiben Sie Vater nicht auf. Die Parkzeit muß gerade erst abgelaufen sein. Wir haben uns so beeilt!"

„Damit kommt mir jeder!" sagt der Polizist streng. Er öffnet schon die Ledertasche am Koppel, um seinen Meldeblock hervorzuholen.

„Aber es waren doch so viele Leute im Schuhgeschäft! Ich mußte heute unbedingt Schuhe bekommen. Oma und Opa haben morgen ihren 40. Hochzeitstag. Da kann ich doch nicht meine alten Schuhe anziehen."

Der Polizist blickt auf die blanken Schuhe hinunter, dann schaut er Klaus ins rote Gesicht. Schmunzelt er nicht ein wenig? Seine rechte Hand schiebt den Block in die Tasche zurück.

„Soso, du willst morgen Hochzeit feiern. Da verdirb dir mit der Schlagsahne nur nicht den Magen!" Der Polizist geht weiter, als hätte er die abgelaufene Parkuhr vergessen.

In diesem Augenblick sieht Klaus zwischen den Fußgängern zwei rote Luftballons auf sich zuschweben. Vater hält sie in der Hand.

„Herr Wachtmeister!" ruft Klaus. „Sehen Sie, da ist Vater schon!"

Der Polizist dreht sich um, lacht Klaus zu und legt seine Hand an die Mütze.

Barbara Bartos-Höppner

Morgenstund hat kurze Beine

Vor ungefähr fünfzig Jahren, als die Nähmaschinen noch mit dem Fuß getreten und die Autos mit der Hand angekurbelt werden mußten und nur reiche Leute Autos und Nähmaschinen besaßen, lebte ein kleiner Junge. Der hatte eine Großmutter.

Nun gab es auch damals schon Millionen von kleinen Jungen mit Großmüttern, aber ich will euch nur von diesem einen erzählen. Seine Großmutter hatte weiße Haare, eine Brille, weil sie schlecht sehen

konnte, und obwohl ihre Hände zittrig waren, strickte sie von morgens bis abends.
„Sich regen bringt Segen“, sagte sie und: „Ohne Fleiß kein Preis“, denn sie war eine Sprichwörter-Macherin.
Sprichwörter-Macher sind Leute, die immer gleich einen Satz sagen, den schon ihre Eltern, Großeltern, Urgroßeltern und die Leute davor gebraucht haben, obwohl sie eigentlich wissen müßten, daß diese Sätze gar nicht immer stimmen. Warum nicht, werdet ihr in dieser Geschichte erfahren.
Der kleine Junge merkte bald, daß die Großmutter sich von morgens bis abends regte, aber der Segen von niemandem gebracht wurde, und daß sie für ihren Fleiß noch keinen Preis bekommen hatte. Und als sie eines Tages jammerte, daß ihre Knochen richtig eingerostet seien, fragte er sie: „Warum denn, Großmutter? Hast du so viel gerastet?“
Sie nannte ihn dumm und war beleidigt, denn sie war stolz auf die viele Arbeit, die sie sich den ganzen Tag machte, obwohl sie eigentlich gar nicht mehr so viel zu schaffen brauchte.
„Aber es heißt doch: Wer rastet, der rostet!“ meinte der kleine Junge und glaubte nun auch nicht mehr an das Sprichwort, mit dem ihn die Großmutter selbst in den Ferien morgens um sieben aus dem Bett holte: „Morgenstund hat Gold im Mund!“ Denn der Junge schlief gern lange.
Und wenn er gerade vor sich hin träumte und sich tolle Geschichten erdachte, dann sollte er etwas Nützliches tun, denn „Müßiggang ist aller Laster Anfang“, und er wußte doch gar nicht, was Laster war. Etwas Nützliches tun, so nennen die Sprichwörter-Macher (die immer Erwachsene sind) Dinge wie: Schreiben üben, Unkraut jäten, ein Gedicht auswendig lernen oder sein Zimmer aufräumen.
Der kleine Junge wurde größer und merkte, daß die Sprichwörter nur Sprüche sind, die man sagt, weil andere sie auch schon gesagt haben und weil sie so brav und ordentlich und gehorsam klingen. Er merkte, daß Lügen nicht immer kurze Beine haben, denn manche seiner Schulkameraden kamen mit Lügen weiter als er mit der Wahrheit, und er lernte, daß das Sprichwort „Wer einmal lügt, dem glaubt man nicht, und wenn er auch die Wahrheit spricht“ ein ganz böses Wort ist. Denn es verleitet den, der einmal gelogen hat, immer weiter zu lügen.

Da wußte er, daß es die Sprichwörter sind, die kurze Beine haben, und er wurde zum Sprichwort-Verdreher.
Das sind Leute, die nicht an alles glauben, was ihnen die Großmütter und die Urgroßmütter und die Ururgroßväter erzählen. Und so lebte er, wie es ihm Spaß machte.
Er schlief lange, denn Morgenstund war für ihn aller Laster Anfang, und er erdachte sich Geschichten, denn Müßiggang hatte für ihn Gold im Mund. Er saß gern in seinem Sessel, denn er sagte: „Sich regen bringt kurze Beine" oder: „Wer rastet ohne Fleiß, dem bringt der Müßiggang Segen."
Nun müßt ihr nicht glauben, daß er stinkfaul war und trotzdem reich und berühmt und glücklich wurde. So einfach ist das auch nicht. Er wollte nur nicht an alles das glauben, was ihm die anderen erzählten, obwohl sie auch nicht daran glaubten. So bastelte er sich seine Sprichwörter selbst und lebte danach.
Er war fleißig, wenn er fleißig sein wollte, und dachte dann nicht an den Preis. Er stand früh auf, wenn die Sonne schien und er früh aufstehen wollte, und dann war ihm das Gold der Morgenstund schnurzpurzegal. Und er rastete, damit er nicht vorzeitig rostete, denn das hatte ihm sein Arzt gesagt.
So tat er gar nichts von dem, was ihm seine Großmutter gesagt hatte, als er ein kleiner Junge war.
Er wurde ein großer Mann, und er schrieb erdachte Geschichten und wahre. So wie diese hier.

Ulrich Klever

Tinas Fli-Fla-Flunkerei

Auf einer Insel, nahe bei einem Hafen, lebte ein Fischer mit seiner kleinen Tochter. Sie hieß Martina, aber jeder nannte sie Tina. Tina dachte sich von früh bis spät unglaubliche Geschichten aus.
Nicht einmal die Matrosen konnten seltsamere Geschichten erzählen, wenn sie von einer weiten Fahrt übers Meer heimgekehrt waren. Nicht einmal die Schiffe im Hafen, die mitunter höchst merkwürdige

Fracht geladen hatten, von Giraffen bis zu Springmäusen, konnten soviel Unglaubliches hervorbringen wie Tina.
Tina sagte, ihre Mutter sei eine Meerjungfrau. Und jeder wußte doch, daß sie gestorben war.
Tina sagte, sie hätte einen grimmigen Löwen zu Hause und ein Känguruh-Kind.
Was sie wirklich besaß, war nur der alte, weise Kater Tull.
Tina sagte sogar, Tull könnte sprechen, wenn er nur wollte.
Tina sagte dies, Tina sagte das. Aber was Tina auch immer sagte, niemals konnte man ihr glauben.
Sogar Tull gähnte und schüttelte den Kopf, wenn sie sagte, der alte, abgetretene Vorleger auf der Türschwelle sei eine Karosse, die von Drachen gezogen werde.
Eines Tages, früh am Morgen, bevor Tinas Vater in seinem Boot auf die See hinausfuhr, um den ganzen Tag Fische zu fangen, nahm er Tina fest in die Arme und sagte: „Bleib heute einmal bei der Wahrheit, Tina, und laß deine erfundenen Geschichten. Erfundene Geschichten können Unglück bringen."
Tina versprach es. Aber während sie das Geschirr spülte, die Betten machte und das Zimmer fegte, dachte sie darüber nach, was ihr Vater wohl gemeint habe. Sie bat Tull, ihr zu erklären, was der Unterschied sei zwischen Wahrheit und erfundenen Geschichten.
Tull sprang auf ihre Schulter und schnurrte: „Erfundene Geschichten sind Fli-Fla-Flunkerei. Die Wahrheit ist das Gegenteil."
Das wollte Tina nicht glauben.
Als die Sonne einen goldenen Stern in der zersprungenen Fensterscheibe aufblitzen ließ, wußte Tina, daß Thomas bald kommen würde. Thomas wohnte in dem großen Haus auf dem Hügel. Bei Thomas gab es zwei Kühe im Stall und fünfundzwanzig Schafe und ein Klettergerüst auf dem Rasen. Thomas besaß ein Fahrrad mit einem Korb. Aber das wichtigste war: Thomas glaubte Tina jedes Wort.
Tag für Tag um die gleiche Zeit fuhr Thomas auf seinem Fahrrad den Hügel hinunter zu Tinas Haus, weil er ihr kleines Känguruh-Kind sehen wollte.
Und jeden Tag erzählte Tina ihm, ihr Känguruh-Kind sei gerade fortgesprungen. Sie schickte Thomas auf die Suche, bald dahin, bald

dorthin. Sie schickte ihn auf die höchsten Bäume und sagte, das Känguruh-Kind besuche dort die Eulen. Oder vielleicht sei es in der alten Windmühle und mahle Korn für sein Abendessen.
„Es kann auch sein", sagte Tina, „daß es im Leuchtturm ist und die Schiffe warnt." „Oder vielleicht", sagte sie, „schläft es im Sand, irgendwo — ich weiß nicht wo — draußen am Strand."
Sie konnte Thomas schicken, wohin sie wollte, er ging hin. Er kletterte auf Bäume, er stieg Treppen hinauf und hinunter, er lief den ganzen Strand entlang, aber niemals fand er Tinas Känguruh-Kind.
Während Thomas umherstreifte, saß Tina in ihrer Karosse und ließ sich von den Drachen weit forttragen in ferne, geheimnisvolle Länder.
Als Thomas heute zu Tina kam, sagte sie: „So ein Känguruh-Kind! Eben ist es wieder fortgesprungen. Es will meine Mutter, die Meerjungfrau, besuchen. Sie wohnt in einer Höhle hinter dem Blauen Felsen."
Tina sah zu, wie Thomas auf seinem Rad losfuhr. Er fuhr über die Landzunge, einen schmalen, flachen Sandstreifen, der zu dem Blauen Felsen in der Ferne führte. Dann setzte sich Tina wieder in ihre Karosse. Tull kam aus dem Haus und setzte sich neben sie. Er sah Thomas nach, der kleiner und kleiner wurde, und sagte: „Wenn die Flut steigt, überschwemmt das Wasser den Weg zum Blauen Felsen. Heute wird die Flut früher kommen."
Tina sah Tull einen Augenblick lang an. Dann sagte sie: „Entschuldige mich, ich reise gerade zum Mond."
Tull stand auf. Er streckte seine Vorderbeine aus. Dann streckte er seine Hinterbeine aus. Langsam und würdevoll schritt er von Tina fort auf den Blauen Felsen zu.
Plötzlich hatte Tina keine Lust mehr, zum Mond zu reisen. Auch an keinen andern Ort. Sie saß nur da, in ihrer Karosse, und dachte an Tull und Thomas.
So vertieft war sie in ihre Gedanken, daß sie nicht merkte, wie dicke, dunkle Wolken sich vor die Sonne schoben. Sie hörte auch das drohende Grollen des Donners nicht.
Plötzlich wurde sie fast von der Türschwelle gefegt, als ein heftiger Windstoß ihr einen Schwall Regen ins Gesicht peitschte.

Tina flüchtete ins Haus und schlug die Tür zu. Sie lief zum Fenster und wollte nach dem Blauen Felsen sehen, aber sie sah nur den graugestrichelten Regenvorhang. Sie fragte sich ängstlich, wo Thomas war. Sie fragte sich ängstlich, wo Tull war. Sie stand da und starrte ins graue Nichts hinaus und versuchte, den Kloß in ihrem Hals hinunterzuschlucken.

Das Dämmerlicht im Zimmer verwandelte sich in Dunkelheit. Tina stand noch immer am Fenster, als ihr Vater ins Haus gestürzt kam. Wasser troff von seinem Hut und quoll aus seinen Stiefeln. Schreiend lief Tina ihm entgegen: „Tull und Thomas sind draußen auf dem Felsen! Auf dem Blauen Felsen! Tull und Thomas!"

Bevor ihr Vater wieder hinausrannte, befahl er ihr: „Bleib im Haus und bete, daß die Flut am Blauen Felsen noch nicht zu hoch gestiegen ist!"

Als der Vater fort war, setzte Tina sich. Sie horchte auf den Regen, der auf das Blechdach trommelte. Dann hörte der Regen plötzlich auf. Tina schloß die Augen und preßte die Lippen zusammen, ganz fest. Sie wartete in dem stillen Zimmer. Lange mußte sie warten.

Endlich vernahm sie draußen die Schritte ihres Vaters. Sie stieß die Tür auf und sagte nur: „Tull? Thomas?"

Tinas Vater schüttelte den Kopf.

„Das Wasser hat Tull fortgeschwemmt", sagte er, „aber Thomas fand ich auf dem Felsen. Ich brachte ihn in meinem Boot zurück. Er ist nun zu Hause und liegt wohlbehalten in seinem Bett. Kannst du mir sagen, wie das alles geschehen ist?"

Tina wollte es erzählen, aber Schluchzen erstickte ihre Stimme. Sie weinte so heftig, daß es lange dauerte, bis ihr Vater alles verstand.

Schließlich sagte er: „Geh nun ins Bett, Tina. Aber vor dem Einschlafen denke noch einmal nach über den Unterschied zwischen Wahrheit und Flunkerei."

Tina ging in ihr Zimmer und schlüpfte ins Bett. Mit weit offenen Augen dachte sie nach über Wahrheit und Flunkerei, wie der Vater ihre erfundenen Geschichten nannte. Flunkerei — das war eine Meerjungfrau-Mutter, ein grimmiger Löwe, eine Karosse, die von Drachen gezogen wurde, und ganz gewiß ein Känguruh-Kind. Das war alles Fli-Fla-Flunkerei, wie Tull gesagt hatte. Hatte er es gesagt? Würde

der Vater nicht sagen, daß Kater nur in erfundenen Geschichten sprechen können?
Die Wahrheit war, daß sie keine Mutter hatte. Die Wahrheit war, daß sie Vater und Tull hatte. Und nun war sogar Tull nicht mehr da. Tinas Augen füllten sich wieder mit Tränen. Die Tränen liefen ihr in die Ohren. Tina hörte ein leises, kratzendes Geräusch. Sie setzte sich auf und putzte ihre Nase. Das leise Kratzen kam nicht von den Tränen in den Ohren. Es kam vom Fenster. Als Tina auf das schwarze Rechteck starrte, erschienen dort zwei riesige gelbe Augen und starrten sie an. Tina sprang aus dem Bett und öffnete das Fenster. Auf dem Fensterbrett saß Tull mit naßverklebtem Fell.
„O Tull!" rief Tina und schlang die Arme um ihn und streichelte ihn. „Wo kommst du her?"
Mit ein paar Worten erzählte ihr Tull, er sei mit Thomas auf dem Felsen gewesen und im nächsten Augenblick schon am Fuß des Leuchtturms, eine Meile entfernt. Die Wellen hätten ihn fortgetragen.
„Grausliches Zeug, das Wasser!" brummte Tull, als er sich von den Ohren bis zum Schwanz putzte.
Tina streichelte Tull. „Nun, aber wenigstens ist es keine Fli-Fla-Flunkerei . . ." Tina unterbrach sich. Sie blickte sich um und sah den Vater in der Tür stehen.
„Sieh nur! Tull ist wieder da!" rief Tina.
„Hallo, Tull. Was ist keine Fli-Fla-Flunkerei?" fragte Tinas Vater.
„Tull! Und du! Und Thomas!" antwortete Tina. „O Papa! Jetzt kenne ich den Unterschied zwischen Wahrheit und Flunkerei. Fast hätte ich Thomas und Tull verloren wegen meiner Flunkerei. Tull hat es mir gesagt."
„Er hat es dir gesagt?" fragte Tinas Vater.
„Nun ja, er hätte es mir gesagt, wenn er sprechen könnte", sagte Tina. Dann fügte sie traurig hinzu: „Ich weiß, daß Katzen nicht sprechen können wie Menschen. Aber beinah habe ich geglaubt, ich hätte wirklich ein Känguruh-Kind."
Der Vater sah ihr fest in die Augen. „Es gibt harmlose Flunkerei und gefährliche Flunkerei", sagte er. „Wichtig ist nur, daß man den Unterschied kennt." Er gab Tina einen Gutenachtkuß und ging aus dem Zimmer.

Als er die Tür geschlossen hatte, sagte Tina: „Weißt du, ich denke, meine Karosse und die Drachen kann ich behalten."
Diesmal gähnte Tull nicht, und er schüttelte auch nicht den Kopf. Er leckte ihre Hand und wartete, bis sie im Bett lag. Dann rollte er sich zu ihren Füßen zusammen und schlief ein.
Als Tina am nächsten Morgen die Augen öffnete, sah sie etwas Unglaubliches! Ein kleines, zierliches Tier mit großen Augen und mit einem langen Schwanz hüpfte auf den Hinterbeinen ins Zimmer, geradewegs auf sie zu. Der Vater und Tull folgten ihm. „Ein Känguruh-Kind!" jubelte Tina. „Wo hast du es gefunden?"
„Es ist kein Känguruh-Kind", erklärte Tinas Vater. „Es ist eine Springmaus. Ich habe sie auf einem afrikanischen Bananendampfer im Hafen gefunden."
„Jetzt kann Thomas endlich ein Känguruh-Kind sehen!" rief Tina entzückt.
Ihr Vater unterbrach sie: „Schluß mit der Flunkerei, Tina. Nenn die Maus bei ihrem wirklichen Namen. Übrigens, Thomas kann heute nicht kommen. Er hat Halsschmerzen und muß im Bett liegen. Er kann nicht einmal sprechen. Und außerdem hat er sein Fahrrad im Sturm verloren."
Tina betrachtete die Springmaus. Vorsichtig streichelte sie den winzigen Kopf. Ohne aufzusehen, sagte sie: „Papa, soll ich die Springmaus Thomas schenken?"
Der Vater antwortete nicht. Tull leckte sich den Schwanz.
Plötzlich rief Tina: „Komm, Tull!" und schlüpfte in ihre Schuhe. Sie warf sich den Mantel über, ergriff die Springmaus mit beiden Händen und lief aus dem Haus. Tull folgte ihr auf den Fersen. Tina lief ohne einmal stehenzubleiben, bis zu Thomas ans Bett.
Behutsam setzte sie die Springmaus vor Thomas auf die Bettdecke. Das kleine Tier saß aufrecht auf seinen langen Hinterbeinen, und mit seinen großen runden Augen starrte es Thomas an.
„Waaas ist das!" krächzte Thomas.
„Das ist Fli-Fla-Flunkerei", antwortete Tina und sah Tull mit vielsagendem Lächeln an.

Evaline Ness

Heute ist wieder Kaffeeklatsch

Wenn Frau Saroli einmal im Monat Kaffeeklatsch hat, kommt auch Fräulein Bach.
Fräulein Bach hat eine Riesennase, einen Zinken. Sie hat Kleider, die vorne und hinten nicht passen. An den Füßen hat sie Schuhe, beinahe schon Elbkähne, so breit.
Fräulein Bach redet immer so: „Wäre es wohl möglich, daß ich ... Dürfte ich höflich darum bitten ... Würde es ihnen große Mühe machen, wenn ..."
Manchmal muß Fräulein Bach früher nach Hause gehen. Kaum ist die Haustür hinter ihr zugefallen, lachen die anderen im Wohnzimmer darüber, wie häßlich und komisch Fräulein Bach ist.
Marion kriegt immer alles mit, weil sie in ihrem Zimmer Schularbeiten macht.
Heute ist wieder Kaffeeklatsch. Alle sind schon versammelt. Nur Fräulein Bach fehlt.
Es klingelt.
„Ach, Fräulein Bach! Was für ein entzückendes Kleid Sie wieder anhaben! Und das Hütchen! Bezaubernd!" hört Marion die Mutter rufen. Im Wohnzimmer geht's weiter.
„Nein, was für eine frische Farbe. Richtig gesund und jung sehen Sie wieder aus. Wo haben Sie denn bloß diese reizenden Stiefelchen gekauft?"
Da schmeißt Marion ihren Füller hin, reißt die Tür auf und schreit ins Wohnzimmer: „Mensch, betut euch doch nicht so! Hinterher, wenn sie weg ist, sagt ihr doch ganz was anderes. Was für eine häßliche Ziege, sagt ihr, wenn sie verduftet ist, jawohl!"

Susanne Kilian

Aus zwölf mach zehn oder sechzehn

Die Mutter und Tanja stehen vor dem Fahrkartenschalter. Die Mutter sagt:
„Du, wenn ich jetzt die Fahrkarten kaufe, da sagst du gar nichts, da bist du ganz schön still. Ich weiß ja, du bist zwölf, aber ich sag' näm-

lich, du bist erst zehn. Da krieg' ich noch einen Kinderfahrschein für dich. Der kostet nur die Hälfte. Hörst du, auch wenn der Kontrolleur dich fragen sollte, dann sagst du ihm: Ich bin zehn. Und mach ja keinen Quatsch. Wie steh' ich denn sonst da!"
„Ja, ja", sagt Tanja.
Am nächsten Tag geht Tanja ins Kino. Das heißt, sie will gehen. Aber sie weiß noch nicht, ob sie reinkommt. Der Film ist erst frei ab sechzehn. Tanja hat sich schon zur Vorsicht die Haare hochgekämmt und ihre Sonntagsschuhe mit Absätzen angezogen.
„Wie alt bist du denn?" fragt die Kassiererin an der Kinokasse.
„Ich bin sechzehn", sagt Tanja. Und sie hat Angst, daß sie rot wird. Aber die Kassiererin guckt sie gar nicht an, reicht ihr die Karte.

Susanne Kilian

Das Telefon klingelt!

Ach, Vater hebt schon ab. — Du lieber Schreck! Das dacht' ich mir doch, es ist der Opa. Ist ja wieder Freitag. Da rufen sie immer an, weil ich Samstag bis Sonntag, auch noch über Nacht, zu ihnen kommen soll.
Ich mag nicht zu Opa und Oma gehen. Ich mag nicht. Da muß ich immer nur stillsitzen. Wenn ich ganz normal gehe, heißt es, ich trample. Und ich esse nicht ordentlich. Ich bin ungezogen. Der Opa wird wieder meckern, daß meine Haare zu lang sind. Meine Fingernägel sind schwarz. Scheiße, Mist, verdammt. Mensch, ich muß aufpassen, daß ich keins von den Wörtern sage — oder noch schlimmere, Arsch oder so.
Und Oma findet meine Blue jeans blöd. Und den gelben Pullover darf ich dann auch nicht anziehn. Und über meine Wildlederstiefel mit den Fransen werden sie auch gleich meckern. Das weiß ich jetzt schon. Für Opa und Oma sollte ich besser ein ganz anderer Martin sein als der, der ich bin. Jedesmal, wenn sie anrufen, möchte ich am liebsten sagen: „Nein! Ich bleib' lieber zu Hause!"
Ich geh' ans Telefon.
„Klasse", höre ich mich sagen, „ich freu' mich aber!" Ich lüge. Ich kann einfach nicht sagen, daß ich eigentlich nicht will.

Susanne Kilian

Warum sich meine Eltern und Tante Lisbeth nichts mehr zu Weihnachten schenken

Voriges Jahr vor Weihnachten seufzte meine Mutter tagelang: „Was schenke ich bloß der Tante Lisbeth? Sie braucht nichts, sie hat alles! Aber ich muß ihr etwas schenken, sonst ist sie beleidigt."
„Kauf ihr eine Blumenvase", sagte mein Vater. „Von denen kann man nie genug haben."
Also kaufte meine Mutter eine große hellblaue Vase mit drei goldenen Füßen und goldenen Kringeln am oberen Rand. Vater lachte sich halbtot und sagte: „Wo bist du denn auf dieses scheußliche Ding gestoßen?"
„Bei Kieseckes ist Ausverkauf", sagte meine Mutter, „weil die doch umziehen. Da hab' ich sie zum halben Preis bekommen."
Also bekam Tante Lisbeth zu Weihnachten die Vase mit den drei goldenen Füßen. Sie rief vor Entzücken Oh und Ah, als sie sie auspackte, und gab meiner Mutter und meinem Vater einen Kuß. Dann schenkte sie meiner Mutter eine Spitzendecke. Mutter schlug auch die Hände vor Freude zusammen und umarmte Tante Lisbeth.
„Du hast genau getroffen, was ich brauchte!" rief sie.
Hinterher, als wir heimgingen, sagte meine Mutter zu meinem Vater: „Gräßlich, diese Decke. Wer legt denn heute noch solche altmodischen Decken auf? Und diese Arbeit! Sie muß gestärkt und gespannt werden, wenn sie einigermaßen ordentlich aussehen soll."
„Verschenke sie doch", sagte der Vater.
„Aber was soll ich sagen, wenn Tante Lisbeth auf Besuch kommt und nach ihrer Decke fragt?" rief Mutter. „Ich kann sie doch nicht verärgern."
„Du sagst eben, sie sei gerade in der Wäsche. Und nach ein paar Besuchen hat sie sie dann vergessen."
Also schenkte meine Mutter die Decke im Februar einer alten Dame, die im Altersheim wohnte und ihr ganzes Zimmer mit Spitzendecken geschmückt hatte. Meine Mutter besuchte diese Dame ab und zu, weil sie eine Freundin meiner Großmutter gewesen war. Seit die Großmutter gestorben war, hatte die alte Dame niemand mehr, die sie besuchte. Sie freute sich sehr über die Decke und legte sie gleich auf.

Im März kam Tante Lisbeth zu uns auf Besuch.
„Meine Liebe, wo hast du denn die Spitzendecke, die ich dir zu Weihnachten geschenkt habe?“ fragte sie.
Mutter wurde sehr verlegen und sagte: „Sie ist gerade in der Wäsche. Bei unseren Kindern werden die Decken immer so schnell schmutzig.“
„Du mußt sie stärken und spannen“, sagte Tante Lisbeth, „wenn du willst, daß sie schön aussieht.“
„Ja, ja“, antwortete Mutter eilig, „das werde ich natürlich tun. Sie ist ja so wunderschön.“
Dabei warf sie mir einen Blick zu, der hieß: Verrate bloß nichts!
Im April sollte ich mal ein Rezept bei Tante Lisbeth abgeben, aber als ich hinkam, war sie ausgegangen. Da klingelte ich bei Tante Lisbeths Nachbarin, Frau Flegelin, und bat sie, Tante Lisbeth das Rezept zu geben, wenn sie heimkäme. Frau Flegelin sagte: „Komm rein, Kurt, du magst doch sicher ein paar Plätzchen.“
Als sie mir das Gebäck reichte, sah ich plötzlich bei ihr auf dem Klavier die hellblaue Vase mit den drei goldenen Füßen stehen, die wir doch Tante Lisbeth geschenkt hatten. Ich ging näher ran und starrte sie an. Jawohl, es war dieselbe, ich erkannte sie an einem kleinen Fehler.
„Gefällt sie dir?“ fragte Frau Flegelin. „Die hat mir deine Tante Lisbeth vorige Woche zum Geburtstag geschenkt.“
Im Mai kam Tante Lisbeth wieder einmal auf Besuch.
„Nanu“, sagte sie und schaute sich um. „Ist denn die Decke, die ich dir geschenkt habe, schon wieder in der Wäsche?“
Ich sah, wie kläglich meine Mutter aussah. Da sagte ich schnell: „Ich hab' sie aus Versehen mit Tinte bekleckert.“
„Wie kannst du auch dem Kind erlauben, auf einer so wertvollen Decke seine Aufgaben zu machen!“ rief Tante Lisbeth ärgerlich.
„Ich werde es ihm von nun an verbieten“, sagte meine Mutter und warf mir einen dankbaren Blick zu.
Als Tante Lisbeth im Juli Geburtstag hatte, schickte mich meine Mutter mit einem Blumenstrauß zu ihr. Sie war sehr gerührt und suchte nach einer Vase. Sie brachte verschiedene Vasen herbei, aber einige waren zu groß, andere zu klein.

„Nimm doch die hellblaue, die wir dir zu Weihnachten geschenkt haben", sagte ich ganz sanft und tat so, als ob ich nichts wüßte. „Die hat gerade die richtige Größe."
„Geht leider nicht, mein lieber Kurt", antwortete Tante Lisbeth, „da stehen schon andere Blumen drin, drüben im Schlafzimmer."
Ich war höflich und sagte nichts, aber ich dachte mir: Wie gut du schwindeln kannst!
Na, es kam noch schöner. Im September lud Herr Matuschek meinen Vater einmal zum Skatspielen ein. Herr Matuschek arbeitet im gleichen Betrieb wie Vater. Am nächsten Morgen sagte Vater beim Frühstück: „Ratet mal, was ich bei Matuscheks wiedergesehen habe! Die blaue Vase mit den drei goldenen Füßen!"
Er wollte sich ausschütten vor Lachen.
„Ich hab' sie natürlich bewundert", erzählte er, „und da stellte sich heraus, daß sie Frau Matuschek von einer gewissen Frau Flegelin geschenkt bekam, als sie mit einem gebrochenen Bein im Krankenhaus lag. Die kennen sich nämlich."
„Und Frau Flegelin hat die Vase von Tante Lisbeth geschenkt bekommen", sagte ich. „Das hab' ich ganz vergessen, euch zu erzählen."
Na, das gab ein Gelächter.
Aber die Geschichte ist noch nicht zu Ende. Im Oktober kam Tante Lisbeth wieder einmal auf Besuch, ganz unverhofft, gerade so im Vorübergehen. Sofort schaute sie sich nach ihrer Decke um.
„Schon wieder in der Wäsche?" fragte sie.
Mutter wurde rot und blaß und sah den Vater an.
„Diesmal ist sie in der Kunststopferei", sagte mein Vater. „Mir ist glühende Asche von der Zigarette draufgefallen, ach ja, auf das gute Stück. Das muß natürlich so gestopft werden, daß man's nicht sieht."
„Habt ihr denn keine Aschenbecher im Haus?" schnarrte Tante Lisbeth ärgerlich. „Aber ich hoffe doch, daß ihr die Decke wenigstens zu Weihnachten auflegen werdet!"
„Sicher, sicher", sagte meine Mutter.
Als Tante Lisbeth gegangen war, sagte Vater lachend: „Ich bin ja gespannt, wie du dich zu Weihnachten aus der ganzen Schwindelei herauswinden wirst."
„Hilf mir", seufzte die Mutter.

Der Vater grinste nur und rauchte.
„Ich kenn' dich", sagte er. „Jetzt wirst du die ganze Zeit bis zu Weihnachten vor Angst nicht schlafen. Aber hab' mal keine Sorge, ich bring' das schon in Ordnung."
Am Heiligen Abend bekamen wir, wie immer, von Verwandten und Bekannten allerlei Geschenke, und auch von Fräulein Selig. Das ist eine alte Schulfreundin von meiner Mutter. Wir wußten aber nicht, daß Fräulein Selig eine Cousine von Frau Matuschek ist. Jedenfalls war in Fräulein Seligs Päckchen die blaue Vase mit den drei goldenen Füßen.
„Um so besser", sagte mein Vater. „Jetzt werde ich die Geschichte mit der Spitzendecke noch einfacher erledigen können."
Wir haben die Gewohnheit, daß Tante Lisbeth am ersten Weihnachtstag zu uns kommt oder wir zu ihr gehen, immer abwechselnd: ein Jahr so, das andere Jahr so. In diesem Jahr sollte sie bei uns sein. Meine Mutter war schrecklich aufgeregt und kam im letzten Augenblick noch auf den Gedanken, sie wolle die Dame im Altersheim bitten, ihr die Decke für einen Tag zu leihen.
„Ich kann ihr ja sagen, ich will mir das Muster abgucken, weil ich mir auch so eine Decke häkeln will", sagte sie.
„Ja willst du denn noch mehr dazuschwindeln?" rief der Vater lachend, „laß bloß die alte Dame in Ruhe!"
„Aber bedenke doch", antwortete die Mutter, „daß Tante Lisbeth die einzige Schwester deiner Mutter ist! Sie hat schon so viel für uns getan. Wir dürfen sie auf keinen Fall verärgern."
„Eben drum", antwortete der Vater.
Gleich als Tante Lisbeth am ersten Weihnachtsfeiertag hereinkam und noch bevor sie uns ihr Geschenk übergab, sagte sie: „Frohe Weihnachten, ihr Lieben. Wie ich sehe, ist wieder was mit der Decke passiert. Oder sollte sie etwa nicht mehr bei euch sein? Wie?"
Sie sah uns scharf an. Mutter warf Vater einen verzweifelten Blick zu.
„Liebe Tante Lisbeth", sagte Vater, „wir haben dich sehr lieb und wollen dich nicht gern beschwindeln, und schon gar nicht zu Weihnachten. Herta hat einfach keine Zeit, Spitzendecken zu pflegen, weil sie ja auch arbeiten geht. Deshalb hat sie die Decke einer Dame im

Altersheim geschenkt, die Freude an Spitzendecken hat. Sicher bist du uns deshalb nicht böse, nicht wahr?"
„Unerhört!" rief Tante Lisbeth. „Ein Geschenk von mir habt ihr weiterverschenkt!"
„Meine liebe Tante Lisbeth", sagte der Vater, „schau mal, was wir gestern geschenkt bekamen."
Er öffnete die Schachtel von Fräulein Selig und hob die blaue Vase heraus. Tante Lisbeth wollte gerade weiterschimpfen, aber als sie die blaue Vase sah, wurde sie still und fuhr sich mit dem Taschentuch über die Stirn.
„Ich weiß nicht", stammelte sie, „das muß —"
„Tante Lisbeth", sagte der Vater, „ich schlage vor, wir vergessen die ganze Geschichte. Es lohnt sich nicht, sich darüber aufzuregen. Und ab jetzt schenken wir uns zu Weihnachten gar nichts mehr."
„Was?" rief Tante Lisbeth mit erschrockenen Augen. „Zu Weihnachten nichts mehr schenken?"
„Nein", sagte Vater. „Man quält sich herum und weiß nicht, was man einander schenken soll. Dabei kommt nichts als dummes Zeug raus, das haben wir ja gesehen. Man kann ja auch lieb zueinander sein, ohne sich was zu schenken."
„Aber man muß sich doch was schenken!" rief Tante Lisbeth.
„Gegen das Schenken hab' ich nichts", sagte Vater. „Aber es muß ja nicht gerade zu Weihnachten sein. Rund ums Jahr gibt es immer mal Gelegenheit, was zu schenken: Manchmal zerbricht was, manchmal zerreißt was, manchmal sieht man plötzlich irgend etwas in einem Schaufenster und hätte es gern. Dann ist die richtige Gelegenheit zu schenken."
„Der Vorschlag ist nicht schlecht", sagte Tante Lisbeth nach einer Weile. „Ihr müßt mich's dann aber wissen lassen, wenn ihr was braucht."
„Und du uns auch", rief Mutter und umarmte Tante Lisbeth vor lauter Freude, daß sie nicht wütend weggegangen war.
„Übrigens", sagte Tante Lisbeth, „ist in dem Päckchen, das ich euch heute mitgebracht habe, auch eine Vase drin. Mir ist nichts Besseres eingefallen. Ihr könnt sie aber weiterverschenken, wenn ihr sie nicht braucht."

„Danke", sagte Vater. „Und wir haben dir diesmal einen Gutschein für Kendlers Konditorei gekauft. Da kannst du dir selber aussuchen, was du haben willst und wann du es haben willst."
„Tolle Einfälle habt ihr", sagte Tante Lisbeth gerührt. „Aber nun hätte ich doch zu gern gewußt, wie die blaue Vase zu euch geraten ist. Ich habe sie meiner Nachbarin geschenkt. Aber von der könnt ihr sie doch nicht haben?"
Als wir ihr die Rundreise der Vase erzählten, lachte sie so sehr, daß ihr die Tränen kamen.
„Tu mir einen Gefallen, Tante Lisbeth", sagte Vater, „und schimpf nicht deine Nachbarin aus. Sie hat ja nichts anderes getan als wir."
„Hast recht", sagte Tante Lisbeth.

Gudrun Pausewang

Zwei Mark

Peter hat seine zwei Mark fünfzig Taschengeld angelegt, in ein Micky-Maus-Heft, Flugzeugbilder, Kaugummikugeln und Zündplättchen. Er würde gern weiter anlegen, nur fehlt ihm das Geld. Das hat er nicht. Das kriegt er vor nächstem Montag nicht.
Er geht an den Mänteln im Schulflur entlang, langt dabei ganz nebenbei in die Taschen. Angelt sich zwei Mark.
Na und? Nichts weiter.
Klaus hatte mal die zwei Mark. Und jetzt hat sie Peter!
Der Lehrer fragt die Klasse aus, ein Kind nach dem andern: „Wo sind die zwei Mark vom Klaus?"
Und Peter? Peter lügt.
„Ich war's nicht!"
„Ich war's wirklich nicht. Kann's ja gar nicht gewesen sein!"
„Ich kann's ja gar nicht gewesen sein, weil ich den ganzen Vormittag nicht außerhalb der Klasse war. Nicht einmal auf'm Klo."
„Nein. Also, ich war's nicht. Wie sollte das denn gehn? Ich bin heute auch noch nicht mal zu spät gekommen. Und in der Pause war auch niemand draußen. Wir waren alle in der Klasse. Ich auch. Es regnete doch in der Pause."

„Also, wirklich. Wie hätte ich's denn anstellen sollen? Hier! Hier hab' ich meine zwei Mark Taschengeld. *Mein* Taschengeld. Ich leg' sie hier auf den Tisch. Würde ich das machen? Na? Würde ich das machen, wenn ich sie geklaut hätte?"

„Nein. Ich war's nicht. Erstens kann ich's gar nicht gewesen sein, zweitens war ich's wirklich nicht. Würde ich dann die zwei Mark vor mich auf den Tisch legen? Na? Also! Mein Vater hat sie mir gegeben, Taschengeld. Ihr könnt ihn fragen. Eigentlich waren's zwei Mark fünfzig. Ich hab' aber nur noch die zwei Mark. Du kannst die zwei Mark haben, Klaus, wenn du denkst, ich hätt' sie dir geklaut. Aber ich find's so gemein, daß ihr alle denkt, ich klaue. Jawohl! Richtig gemein!"

Als Peters Mutter hört, daß Peter verdächtigt wurde, die zwei Mark geklaut zu haben, sagt sie:

„Was, der Peter? Mein Peter? Der tut so was nicht. Nein. Nie und nimmer würde mein Peter so was tun. Nein, nein, nein und nochmals nein!"

Susanne Kilian

Der Reifen

Ein Nachbar sagt zu dem Mann: „Ihr Sohn hat den Reifen des Fahrrads meines Sohnes zerschnitten."

„Haben Sie meinen Sohn beim Zerschneiden des Reifens beobachtet?" fragt der Mann.

„Nein, ich habe ihn nicht beobachtet, aber meine Frau hat gesehen", sagt der Nachbar, „daß sonst niemand in der Nähe war."

„Ich werde meinen Sohn fragen", sagt der Mann, „ob er es gewesen ist."

„Ich sagte Ihnen doch", sagt der Nachbar, „daß Ihr Sohn es gewesen ist."

„Hast du", fragt der Mann seinen Sohn, „den Reifen zerschnitten?"

„Nein", sagt der Sohn.

„Du sollst die Wahrheit sagen", sagt der Mann.

„Ich habe den Reifen nicht zerschnitten", sagt der Sohn.

„Ich frage dich noch einmal", sagt der Mann, „hast du den Reifen zerschnitten?"
„Nein", sagt der Sohn.
„Zum letzten Male sage ich", sagt der Mann, „du sollst die Wahrheit sagen."
„Ich habe den Reifen nicht zerschnitten", sagt der Sohn.
Der Mann sagt zum Nachbarn: „Ich werde meinen Sohn so lange in seinem Zimmer einsperren, bis er die Wahrheit gesagt hat."

Elisabeth Borchers

Wir rächen uns an Herrn Keume

In dem großen Haus neben dem Spielplatz wohnt Herr Keume. Wenn wir auf dem Spielplatz toben, schreit er aus dem Fenster: „Macht, daß ihr fortkommt! Ihr seid schon zwölf!" Das stimmt aber nicht. Ich bin erst elf, und die anderen sind jünger. Nur Axel ist schon zwölf. Aber der ist mein Freund, den können wir doch nicht wegschicken.
Wir spielen Fußball auf dem Rasen neben dem Spielplatz. Herr Keume schimpft und sagt, er wird es der Stadt melden. Der Rasen wird verdorben.
In einer Ecke vom Rasenplatz steht ein dicker Baum. Ein prima Kletterbaum ist das. Seine Äste hängen tief herab. Wir klettern hinauf und spielen Quartett im Baum. Oder wir erzählen uns einfach was. Von oben rufen wir dann: „Keume, Keume, komm doch mal!"
Gestern hat Herr Keume die Polizei angerufen. Wegen des Baumes. Er sagt, es ist verboten, da raufzuklettern. Der Baum geht kaputt davon. Zwei Männer sind gekommen und haben die unteren Äste von unserem Baum abgesägt. Herr Keume hat gesagt, jetzt sind wir schuld, daß es die Stadt Geld gekostet hat. Die Äste hätten aber ruhig dranbleiben können. Sie hatten vom Klettern ein paar Schrammen bekommen, das ist wahr.
Aber nun sind sie ganz ab.
Da haben wir uns an Herrn Keume gerächt. Michi hat einen Dreckklumpen in seinen Briefkasten gesteckt. Alex und ich haben ein Seil vor seine Tür gespannt, aber erst, als es dunkel wurde. Herr Keume

sollte darüber fallen. Ich habe mir gewünscht, er sollte sich ein Bein brechen. So eine Wut hatte ich!
Herr Keume hat es aber gemerkt. Er hat gleich gedacht, daß wir es waren. Alles hat er unseren Eltern erzählt und noch viel mehr, was gar nicht stimmte.
Axel hat Schläge von seinem Vater bekommen, und Michi darf eine Woche lang nicht fernsehen.
Mein Vater war auch sehr böse. Er sagt, die Sache mit dem Seil hätte übel ausgehen können.
Warum dürfen wir uns nicht an Herrn Keume rächen?
Er ist doch immer so gemein zu uns.

Hanna Hanisch

Auge um Auge

Stefan zog die Kapuze vom Anorak über die Mütze. Jetzt regnete es auch noch in den Schnee. Und dann zur Schule. Ein Sauwetter war das. Er klemmte die Daumen hinter die Träger seines Tornisters und trabte zum Bahnhof. Auf dem Bahnsteig wartete Franz. „Haste die Rechenaufgaben raus?" fragte er. „Ja", sagte Stefan. „Ich hab' den ganzen Kram von gestern auch noch mal abgeschrieben, damit er nicht wieder meckert." „Zeig mal", sagte Franz. Stefan stellte den Tornister auf die Bank und kramte das Heft raus. Er hatte ein neues Rechenheft angefangen und seine Bücher sauber eingebunden. „Mensch", sagte Franz, „du willst dich wohl beliebt machen bei Temme, was?" „Nee", sagte Stefan, „aber ich will meinen Kram jetzt in Ordnung halten. Meine Mutter hat mir dabei geholfen." „Der Zug kommt!" rief Franz und lief nach vorn. Sie hatten ihr Stammabteil im ersten Wagen. Stefan stopfte das Heft in den Tornister und wollte Franz hinterher, da rempelte ihn einer an und gab ihm einen Stoß mit der Schulter, daß er stolperte und auf den Bahnsteig flog. „He!" schrie der andere, „renn mich gefälligst nicht um, du!" Es war Fischel, sein Feind in der Klasse, sein Feind vom ersten Tage an. Stefan sagte nichts. Er stieg ein.
Als sie in Gauting aus dem Bahnhof kamen, hatte es zu regnen aufgehört. Sie waren noch keine hundert Schritte gegangen, da merkte Stefan, daß einer an seinem Tornister hantierte, an der einen Schnalle.

Das konnte nur Fischel sein. Stefan machte einen Satz nach vorn und drehte sich um. „Fischel, ich warne dich. Laß das sein.“ Fischel grinste. Er war ein kräftiger Kerl. „Willste was, du Flasche?“
Plötzlich hatte er noch drei andere aus der Parallelklasse hinter sich. Stefan wollte weitergehen. Aber Fischel ließ nicht locker. Er riß die zweite Schnalle an Stefans Tornister auf, drehte den Tornister auf Stefans Rücken um und ließ Hefte und Bücher herausfallen. Da lag das neue Heft im Matsch, Etiketten und Bücher, alles verdreckt. Fischel und Kumpane machten einen Halbkreis und grinsten. Stefan nahm den Tornister vom Rücken, sammelte seine Sachen ein, wischte den Dreck ab, und bei jedem Heft wuchs seine Wut.
Dann war er fertig. Er gab Franz den Tornister, ging auf Fischel zu und sagte: „Ich habe dich gewarnt.“ „Halt doch deine Klappe, du kleiner Pimpf“, sagte Fischel, und plötzlich zuckt seine Faust nach vorn und Stefan vor die Brust.
Aber nun geht Stefan los. Er ist zwar jünger und schmaler als Fischel, aber schneller. Er springt Fischel an und drückt ihm mit aller Kraft den Kopf nach unten gegen die Brust. Fischels Kumpane johlen und feuern ihn an. „Fischel! Fischel!“ Fischel will Stefan vor das Schienbein treten. Aber erst muß er den Kopf frei haben. Blitzschnell läßt Stefan ihn los. Fischel taumelt nach hinten, verliert das Gleichgewicht und sitzt im Matsch.
Plötzlich lachen die Kumpane Fischel aus. „Hoho“, schreit einer, „du sitzt ja in einer Wanne! Jetzt rennste den Rest des Tages mit 'nem nassen Hintern rum!“ Sie schlagen sich feixend auf die Schultern.
In der Religionsstunde redeten sie wieder von Jesus. Frau Osterdahl erzählte: „Einmal hat er von seinen Jüngern folgendes verlangt: ‚Ihr habt gehört, daß gesagt ist: Auge um Auge, Zahn um Zahn. Ich aber sage euch, daß ihr dem Bösen keinen Widerstand leisten sollt. Wenn dich jemand auf die rechte Backe schlägt, dem halte auch die andere hin.‘ “
„Das geht überhaupt nicht“, sagte Franz, „dann haun se ja alle einfach drauf los.“
„Dann sind die Verbrecher ja im Vorteil“, meinte Gabi. „Dann kann ja jeder machen, was er will, weil er nicht mit Vergeltung zu rechnen braucht!“

„Ja, aber was passiert, wenn jeder zurückschlägt? Wenn jeder sagt: Was du getan hast, das kriegst du wieder. Wie du mir, so ich dir?" fragte Frau Osterdahl.

„Das ist wie 'ne Spirale, das hört nie auf", sagte Gerd. „Das wird immer doller und hört trotzdem nie auf."

„Bevor du zurückschlägst, sollst du dich lieber noch ein zweites Mal schlagen lassen. Was wollte Jesus damit wohl erreichen?" fragte Frau Osterdahl.

„Die kennt Fischel nicht", dachte Stefan. Fischel saß da und kritzelte auf seinen Block.

Nach der fünften Stunde gingen sie zum Bahnhof. An der gleichen Stelle, wo sie sich morgens geprügelt hatten, spielten jetzt acht Jungen Fußball. Eine merkwürdige Art zu spielen hatten die. Der Ball bewegte sich kaum. Es war nur ein Scheinspiel. Aber alle beobachteten die Straße in Richtung Schule. Fischel war dabei.

„Die haben was vor", sagte Franz, „mir ist ganz flau. Komm, wir hauen ab." „Dann haben wir morgen das gleiche Theater", sagte Stefan.

„Aber ich haue ab", sagte Franz. „Ich hab' keine Lust, mich von denen vermöbeln zu lassen. Ich geh' zu meiner Oma und fahr' erst heute nachmittag nach Haus." Und weg war er.

„Da kommt ja unser lieber Stefan", eröffnete Fischel den Tanz. Er hatte seinen Tornister an eine Zaunlatte gehängt. „Nehmt ihm doch mal seinen Rucksack ab, sonst behauptet er nachher noch, er hätte sich nicht bewegen können!"

Der Größte unter den Jungen gab einen Wink. Er war der Boß der Bande. Zwei kleinere kamen und wollten Stefan den Tornister vom Rücken reißen. „Hab' ich was gegen euch?" fragte Stefan. „Nee, aber wir gegen dich", sagten sie und zogen ihn am Tornister nach hinten. Die Riemen rutschten Stefan in den Ellenbogen. Das nutzte Fischel. Blitzschnell sprang er vor, holte aus und schlug Stefan mit aller Kraft ins Gesicht. Stefan ließ den Tornister los. Seine Backe brannte. Fünf Finger hatten fünf rote Striemen hinterlassen.

Ein Kreis bildete sich. „Los Fischel, gib's ihm", sagte der Boß. „Aber du mußt mir helfen", sagte Fischel.

Der Boß nahm Stefan in den Schwitzkasten. Stefan wehrte sich nicht. Er hatte keine Chance mehr. Wenn er jetzt zuschlug, fingen alle an.
„Los, tritt ihm ein paar in den Hintern", rief der Boß. Fischel trat dreimal zu. Mit aller Kraft! „Genug!" Der Boß ließ Stefan los. Der heulte vor Wut: „Wir sprechen uns noch. Aber dann allein!" Er rannte zum Zaun und warf seinen Tornister auf den Rücken.
„Mach, daß du wegkommst", schrie Fischel, „sonst kriegst du Bandenhiebe, daß du drei Tage nicht sitzen kannst." Stefan drehte sich um. Plötzlich hatten sie ein Spalier gebildet, wie einen Gang. Und jetzt packten sie ihn und stießen ihn hin und her, von einem zum anderen. Der letzte in der Reihe war Fischel. Als Stefan an ihm vorbei war, drehte er sich blitzschnell um, feuerte Fischel eine schnelle, harte Ohrfeige in's Gesicht, drehte sich wieder und war weg zum Bahnhof. Die anderen johlten hinter ihm her. Als Stefan die Treppe zum Bahnhof hochjagte, hörte er, wie der Zug einlief, und da wußte er, daß er für heute in Sicherheit war. Er sprang in den ersten Wagen, beobachtete, wie die Bande den Zug entlangtobte und sah Fischel aufspringen.
Der Zug war schon wieder in Bewegung. Die Bande blieb zurück.
In Stockdorf war Stefan mit einem Satz aus dem Zug und schon an der Ausgangstreppe. Er riß sich den Tornister von den Schultern und warf ihn auf die Erde. Als die meisten Leute an ihm vorbei und die Treppe hinunter waren, kam er zurück.
Der Bahnsteig lag vor ihm wie ein schmales Brett, auf beiden Seiten von Gleisen eingerahmt. Er war jetzt leer. Nur einer kam langsam und zögernd auf Stefan zu, die Daumen hinter die Riemen seines Tornisters geklemmt: Fischel. Er grinste nicht mehr. Fünf Meter vor Stefan blieb er stehen. Sie blickten sich an. Beide hatten rote Striemen auf der Backe.

Hans May

Im Fernsehn gestern

„War ganz einfach zu verstehn,
konnte man gleich sehn:
Der Schöne mit Hut
war gut.

Der Häßliche, Nervöse
war der Böse.
Der Häßliche kam groß ins Bild:
Er ballerte wild
dum-dum-dum
feige von hinten drei Farmer um.
So ist es geschehn!
Der Gute hat alles gesehn,
fetzte rasant wie nie
durch die Prärie
hinter dem Bösen her!
Das arme Pferd schwitzte schwer.
Der Böse hat sich davon gemacht.
Es war Nacht
in Gunhill.
Alles still.
Plötzlich im Saloon Geschrei:
große Keilerei.
Schon raste der Gute rein —
nein!
In all dem Getöse
war er nicht, der Böse.
Nur 'ne Dame namens Mary Lou
schrie 'huuu!'
und warf sich dem Guten an den Hals.
Dann kam Geschmuse und Schmalz.
Die Keilerei war leider vorbei.
Später gingen die beiden noch
die Treppe hoch
in Mary Lous Zimmer.
Dasselbe wie immer!
Beim Abschied das alte Lied:
‚Ich vergesse dich nie,
Mary Lou, Lou Mary!'
Die nächste Stadt hieß Tombstone.

In 'ner Kneipe fand er den Bösen schon.
Und der Gute schrie:
‚Sei ein Mann und zieh!
Farmer in den Rücken schießen,
das wirst du büßen!
Glotz nicht so dumm!
Hast du keinen Mumm,
dreckiger Hund?'
Dann ging's rund:
Der gute und der böse Mann
starrten sich lange, lange an.
Natürlich traf zuerst der Gute.
Der Böse lag tot in seinem Blute.
Die Gerechtigkeit hatte gesiegt.
Dann hat der Gute Mary Lou gekriegt.
Sie wurden in Gunhill getraut.
Mary Lou war eine schöne Braut.
Schluß. Ende. Aus. Vorbei!"
schloß der Kay.

Das war der Western
im Fernsehn gestern.

Rate mal, was Kay seinem Freund erzählt?

Susanne Kilian

Der Milchdieb

Wir Kinder verbrachten, wie immer, unsere Ferien bei unserem Großvater. Er besaß einen schönen Hof im Ermland und war ein großer Mann mit fröhlichen Augen und buschigen Brauen. Er liebte uns, aber er konnte auch sehr sehr streng mit uns sein, und wir gehorchten ihm aufs Wort.

Ich weiß es noch wie heute. An einem vernebelten Morgen setzte sich der Großvater nicht wie sonst mit Behagen an den Frühstückstisch, sondern blieb am Fenster stehen, sah auf die Stallungen und runzelte die Stirn. Dann sagte er mit heiserer Stimme: „Heute nacht hat jemand die Fiene abgemolken.“ Fiene war Großvaters beste Milchkuh. Das habe es noch nie gegeben, sagte die Großmutter bekümmert, Diebe im Stall. Ob sonst noch etwas fehle? Großvater verneinte. Es sei vielleicht doch ratsam, ein richtiges Schloß für den Stall zu kaufen, sagte die Großmutter. Wir wußten, Großvater war kein Freund vom Kaufen, und er antwortete nicht. Erst als er sein Frühstück beendet hatte, sagte er, und es klang wie eine unumstößliche Entscheidung, es sei noch nie üblich gewesen, den Stall abzuschließen. Der Holzriegel habe bisher noch immer genügt, und er werde auch in Zukunft genügen. Die Großmutter widersprach nicht, sie wiegte nur bedenklich den Kopf hin und her und sah uns Kinder an, als erwarte sie Unterstützung von uns. Wir sagten aber nichts, Großvaters Wort galt, auch wenn wir, Kinder der Großstadt, es komisch fanden, daß Stall und Haus nur durch Klinken, die keine Sicherheit boten, geschlossen wurden. Der Vorfall wäre von uns sicherlich rasch vergessen worden, aber er wiederholte sich. Fiene stand stumm am nächsten Morgen mit leerem Euter im Stall, aber sonst fehlte nichts, obwohl im Stall manche Dinge aufbewahrt wurden, die im nächsten oder übernächsten Dorf für gutes Geld an den Mann zu bringen gewesen wären. Nicht einmal ein Eimer fehlte, der Milchdieb brachte sich also ein Gefäß mit; Großvater ging während des ganzen Tages mit einem nachdenklichen Gesicht umher, offenbar rang er mit einem Entschluß, aber er zog niemanden zu Rate. Als aber am nächsten Morgen die Fiene wieder abgemolken war, bevor die Magd oder der Großvater den Stall am frühen Morgen betraten, sagte der Großvater entschlossen: „Heute nacht werde ich Wache halten. Sonst kommen die mir noch auf den Kopf.“ Die, das war die Behörde, an welche die Milch abgeliefert werden mußte.

Der Abend kam, die Nacht brach herein. Als die Großmutter mich zu Bett schicken wollte, fragte ich, ob ich, der Älteste, nicht mitmachen dürfte. Großvater zögerte mit der Antwort, dann sagte er ja, er werde mich um zwei Uhr wecken. Ich bat, gleich aufbleiben zu dürfen, aber Großvater sah mich nur an, und ich ging in die Schlafstube hinauf, mit vielen Zweifeln, ob der Großvater mich wirklich dabeihaben wollte. Ich versuchte, wach zu bleiben, aber schließlich schlief ich doch ein.

Pünktlich um zwei weckte mich der Großvater. Ob ich denn nun wirklich ... Statt einer Antwort sprang ich aus dem Bett und kleidete mich an. Dann gingen wir hinunter auf den Hof.
Es war eine klare Nacht mit vielen Sternen und recht hell, obwohl der Mond noch nicht aufgegangen war. Ein frischer Wind ging und rauschte in den Kronen der vier Eichen, die im Hofe standen und sich hoch und dunkel gegen den Himmel abzeichneten. Ich schlich gebückt, wie ich es in den Indianerbüchern gelesen hatte, durch das tauige Gras, während Großvater ganz gelassen aufrecht schritt.
Im Stall befühlte Großvater die Euter der Kühe. Sie waren alle noch prall. Dann setzten wir uns in eine dunkle Ecke. Großvater rauchte seine halblange Pfeife, eine Hand hatte er auf mein Knie gelegt. Weshalb er denn seinen Tesching nicht mitgenommen habe, wollte ich wissen, vielleicht würde der Dieb, wenn er dann entdeckt werde ... Weiter kam ich nicht. „Hier gibt es keine Mörder und Einbrecher", sagte der Großvater ein bißchen aufgebracht, „aber eine ganze Menge armer Leute. Was soll mir da ein Gewehr? Kann ich Armut mit einem Tesching erschießen?"
Ich schwieg beschämt. Die Zeit verging sehr langsam, jedes Geräusch erregte mich. Wenn draußen die Kronen der Bäume im Winde knarrten oder eine Kuh an der Kette rasselte oder eine Fledermaus aufflog, stand ich sofort auf und lauschte mit offenem Munde, als schärfte das mein Gehör. Großvater blieb ruhig sitzen und rauchte. Ihm waren alle Geräusche vertraut.
Aber dann, der Mond war aufgekommen, nahm Großvater die Pfeife plötzlich aus dem Munde, legte sie auf den Futterkasten und streckte den Kopf vor. Ja, nun hörte ich es auch. Das Geräusch kam von jenem Fenster her, das dem Hofe abgewandt war; es ließ sich nicht mehr fest schließen, weil der Rahmen morsch war. Zuerst sah ich eine Hand, die einen Eimer hielt. Der Eimer wurde niedergesetzt, dann erschien eine zweite Hand, die sich an die Fenstermauer klammerte, und dann ... Ja, dann konnte ich nichts mehr sehen, denn Großvater verstellte mir die Sicht. Ich wollte an das Fenster, aber Großvater verwies mich gebieterisch auf meine Bank, nahm den Eimer, warf ihn aus dem Fenster und kletterte rasch hinaus. Ich saß, gewohnt zu gehorchen, auf der Bank, und hätte doch so gern den Dieb mit ergriffen. So konnte ich

nur lauschen. Ich hörte Großvaters Stimme, er sprach nicht laut, aber sehr entschieden, und dann weinte jemand.
Ich hätte nun wenigstens gern erfahren, wer der Milchdieb war, kannte ich doch alle Leute aus dem Dorf, aber Großvater schwieg, als er wieder in den Stall kam, er schwieg auch, als wir in das Haus zurückgingen. Er überhörte meine Fragen. Er hat es mir nie gesagt, und ich weiß bis heute nicht, wer damals die Fiene ein paarmal abgemolken hat. „Es genügt, wenn ich es weiß", so wies mich der Großvater ab, und ich glaube, er tat recht daran.
Unnachsichtig und erbarmungslos wie Kinder sind, hätte ich wahrscheinlich alles weitererzählt und immer einen Groll gegen einen armen Menschen, der zum Milchdieb geworden war, mit mir herumgetragen.

Heinz Rein

Unser Hausmeister, der Einbrecher

Señor Delgado ist jetzt unser Hausmeister. Früher ist er Einbrecher gewesen.
Das kam so: Eines Nachts wachte mein Vater auf. Er hatte ein Geräusch im Nebenzimmer gehört. Hier in der großen Stadt San Roque muß man mit Einbrechern rechnen. Deshalb hat mein Vater immer einen Revolver in der Nachttischschublade liegen. Er nahm also leise den Revolver aus der Schublade und schlich im Dunkeln bis in den Flur. Mit einem Ruck riß er die Tür zum Wohnzimmer auf und schoß in die Luft. Dann knipste er das Licht an.
Da stand ein Mann ganz kläglich vor ihm, mit einer Taschenlampe in der einen und einem Sack in der anderen Hand. Er war gerade dabeigewesen, unseren Plattenspieler einzupacken. Der Sack war schon halbvoll. Dem Mann zitterten die Hände. Er ließ den Sack los und die Taschenlampe fallen und hob die Arme.
„Nicht schießen", bat er, „ich habe neun Kinder."
„Nun packen Sie mal alles wieder aus, was Sie da eingepackt haben", sagte mein Vater.

Eifrig leerte der Einbrecher seinen Sack. Mein Vater staunte nur so, was da zum Vorschein kam: eine silberne Schüssel, die immer bei uns auf dem Bücherbord stand, unsere Wanduhr, Vaters Feuerzeug, ein Transistorradio, das mir gehörte, der Mixer aus der Küche, das elektrische Bügeleisen und drei große silberne Suppenkellen. In der Küche war er also auch schon gewesen.
„Bitte rufen Sie nicht die Polizei", sagte der Einbrecher, als er alles aus dem Sack herausgekramt hatte. „Sonst komme ich für ein paar Monate, oder noch länger, ins Kittchen. Was wird dann mit meinen Kindern?"
Der Vater, natürlich im Pyjama, legte den Revolver auf den Couchtisch, ging zur Bar und nahm die Whiskyflasche und zwei Gläser heraus.
„Würden Sie so freundlich sein und ein paar Eiswürfel aus dem Kühlschrank holen?" sagte er zu dem Einbrecher. „Sie kennen sich ja in unserer Küche aus."
Der Einbrecher starrte ihn mit offenem Mund an, dann ging er in die Küche.
„Der Lichtschalter ist rechts neben der Tür!" rief ihm der Vater zu und ließ sich in einen Sessel sinken.
Nach einer Weile kam der Einbrecher tatsächlich mit einer ganzen Schüssel voller Eiswürfel zurück, aber seine Hände zitterten noch immer. Er stellte die Schüssel auf den Couchtisch und blieb vor meinem Vater stehen.
„Nun lassen Sie sich mal gemütlich nieder, nach dem Schrecken", sagte mein Vater, „und verschnaufen Sie. Zigarette?"
Der Einbrecher starrte meinen Vater wieder an, dann setzte er sich vorsichtig in den Sessel und nahm eine Zigarette aus der Schachtel, die der Vater ihm entgegenhielt. Der Vater nahm das Feuerzeug, das der Einbrecher aus dem Sack herausgeräumt hatte, und gab erst dem Mann, dann sich selber Feuer.
„Sie trinken doch sicher einen Whisky mit mir?" fragte er und schenkte dem Mann ein Glas ein. Der saß steif in dem Sessel und wagte kaum, sich zu rühren. Er sah meinen Vater ängstlich an. Der trank und rauchte genüßlich und sagte gar nichts, sondern lehnte sich nur in seinem Sessel zurück.

„Glauben Sie ja nicht", sagte der Einbrecher plötzlich, „daß ich stehlen würde, wenn ich auf andere Art zu Geld käme."
Mein Vater schwieg.
„Ich habe viele Jahre in einer Fabrik gearbeitet", sagte der Mann. „Dort sind sie immer zufrieden mit mir gewesen. Aber vor zwei Jahren wurde die Fabrik zugemacht, und ich saß auf der Straße."
„Welche Fabrik war das?" fragte mein Vater.
„Die Schaumgummifabrik an der Avenida San Pedro."
„Stimmt", sagte mein Vater.
„Ich hab' danach überall nach Arbeit gesucht, denn mit neun Kindern kann man ja nicht von Luft leben. Ich hatte die Älteren in eine Schule gehen lassen, und alle sind sie gute Schüler gewesen. Aber dann mußte ich sie rausnehmen, weil ich die Schule nicht mehr bezahlen konnte. Ich wußte nicht einmal, wo ich das Essen für sie hernehmen sollte. Von Fabrik zu Fabrik bin ich gegangen und hab' nach Arbeit gefragt. Aber da stehen hier ja überall schon Schlangen von Leuten, die Arbeit suchen. Und ich bin nicht mehr der Jüngste. Als ich dann eins von meinen Kindern ertappte, wie es vor Hunger in einer Bäckerei ein Brötchen klaute, da hab' ich gedacht, eher gehe ich stehlen, als daß meine Kinder stehlen müssen, und dann fing ich damit an."
„Weiß es Ihre Frau?" fragte mein Vater.
„Nein", antwortete der Einbrecher. „Ich hab' ihr erzählt, ich habe eine Stelle als Wachmann gefunden, für die Nacht."
„Wie rentiert sich denn die Stehlerei?" fragte mein Vater.
„So großartig ist es nicht. Man bekommt nicht viel für das geklaute Zeug, und manche Nächte findet man gar nichts. Man muß froh sein, wenn man nicht erwischt wird. So viele Leute haben Hunde. Bei denen läßt sich nichts machen. Meine Kinder kriege ich jetzt satt, aber für die Schule reicht's nicht."
„Und sind Sie schon mal von der Polizei erwischt worden?"
„Einmal, aber da hatte ich Glück. Als sie gerade nicht aufpaßten, bin ich ihnen wieder ausgerückt. Aber sie schossen hinter mir her und trafen mich in den Arm."
Er zeigte auf eine Narbe neben dem Ellbogen.
„Ein gefährlicher Beruf", sagte mein Vater.

„Señor“, rief der Einbrecher, „Sie haben Glück gehabt, Sie gehören nicht zu den Armen. Aber wenn Sie sähen, wie Ihre Kinder vor Hunger Brötchen klauen, und Sie keine andere Wahl hätten, da würden Sie auch Einbrecher werden!“

„Möglich“, sagte mein Vater. „Sehr gut möglich.“

Plötzlich ging die Tür auf, und meine Mutter, im Morgenrock, steckte den Kopf ins Wohnzimmer. Sie hatte nicht gehört, wie mein Vater aufgestanden war, sie war erst später aufgewacht. Sie hat einen sehr tiefen Schlaf, Vater macht sich immer über sie lustig. Nicht einmal den Schuß hatte sie gehört, wohl aber, später, die Männerstimmen im Wohnzimmer.

„Was geht denn hier vor?“ fragte sie erschrocken.

„Nichts Besonderes, Liebling“, antwortete mein Vater. „Ich habe Besuch von einem Freund bekommen, und wir trinken einen Whisky zusammen.“

Meine Mutter warf einen erstaunten Blick auf die schäbigen Kleider des Einbrechers, der sie verlegen ansah.

„Es ist vier Uhr morgens“, sagte sie.

„Für den Besuch eines Freundes ist jede Stunde recht“, sagte mein Vater. „Geh nur wieder schlafen. Es ist alles in Ordnung.“

Gott sei Dank sah sie den Mixer und das Bügeleisen und alle die anderen Sachen nicht, die hinter Vaters Sessel auf dem Fußboden lagen. Sie schüttelte den Kopf, denn diesen Freund des Vaters hatte sie noch nie gesehen, und zog sich wieder ins Schlafzimmer zurück.

„Danke“, sagte der Einbrecher zu meinem Vater.

„Kommen Sie morgen zu mir“, sagte mein Vater zu ihm. „Sie wissen, wo die Alfa-Seifenfabrik liegt? Gut. Mein Büro ist im ersten Stock. Ich werde meinem Portier sagen, daß ich Sie erwarte. Wie ist Ihr Name?“

„Pab-Pablo D-Delgado“, stotterte der Einbrecher.

„Ich heiße Alfredo Perez“, sagte mein Vater, „aber Sie brauchen nur nach dem Chef zu fragen. Zwischen zehn und zwölf erwarte ich Sie. Und nun leben Sie wohl, Señor Delgado. Es hat mich gefreut, Sie kennenzulernen. Vergessen Sie nicht Ihren Sack und die Taschenlampe.“

Er geleitete den Einbrecher an die Haustür. Der kam nach ein paar Schritten zurück.
„Fast hätte ich's vergessen", sagte er leise. „Das Küchenfenster steht noch offen. Dort bin ich nämlich hereingekommen. Es wäre gefährlich. es offenstehen zu lassen."
„Danke", sagte mein Vater. „Ich mach' es gleich zu."
Ich hatte von der ganzen Geschichte nichts gemerkt, denn ich schlafe auf der anderen Seite des Hauses. Als mein Vater sie uns am Frühstückstisch erzählte, schlug meine Mutter die Hände zusammen.
„Er hätte dich umbringen können!" jammerte sie.
Aber inzwischen mag sie Señor Delgado gut leiden. Seitdem er Hausmeister in unserer Fabrik ist, wurde dort noch nichts gestohlen.

Gudrun Pausewang

Die Büßer

Roland war mit seinen Eltern nach Südamerika gereist. Sein Vater sollte dort ein Jahr arbeiten.
„Mach die Augen auf und schau dich um, Junge", sagte der Vater. „Hier gibt es viel Merkwürdiges zu sehen."
Wirklich, so war es. Roland kam aus dem Staunen nicht heraus. Die Leute, die da lebten, sahen anders aus als die Leute in Deutschland und lebten auch anders. Sie hatten eine andere Sprache und andere Gebräuche. Zu Weihnachten stellten sie keine Tannenbäume auf, denn dort wachsen keine, weil es zu heiß ist. Stattdessen schmückten sie weißgestrichene, vielverzweigte Äste mit Christbaumschmuck. Zu Karneval warfen sie sich gegenseitig auf der Straße Mehl ins Gesicht. Aber das Merkwürdigste erlebte Roland am Karfreitag.
„Kommt mit nach Santo Tomás", sagte Herr Weber, ein Arbeitskollege vom Vater, „da könnt ihr die Büßer sehen."
„Was können wir da sehen? Die Büßer? Was ist das?" fragte Roland.
„Das sind Männer, die durch den Ort ziehen und sich dabei selber mit Peitschen schlagen", erklärte Herr Weber.
„Aber warum schlagen sie sich denn selber?" fragte Roland ratlos.

„Fahren wir hin und sehen wir's uns an", sagte der Vater. „Dann werden wir vielleicht schlauer daraus."
„Herbert", sagte die Mutter, „fahr du allein. Roland und ich bleiben zu Hause. Wir wollen uns so etwas Grausames nicht anschauen."
„Doch", sagte Roland. „Nimm mich mit, Vati. Ich will wissen, warum sich die Männer selber schlagen."
Und so fuhren der Vater, Roland und Herr Weber am Vormittag des Karfreitags nach Santo Tomás. Es war ein Dorf wie alle anderen in der Umgebung, ein armes Dorf mit vielen braunen Kindern und ärmlichen Hütten. Halbverhungerte Hunde wirbelten Staub in den schmutzigen Straßen auf, Bettler hockten an den Ecken. Mitten auf dem Marktplatz stand eine große Kirche, die das ganze Dorf überragte.
Schon von weitem hörte Roland die Gesänge. Viele Leute zogen in einem langen Zug um die Kirche herum. Vorneweg schritt ein junger Mann, der ein hohes Kreuz trug. Hinter ihm gingen etwa zwanzig Männer mit nackten Oberkörpern. Um die Hüften hatten sie lange weiße Tücher geschlungen. Sie schritten hintereinander, in weitem Abstand, und jeder von ihnen trug in der Hand eine Lederpeitsche. Sie wanderten langsam dahin, im Takt der Gesänge. Bei jedem vierten Schritt schlugen sie sich mit der Peitsche über Schulter und Rücken. Hinter ihnen zogen die übrigen Leute des Dorfes, Männer, Frauen und Kinder.
Als Roland aus dem Auto gestiegen war und näher an den Zug herankam, sah er, daß die Rücken der Männer voller blutiger Striemen waren. Die Männer bissen die Zähne zusammen und sahen starr vor sich hin, während sie sich peitschten.
Der Vater und Herr Weber sprachen nicht. Herr Weber hatte eine Zigarette geraucht, aber jetzt drückte er sie aus und warf sie weg. Roland stand und starrte die Männer an. Er sah, daß sie große Schmerzen hatten. Aber warum taten sie das bloß? Er hätte so viel zu fragen gehabt, aber er wagte jetzt nicht zu fragen. Es war sehr heiß. Die Sonne stand über dem großen Marktplatz. Es gab keine Bäume, die Schatten warfen. Den Männern lief der Schweiß über das Gesicht und über den bloßen Rücken herab. Nachdem der Zug dreimal rings um die Kirche herumgewandert war, verschwand er in der Kirchentür.

„Hinter dem Dorf fließt ein großer Fluß vorbei“, sagte der Vater. „Wollen wir ans Ufer gehen und ihn anschauen?“

Als sie am Ufer standen, sagte Herr Weber: „Das, was wir da gesehen haben, ist ein alter Brauch. Früher gab es ihn auch in Deutschland.“

„Aber warum tun sie sich denn selber so weh?“ fragte Roland und schluckte. „Mir tun die Männer so leid.“

„Sie wollen sich für alles das Böse, was sie im ganzen Jahr getan haben, strafen“, sagte Herr Weber.

„Haben sie denn so viel Böses getan?“ fragte Roland.

„Wahrscheinlich nicht mehr als wir auch“, sagte der Vater.

„Aber dann müßten wir uns doch auch so schlagen!“

„Nein“, sagte der Vater. „Diese Männer glauben, daß Gott böse auf sie ist, weil sie vieles getan haben, was sie nicht hätten tun sollen. Sie meinen, daß er ihnen erst wieder gut ist, wenn sie sich selber strafen. Wir aber glauben, daß er uns verzeiht, wenn es uns wirklich leid tut, was wir an bösen Dingen getan haben.“

Roland dachte eine Weile nach. Dann sagte er: „Ich hab' vorige Woche einen Peso aufgehoben, der dir aus der Hosentasche gefallen ist. Ich hab' ihn dir aber nicht zurückgegeben, sondern Kaugummi dafür gekauft. Das hab' ich dir noch nicht gesagt. Aber es hat mir leid getan.“

„Und ich“, sagte der Vater, „hab' oft mit dir geschimpft, wenn es gar nicht nötig gewesen wäre. Immer, wenn ich Ärger im Betrieb hatte, hab' ich meine schlechte Laune an dir und der Mutti ausgelassen. Das hab' ich dir auch noch nicht gesagt. Es hat mir hinterher immer leid getan.“

Herr Weber bückte sich zum Wasser hinunter und wusch sich das verschwitzte Gesicht.

„Schade, daß man das Wasser nicht trinken kann“, sagte er. „Aber es ist zu schmutzig. Übrigens schimpfe ich oft auf die Leute hier in Südamerika oder lache über sie. Aber das tut mir hinterher auch leid. Sie sind ja nicht schlechter als wir. Sie machen sogar vieles besser als wir. Sie haben eben nur andere Gebräuche.“

Gudrun Pausewang

Maskottchen

„Jürgen, geh du mal hin, ich kann hier nicht weg."
Es hatte geschellt. Jürgen Busche faltete die Zeitung zusammen, stand auf, ging um den Couchtisch herum zur Tür und öffnete.
Vor ihm standen eine Frau und ein Mann.
„Guten Tag, wir kommen auf ihre Annonce in der Allgemeinen."
„Ach so, ja, guten Tag." Busche trat zurück und gab die Tür frei. „Bitte kommen sie doch herein, dann können wir uns darüber unterhalten, ob sie den Wagen kaufen wollen oder nicht."
„Ist es der, der unten vor der Tür steht?"
„Ja."
„Da ist gar nicht mehr viel zu reden", sagte die Frau, „wir kaufen den Wagen."
Sie war klein und pummelig, sie hatte beide Hände in den Taschen ihres Mantels und sah Busche seelenruhig an.
„Aber sie haben ihn ja noch nicht einmal gefahren. Sie können doch kein Auto blind kaufen."
Die Frau winkte ab. „Wir haben ihn ja gesehen. Gepflegt ist er, das kann man sehen. Das genügt, denn das Datum stimmt so genau, da kann gar nichts schief gehen."
„Welches Datum meinen sie denn?" fragte Busche, „zum TÜV muß er im November."
„Nee, sie meint nicht den TÜV", ließ sich da der Mann vernehmen, der bisher noch kein Wort gesagt hatte. „Das ist heute sozusagen unser Tag. Der Dreizehnte. Für andere mag es ja ein Pechtag sein. Uns bringt er Glück, was Gerda?" „Bisher immer", sagte die Frau. „Und dann noch am Mittwoch. Wenn es ein Freitag gewesen wäre, wär' ich ja skeptisch gewesen, aber so."
Busche war mißtrauisch. So etwas war ihm noch nicht passiert. Was wollten die Leute von ihm? Die glaubten doch wohl den Quatsch, den sie da erzählten, selber nicht.
„Und dann noch ein 63er", sagte der Mann, stieß seine Frau mit dem Ellbogen an und lachte, als ob er sagen wollte: Mensch, das ist 'ne

Sache. „Die sechs, ne Verdoppelung von der heiligen drei und beide zusammen machen neun. Aber Sie verstehen nichts von Zahlen, was?" fragte er, als er merkte, daß Busche ihm nicht folgte.

„Das kann man nicht gerade sagen", lächelte Busche ironisch. „Ich bin Techniker."

„Da glauben Sie wohl auch nicht an's Horoskop?" Etwas mitleidig sah die kleine Dicke an Busche hinauf, dem es langsam zuviel wurde.

„Nein", sagte er kurz und scharf, und dann noch einmal, ein wenig ruhiger, wieder mit seinem ironischen Lächeln, „nein".

„Aber was sagen Sie dazu, daß uns auf dem Weg hierher ein Schornsteinfeger begegnet ist?" Die Dicke hatte den Kopf auf die Seite gelegt und betrachtete Busche geduldig. „Und in unserem Horoskop steht: ‚Günstig für geschäftliche Angelegenheiten. Schnelle Entschlüsse sind jetzt von Vorteil'." Der Mann redete mit Busche, wie man mit einem müden Pferd spricht. „Das ist doch kein Zufall, daß das alles zusammentrifft?"

„Ich werde mal die Papiere holen, einen Moment bitte." Busche kramte am Schreibtisch. Von ihm aus sollten sie den Wagen kaufen, ohne daß sie ihn gefahren hatten. Sollten sie glauben, was sie wollten. Was ging ihn das an? Oder wollten die ihn blöde machen mit ihrem Gerede, um die Kiste am Ende billiger zu bekommen? Busche legte die Papiere auf den Tisch. Der Mann zahlte anstandslos die dreitausend Mark.

„Dann gehört er also uns", sagte der Mann, stieß seine Frau wieder mit dem Ellbogen an und lächelte ihr zu.

„Sie können nach Hause fahren", sagte Busche, „bis zum Ende des Monats ist er noch versteuert und versichert."

Dann gingen sie zusammen hinunter. Busche nahm seine letzten Sachen aus dem Handschuhkasten und gab dem anderen die Schlüssel. „Gute Fahrt", wünschte er, „und Hals- und Beinbruch." Seltsame Vögel sind das, dachte er. Was die Leute alles glauben und sich zurechtspinnen.

Der andere gab Gas und fuhr an. „Halt", schrie Busche, rannte hinterher und klopfte an die Scheibe. „Anhalten." Der andere stoppte und drehte die Scheibe hinunter: „Was ist denn los?" „Entschuldigen Sie",

keuchte Busche: „Mein Maskottchen! Ich brauche es für den neuen Wagen." Er angelte die kleine Hexe durch das Fenster und ging davon.
Sollten sie glauben, was sie wollten.

Hans May

Aberglaube

Vierblättriges Kleeblatt,
Lieschen fand's am Rain.
Vor Freude es zu haben,
sprang Lieschen übern Graben
und brach ihr bestes Bein.

Spinnelein am Morgen,
Lieschen wurd es heiß.
Der Tag bracht keinen Kummer,
und abends vor dem Schlummer
bracht Vater Himbeereis.

Der Storch bringt nicht die Kinder.
Die Sieben bringt kein Glück.
Und einen Teufel gibt es nicht
in unsrer Republik.

Bertolt Brecht

Gagarin

Er sah die Erde schweben
in ihrem hellen Blau,
und wo die Menschen leben,
sah er genau.

Da waren große Flüsse,
da war sein Heimatland,
er hat ihm seine Grüße
hinabgesandt.

Er grüßte auch die Meere,
den Sand von Afrika,
die wilde Kordillere
tief unten da.

Ein Mensch, zum ersten Male
so hoch, so weit, so fern,
schickte die fröhlichen Signale
dem liebsten Stern.

Albert Gabriel

Ein Brot

Ich hätte gern ein Brot,
ein großes, weißes Brot,
für mich allein,
ganz frisch und noch warm,
mit brauner, knuspriger Kruste,
ein Brot.
Die Zähne beißen zu.
Die Zunge spürt den Geschmack.
Lange, lange will ich kauen,
dann schlucken,
bis ich fühle,
wie es heilt,
wie es besänftigt den gierigen Magen,
das Brot.

nach H. und J. Karmel

Über die Berge

Über die Berge
fliegt der Mensch wie nichts.
Groß sind seine Werke.
Doch am Brot für alle, da gebricht's.
Menschenskind!
Daß nicht alle satt sind!

Über Kontinente
spricht der Mensch von Haus zu Haus.
Hunderttausend Hände
strecken sich zueinander aus.
Menschenskind!
Wenn sie erst beisammen sind!

Bertolt Brecht

Pedro sucht eine Schule

Pedro sitzt auf der Schulbank. Um ihn herum sitzen 48 Jungen. Der Lehrer steht vorne an der Wand. Er hält einen dünnen Zeigestab in der Hand. Er dreht ihn hin und her. Er schaut keinen der Jungen an. Dann sagt er: „Kinder, heute sind wir das letztemal in der Schule. Dieses Haus wird abgerissen. Der Besitzer will es so. Wir haben kein Schulzimmer mehr. Ich weiß nicht, wo wir ein neues bekommen. Und jetzt geht nach Hause." Rasch dreht er sich um und geht hinaus.
Die Jungen bleiben sitzen. Keiner spricht ein Wort. Nach einer Weile geht einer nach dem anderen hinaus. Keiner lacht, keiner läutt. Langsam verlassen sie ihr Schulzimmer und gehen heim.
Pedro ist der letzte. Er ist traurig. Er möchte gern in der Schule bleiben. Er möchte gern lernen. Er weiß, wer nichts gelernt hat, bleibt immer arm. Überall ist das so, auch in Bolivien.
Pedro klemmt seine Schulsachen unter den Arm und biegt in die große Straße ein. Der Wind wirbelt den Staub auf und trägt Papierfetzen in die Luft. Es ist kühl. Pedro knöpft die Jacke zu.
Da wirbelt der Wind ein Zeitungsblatt vor Pedros Füße. Schnell stellt Pedro den rechten Fuß darauf. Auf dem Blatt ist ein großes Foto. Menschen ziehen dicht nebeneinander durch eine Straße. Sie tragen Plakate. Darauf steht:

Gebt uns Arbeit!
UNSERE KINDER HUNGERN!

Schon will Pedro das Blatt fliegen lassen, da fällt ihm etwas ein. Er hebt das Blatt auf und rennt die Straße abwärts. Er biegt einmal um eine Ecke, läuft eine Gasse hinunter, durch ein Tor in einen Hof. Hier

wohnt sein Lehrer. Die Brettertür ist angelehnt. Vor einem kleinen Fenster sitzt der Lehrer. Noch immer dreht er den Stab in der Hand hin und her. Da sieht er Pedro. Er winkt ihn heran: „Was willst du?"
Pedro hält dem Lehrer das Zeitungsblatt hin. Aufgeregt sagt er: „Herr Lehrer, das machen wir auch. Meine Freunde werden mir helfen. Wir machen die Plakate. Und alle müssen mitgehen."
Der Lehrer nimmt das Blatt und schaut es an. Er versteht. Er nickt und sagt: „Gut, Pedro! Ich gehe auch mit."
Pedro strahlt vor Glück. „Danke", ruft er und rennt davon.

Nach vier Tagen sind zwei Plakate fertig. Die Kinder haben Holzbretter an Stangen genagelt. Auf dem einen steht:

NUESTRO PROBLEMA!

Auf dem zweiten Plakat steht:

WIR BRAUCHEN EIN SCHULZIMMER!

Am nächsten Tag marschieren neunundvierzig Jungen durch die Straßen von La Paz. Pedro geht ganz vorne, sein Freund geht als letzter ganz hinten. Pedro trägt das erste Plakat, sein Freund trägt das zweite Plakat. Mit den Jungen geht der Lehrer.
Wohin sie kommen, bleiben die Menschen stehen und lesen die Plakate. Niemand lacht sie aus.
Der Tag geht vorbei. Pedro sagt: „Morgen wieder." Müde gehen sie heim.
Am zweiten Tag marschieren sie wieder, auch am dritten Tag.
Drei Tage lang ziehen sie durch Gassen und Straßen, über Plätze und durch Parks. Am vierten Tag hält sie ein Mann auf. „Halt", sagt er, „ich möchte mit euch reden." Sie bleiben stehen. Der Mann sagt: „Ich habe einen Lehmschuppen. Den könnt ihr als Schulzimmer haben. Ihr müßt ihn nur ausräumen. Kommt mit, ich zeige ihn euch."
Der Lehmschuppen steht in einem Hof. Er ist voller Gerümpel. Die Jungen arbeiten bis zum Abend. Dann holen sie mit einem Handkarren die Bänke und die Tafel aus dem alten Schulzimmer.
Am nächsten Tag sitzen sie in den Bänken. Der Lehrer sagt: „Heute ist der 23. Dezember. Nach den Ferien könnt ihr wieder lernen."

Elfriede Becker

Sintajehu

Sintajehu hieß ein Junge in einem Dorf in Afrika. Sein Name bedeutet: „Wieviele Tage habe ich gesehen?"
Denn seine Eltern hatten schon sechs Kinder gehabt, und alle waren gestorben, als sie noch ganz klein waren. Die Eltern dachten, dieser Junge würde wohl auch nicht lange leben, darum nannten sie ihn Sintajehu.
Starben nicht die meisten kleinen Kinder im Dorf und in den Nachbardörfern und in allen Dörfern, die sie kannten?
Die kleinen Kinder tranken bei den Müttern an der Brust, aber die Mütter waren immer hungrig, sie waren immer müde von der Arbeit auf den Feldern. Ihre Milch gab den kleinen Kindern keine Kraft.
Aber Sintajehu starb nicht.
Seine Mutter band ihn in ihr Rückentuch und nahm ihn mit aufs Feld. Wenn sie sich bückte, hing Sintajehu kopfüber auf ihrem braunen Nacken und schlief, oder er spielte mit ihrem bunten Kopftuch.
Die Felder gehörten dem Landherrn, er hatte sie den Eltern nur geliehen. Dafür mußten sie ihm fast alles geben, was da wuchs, nur ganz wenig durften sie für sich selbst behalten. Sie blieben immer arm.
Alle Leute im Dorf waren arm. Sie kannten es nicht anders, sie waren zufrieden. Wenn sie den Landherrn sahen, verbeugten sie sich tief vor ihm und küßten seine Füße.
Sintajehu wurde größer, er lernte laufen und sprechen. Der Vater schnitzte ihm eine kleine Hacke aus Holz. Sintajehu half nun den Eltern bei der Arbeit wie alle anderen Kinder. Damals war er vier Jahre alt.
Sie wohnten in einer runden Hütte aus Zweigen und Gras. Mitten in der Hütte war die Feuergrube. Dort kochte die Mutter am Abend den Gemüsebrei.
Sintajehu wurde ein großer starker Junge mit langen Beinen und schöner dunkelbrauner Haut.
Er sammelte in den Wäldern wilden Kaffee, viele Säcke voll, die brachte er ins Nachbardorf zum Markt. Ein weißer Mann gab ihm ein altes Transistorradio dafür. Sintajehu war jetzt zwölf Jahre alt.

Er wollte wissen, wie es anderswo war, von allen Dingen auf der Welt wollte er etwas erfahren.
Die Eltern sagten: „Was geht uns das an, was die Stimme in diesem Kasten redet? Es ist eine Stimme aus der Fremde."
Im Nachbardorf gab es eine Schule. So oft er Zeit hatte, lief Sintajehu dorthin. Er versteckte sich hinter einer Mauer und hörte zu, wie die Kinder lernten. Sie saßen im Gras und hielten ihre Bücher und Hefte auf den Knien. Der Lehrer war ein alter strenger Mann, er schlug die Kinder, wenn sie etwas falsch machten.
Trotzdem beneidete Sintajehu die Kinder. Er hatte keine Zeit, zur Schule zu gehen. Er mußten den Eltern helfen. Aber er kannte bald ein paar Buchstaben, und ein Junge aus dem Nachbardorf zeigte ihm, wie man sie zusammensetzen mußte.
Der Junge sagte zu ihm: „In der Stadt gibt es eine Schule, dort lernt man noch viel mehr. Alles, was die Menschen wissen, lernt man dort!"
Sintajehu mußte oft daran denken.
In dieser Zeit bekam die Mutter wieder ein Kind. Es war ein Junge, und sie nannten ihn Juhanis.
Sintajehu hatte seinen kleinen Bruder sehr lieb. Er sang ihm die alten Tanzlieder vor und die neuen Lieder, die er in seinem Radio hörte. Er war stolz, als der Kleine zum erstenmal lachte.
Dann aber starb Juhanis. Er starb, weil die Mutter ihm keine gute Milch geben konnte.
Sintajehu weinte sehr, und dann wurde er zornig. Er fragte seine Eltern: „Warum müssen wir so arm sein, daß unsere kleinen Kinder sterben? Warum bekommt der Landherr den größten Teil von unserer Ernte? Warum gehört ihm alles Land, und uns gehört nichts?"
Der Vater sagte: „Das ist eben so, das war immer schon so. Wir können unser Leben nicht ändern. Das wirst du noch lernen."
Aber das wollte Sintajehu nicht lernen. Er war unruhig, er war nicht zufrieden wie seine Eltern.
Als er dreizehn Jahre alt war, sagte er zu seinen Eltern:
„Ich will in der Stadt zur Schule gehen. Dort lernt man alles von den neuen Dingen auf der Welt."

„Wir brauchen von den neuen Dingen nichts zu wissen", sagten die Eltern. „Sei zufrieden!"
Alle Verwandten kamen zusammen, die Großeltern und die Onkel und Vettern mit ihren Frauen.
„Keiner von uns kann lesen und schreiben", sagten sie. „Deine dummen Gedanken kommen nur davon, weil du ein bißchen lesen und schreiben kannst!"
„Wer seine Familie verläßt, wird unglücklich. Jeder muß in seinem Dorf bleiben!" sagten sie.
„Du willst wohl in der Stadt die Kleider der Weißen tragen? Du bist hochmütig!" sagten sie.
„In der Stadt wirst du verhungern. Der Landherr ist gut zu uns!"
Das sagten sie, und der Vater verbot Sintajehu, zur Schule zu gehen.
Da lief er heimlich fort.
Er wußte, daß seine Eltern traurig und zornig sein würden. Aber er wollte wiederkommen, und dann würde er wissen, wie man etwas ändern konnte an der Armut und dem Hunger, damit nicht so viele kleine Kinder sterben mußten.
Er nahm nichts mit als einen leeren Sack und sein altes Radio.
Fünf Tage lang wanderte er über das Gebirge, und in den Wäldern sammelte er wilden Kaffee in den Sack. Nachts schlief er in den Dörfern am Weg. Die Leute dort nahmen ihn auf und gaben ihm zu essen.
Dann kam er in die Stadt mit der Schule.
Viele von den Lehrern dort waren junge Männer. Das wunderte Sintajehu. Er hatte gedacht, Lehrer müßten alt sein wie der Lehrer im Nachbardorf. Und die Schule hier war ein festes Haus mit vielen Zimmern!
Die Lehrer sagten zu ihm: „Du kannst hierbleiben, aber du mußt viele Jahre lernen."
Sintajehu hatte geglaubt, es ginge schneller mit dem Lernen.
Er fragte die anderen Jungen in der Schule, wo er wohnen könnte. Manche hatten sich zu acht oder zehnt ein Zimmer gemietet.
Einer sagte: „Bei uns ist noch ein Schlafplatz frei. Aber du mußt uns Geld für die Miete geben."

Sintajehu verkaufte den Kaffee an einen Händler, er verkaufte ihm auch sein Radio. Er bezahlte die Miete und behielt noch etwas Geld übrig.
Fünf von den Jungen in seinem Zimmer waren wie Sintajehu von zu Hause weggelaufen. Er war froh, daß er mit ihnen über alles sprechen konnte.
Die meisten Jungen hier wollten Ingenieure werden, sie wollten später Brücken und Straßen, Autos, Flugzeuge und Maschinen bauen.
Manche wollten auch Arzt werden, andere wollten alles über Landwirtschaft lernen.
Sintajehu sagte: „Ich habe einen großen Hunger auf Lernen gehabt, ich will Lehrer werden. Wenn alle Leute in unseren Dörfern lesen und schreiben können, werden sie nicht mehr so leben wollen wie vor tausend Jahren."
Die Jungen lernten den ganzen Tag. Sie sagten: „Wir dürfen nicht faul sein. Wir haben nicht viel Zeit, der Hunger ist hinter uns her."
Denn keiner von ihnen hatte viel Geld. Oft saßen sie am Abend mit ihren Büchern unter den Straßenlaternen, weil sie sich keine Kerzen kaufen konnten.
Bald konnte Sintajehu die Miete nicht mehr bezahlen. Ein anderer Junge bekam seinen Schlafplatz, und Sintajehu schlief irgendwo. Manchmal unter den Bäumen, manchmal unter einem vorspringenden Dach, manchmal auch bei freundlichen Leuten in ihren Hütten.
Er ging zu dem Hotel in der Stadt, wo die Reisebusse und schönen Autos hielten, mit denen die Weißen kamen. Sie wollten Löwen und Krokodile fotografieren. Sintajehu zeigte ihnen die Plätze, und sie gaben ihm etwas Geld dafür. Trotzdem wurde er nie richtig satt.
Dann kam wieder eine Regenzeit, und er fand niemanden, der ihn aufnahm. Er schlief im Freien auf der schlammigen Erde. Er bekam Husten und Fieber.
Sintajehu war jetzt fünfzehn Jahre alt.
Zum erstenmal hatte er keinen Mut mehr.
Er sagte zu den anderen Jungen: „Meine Arme und Beine sind dünn wie Stöcke, mein Kopf ist leer. Und ich muß noch so viele Jahre lernen! Ehe ich ein Lehrer bin, werde ich gestorben sein. Ich gehe zurück in mein Dorf."

Schon viele von den Jungen an der Schule waren fortgegangen, weil sie kein Geld mehr hatten.
Die anderen konnten Sintajehu nicht helfen. Sie sagten nur: „Warte, bis die Regenzeit vorüber ist. Jetzt sind alle Wege verschlammt."
Aber als der große Regen aufhörte, kam ein Mann aus Sintajehus Dorf. Er sagte:
„Deine Eltern grüßen dich. Du hast eine kleine Schwester bekommen, Meskerem heißt sie. Jetzt ist sie ein Jahr alt, und sie kann schon laufen. Sie ist ein schönes kräftiges Kind, sie wird leben. Das lassen deine Eltern dir sagen, und sie schicken dir diesen Beutel voll Mais und diese Gerstenkuchen."
Sintajehu machte ein Feuer auf dem Platz hinter dem Schulhaus. Er kochte einen dicken Maisbrei, und dabei dachte er an die Eltern und die neue kleine Schwester. Er war glücklich.
Dann rief er seine Freunde. Er sagte: „Kommt, eßt mit mir! Ich habe mir alles genau überlegt. Ich will nicht zwei Jahre lang umsonst gelernt haben. Ich will Lehrer werden, meine kleine Schwester und alle Kinder im Dorf sollen zur Schule gehen und später Berufe haben. Und ich will viele Kinder haben, die sollen alle Lehrer oder Lehrerinnen werden."
Die anderen lachten und aßen mit ihm. Sie sagten: „Seht Sintajehu an! Sieht er nicht aus wie der Vater von zwanzig kleinen Lehrerchen?"

Ursula Wölfel

Die Kinder von Boca Chica

Als wir am letzten Sonntag in Boca Chica waren, da hab' ich mich doch über die Kinder wundern müssen, die dort leben. Die haben gar kein Benehmen, und überhaupt —
Wir wohnen in Cartagena, einer Stadt in Kolumbien. Dort haben wir ein schönes Haus mit vielen Zimmern und einen großen Garten mit Palmen und Gummibäumen. Wir haben auch zwei Dienstmädchen und einen Gärtner. Das eine der beiden Dienstmädchen ist eine alte Köchin und immer brummig. Das andere ist erst kurze Zeit bei uns.

Bevor es kam, hatten wir die Margarita. Mutter hat sie vor einem Monat entlassen, weil sie sie ertappt hatte, wie sie eine Tüte Reis und ein Stück Fleisch aus unserer Speisekammer holte und in ihrer Tasche versteckte. Sie hatte nämlich ihren freien Tag und wollte heimgehen. Warum sie das wohl getan hat? Sie hat doch bei uns immer genug zu essen bekommen.

Wir mochten die Margarita sehr gern, mein Bruder und ich. Jeden Nachmittag, wenn unsere Mutter bei ihren Freundinnen war und Karten spielte, paßte sie auf uns auf. Sie wußte viele Lieder und Geschichten. Bei ihr war es nie langweilig. So lange ich mich erinnern kann, war sie bei uns. Die Neue ist nicht so wie sie. Die ist froh, wenn sie mit uns nichts zu tun hat. Ich glaube, sie hat Angst vor uns, denn wenn wir frech sind, darf sie uns nicht ausschimpfen. Das hat ihr unsere Mutter verboten. Sie bekommt auch nicht so viel bezahlt, wie Margarita bekam, weil sie noch ganz jung ist. Aber ich glaube, auch Margarita bekam nicht viel, denn einmal sagte unsere Mutter lachend: „Heute habe ich soviel im Kartenspiel verloren, wie Margarita im Monat verdient."

Margarita hatte drei Kinder. Ich kann mich noch erinnern, daß sie immer ein paar Wochen daheimblieb, wenn sie eins bekam. Wenn unsere Mutter nicht dabei war, erzählte uns Margarita oft von ihren Kindern, die bei der Großmutter waren, während sie die Woche über bei uns arbeitete. Nur sonntags fuhr sie heim. Wir sagten zu ihr, sie solle die Kinder doch mal mitbringen. Wir wollten mit ihnen spielen. Aber sie sagte, unsere Mutter sähe das nicht gern.

Einmal war Margarita eine Woche lang nicht gekommen, und unsere Mutter war sehr ärgerlich. Als sie wiederkam, erzählte sie, ihr jüngstes Kind sei sehr krank gewesen. Mutter sagte, die Dienstmädchen hätten immer eine Ausrede bei der Hand, wenn sie nicht rechtzeitig zurückkämen. Margarita sah aber damals ganz schmal und elend aus. Übrigens war sie aus Boca Chica.

Ach ja, ich wollte ja eigentlich von unserem Ausflug nach Boca Chica erzählen. Boca Chica ist eine alte spanische Festung auf einer Insel, und neben der Festung liegt ein kleines Dorf. Die meisten Männer, die dort wohnen, sind Fischer.

Wir fuhren in unserem Motorboot zur Insel, besichtigten die spanische Festung und badeten dann an dem Sandstrand hinter dem Restaurant. Aber unsere Mutter war schlecht gelaunt, weil an diesem Strand auch eine Menge Leute badeten, die kein eigenes Motorboot besitzen, sondern mit dem großen Boot gekommen waren, das immer zwischen der Insel und der Stadt hin- und herfährt. Als wir sie fragten, ob wir ins Dorf hinüberlaufen dürften, um Margarita zu sehen, verbot sie uns das ganz energisch.

„Dort holt ihr euch nur Krankheiten, in diesem Schmutz!“ sagte sie.

Dann gingen wir zusammen ins Restaurant, wo man auf einer offenen Terrasse sitzt und aufs Meer hinausschaut. In diesem Augenblick, als wir uns an einem Tisch niederließen und unser Vater einen Kellner herbeiwinkte, kamen drei Kinder herangeschlichen. Ich hatte gar nicht gesehen, wo sie herkamen. Sie waren einfach plötzlich da, das älteste etwa sieben, das jüngste vielleicht drei, mit dicken Bäuchen und mageren Armen und Beinen. Das kleinste war ganz nackt. Sie waren alle drei ziemlich schmutzig, und dem ältesten lief die Nase. Ganz still standen sie neben uns und starrten uns an, und als der Kellner die Teller mit dem Fisch brachte, starrten sie auf die Teller.

„Das ist ja scheußlich, Mauricio“, sagte unsere Mutter zu unserem Vater. „Da stehen sie und starren auf jeden Bissen!“

Der Vater rief den Kellner.

„Sorgen Sie dafür, daß wir hier ungestört essen können“, sagte er zu ihm.

Der Kellner zuckte die Schultern.

„Da kann man nichts machen“, sagte er. „Wirft man sie vorn raus, kommen sie hinten wieder rein. Sie haben halt Hunger.“

„Ich komme hier kein zweites Mal her!“ sagte unsere Mutter zornig.

Der Vater gab dem ältesten Kind einen Peso und sagte: „Nun lauft und kauft euch was dafür.“

Der Junge sagte danke und steckte den Peso in die Hosentasche. Aber sie blieben alle drei stehen. Sie rückten sogar noch näher an unseren Tisch heran.

„Wie die Aasgeier!“ rief unsere Mutter. „Ich verliere noch den Appetit!“

„Aber beruhige dich doch, Elena", sagte unser Vater, „wir sind ja gleich fertig."

Wir aßen nicht viel von dem Fisch. Mir war er zu salzig, meinem Bruder zu fett. Unsere Mutter aß aus Zorn nicht weiter, und unser Vater aß wohl den Fisch, ließ aber den Reis stehen. Er sei nicht gar, meinte er. Nur die Limonade tranken wir alle weg, denn es war ein heißer Tag.

„Laßt uns gehen", sagte die Mutter. „Ich hab' genug von Boca Chica."

Kaum standen wir auf, stürzten sich die Kinder auf unsere Teller. Sie griffen mit den Händen hinein und stopften sich die Münder voll. Sie nahmen sich kaum die Zeit zu kauen und schlangen das Zeug herunter, als hätten sie Angst gehabt, jemand könne es ihnen wegnehmen. Sie kauten sogar die Köpfe der Fische aus. Mich wunderte, daß sie nicht an den Gräten erstickten. Wie blieben stehen, mein Bruder und ich, und sahen ihnen zu. Das mittlere Kind, ein Mädchen, leckte alle vier Teller ab. Wir waren ganz erschrocken.

Unsere Eltern waren schon längst auf dem Landungssteg, wo unser Motorboot lag. Die Mutter rief uns ungeduldig.

„Das nächste Mal müssen wir werktags herkommen", sagte unser Vater.

„Werktags ist hier alles leer."

Aber unsere Mutter sagte, sie wolle überhaupt nicht mehr herkommen. Sie gehe lieber in den Klub baden, dort würden gewöhnliche Leute nicht hereingelassen.

„Dort sind wir ganz ungestört", sagte sie.

Gudrun Pausewang

Kindergedicht

Honig, Milch und Knäckebrot —
manche Kinder sind in Not.

Zucker, Ei und Früchtequark —
macht nur manche Kinder stark.

Götterspeise, Leibgericht —
kennen manche Kinder nicht.

Wurst und Käse, Vollkornbrot —
manche Kinder sind schon tot.

Jürgen Spohn

Reicher Mann und armer Mann

Reicher Mann und armer Mann
standen da und sahn sich an.
Und der Arme sagte bleich:
„Wär ich nicht arm, wärst du nicht reich."

Bertolt Brecht

Reiche Gabe

Der russische Dichter Iwan Sergejewitsch Turgenjew wurde auf der Straße von einem Bettler um ein Almosen angesprochen. Als er seine Taschen gründlich, aber ohne Erfolg durchsucht hatte, entschuldigte er sich betrübt: „Brüderchen, ich habe wirklich nichts bei mir; somit kann ich dir leider nichts geben."

„Aber ich danke dir von Herzen, mein Bruder", bedankte sich der Bettler.

„Wofür denn?" staunte Turgenjew, „du hast doch gar nichts von mir bekommen?"

„O doch, Bruder! Deine Gabe war reich und schön. Du hast mir ehrlich helfen wollen."

Unbekannter Verfasser

Teezeit

Diu spielte vor dem Haus mit dem Kettenpanzer aus Blech. Den hatte der Großvater ihm aus der Stadt mitgebracht. Die Mutter war ärgerlich darüber gewesen.

„Hoffentlich geht das Ding bald kaputt!" hatte sie gesagt.
Jetzt hörte Diu sie drinnen im Haus rufen: „Um diese Zeit kommen die Flugzeuge immer! Ich mache jetzt kein Feuer!"
„Sie fliegen den Fluß hinauf", sagte der Vater. „Um unser Dorf kümmern sie sich gar nicht. Koch Tee!"
„Das kleine Rauchwölkchen über unserem Dach sehen sie doch nicht!" rief der Großvater. „Ich bin müde, ich habe Durst."
„Etwas kalter Tee ist noch da", sagte die Mutter.
„Wir wollen keinen kalten Tee, wir wollen, daß du uns jetzt Tee kochst, daß du Feuer machst und Tee kochst, damit wir wieder an die Arbeit können", sagte der Vater.
Dann kam er heraus. Er setzte sich auf den leeren Benzinkanister neben dem Schuppen und stopfte seine Pfeife. Auch Son kam heraus, Dius großer Bruder
„Überall ist Krieg, sogar im Haus", murmelte Son. Er konnte keinen Streit ertragen. „Son ist sanftmütig", hatte die Mutter einmal von ihm gesagt. Diu fand, daß ‚sanftmütig' ein schönes Wort sei.
Die Mutter war nicht ‚sanftmütig'. Sie klapperte jetzt laut mit Töpfen und Blechtassen, und Diu hörte, wie sie die Herdklappe aufriß, wie sie Reisig und Holz zerbrach.
Zwischendurch kam sie an die Tür.
„Du bist doch auf der anderen Seite vom Fluß gewesen!" rief sie dem Vater zu. „Du hast doch die Dörfer dort gesehen!"
Der Vater rauchte und antwortete ihr nicht.
Son saß an der Schuppenwand. Auch er stopfte seine Pfeife.
Der Großvater lehnte am Türpfosten. Die kleinen Mädchen kamen jetzt auch heraus. Sie setzten sich auf die Türschwelle und blinzelten in die Sonne.
Diu legte einen Ast vor seinen Kettenpanzer und ließ ihn darüberfahren.
Da hörte er die Flugzeuge.
Immer war es zuerst nur ein ruhiges, tiefes Brummen. Es kam in Wellen, einmal lauter, einmal leiser. Dann wurde ein gleichmäßiges, hartes Dröhnen daraus. Das war plötzlich überall in der Luft, man hörte nicht mehr, aus welcher Richtung es kam.
Diu hob den Kopf und sah den Vater an.

Auch Son sah den Vater an. Er stand sogar auf und ging einen Schritt auf das Haus zu. Aber der Vater schüttelte den Kopf. Er zog an seiner Pfeife und starrte auf das Gras vor seinen Füßen.
Die kleinen Mädchen liefen ins Haus.
Son setzte sich wieder, langsam, mit zurückgelegtem Kopf. Der Rauch über dem Dach stieg steil in den Himmel.
Das Motorengedröhn war jetzt wie ein Sturm, wie ein wildes Brüllen.
Etwas schlug Diu in den Rücken.
Als er wieder aufwachte, waren die Flugzeuge weg. Der Vater und der Großvater knieten bei ihm.
„Steh auf, Diu, steh auf!" flüsterte der Vater.
„Son ist tot, sie haben geschossen! Steh auf! Kannst du nicht aufstehen?"
Diu wollte die Beine anziehen und aufstehen. Er sah seine Beine und Füße, aber er fühlte sie nicht mehr, er konnte sie nicht bewegen.
Im Haus weinten die kleinen Mädchen.
Die Mutter hockte an der Schuppenwand. Son lag dort, ganz verrenkt lag er da. Er hielt die Pfeife in der Hand. Der Tabak qualmte noch.
Wie konnte Son tot sein?
Plötzlich fühlte Diu den schrecklichen Schmerz in seinem Rücken.
Diu konnte nie wieder laufen.

Ursula Wölfel

Brief eines Vietnamkindes nach dem Transport nach Deutschland

Meine liebe Mutter, ich habe soviel Sehnsucht nach dir. Ich habe soviel geweint, daß ich keine Tränen mehr habe.
Liebe Mutter, hier in Deutschland bekomme ich auch Reis zu essen.
Heute nacht habe ich mich so nach dir gesehnt, daß ich nicht schlafen konnte.
Hier spricht man Deutsch. Ich habe ein Spielzeug, und mein Nachbar hat einen Hund. Hier habe ich auch mein eigenes Bett.
Ich denke immer nur an Dich.

Hue, 9 Jahre, Vietnam

Die Bombe

Ein Blitz und ein Donner,
ein riesiger Pilz
sinkt tiefer und tiefer
und deckt alles zu.
Die Sonne verbirgt sich,
der Erdball zerbirst.
Oh Herr, welcher Anblick,
welch' tödlicher Strahl.
Die Welt liegt im Sterben.
Kein Vogel im Zweig.
Kein Blatt an den Bäumen.
Die Menschen rings tot.

Michael, 11 Jahre, England

Ein Traum

Ein kleiner Stern fiel
auf meinen Weg.
Und ich habe ihn zertreten.
Tausend kleine Sterne
haben vor mir getanzt.
Dann sind sie erloschen.
Ich bin geflohen.
Ich habe alles Mama erzählt.
Sie lächelte.
Sie sagte, daß ich geträumt habe.
Und ich weinte.

Eine kleine Französin

Vati

Vati, das Taschentuch —
Du hast vergessen, es mitzunehmen.
Vati, die Zahnbürste —
Du hast sie nicht bei dir.

Alles, alles hast du vergessen,
als du so schnell fortgingst.
Du hast mir nicht auf Wiedersehen gesagt.
Vati, Vati, alles hast du vergessen.
Vati, wo bist du?

Mädchen aus Israel, 6-Tage-Krieg, 12 Jahre

Wann

Wann wird die Welt den Frieden finden,
wann wird der Tag wohl endlich kommen,
da wir uns nicht mehr fürchten müssen?

Laura, 10 Jahre, USA

Das Gebet

Es ist schon sehr lange her. Ich war ein Kind damals, ein kleines Mädchen zwischen vier und fünf Jahren. Der Erste Weltkrieg ging zu Ende. Mein Vater war im Krieg. Eine junge Tante, die Schwester meiner Mutter, wohnte bei uns. Beide hatten mir das Beten gleichzeitig mit dem Sprechen beigebracht. Oder fast gleichzeitig jedenfalls. Ohne Mittag- und Abendgebet ging es nicht ab, auch wenn es nur Wassermehlsuppe oder grüne Kartoffeln mit Rübenmus gab, oder für mich noch ein bißchen sehr dünne Milch mit einigen Brotrinden darin. Die dickere Milch und das Innere vom Brot erhielt mein kleiner Bruder, der erst ein Jahr alt war.
Auch vor dem Schlafen betete ich. Ich plapperte meiner Mutter die Worte nach:

Breit aus die Flügel beide,
o Jesu meine Freude,
und nimm dein Küchlein ein.
Will Satan mich verschlingen,
so laß die Engel singen,
dies Kind soll unverletzet sein.

Das Gebet gefiel mir. Vor allem, daß nun wohl von den Engeln gesorgt werden würde, daß ich beim Spielen und Laufen nicht mehr so viel auf die Knie fiel. Der Satan, der mich verschlingen wollte (Warum eigentlich? Ich tat ihm doch nichts) war mir allerdings nicht geheuer. Doch da waren ja die Engel, die aufpassen sollten.
Als ich das Gebet auswendig hersagen konnte, bekam ich zur Belohnung einen Sirupbonbon. Keinen gekauften. Einen selbstgemachten natürlich. Meine Mutter hatte ein besonderes Rezept dafür. Bonbons, die man in Geschäften kaufen konnte, gab es damals schon lange nicht mehr.
Eines Tages hängte meine Mutter an die Zeilen des Gebets noch zwei weitere an:

„Gib, Gott, unsern Waffen Sieg!
Laß bald enden diesen Krieg!"

„Das ist kein schönes Gebet", sagte ich. Ich betete es trotzdem, denn ich bekam dafür einen zweiten Sirupbonbon, den ich so lange von einer Mundecke in die andere schob, bis ich darüber eingeschlafen war. Meine Mutter und meine Tante hielten anscheinend mehr von wohligem Schlaf als von sauberen Zähnen. Denn die waren schon lange zuvor geputzt.
Dann kam ein Abend, kurz vor meinem fünften Geburtstag, das weiß ich noch, da wollte ich das angehängte Gebet nicht mehr sagen.

„Gib, Gott, unsern Waffen Sieg!
Laß bald enden diesen Krieg!"

„Warum denn nicht?" fragte meine Mutter erschrocken. „Wünschst du denn nicht, daß der schreckliche Krieg zu Ende geht? Wünschst du nicht, daß dein Vater bald heimkommen soll?"
O doch. Und ob ich das wünschte. Der abwesende Vater, der vor Jahr und Tag kurz auf Urlaub gekommen war, der sollte heimkommen. Schon längst wußte ich kaum noch, wie er aussah.
Die Nennung seines Namens allein breitete schon Helligkeit aus. Und der Krieg, bei dem alle Leute sich totschossen, sollte auch aufhören. Ich hatte jeden Abend Angst, daß „die bösen Feinde" durch das Toilettenfenster einsteigen würden. Dann hatten wir ja den Krieg im Haus. Manchmal schrie ich mitten in der Nacht auf: „Ist das Fen-

ster auch zu?" Meine Mutter oder meine Tante beruhigten mich. Ich hörte sie miteinander flüstern: „Das ist ja schrecklich mit dem Kind." Ich dachte, daß ich nicht so schrecklich war wie der Krieg.
Aber das angehängte Gebet wollte ich trotzdem nicht sprechen. Ich blieb dabei: „Es gefällt mir nicht."
Meine Mutter und meine Tante strichen erst einen, dann beide Sirupbonbons. Das war eine harte Strafe. Beinahe wäre ich rückfällig geworden.
Endlich entschloß ich mich: „Ich sage die zweite Zeile, die erste nicht." Ich wollte nicht sagen: „Gib, Gott, unsern Waffen Sieg." Ich konnte nicht erklären, warum ich mich so dagegen sträubte. Ich fühlte Abwehr.
Viele Jahre später, als ich doppelt so alt war, konnte ich das Gefühl von damals erklären. Ich fragte meinen Vater, der längst aus dem Krieg zurückgekehrt war und der mit mir lange Spaziergänge machte: „Wenn das nun alle beten ‚Gib, Gott, *unsern* Waffen Sieg', was soll Gott denn da machen?"
„Ja", sagte mein Vater: „Was soll er machen? Was denkst denn du?"
Ich dachte heftig nach, bis ich einen anderen Schluß für das Gebet gefunden hatte*.
Und was denkt ihr?

Marieluise Bernhard-von Luttitz

Spielzeug

Mit der Eisenbahn
lernen wir
zur Oma fahren.
Das macht Spaß.
Mit der Puppe
essen wir
gerne unsere Suppe.
Das macht Spaß.

* Vorschlag: Gib, Gott, *keinen* Waffen Sieg!
Laß nie wieder werden Krieg!

Mit dem Ball
schmeißen wir
Peters Bären um,
der ist dumm.
Mit den Muschikatzen lernt der Paul
die Anne kratzen.
Das macht Spaß.
Mit dem Panzer lernen wir:
Wie man
Eisenbahn,
Puppe, Suppe,
Ball und Bär,
Muschikatzen
und noch mehr,
Anne, Papa,
Haus und Maus
einfach kaputt macht.

Wolf Biermann

Wer ist schuld?

Anne steht heulend vor der Haustür. Frau Hagen macht auf: „Aber Annekind, was ist denn?"
Anne schluchzt und schluchzt. Endlich kann Frau Hagen verstehen, was Anne sagt: „Thomas hat meine Schaufel kaputtgemacht."
„Was, die neue rote Schaufel?"
„Ja."
„Warum denn?"
„Weiß nicht."
„Aber er kann doch nicht einfach deine Schaufel kaputtmachen! Hast du ihn geärgert?"
„Nein."
„Hast du ihn geschubst?"
„Nein, bestimmt nicht."
„Wer hat denn mit dem Streit angefangen?"

„Thomas!"
„Die schöne neue Schaufel", sagt Frau Hagen, „vielleicht kann Vater sie heilmachen."

Thomas steht auch heulend vor der Tür. Frau Heidemann macht auf: „Aber Thomas, warum heulst du so?"
Thomas heult nur noch lauter. Endlich hat er sich beruhigt: „Anne hat mich geschubst."
„Bist du hingefallen?"
„Ja, mein Knie tut so weh."
„Aber sie kann dich doch nicht einfach hinschubsen?"
„Doch", sagt Thomas.
„Hast du sie auch geschubst?"
„Nein, bestimmt nicht."
„Hast du Anne geärgert, Thomas?"
„Nein, ganz bestimmt nicht."
„Wer hat denn angefangen?"
„Anne."
„Komm mit ins Badezimmer", sagt Frau Heidemann, „ich gebe dir ein Pflaster!"

Wer ist schuld?
Was soll Frau Hagen tun? Was soll Frau Heidemann tun?
War es vielleicht so?:
Anne spielt in der Sandkiste. Thomas spielt mit Stefan Kriegen. Thomas stolpert und tritt auf Annes Schaufel. Da bricht der Stiel durch. Anne ist furchtbar erschrocken. Sie springt auf und stößt Thomas an. Thomas fällt hin.
Oder war es so?:
Thomas will Anne ärgern. Er tritt auf die Schaufel. Da bricht sie durch. Das wollte er gar nicht. Nun ist Anne böse und schubst Thomas.
Oder war es so?:
Anne ist traurig, weil Thomas nicht mit ihr spielt. Als er vorbeiläuft, schubst sie ihn. Dabei tritt Thomas auf Annes Schaufel.

Vielleicht war es auch noch ganz anders.
Was sollen Frau Hagen und Frau Heidemann tun?

Günter Haubold (bearbeitet)

Helmut

Helmut rechnet. Er sitzt am Tisch und zählt zusammen. In der Mitte des Zimmers baut seine Schwester Susanne ein Schloß.
„Es wird fünfzig Meter hoch", sagt sie. „Ich brauche noch mehr Kissen."
Helmut hört nicht hin. Er will unter die Rechnung freihändig einen Strich ziehen, von einem Heftrand zum anderen. Der Füller kratzt. Helmut drückt nicht mehr so fest drauf, ist schon beinahe in der Mitte des Heftes, als seine Hand ausrutscht und im Bogen durch die Zahlen fährt. Susanne hat mit einem Ruck das dünne Kissen weggezogen, auf dem Helmut sitzt.
„Gib das Kissen her", sagt er.
Susanne legt das Kissen als Dach auf das Schloß. Sie will es nicht mehr hergeben. Helmut sieht auf sein Heft, wo durch die Rechnungen ein dicker Strich mit einem Kringel hintendran geht, der wie ein Schweineschwanz aussieht. Helmut steht auf und haut mit dem Fuß ein paar Mal in die Kissen, daß das ganze Schloß zusammenstürzt.
„Das darfst du nicht tun!" schreit Susanne.
Er will zum Tisch zurück, doch Susanne klammert sich an seinen Arm und beißt ihn in die Hand. Dann läßt sie los. Die kleinen, roten Bißeindrücke tun weh, doch Blut kommt keines. Helmut holt aus und schlägt Susanne mitten ins Gesicht.
„Heul bloß nicht", sagte er. „Du hast mir mein Rechnen kaputtgemacht, ich muß die ganze Seite neu schreiben."
Er sieht sich nicht nach ihr um, sondern geht zum Tisch zurück. Dabei hört er, daß Susanne aufschluchzt und zur Tür hinausrennt. Gleich darauf beginnt draußen der Motor des Aufzugs zu arbeiten.
„Susanne!" ruft Helmut. „Komm sofort zurück!"
Er rennt auch hinaus und das enge Treppenhaus hinunter. Helmut wohnt im fünften Stockwerk eines Hochhauses in der Nähe der Hauptstraße. Unten haben seine Eltern einen Wäscheladen. Im zweiten Stock holt er den Lift ein. Die Tür steht offen, Susanne ist nicht mehr im Aufzug. Helmut horcht, hört keine Schritte im Treppenhaus, also muß sie im Laden sein. Er geht hinein. Hinter einer Vitrine versteckt,

sieht Helmut sich um. Die Vorhänge an den Umkleidekabinen sind alle zugezogen. Eine Hand reicht einen Bademantel heraus, den seine Mutter nimmt und zu einem Ständer trägt, wo sie einen anderen Bademantel auswählt. Sie dreht Helmut den Rücken zu. Er läuft hinter der Vitrine vor und zur Freitreppe, die in die untere Ladenhälfte führt.
„Was macht Susanne?“ ruft sein Vater, während Helmut die Treppe herunterkommt.
„Sie baut ein Schloß“, antwortet Helmut. „Alles prima.“ Er guckt schnell nach links und rechts, doch Susanne ist nirgends.

Günter Herburger (gekürzt)

Ich denke nach

Oft erzählt Mutter von früher.
Sie erzählt, was ich alles angestellt habe,
als ich noch ganz klein war.
Sie erzählt, wie sie mich bekommen hat,
wie ich laufen gelernt habe
und was für Fragen ich gestellt habe.
Da müssen wir immer lachen.

Jetzt bin ich schon größer.
Ich kann schon lesen, schreiben und rechnen.
Vater sagt: Das ist wichtig für das spätere Leben.

Ob er recht hat?
Eigentlich würde ich viel lieber spielen
als Hausaufgaben machen
und an das „spätere Leben“ denken.

Aber manchmal denke ich doch daran.
Wie wird es sein?
Was soll ich werden?
Pilot wäre ganz schön! Oder Rennfahrer!

Auf jeden Fall möchte ich groß werden.
Und froh.
Wäre ich doch schon groß!

Doch manchmal habe ich auch etwas Angst.
Warum nur?

Günther Weber

Einiges von früher

Ri ra rutsch, wir fahren mit der Kutsch. Diesen Vers gibt es noch, obwohl es keine Kutschen mehr gibt. Oder fast keine mehr. Im Spaß sagen manche Leute zu ihrem Auto Kutsche, aber nur, wenn das Auto schon ziemlich alt ist.

Hoppe hoppe Reiter. Das spielen immer noch die Väter mit den Kindern oder die großen Geschwister mit den kleinen, obwohl es fast nirgends mehr Pferde gibt außer im Zirkus und im Fernsehen. Und Schaukelpferde.

Mit Königen und Prinzessinen, Rittern, Köhlern und Handwerksburschen ist es genau so. Es gibt sie nicht mehr, fast nicht mehr, und doch kennt sie jeder.

Cowboys und Indianer auch.

Dornröschen war ein schönes Kind. Sie hat sich ans Spinnrad gesetzt und mit der Spindel in den Finger gestochen. Nun muß sie hundert Jahre schlafen, und alle im Schloß mit ihr, und das ganze Schloß wächst mit Heckenrosen zu.

Spinnen — also: Wolle oder Fasern zu einem Faden zusammendrehen — das wird heute mit Maschinen gemacht. Wenn jemand sagt „du spinnst“, dann meint er ganz was anderes.

Aber obwohl es Spinnrad und Spindel nicht mehr gibt, und obwohl es Dornröschen und die guten Feen und die böse Fee nie gegeben hat, kann jeder Mensch sich die Geschichte vorstellen.

Das ist schön. Man weiß viel mehr, als man sieht.

Kristof Wachinger

Was Papa werden wollte, als Papa klein war

Als Papa klein war, fragten ihn die Leute immer wieder: „Was willst du werden, wenn du groß bist?" Papa beantwortete die Fragen, ohne lange zu überlegen, und jedes Mal war die Antwort eine andere.
Zuerst wollte er Nachtwächter werden. Es gefiel ihm, daß alle schlafen müssen, nur der Nachtwächter nicht. Und sehr gefiel ihm der Klopfer, mit dem der Nachtwächter schlägt. Vor allem gefiel ihm, daß er Lärm machen darf, während alle anderen still sein müssen. So entschloß er sich, Nachtwächter zu werden. Eines Tages erschien ein Eisverkäufer mit einem schönen grünen Karren. Den Karren kann man schieben! Das Eis kann man essen! Papa dachte bei sich: Eine Portion werde ich verkaufen, eine werde ich essen, und allen Kindern gebe ich eine Portion umsonst.
Die Eltern von Papa waren sehr erstaunt, als sie erfuhren, ihr Sohn wolle Eismann werden. Und sie lachten ihn aus. Er aber hatte sich für diesen lustigen und süßen Beruf fest entschieden. Doch einmal beobachtete Papa auf dem Bahnhof etwas recht Merkwürdiges. Ein Mann spielte mit Waggons und einer Lokomotive — und das war keine Spielzeug-Eisenbahn! Der Mann sprang auf die Plattform, kroch unter die Wagen, drückte sich zwischen die Puffer und hörte nicht auf, dieses merkwürdige Spiel zu spielen.
„Wer ist das?" fragte Papa.
„Das ist der Mann, der Züge zusammenstellt."
Nun war es Papa endgültig klar, was er werden wollte. Man stelle sich nur vor: Wagen zusammenkuppeln und wieder abhängen! Etwas Interessanteres konnte es auf der Welt nicht geben. Also erklärte Papa, er wolle Wagenkuppler bei der Eisenbahn werden. Und als man ihn fragte:
„Was wird aus dem Eis?",
überlegte Papa ein wenig. Wagenkuppler zu werden, das stand ja nun fest. Aber von dem großen Eiskarren wollte er sich auch nicht trennen. So fiel ihm ein Ausweg ein: „Ich werde Wagenkuppler *und* Eismann." Alle wunderten sich, aber Papa erklärte es ihnen genau: „Das ist gar nicht so schwierig. Früh morgens gehe ich mit dem Eiswagen auf und ab. Dann renn ich zum Bahnhof, kupple die Wagen zusammen und

lauf zum Eiswagen zurück. Dann gehe ich wieder zum Bahnhof, kupple die Wagen los und lauf zum Eiswagen zurück. Und so den ganzen Tag. Den Karren stelle ich in die Bahnhofshalle, damit ich nicht so weit laufen muß."

Wieder lachten die, die ihm zugehört hatten. Sie lachten so sehr, daß Papa böse wurde:

„Wenn ihr nicht aufhört, werde ich auch noch Nachtwächter, denn nachts habe ich ja Zeit. Und mit dem Klopfer kann ich sehr gut umgehen." So genau hatte sich Papa alles überlegt.

Aber bald schon wollte er Flieger werden. Dann Schauspieler, um auf der Bühne im Theater aufzutreten. Als er einmal mit seinem Vater in die Fabrik gehen durfte, entschied er sich, Schlosser zu werden. Und dann hatte er große Lust, ein Schiffsjunge zu sein oder ein Hirte, der den ganzen Tag mit den Kühen herumspazierte und laut die Peitsche knallte.

Aber dann war doch sein allergrößter Wunsch, ein Hund zu werden wie Tusik, der den ganzen Tag auf allen vieren herumlief, fremde Leute anbellte und der versucht hatte, eine alte Frau ins Bein zu beißen, als sie ihn streicheln wollte. Papa lernte ganz ausgezeichnet bellen, aber sich mit dem Fuß hinter dem Ohr zu kratzen, das wollte und wollte nicht gelingen, so sehr er sich auch abmühte. Um es schneller zu lernen, setzte er sich neben Tusik auf den Hof. Da kam ein fremder Mann auf der Straße daher. Er schaute einmal, er schaute zweimal und fragte dann:

„Was machst du da eigentlich?"

„Ich will ein Hund werden."

„Und ein Mensch willst du wohl nicht sein?" fragte der Mann.

„Ein Mensch bin ich sowieso schon."

„Aber was bist denn du für ein Mensch, wenn es dir nicht einmal gelingt, ein ordentlicher Hund zu werden? . . . Na — was für ein Mensch?"

„Was denn für einer?" fragte Papa.

„Denk darüber nach", sagte der Fremde und ging davon. Er hatte überhaupt nicht gelacht, nicht einmal gelächelt hatte er.

Papa wurde es ungemütlich. Er fing an nachzudenken. Er dachte und dachte, und je weiter er dachte, um so mehr begriff er, daß es keinen

Sinn hatte, sich jeden Tag einen neuen Beruf auszusuchen. Und als man ihn wieder einmal fragte, was er nun werden wolle, fiel ihm der fremde Mann ein und er sagte: „Ich will zuerst einmal ein Mensch werden." Da lachte keiner mehr. Und Papa merkte, daß das die richtige Antwort war. Er glaubt auch heute noch, daß das Wichtigste auf der Welt ist, ein guter Mensch zu sein. Das Allerwichtigste für einen Flieger und für einen Schlosser, für einen Hirten und für einen Schauspieler. Sich aber mit dem Fuß hinterm Ohr kratzen zu können, ist dagegen gar nicht wichtig.

Alexander Borisowitsch Raskin
(deutsch von Heddy Pross)

Die Geschichte vom grünen Fahrrad

Einmal wollte ein Mädchen sein Fahrrad anstreichen. Es hatte grüne Farbe dazu genommen. Grün hat dem Mädchen gut gefallen. Aber der große Bruder hat gesagt: „So ein grasgrünes Fahrrad habe ich noch nie gesehen. Du mußt es rot anstreichen, dann wird es schön." Rot hat dem Mädchen auch gut gefallen. Also hat es rote Farbe geholt und das Fahrrad rot gestrichen. Aber ein anderes Mädchen hat gesagt: „Rote Fahrräder haben doch alle! Warum streichst du es nicht blau an?" Das Mädchen hat sich das überlegt, und dann hat es sein Fahrrad blau gestrichen. Aber der Nachbarsjunge hat gesagt: „Blau? Das ist doch so dunkel. Gelb ist viel lustiger!" Und das Mädchen hat auch gleich gelb viel lustiger gefunden und gelbe Farbe geholt. Aber eine Frau aus dem Haus hat gesagt: „Das ist ein scheußliches Gelb! Nimm himmelblaue Farbe, das finde ich schön." Und das Mädchen hat sein Fahrrad himmelblau gestrichen. Aber da ist der große Bruder wieder gekommen. Er hat gerufen: „Du wolltest es doch rot anstreichen! Himmelblau, das ist eine blöde Farbe. Rot mußt du nehmen, Rot!" Da hat das Mädchen gelacht und wieder den grünen Farbtopf geholt und das Fahrrad grün angestrichen, grasgrün. Und es war ihm ganz egal, was die anderen gesagt haben.

Ursula Wölfel

Blöd!

Immer dasselbe bei uns nach fünfe.
Mainzelmännchen dürfen wir glotzen;
Heinzelmännchen hat's mal gegeben.
Eben — na und?
Immer dasselbe bei uns nach fünfe.
Vater ist müde,
Mutter nervös —
und jeden Abend muß ich mich waschen.

Gerd Hoffmann

Nur ein Stein

Aus den grauen Wolken über den Dächern der Häuser fällt kalter Regen, und auf den Straßen fließt er den Rinnstein entlang den Kanalgittern zu, um in der Unterwelt zu verschwinden. Auf der Baustelle aber verschwindet er nicht so rasch; in winkligen Bächen durchfurcht er den gelben Lehm und mündet in einer riesigen Pfütze, die einen trüben Himmel und einen schlammbedeckten Bagger widerspiegelt.
Ein Junge steht am Rande der Pfütze, ein wenig gebeugt unter der Last der Bücher, die er in seinem Ranzen unter dem wasserdichten Umhang trägt. Er zittert vor Kälte. Oder ist es etwas anderes als Kälte? — Für den Jungen sieht alles anders aus: Die Pfütze ist ein See in der Wildnis, die Wasserbäche sind Flüsse auf dem Grunde wilder Cañons und die Lehmberge unerforschtes Gebirge. Der Junge wendet sich dem Bagger zu und sieht ein riesiges Tier aus grauen Vorzeiten, wie es sich mit unersättlichem Rachen in den schottrigen Boden frißt. Er hört Brüllen und Stöhnen, als das Tier den Hals vorstreckt und sich langsam umwendet. Dann sieht er, wie das Tier den Rachen aufsperrt und den widerlichen Brocken ausspuckt. Nasse Schollen und Steine kollern den Hang des Haufens herunter, und ein großer Kieselstein rollt bis zu seinen Füßen; er sieht aus wie eine alte Geschützkugel.
Der Junge bückt sich und spült den Stein in der Pfütze ab. Nun sieht er, daß der Stein glatt und ebenmäßig ist, wie gedrechselt. Der Junge

bebt vor Erregung: Er hält in seiner Hand eine Botschaft aus alten Zeiten. Mag sein, daß es eine Geschützkugel ist, vielleicht aber auch ein geheimnisvolles Gerät der Urmenschen.
Der Junge eilt zur Schule. Er drückt den runden Stein an seine Brust und wärmt ihn mit der Handfläche.
In der Schule sagt ihm der Lehrer, der runde Stein sei ein ganz gewöhnlicher, vom Wasser glattgeschliffener Kieselstein. Der Junge ist maßlos enttäuscht — so enttäuscht, daß er den Stein auf dem Heimweg im Stadtpark fortwirft, obwohl er doch so schön rund und glatt ist. Er wirft ihn ins Gebüsch, zwischen Staniolpapier und Kaugummipäckchen, zerdrückte Zigarettenschachteln und schmutziges Zeitungspapier; denn es ist . . .

Ludek Pesek

Ein griechisches Wort

Katharina sitzt auf dem Sofa. Sie beguckt das Familienalbum. Da ist ein Bild von Bernd. Er liegt im Körbchen. Herr Hoffmann hat darunter geschrieben: Bernd — 10 Tage alt.
Katharina blättert weiter. Sie findet auch ihr Babybild. Mutter hält sie auf dem Arm. Auch darunter steht etwas geschrieben: Katharina — 3 Tage alt. Bei Martina steht: Martina — eine Woche alt.
Wie schön, daß Vater alle Bilder sauber eingeklebt hat. Und nun soll bald eine neues Babybild dazukommen. Noch ist das Baby nicht auf der Welt. Anfang Dezember soll es kommen. Dann wird Vater auch etwas darunter schreiben.
Katharina hat eine Frage. „Mama", fragt sie, „woher weiß man eigentlich, daß man ein Baby kriegt?"
„Das will ich dir erzählen", sagt Frau Hoffmann. Sie setzt sich zu Katharina auf das Sofa. „Jeden Monat bildet sich im Leib der Frau ein Ei. Es ist aber ganz, ganz winzig. Es wartet darauf, daß es befruchtet wird."
„Und wie wird es befruchtet?" fragt Katharina.
„Du weißt doch", sagt Frau Hoffmann, „daß jeder Mann ein Glied hat."

„Ja.“
„Und dieses Glied paßt genau in die Scheide der Frau. Dabei fließt der Samen des Mannes in den Leib der Frau.“
„Ach, so ist das“, sagt Katharina, „und wenn das Ei dann befruchtet ist, dann wächst im Bauch ein Baby?“
„Ja, dann entsteht ein Baby. Es wächst neun Monate, dann wird es geboren.“
„Und wenn das Ei nicht befruchtet wird, Mutti?“
„Dann kann auch kein Baby wachsen.“
„Aber wo bleibt das Ei dann?“
„Es kommt so aus dem Leib heraus.“
„Wo kommt es heraus?“
„Da, wo die Babys auch herauskommen: durch die Scheide. Es blutet dann ein bißchen. Manchmal blutet es auch sehr stark.“
„Tut das weh, Mutti?“
„Ja, manchmal, manchmal auch gar nicht, manchmal auch sehr. Man darf dann nicht schwer arbeiten.“
„Bekomme ich das auch, Mutti?“
„Natürlich, mein Kind, wenn du 12, 13, 14 oder 15 Jahre alt bist, vielleicht auch noch früher. Es kommt dann alle 28 Tage.“
„So oft?“
„Ja, so oft, es kommt meist ganz regelmäßig. Der Arzt nennt das Periode.“
„Peri — was?“
„Periode. Das ist ein griechisches Wort. Es bedeutet: was regelmäßig wiederkommt.“
„Haben Jungen das auch?“
„Aber nein, die kriegen doch keine Babys.“
„Aber Mutti, woher weiß man nun, daß man ein Baby kriegt?“
„Ganz einfach. Wenn im Bauch ein Baby wächst, dann bleibt das Ei im Leib. Dann wird es nicht ausgestoßen. Und wenn das Ei nicht ausgestoßen wird, dann kommt auch die Periode nicht. Und wenn die Periode nicht kommt, was dann?“
Jetzt weiß Katharina Bescheid: Sie sagt: „Dann erwartet man ein Baby.“

Günter Haubold

Eliane

„Du wirst herunterfallen!" sagte Eliane. Mit ausgestreckten Armen lief Alexander über das eiserne Brückengeländer.
Eliane, die ihn auf dem Gehsteig begleitete, schaute zu ihm auf und verfolgte jeden seiner Schritte.
In der Mitte machte Alexander ein paar Kapriolen.
Vom Kirchturm schlug es zwölf Uhr.
Nicht nur Kinder, auch Erwachsene blieben stehen.
„Runter mit dir!" schrie ein Straßenwärter. Und als der Polizist am Ende der Brücke den Jungen entdeckte, vergaß er den Verkehr zu regeln und kam angelaufen.
Aber Alexander schritt unbekümmert weiter.
Auf der Brücke bildete sich eine Autokolonne. Die Fahrer drehten die Scheiben herunter und lachten.
„Prima!" sagte Eliane, als Alexander wieder auf die Erde sprang. „Prima, ich komme heute nachmittag in die Vorstellung."
Als Eliane zu Hause war, stellte sie das Radio an.
„Willst du mit mir gehn . . .?" sang eine Stimme. Eliane summte die Melodie mit. Auf dem Küchentisch standen die Frühstückstassen des Vaters und der beiden Brüder. Sie arbeiteten auswärts auf dem Bau und kamen erst am Abend wieder nach Hause.
Seit Mutter im Krankenhaus lag, tat Eliane den ganzen Tag, was sie wollte.
Sie schnitt sich ein Stück Brot ab. Im Eisschrank fand sie Butter und Käse. Das schmutzige Geschirr ließ sie stehen.
„Willst du mit mir gehn . . .?"
Eliane dachte an Alexander, an die verdutzten Leute. Niemand hatte gewagt, ihn herunterzuholen. Nicht einmal der Polizist. Eliane lachte. Alexander war prima.
Dann war sie in der Vorstellung.
Alexander arbeitete zusammen mit seinem Vater am Trapez. Mit seinen zwölf Jahren machte er den doppelten Salto.
„Alexander Borras! Ein Weltwunder! Ohne Netz!" stand auf den Plakaten.
Die Musik hörte auf. Ein Trommelwirbel erklang.

Eliane hielt den Atem an, als der Junge in die Luft hinauswirbelte. Sein Vater fing ihn mit den Armen auf.
Die Zuschauer klatschten.
„Bravo! Bravo!" schrie Eliane begeistert.
„Hör doch endlich auf!" sagte das Mädchen, das neben ihr saß.
„Halt den Mund!" gab Eliane zurück. „Ich mache, was mir paßt!"
Nach der Vorstellung strich Eliane um das Zelt herum. Zwischen den Vorderrädern eines Wohnwagens döste ein Bernhardiner.
„Komm!" lockte Eliane.
„Achtung! Er schnappt!" rief eine Frau. Es war Alexanders Mutter. Sie stand auf der Veranda vor dem Eingang des Wagens.
„Ich habe keine Angst vor Hunden", sagte Eliane.
„Willst du schnell auf das Kleine achtgeben?" fragte Frau Borras, „dann kann ich inzwischen die Wäsche aufhängen."
Das Kleine lag in einem Korb unter der rot und weiß gestreiften Markise. Eliane war mit zwei Sätzen oben. Das Kind streckte ihr die Ärmchen entgegen.
„Es ist fremde Gesichter gewöhnt", sagte Frau Borras. Sie hob das Becken mit den nassen Windeln auf.
„Ich bin gleich wieder da!"
Eliane spähte durch die offene Tür ins Innere des Wagens. Eine Wand war mit Fotos und Ansichtskarten bedeckt.
„Was treibst denn du bei uns?" fragte plötzlich eine Stimme. Es war Alexander.
„Du siehst es ja", sagte sie.
Alexander war abgeschminkt und trug wieder seine Jeans. So war er am Morgen zur Schule gekommen, wie ein ganz gewöhnlicher Junge.
„Ich bleibe eine Woche", hatte er dem Lehrer erklärt.
„Du warst prima", sagte Eliane.
Alexander lachte verlegen. Dann biß er in ein großes Butterbrot, das die Mutter für ihn bereitgelegt hatte.
Mit einem Freibillett für die Abendvorstellung in der Tasche, kehrte Eliane nach Hause zurück.
„Wo treibst du dich herum?" schimpfte der Vater.
„Ich bin ja da!" sagte sie und machte sich gleich am Abwaschbecken zu schaffen.

Der Vater beruhigte sich.
„Komm und iß!" sagte er.
Als der Vater und die Brüder vor dem Fernsehapparat saßen, holte Eliane Mutters weißes Sommerkleid aus dem Schrank. Es war ein wenig zu lang. Doch der breite, goldene Gürtel, den sie sich kürzlich im Warenhaus gekauft hatte, paßte ausgezeichnet.
Sie betrachtete sich im Spiegel. Sie war zufrieden.
Ungesehen schlich sie aus dem Haus und kam gerade noch rechtzeitig zur Abendvorstellung. Ein Liliputaner wies ihr den Platz an. Der Sitz war mit rotem Samt bezogen. Es war ein Logenplatz in der vordersten Reihe.
In einem weißen mit Pailletten besetzten Kostüm verkaufte Alexander Programme.
„Für dich gratis", sagte er.
Eine Woche lang verbrachte Eliane jede freie Minute bei den Artisten. Sie schälte Kartoffeln, fegte, wusch Windeln und kümmerte sich um das Kleine.
„So jemanden wie dich müßte ich haben", sagte Frau Borras am Tag, bevor der Zirkus weiterzog.
Die Traktoren standen am Straßenrand.
Alles war für den Aufbruch nach der Abendvorstellung vorbereitet.
Eliane schluckte die Tränen hinunter.
Am folgenden Morgen, als die Zirkusleute nach der langen Fahrt durch die Nacht die schweren Zelttücher vom Wagen rollten, kroch Eliane darunter hervor. Alle Glieder taten ihr weh.
Einer der Arbeiter holte Borras.
„Ich bleibe da! Ich will nicht mehr nach Hause!" sagte Eliane.
„Komm, zuerst wollen wir frühstücken", sagte Alexanders Vater ruhig.
Alexander saß in der Sonne und spielte mit dem Kleinen. Die Mutter stellte den Kaffee auf den Tisch.
„Mein Gott, Kind!" rief sie, „wo kommst du denn her?"
„Sie hat die Nacht zwischen den Zelttüchern gelegen", sagte Herr Borras.
„Nicht besonders bequem", meinte Alexander.
Eliane fing an zu weinen.

„Ich muß deinen Vater benachrichtigen, bevor er zur Polizei geht", sagte Herr Borras.
Eliane wehrte sich nicht.
Sie wußte auf einmal, daß sie nicht bleiben konnte.
„Alexander kann dich zum Bahnhof bringen", sagte seine Mutter.
Der Vater holte Eliane ab.
Die schreckliche Angst, die sie auf der Heimfahrt ausgestanden hatte, war umsonst gewesen.
„Du bist zu alt für solche Dummheiten", sagte der Vater.
Eliane brachte kein Wort heraus.
„In zwei Wochen kommt Mutter wieder nach Hause. Zwei Wochen sind schnell vorbei", sagte er später.
Eliane griff nach seinem Arm. Sie ließ ihn nicht mehr los, bis sie zu Hause waren.
Als Eliane am andern Tag wieder in die Schule kam, lachten die Kinder sie aus.
„Zirkusprinzessin! Zirkusprinzessin!"
Eliane ertrug den Spott.
Nach ein paar Tagen sprach niemand mehr davon. Es war alles wieder wie früher.
Nein, es war nicht alles wie früher.
Für Eliane nicht.

Max Bolliger

Wünsche

Der buntgefleckte Apfel, der runde, kostbare Apfel,
soll ich ihn essen oder nicht?
Ja, ich möcht' ihn gerne essen.
Aber wenn ich ihn gegessen habe, wird es mir leid tun.
Soll ich ihn essen oder nicht?

Ich konnte es nicht aushalten, ich hab ihn' gegessen.
Jetzt tut es mir leid.
Ich hätte ihn nicht essen sollen!

Kang Kyong-won, 11 Jahre, Korea

Was ich möchte

Ich möchte bald wenigstens so groß wie meine Brüder sein.
Und ich wäre jetzt gern im Kino.
Vielleicht gehe ich Sonntag ins Kino,
wenn im Fernsehen kein Krimi oder Western läuft.
Wenn ich so alt bin wie mein Vater, möchte ich auch so einen Klasse
großen Laster fahren,
am Steuer sitzen und das Radio ganz laut gestellt.
Und jeden Mittag Schnitzel mit Pommes frites und Salat
im Gasthaus essen, Bier dazu und Pudding hinterher.
Dann wieder über die Landstraßen und Autobahnen brausen.
O ja, das möchte ich.

Susanne Kilian

Lila mit grünen Streifen

Andrea war sowieso traurig. Natürlich konnte sie darüber mit niemandem sprechen. Wem hätte sie auch sagen können, daß sie Roberts wegen traurig war? Daß sie immerzu an ihn dachte. Und daß sie nicht verstand, was eigentlich geschehen war.

Und jetzt wurde ihr dieser kleine Wunsch auch noch abgeschlagen.

„Aber fünfzehn Mark ist doch nicht zu teuer", bettelte Andrea.

„Quälgeist!" die Mutter lachte. „Ich würde dir ja den Pullover gerne kaufen. Aber du weißt genau, daß ich große Ausgaben hatte."

Andrea kämpfte plötzlich mit den Tränen. Es war lächerlich, wegen eines lila Pullis mit grünen Streifen zu weinen. Vielleicht weinte sie auch gar nicht deswegen.

Die Pullis waren Mode in der Klasse. Es gab sie in vielen Farben. Die schwarzhaarige Ina trug einen in Gelb. Ina, — da waren ihre Gedanken schon wieder im Kreis gewandert. Sie hatten sich so gut verstanden, Robert und sie. Bei allen Spielen hatten sie zusammengehört. Besonders im Federball waren sie beide ganz große Klasse gewesen. Das hatten die anderen auch gesagt. Aber seitdem Ina zu ihrem Kreis gehörte, hatte sich Robert verändert. Er beachtete Andrea kaum. Zuerst

hatte er Ina die amerikanischen Briefmarken geschenkt, und jetzt half er ihr immer bei den Schularbeiten.
„Wann deckst du denn endlich den Tisch?"
„Ja", sagte Andrea, „sofort."
Als sie später in ihrem Zimmer saß, wog sie die Spardose in ihrer Hand. Dreißig Mark waren bestimmt darin.
„Fang mal an, zu sparen", hatte der Vater gesagt, „wenn du fünfzig Mark zusammen hast, lege ich den Rest für das Fahrrad dazu."
Die meisten Kinder hatten Fahrräder. Robert auch. Im Herbst wollten sie alle eine große Tagesfahrt machen.
Jetzt hab' ich ohnehin keine Lust mehr, dachte Andrea. Sie ging zum Schrank und grub hinter den Büchern den Schlüssel der Spardose hervor.
„Mensch, soviel Geld!"
Ihr kleiner Bruder Jörg war hereingekommen.
„Sei still!" sagte Andrea. „Zweiunddreißig Mark fünfzig, vierunddreißig Mark und dreißig Pfennige."
Sie drückte Jörg die dreißig Pfennige in die Hand. Er würde Gummibären dafür kaufen. Andrea steckte fünfzehn Mark in ihre kleine, rote Tasche. Den Rest warf sie wieder in die Spardose zurück.
Sie ging in die Küche. Eine Weile hielt sie sich stumm in der Nähe ihrer Mutter auf.
„Wenn einer gespart hat", sagte sie endlich, „dann gehört ihm das Geld doch allein, — oder?"
Die Mutter legte den Finger auf die Stelle im Kochbuch, die sie eben las.
„Natürlich", sagte sie. „Warum fragst du?"
„Nur so", meinte Andrea.
Sie hatte das Empfinden, unaufrichtig zu sein. Aber schließlich hatte sie gefragt. Sie drückte sich noch ein wenig herum, prüfte nach, ob der Gummibaum Wasser hatte und hob die Deckel der Kochtöpfe hoch. Dann verschwand sie.
Als sie im Modegeschäft an der Ecke stand, fühlte sie sich prima. Nur ging dann alles viel zu schnell. Schon war sie wieder draußen, das Paketchen mit dem Pullover unter dem Arm. Vor dem Zubettgehen zog sie ihn an. Die Farbe stand ihr gut. Sie sah wundervoll aus. Sie

probierte verschiedene Posen, die sie von den Aufnahmen der Filmstars in den Illustrierten kannte, dann legte sie sich zufrieden ins Bett.
Am anderen Morgen erschien Andrea sehr spät in der Küche. Sie hatte den Mantel schon übergezogen. Es eilte.
„Das wollen wir aber nicht einreißen lassen", meinte die Mutter. „Frühstücken soll man in Ruhe."
„Ja", antwortete Andrea mit vollem Mund.
Natürlich würde sie der Mutter den Pullover zeigen. Nach der Schule.
„Und dann kam ein Auto um die Ecke und hat ihn überfahren", sagte Erika eben.
Sie standen in einer Gruppe auf dem Schulhof, als Andrea hinzukam.
„Tot?" schrieen ein paar.
Nein, er hat Glück gehabt. Irgend was gebrochen oder so. Ein Mann und ich haben ihn zum Tierarzt gebracht."
Es klingelte, und sie liefen hinein. Andrea zog ihren Mantel aus und blickte sich um. Niemand schien etwas zu bemerken.
„Ich hab' jetzt auch so einen Pulli", sagte sie endlich.
„Au ja", lächelte Monika. „Hübsch!"
Auch Ina guckte herüber.
„Man trägt schon wieder einfarbig", sagte Brigitte.
Dann kam der Lehrer, und der Unterricht begann. Anfangs war Andrea nur enttäuscht. Wieso eigentlich? dachte sie dann. Schließlich kann die Welt nicht stehenbleiben, bloß weil ich einen neuen Pullover habe. Und mit einemmal schämte sie sich. Sie schämte sich und war traurig.
Gleich nach dem Unterricht ging sie nach Hause. Vor dem Selbstbedienungsladen begegnete ihr Robert.
„Andrea!" rief er. „Kommst du eigentlich gar nicht mehr?"
„Doch", sagte sie, und ein Stück weiter fing sie an zu heulen.
Zu Hause zog sie sich um. Die Eltern saßen schon am Mittagstisch.
„Wie steht's denn mit deinen Ersparnissen?" fragte der Vater plötzlich. „Zeig doch mal her."
Andrea kaute auf einer Kartoffel herum.
„Reicht noch nicht", sagte sie.

„Wieviel hast du denn? Dreißig Mark müßten es doch sein?"
„Ich habe mir einen Pullover gekauft", sagte Andrea.
Ihre Stimme schien ihr unnötig laut zu klingen.
„Ich dachte, du wolltest ein Fahrrad?"
„Wenn man gespart hat, darf man mit dem Geld tun, was man will", erklärte Andrea. „Nicht wahr?" fügte sie etwas unsicher hinzu.
Der Vater lächelte.
„Natürlich", sagte er. „Aber ja."

Gina Ruck-Pauquèt

Der Auftrag

Der kleine Junge zog sich den rechten Strumpf hoch und ging zur Tür.
„Warte!" rief die Mutter vom Spültisch her. „Du mußt zum Frisör." Sie wischte ihm mit Spucke einen schwarzen Strich von der Wange, trat zum Schrank und holte hinter der Kaffeekanne das Portemonnaie hervor.
„Meld' dich, wenn du dran bist."
Der Junge nahm den harten Fünfziger und nickte. Auf der Treppe rutschte ihm wieder der rechte Strumpf. Er steckte das Geldstück in die Hosentasche und zog ihn dann hoch. Dann polterte er die Stufen hinunter so laut er konnte. Es dröhnte in seinen Ohren, und er fühlte sich großartig.
Als er nach draußen kam, verwandelte er sich in eine Lokomotive. Er fuhr Zickzack zwischen den Passanten hindurch, hier und da einen schrillen Pfiff ausstoßend, und er wußte, daß hinter ihm der Rauch alles verschlang, — Menschen und Häuser und Bäume und ein Stück des blassen Großstadthimmels. Aber darauf konnte er keine Rücksicht nehmen.
Ein paar Meter vor dem Obststand begann er prustend zu bremsen. Als er endlich stand, fand er in der Gosse eine Bananenschale und einen alten Schuh von unbestimmter Färbung. Er nahm die Bananenschale und ließ sie in den Gulli fallen. Den Schuh wog er eine Weile

zweifelnd in der Hand. Er wußte nicht, ob der Fisch Schuhe fraß. Aber er konnte ihn ja zur Not wieder ausspucken. Der Junge quetschte den Schuh durch das Eisengitter und bückte sich so tief, daß er fast auf dem Kopf stand. So konnte er den Fisch riechen. Wie groß er genau war, wußte der Junge nicht, aber er war ziemlich gewachsen in der letzten Zeit. Der Junge sprach mit niemandem über den Fisch. Eines Tages würde er ihn mit nach Hause nehmen und in der Badewanne halten. Später.

Er richtete sich auf. Sekundenlang war ihm, als sei da noch etwas gewesen, etwas, das ihn betraf, ein Auftrag vielleicht. Dann erblickte er den Clown. Er ging auf der gegenüberliegenden Straßenseite. Der Junge sprang geschickt vor einem Auto her und war bei ihm. Der Clown, klein, pummelig und bunt, hielt mit der rechten Hand eine Reklametafel umklammert. Aber der Junge übersah die Tafel. Er starrte in das weiße Gesicht, auf den großgeschminkten roten Mund, der ihm wie eine Frucht erschien, – Marmeladenfrucht, dachte er, – und auf den schwarz gestrichelten Strahlenkranz, der rings um die kleinen Augen stand. Er lief rückwärts vor dem Clown her, bis er sich satt gesehen hatte. Dann drehte er sich um und balancierte auf der äußersten Kante des Bürgersteiges. Schmal und schmaler wurde die Kante, bis sie plötzlich ein Seil war. Der Junge breitete die Arme und setzte vorsichtig einen Fuß vor den anderen. Er spürte die Blicke des Clowns in seinem Rücken und wurde kecker, wagte einen Sprung. Er war der Junge auf dem Seil, und die Menschen blieben tief unter ihm. Aber das war nicht alles, was er konnte. Er würde es ihnen zeigen! Er schloß die Augen, kniff sie zusammen, daß auf seiner Stirn eine senkrechte Falte entstand, und sprang noch einmal, weit, weit.

Und genau in diesem Moment rannte ihn die Frau an. Natürlich stürzte er vom Seil. Er fiel, und berührte doch den Boden nicht.

„Mach die Augen auf und geh vernünftig", sagte die Frau.

Der Junge blickte sich um. Der Clown war verschwunden. Er mußte hinter ihm abgebogen sein.

Der Junge ging unschlüssig ein Stück weiter, bis er vor dem Kolonialwarenladen den Hund traf. Der Hund war schwarz und schaute ihn gelangweilt an. „Wau!" machte der Junge. Der Hund blinzelte.

„Wau!" Es war ein Mordshund, mindestens zwei Meter, und er hatte Zähne wie Dolche. Jeder andere hätte sich vor diesem Hund gefürchtet. Der Junge fürchtete sich nicht. Er sprang auf einem Fuß um den Hund herum und schnitt Grimassen. „Wau!" Ein Hund wie ein Löwe, jeder andere hätte sich vor ihm gefürchtet. Komm schon, dachte der Junge, und: Du traust dich nicht! Da gähnte der Hund und trottete davon. Der Junge war zweifellos Sieger, aber etwas stimmte nicht bei der Sache, etwas machte, daß er sich ärgern mußte.

Er stieß hinter der vorgehaltenen Hand ein Indianergeheul aus, schwang sich auf sein Pferd und ritt davon. Sein Pferd war ziemlich schnell. So schnell ungefähr wie der D-Zug, oder noch ein bißchen schneller. Er ritt im gestreckten Galopp bis vor Penneborgs Spielzeuggeschäft. Die Zügel entglitten seiner Hand, und er drückte die Nase an der Scheibe platt.

Auf den ersten Blick sah er die Teddybären, die Kasperlefiguren, den Kaufladen und den Bauklötzeturm. Aber gleich darauf fiel ihm die Pistole auf. Es war eine kleine, gelbe Pistole, und sie lag ganz vorn. Sie schien dem Jungen genau das Richtige zu sein. Wenn er diese Pistole hätte, würde alles anders werden. Er wußte nicht genau, wie alles werden würde, aber jedenfalls großartig, soviel stand fest. Lange blieb er so, an das Fenster gepreßt, und sein Atem machte einen matten, runden Fleck auf das Glas.

Dann wandte er sich entschlossen ab und ging weiter. In einem Hauseingang saß ein kleines Mädchen und weinte. Zögernd trat der Junge näher und starrte in das rote Gesicht mit dem weit aufgerissenen Mund. Es interessierte ihn, wie die Töne diesem aufgerissenen Mund entquollen, kräftige, langgezogene Töne, die hin und wieder von einem ruckartigen Schlucken unterbrochen wurden. „Ah", versuchte sich der Junge im Weitergehen, und „Quah", eine Tonlage höher. Er bohrte die Hände in die Hosentaschen und begann zu singen. Aber da bekam seine Rechte etwas Hartes, Rundes zu fassen.

Blitzschnell zog er es hervor, und sah erstaunt, daß es ein blanker Fünfziger war. Da hatte er einen blanken Fünfziger in seiner Hosentasche gefunden! Der Junge machte eine Faust um das Geldstück. Er kratzte sich mit dem linken Fuß an der rechten Wade, drehte sich dann auf dem Absatz herum und stand bald darauf wieder vor Penneborgs Spielzeuggeschäft. Aber diesmal war es etwas anderes. Er streifte die gelbe Pistole nur mit einem kurzen Blick und stieß die Tür auf. Der Mann hinter dem Ladentisch nahm den Fünfziger und schob ihm die Pistole zu. Alles ging genau auf.

Draußen wuchs der Junge erst einmal ein ordentliches Stück. Er hob die Waffe und feuerte sie dreimal kurz in die Luft ab. Jetzt sollten sie kommen! Für das weinende Mädchen brauchte er nur einen einzigen Schuß, der zweite galt dem spitzen, roten Hut einer Frau. Danach waren die Hunde an der Reihe. Er würde alle Hunde der Stadt vernichten, da half es nichts, daß die Leute ihn anflehten. „Weg da!" schrie er, und er erledigte hintereinander einen schwarzen Schäferhund und einen Dackel. Danach nahm er die Menschen aufs Korn. Es waren zuviel Leute auf der Straße. „Peng!" Da, der Mann mit der Aktentasche mußte fort, das Mädchen mit der Milchkanne und die dicke Frau. „Hände hoch!" schrie er, und rannten sie nicht schon alle vor ihm davon? Quietschten nicht sogar die Straßenbahnen in höchster Geschwindigkeit um die Ecke? Im Metzgerladen fiel die Tür ins Schloß, der Polizist ließ die Arme sinken, und es gab keinen, der nicht wußte, daß die Straße nun ihm gehörte, dem Jungen mit der Pistole. „Peng!" schrie er, „peng", und er schoß aus der Hüfte, „peng", splitternd zerbrachen Schaufensterscheiben, und die Frauen stießen helle, spitze Schreie aus. „Hände hoch! Peng!" In weiten Sprüngen hetzten sie nun vor ihm davon, und wer nicht schnell genug war, der mußte dran glauben. „Peng!"

Nun, da er erst einmal Ordnung geschaffen hatte, verschnaufte der Junge ein wenig. Er lockerte den Griff seiner heißen, feuchten Hand, steckte den Zeigefinger in das Abzugsloch und ließ die Pistole spielerisch kreisen. Er war noch ein wenig größer geworden, und seine Schultern waren mindestens so breit wie ein Schrank. „Alles in Ordnung?" fragte er streng. „Alles in Ordnung!" meldete er schneidig.

Da bemerkte er, daß sein Schuhband sich gelöst hatte. Er hockte sich hin, legte die gelbe Pistole neben sich auf den Boden, und begann es zuzuknüpfen. Zu spät nahm er den Burschen wahr, der neben ihm

auftauchte. Fassungslos sah er, wie sich eine Schuhspitze gegen die Pistole stellte, und wie diese im hohen Bogen auf die Fahrbahn geschleudert wurde. Es knirschte ein bißchen unter den Autoreifen, — wirklich nur ein bißchen, — und der Bursche machte sich feixend davon.
„Du!" schrie der Junge, und er ballte die Faust und setzte zum Sprung an.
Dann besann er sich anders. Er stürzte auf die Fahrbahn, klaubte das Häufchen Kunststoff zusammen und starrte darauf nieder. Und während er davon ging, ließ er Stück für Stück hinter sich fallen, eine traurige, gelbe Spur. Ich werd's dir geben, dachte er dabei seltsam lasch, ich werd's dir geben. Der Bursche war längst verschwunden, aber wenn er ihn wiedersah, würde er es ihm geben!
Eine Weile ging der Junge einfach weiter. Dann, als er Kies unter seinen Füßen spürte, wußte er, daß er nun im Park war. An ihm vorbei strebten Frauen mit Kinderwagen, Kinder an der Hand, dem Ausgang zu. Der Junge setzte Fuß vor Fuß, wie eine kleine, exakte Maschine. Ganz unvermittelt begann er dann zu pfeifen, drei, vier dünne Töne.
Als er den Blick hob, sah er, daß er bei den Bänken angekommen war. Kein Mensch war in der Nähe, und die Bank, auf die er sich setzte, glänzte vor Feuchtigkeit. Zuerst hatte er die Tauben nicht bemerkt, möglich, daß sie nach ihm gekommen waren. Es waren viele Tauben, ein ganzer Schwarm, und sie pickten rings um seine Füße Brotkrumen auf. Manchmal flog eine von ihnen hoch, und der Junge spürte dann dieses Flügelbreiten, das Schweben und unendlich sanfte Landen mit jeder Fiber seines Körpers. Er war mitten unter ihnen, pickte und gurrte, stolzierte einher mit dem Bewußtsein, jeden Augenblick auffliegen zu können, — auf und davon. Der Junge war eine Taube. Den Geschmack des jungen, saftigen Grases, und den Wind unter den silbrig glänzenden Flügeln.
„He!"
Schwirrend stob der Taubenschwarm davon.
Der Junge zuckte zusammen. Ein Parkwächter mit dunkelblauer Mütze stand vor ihm.
„Du wirst ja ganz naß. Geh nach Hause!"

Der Junge wischte sich einen Wassertropfen von der Nase und befühlte dann seinen Kopf. Er triefte. Erst jetzt bemerkte er den Regen und die nahende Dämmerung. Mit wilden, langen Sätzen jagte er los. Als er endlich zu Hause ankam und auf den Klingelknopf drückte, atmete er kurz und heftig.
„Das ist doch die Höhe!" schimpfte die Mutter. „Du warst ja gar nicht beim Frisör!"
Dem Jungen fuhr ein heißer Schreck in die Glieder.
„Gib den Fünfziger her und sag mir, was du getrieben hast!"
Der Junge stand sehr still. Er spürte, daß sein rechter Strumpf gerutscht war, aber er zog ihn nicht hoch.
„Na?" fragte die Mutter.
Aber der Junge schwieg. Er konnte es nicht erklären.

Gina Ruck-Pauquèt

Etwas

Seit meinem achten Lebensjahr ließ mir dieses „Etwas" keine Ruhe. Es trieb mich umher und schlich sich nachts in meine Träume ein. Am Tag mußte ich immer wieder daran denken: zu Hause, auf dem Hof, auf dem Weg zur Schule. Sogar während des Unterrichts dachte ich daran.
Ich versuchte, dieses Etwas zu zeichnen. Mal wurde es ein riesiger Fisch, ähnlich einem Wal, der Schiffe verschluckt, Schaluppen und Inseln. Dann wurde es ein Vogel mit vielen Augen, vielen Flügeln und vielen Beinen. So ungefähr sah der Vogel aus, den ich beim Onkel auf einem Spinnrad gesehen hatte. Ich ließ diesen Vogel den Mond verschlingen, Sterne und Luftschiffe. Ihr wißt hoffentlich, was ein Luftschiff ist! Oder könnt ihr euch bei diesem Wort nichts vorstellen? Das wäre schade. Mir sagt das Wort viel. Als ich acht war, da waren Luftschiffe große Mode. Ein Luftschiff — eine wunderbare Sache! Ein großer Ballon, gefüllt mit Gas. Der Ballon hat die Form einer Riesenzigarre. Unten am Ballon ist eine Gondel montiert, darin sitzen Leute, die mitfliegen dürfen. Es gab mächtig große Luftschiffe, manche waren höher als ein fünfstöckiges Haus!

Aber das war gar nichts gegen mein Etwas. Mein Etwas schluckte spielend zwanzig solcher Luftschiffe. So ein Etwas hatte ich im Kopf — aber wie sollte man dieses Etwas zeichnen? Ich kam ganz außer Atem, wenn ich mich daran machte, und auf keinem Bild erkannte ich das Etwas wieder.

Da zeichnete ich das Etwas abstrakt. Wißt ihr, was das bedeutet? Abstrakt zeichnen heißt, daß man etwas zeichnet, was man sich überhaupt nicht vorstellen kann, und man muß es so zeichnen, daß es wie nichts anderes aussieht. Das ist furchtbar schwer. Manchmal gelangen mir hervorragende Bilder. Ich war davon begeistert. Aber niemand verstand sie, nicht einmal der Zeichenlehrer. Für solche Arbeiten bekam ich die Note „ungenügend". Ich nahm es dem Zeichenlehrer nicht übel. Er konnte ja nichts von meinem Etwas wissen. Nur ich wußte davon, genauer gesagt: Ich hatte keine Ahnung. So richtig im Bild darüber war allein der Onkel. Ihm konnte es passieren, daß er auf einer meiner Zeichnungen das Etwas plötzlich sah.

Das ging ungefähr so: Ich kam mit den Zeichnungen zu ihm und sagte: „Da."

„Was ist das?" wollte der Onkel wissen.

„Etwas", gab ich flüsternd zur Antwort.

„Unsinn", sagte der Onkel grimmig. „Das ist gar nichts und kein Etwas."

„Kein Etwas? Wirklich nicht?"

„Dahinter", fuhr mich der Onkel an, „steckt überhaupt nichts."

„Aber wie soll man Etwas zeichnen?"

„Weiß ich doch nicht!"

„Wieso denn du nicht?" Ich heulte fast. „Du hast mir doch so viel über das Etwas gesagt, und jetzt behauptest du, daß du mir nichts sagen kannst!"

„Ich weiß natürlich, was das Etwas ist", sagte der Onkel laut, „aber ich kann es nicht zeichnen. Ich habe kein Talent."

„Und ich?"

„Du hast Talent. Wenn einer, dann du. Du mußt weitersuchen. Geh nur und such weiter!"

„Was suchen?"

„Etwas!“ brüllte der Onkel.

„Und wo?“

„Zum Donnerwetter!“ Der Onkel war völlig aus dem Häuschen. „Das Etwas steckt in dir, wo soll es sonst sein! Zeichne! Male Bilder! Und gib dir Mühe! Bis endlich *etwas* dabei herauskommt!“

Halb beruhigt lief ich weg und machte mich ans Zeichnen. Ich malte um mein Leben. Schon nach kurzer Zeit brachte ich dem Onkel fünfzig Bilder. Er betrachtete sie sehr aufmerksam. Manchmal sprang er auf und lief durch das Zimmer und schwenkte das Blatt, das er herausgefischt hatte.

„Du bist ein Prachtkerl!“ donnerte er. „Das ist *etwas*. Das ist wunderbar. Nicht zu fassen, daß du das gemacht hast. Mach nur so weiter — und aus dir wird ein Mensch.“

Juri Korinetz

Die große Weltgeschichte

Am Anfang war die Erde wüst und leer. Es kostete große Mühe, sie ein wenig wohnlicher zu machen. Es gab keine Brücken, um die Flüsse zu überschreiten, keine Wege, um die Berge zu ersteigen, und wenn du dich setzen wolltest, so fandest du nicht den Schatten einer Bank, und fielst du vor Müdigkeit um, so war kein Bett da. Um die Füße vor Verletzungen zu schützen, gab es weder Schuhe, noch Stiefel. Wer schlecht sah, konnte sich keine Brille kaufen. Zum Fußballspielen gab es keine Bälle. Es waren weder Töpfe noch Feuer vorhanden, um Makkaroni zu kochen, ja, wenn man genau hinschaute, waren auch keine Makkaroni da. Es gab von nichts etwas. Null von Null und Schluß.

Nur die Menschen waren da, mit zwei starken Armen zur Arbeit, und damit kann für alles ein Ausweg und Abhilfe geschaffen werden.

Und zu verbessern gibt es noch viel: Krempelt die Ärmel auf — da ist Arbeit für alle.

Gianni Rodari

Was wir zählen und messen können:

Wie viele Kinder in unserer Klasse sind.
Wie viele Fenster unser Haus hat.
Wie schnell ein Flugzeug fliegt.
Wie tief das Meer ist.
Wie schwer ein Stein ist.
Wie lang eine Straße ist.
Wie hoch die Wolken sind.

Was wir nicht zählen und messen können:

Wieviel Liebe in einem Kuß ist,
den die Mutter dem Kinde gibt.
Wieviel Angst einer hat, wenn er allein ist.
Was ein gutes Wort wiegt.
Wie teuer ein guter Freund ist.
Wie schwer es ist, wenn uns keiner mag.
Wie tief eine Lüge uns verletzen kann.
Wie groß eine Freude sein kann.

Günther Weber

Gott kennen

Ich wünsche mir den Regen und Schnee rot und grün und in allen Farben . . . Ich frage meine Eltern immer, ob sie vielleicht Gott einmal gesehen haben. Und immer antworten sie: „Nein, niemand hat jemals Gott gesehen."

Ich wollte, ich könnte ihn sehen und kennen. Ist so etwas möglich? Ich weiß nicht, wer Er ist, wo Er lebt. Ist er ein Knabe oder ein Mädchen? Wenn er kein Haus hat, warum sagt man dann Gotteshaus? Ich weiß, daß Gott uns alle geschaffen hat und die ganze Welt und alles, was darin ist. Aber ich kenne ihn nicht!

Azita, 10 Jahre, Iran

Potz Blitz

Gestern ist der liebe Gott zornig gewesen, und mein Vater meint, ich sei schuld daran! Ich habe die Suppenschüssel auf den Boden fallen lassen, und sie ist zerbrochen. Gerade da fing es zu blitzen und zu donnern an. Mein Vater hat gesagt, er sollte mich eigentlich verhauen, aber Gott strafe mich ja schon mit Blitz und Donner!
Ich kann es einfach nicht glauben, daß es auf der Welt blitzt und donnert, weil ich die Suppenschüssel fallen lasse.

Marie Luise, 9 Jahre, Österreich

Wo wohnt Gott?

Einmal brachte eine Mutter ihren Sohn zum Rabbi. Da fragte der Rabbi den Jungen: „Ich gebe dir einen Gulden, wenn du mir sagst, wo Gott wohnt." Er antwortete: „Und ich gebe dir zwei Gulden, wenn du mir sagen kannst, wo er nicht wohnt."

Martin Buber

Wo wohnt Gott?

Rabbi M. war zu Gast bei gelehrten Männern. Er überraschte sie mit der Frage: „Wo wohnt Gott?" — Sie lachten über ihn: „Was redet Ihr! Ist doch die Welt seiner Herrlichkeit voll?" — Er aber beantwortete seine eigene Frage: „Gott wohnt, wo man ihn einläßt."

Martin Buber

Der verborgene Gott

Manche sagen: Gott ist schwer zu finden. Sie haben ja recht: Ich bin ein verborgener Gott. Ich spaziere nicht als ein alter Mann über die Straßen der Dörfer und der Städte. Ich sitze auch nicht sichtbar auf einem goldenen Thron. Und das blaue Himmelszelt ist bestimmt nicht mein

Mantel. Wohin du in der Welt auch schaust — mich selbst wirst du niemals sehen. Manche reden blühenden Unsinn und sagen: Die Milchstraße ist der Bart Gottes; und wenn es donnert, schimpft Gott. Einen solchen Unsinn darfst du nicht glauben! Die Milchstraße ist ein riesiger Sternhaufen. Wie könnten Sterne mein Bart sein! Gott hat keinen Bart. Und wenn es donnert, schimpfe ich nicht. Du weißt genau, wie ein Donner zustande kommt. Die Blitze sind elektrische Entladungen; Donnerschläge sind Explosionen, die der Blitz hervorruft. Das mußt du dir mal erklären lassen. Eine ganz natürliche Sache ist das. Gib dir keine Mühe, irgend etwas von meinem Kopf oder von meinem Bart, von meinem Mantel oder meinen Füßen zu entdecken. Ich bin Gott. Ich habe keinen Kopf und keinen Bart und keinen Mantel und keine Füße. Ich bin ja kein Mensch. Ich bin Gott, ein verborgener Gott, den niemand sehen kann, dessen Stimme man nicht wie die Stimme eines Vogels oder wie die Stimme eines Menschen hören kann. Ich bin ein verborgener Gott. Du wirst mich nie sehen, wie du deine Mutter oder deinen Vater oder deinen Lehrer sehen kannst. Du wirst mich nie sehen, wie du die Blumen und die Bäume und die Häuser sehen kannst. Ich bin ein verborgener Gott; das darfst du nicht vergessen.

Heinrich A. Mertens

Eine Blume, eine Wolke, ein Stein

Eine Blume, eine Wolke, ein Stein,
Trauben, gekeltert zu Wein,
Erde und Regen und Schnee,
im Wald der Vogel und das Reh,
auch die kleine Maus und der Wurm,
der Tag und die Nacht und der Sturm,
auf dem Meer ein Schiff in Not,
Vater, Mutter und das Brot,
der alte Mann am Weg,
der Himmel über dem Steg,

Sonne, Mond und Stern,
im Apfel der Kern,
in der Wiege das Kind,
ob alle Gottes Werke sind?

Max Bolliger

Warum glaubt man an Gott?

Ein Junge kam nach Hause und rief: „Heute habe ich ein Mädchen getroffen, das glaubt nicht an Gott! Ihre Eltern auch nicht, das hat sie gesagt."

„Weshalb regst du dich darüber so auf?" fragte der Vater.

„Man muß doch an Gott glauben", sagte der Junge. „Sonst ist man ein schlechter Mensch."

„Meinst du?" fragte der Vater. „Dann bildest du dir wohl ein, du wärst besser als das Mädchen?"

Der Junge wußte nicht, was er sagen sollte.

Einige Tage später fragte er seinen Vater: „*Warum glaubt man an Gott?*"

„Weil es so viele Fragen gibt, auf die wir keine Antwort wissen", sagte der Vater.

Ursula Wölfel

Klaus

Klaus und Manfred gingen in die dritte Klasse. Sie hatten beide denselben Schulweg. Klaus wohnte am Ende der Gartenstraße, Manfred am Anfang. Jeden Morgen ging Klaus an Manfreds Haus vorbei. Und manchmal kam gerade in dem Augenblick Manfred zur Tür heraus. „Guten Morgen, Manfred", rief Klaus dann. Aber er bekam keine Antwort. Nie bekam er eine Antwort. Schnell huschte Manfred an ihm vorbei. Er sah ihn nicht an. Er wollte ihn nicht ansehen. Absichtlich. Warum nur?

„Er ist genau wie die anderen", dachte Klaus dann immer. Die anderen, das waren Kinder der dritten Klasse. Sie machten einen Bogen um Klaus, schon wenn er auf den Schulhof kam. In der Klasse wollte niemand neben ihm sitzen. Sie tuschelten über ihn, er merkte es wohl. Er wußte auch, was sie tuschelten: „Die Girkins sind Kommunisten, schlechte Menschen. Die machen, daß man nicht frei leben kann. Die glauben nicht an Gott."

Immer wieder mußte Klaus das hören. Und immer war er traurig und allein. Dabei hätte er so gern einen Freund gehabt, z.B. Manfred. Aber gerade der hatte neulich gesagt: „Meine Mutter hat mir verboten, mit dir zu spielen."

„Warum reden sie das nur nach, was ihre Eltern sagen?" Immer wieder mußte Klaus nachgrübeln. „Warum prüfen sie nicht selbst nach, ob es stimmt?"

„War er ein schlechterer Mensch als sie? Nein! — Oder doch? Nur, weil sein Vater in der kommunistischen Partei war? Konnte sein Vater nicht in die Partei gehen, die er für richtig hielt? Oder weil Klaus nicht in die Religionsstunde ging? Nun gut, seine Eltern wollten es nicht. Aber waren seine Eltern deshalb schlechtere Menschen?"

Klaus konnte es nicht glauben. Aber die anderen glaubten es wohl. Und so blieb er allein — bis zu dem Tag, an dem Manfred mit seinem Fahrrad stürzte.

Das kam so: Manfred war ein guter Radfahrer. Blitzschnell konnte er Kurven fahren und Kreise, sogar freihändig. Mit unheimlicher Geschwindigkeit sauste er die Gartenstraße entlang. Aber an diesem Nachmittag hatte er einen Moment lang nicht aufgepaßt. Gerade vor Girkins Haus passierte es. Das Vorderrad streifte die Bordsteinkante. Manfred schleuderte. Und schon stürzte er hin. Das Rad lag über ihm. Sein Knie? Was war mit seinem Knie? Manfred biß die Zähne zusammen. Fast hätte er laut geschrien vor Schmerz. Er zerrte an der Lenkstange. Aber so sehr er auch zog, er kam nicht los. Sein Bein war verklemmt, er konnte es nicht bewegen.

Da war ein Schatten über ihm. Dann ein Ruck. Jemand zog das Fahrrad hoch. „Das sieht ja böse aus", sagte die Frau, „komm, da will ich aber mal nachsehen, wie ich dir helfen kann."

Manfred erschrak. Es war Frau Girkin, die Frau von dem Kommunisten, die Mutter von Klaus. Er kannte sie wohl. Was sollte er tun?

Weglaufen? Aber er konnte nicht. Die Schmerzen waren zu groß. Widerstandslos ließ er sich ins Haus tragen.
In der Wohnung wurde er auf einen Stuhl gesetzt. Mit einem feuchten Tuch reinigte Frau Girkin das blutverschmierte Knie rings um die Wunde. Dann klebte sie ein Pflaster auf die Wunde. „Na, das ist ja noch einmal gut gegangen."
Manfred starrte sie an. Tausend Gedanken schossen ihm durch den Kopf. Was sollte er bloß sagen? Er stotterte: „Sie ... ich dachte ... aber das wußte ich ja gar nicht ..."
Frau Girkin lächelte. Sie verstand schon. Oft genug hatte Klaus ihr von den anderen Kindern erzählt. „Geh und denke daran", mehr sagte sie nicht.
Manfred humpelte hinaus. In der Tür drehte er sich noch einmal um. „Danke", sagte er. Draußen hob er sein Fahrrad auf und schob es langsam nach Hause.

Sigrid Friese

Der Brief

„So was gibt's", sagte Lotzke, der nicht mal richtiger Briefträger war, nur Aushilfe. Er unterbrach das Sortieren und betrachtete den gelblichen, zerknitterten Umschlag. „Weg damit, was?" Wißler schielte über seine Brille.
„Außerdem unfrankiert", sagte Lotzke und reichte den Brief über den Stapel der Postsachen herüber.
Wißler schob die Brille nach vorn. Er drehte den Brief, las die Aufschrift, lächelte.
„Na, und?" fragte Lotzke. Er hatte sich eine Zigarette angezündet.
„Befördern", sagte Wißler.
„Befördern? Sie sind putzig!"
„Zigarette aus", sagte Wißler. Lotzke hob lässig die Achseln und drückte die Zigarette gegen das Tischbein.
Wißler warf eine Handvoll sortierter Postsachen in den Hammelbeeker Sack. Dann zog er ein großes, blaukariertes Taschentuch hervor. Er

hatte Schnupfen, er hustete, und die Grotjahn hatte aus dem Fenster gerufen, er solle lieber daheim bleiben, aber was wußte die Grotjahn schon davon, was Schnupfen ist und was Dienst.

„Sie haben doch sonst alle Adressen im Kopf", sagte Lotzke rechthaberisch. Wißler war davon überzeugt, daß er den Schnupfen nicht gekriegt hätte, wäre er im Außendienst geblieben. Als Briefträger kriegt man keinen Schnupfen. Aber hier, in der Sortierstube, überheizt ist sie, dann geht die Tür auf, oder man muß zwischendurch auf den Hof, das Auto ausladen. Nee, Wißler wird wieder Außendienst machen, das stand fest.

Wißler sah gerade, wie Lotzke den Brief in den Drahtkorb schmiß. „Gib her", sagte er scharf.

Lotzke bückte sich, fischte den Brief, der jetzt noch mehr zerknittert war, aus dem Abfall und warf ihn auf Wißlers Stapel. „Quatsch, so was", knurrte er.

Wißler glättete den Brief zwischen den Fingern und steckte ihn in die Tasche. Er sortierte weiter, bald in den Hammelsbeeker Sack, bald in den von Garmissen oder Strohmühle. Nach einer halben Stunde wurden die Säcke von der Stange genommen und rausgeschafft in die Autos.

Wißler stampfte den Schnee von den Stiefeln und ging langsam die Treppe hinauf; er keuchte. Oben, vor der Tür des Vorstehers, nahm er die Mütze ab. Malinowski saß am Tisch und frühstückte. „Was kaputt, Wißler?"

„Nee, nur der Schnupfen, wissen Sie."

„Na ja. Wir haben alle mal Schnupfen. Dafür ist Winter. Da kommt so was vor."

„Bei mir nicht, Vorsteher. Ich habe in zwanzig Wintern nie Schnupfen gehabt. Auch keinen Husten."

„Da wird es ja Zeit. Jünger sind Sie schließlich nicht geworden. Oder paßt die Tante Grotjahn nicht genug auf?"

„Frau Grotjahn? Was sollte die denn — ?"

Der Vorsteher schnitt ein Stück Wurst ab und schob es in den Mund. „Spaß natürlich, Wißler! Spaß muß sein! Na ja", er wischte sich über die Lippen.

„Soviel ich weiß, hat die Grotjahn den Mann verloren?"
„Vor zwei Monaten", sagte Wißler.
„Keine Enkelkinder?"
„Das schon. Aber alle außerhalb."
Der Vorsteher spitzte ein Streichholz zu und stocherte zwischen den Zähnen.
„Sie wohnen nebenan?"
„Ja", sagte Wißler.
„Und Ihre Frau ist doch auch —" Wißler nickte.
„Na, da könnte die alte Grotjahn doch mal bei Ihnen reinsehen. Ich meine nur so. Oder haben Sie jemanden?"
„Nein", sagte Wißler.
„Wer kocht denn?"
„Ich selber", sagte Wißler.
„Und die Wäsche? Und einholen vom Kaufmann? Und heizen?"
„Ich habe mich daran gewöhnt", sagte Wißler.
Der Vorsteher betrachtete sein Taschenmesser. „Weshalb kommen Sie eigentlich?"
Wißler druckste.
„Na, was ist?"
„Ich möchte wieder in den Außendienst, Herr Vorsteher."
„Was? Briefe 'rumtragen? Bei dem Sauwetter? Sie wollen wohl endgültig in die Kiste? So kurz vor Weihnachten?"
Wißler blickte auf seine Mütze. „Solange ich im Außendienst war, habe ich mich nie erkältet. Es war auch schöner. So draußen herum. Von Haus zu Haus. Man kommt mehr unter Menschen."
„Ihr Ernst, Wißler?" Der Angeredete nickte.
„Na ja, mag sein. Wollen sehn, was sich machen läßt. Noch was?"
Wißler griff in die Rocktasche.
Der Vorsteher knüllte das Frühstückspapier in der Faust zusammen und setzte die Brille auf. „Unbestellbar?" fragte er, den Brief musternd. Gleich darauf lachte er. „Tja, wenn der man hier wohnte!"
„Vielleicht wohnt er hier", sagt Wißler.
Der Vorsteher starrte den Alten verdutzt an. Schlecht rasiert, dachte er. Verdammt blaß. Der war früher ganz anders. Mehr auf Draht.

„Wohnt hier, sagen Sie? In der Garage vielleicht! Oder im Holzschuppen!" Er griff nach dem Messer.
„Erst mal den Absender ermitteln." Der Vorsteher schnitt den Umschlag auf, zog den Brief heraus und faltete das Blatt auseinander.
„Ein alter Frachtbrief", sagte er enttäuscht.
„Drehen Sie mal um", meinte Wißler.
Richtig, die Rückseite war mit Bleistift beschrieben. Schiefe Buchstaben, krakelige Schrift.
„Können Sie das lesen?" fragte der Vorsteher, nachdem er eine Weile buchstabiert hatte. „Ist ja alles klein geschrieben!"
Wißler schob die Brille vor und las. Halblaut las er, während der Vorsteher die Streichholzschachtel auf- und zuschob:
„— lieber gott, alle kinder haben eine großmutter, nur wir nicht! bitte, lieber gott, wir wünschen uns eine großmutter. sie muß geschichten lesen und kuchen backen und stricken. eine richtige großmutter, die kinder aus der baracke . . ."
„Kurios!" lachte der Vorsteher. „Wozu die Post alles gut ist! Zeigen Sie mal her — sie muß Kuchen backen — na klar, und stricken — und da soll nun der liebe Gott —"
„Ja", sagte Wißler.
Der Vorsteher griff wieder nach der Streichholzschachtel.
„Hatten wir nicht vor Jahren schon so was? Warten Sie mal. Ja, ich entsinne mich. Damals haben wir die Sache weitergeleitet. Ich glaube, an die Kreisverwaltung. Nee, an die Mission. Ist auch egal. Kennen Sie die Baracke? Sieht es da wirklich so schlimm aus? Wieviel Kinder sind das denn?"
„Vier", sagte Wißler.
„Und die Mutter?"
„Tot. Der Vater ist Müllkutscher."
„Aha. Und da sind die Bälger den ganzen Tag —"
„Genau so", sagte Wißler.
Der Vorsteher wendete sich ab. „Gut. Ich werde den Brief weiterleiten. In Ordnung, Wißler. Und über den Außendienst sprechen wir noch. Wie alt sind Sie eigentlich?"
„Dreiundsechzig."

„Hm“, der Vorsteher zog die Uhr aus der Tasche. „Ich habe zu tun, Wißler.“ Der Alte räusperte sich. „Geben Sie mir den Brief.“
„Wieso? Was wollen Sie damit?“
„Befördern.“ Der Vorsteher lachte, nicht ohne einen Anflug von Ärger.
„Sie sind der geborene Briefträger, das muß man schon sagen! Da haben Sie den Wisch. Meinetwegen. Machen Sie damit, was Sie wollen! Geht zwar gegen die Vorschrift, aber vielleicht finden Sie ihn, den Adressaten! Außerdem, überlegen Sie mal, Wißler. Wo sie doch neben Ihnen — nichts für ungut, Wißler —“
Im Hinausgehen faltete Wißler das Papier zusammen und steckte es zurück in das Kuvert. Kein schlechter Vorschlag, dachte er. Die alte Grotjahn. Sauber ist sie und tüchtig. Noch gut auf den Beinen. Und allein ist sie auch.
Wißler nickte befriedigt, als er nach Dienstschluß nach Hause ging, das heißt, er ging nicht gleich nach Hause, er ging ein Haus weiter. Dort blickte er sich um, ob ihn auch niemand sähe. Dann klingelte er.
Die alte Grotjahn öffnete nicht gleich. Endlich hörte Wißler sie durch den Flur kommen. Sie hatte die Ärmel hochgekrempelt. Ihr Gesicht glänzte.
„Na, was ist? Ich bin beim Backen, das siehst du doch!“
„Hast du einen Augenblick Zeit?“ fragte Wißler.
„Nee, nee, erst muß der Kuchen in die Röhre. Aber du hustest ja. Du machst doch nicht wieder Außendienst?“
„Nein, nur heute. Und ich muß dich gleich sprechen.“
„Was Wichtiges?“
„Ich habe einen Brief für dich“, sagte Wißler.
„Für mich? Wer soll mir denn schreiben? Die Enkel doch nicht?“
„So was Ähnliches“, sagte Wißler.
Die alte Grotjahn legte die Stirn in Falten. Sie wußte nicht, was sie von Wißlers Andeutung halten sollte.
„Na hör mal. Willst du mich noch länger hier draußen —“
„Nee, nee“, sagte die Grotjahn, „komm nur 'rein, rasch.“
Wißler lächelte und klopfte den Schnee von den Füßen.

Rudolf Otto Wiemer

Das Entsetzliche

Der Schnee fiel und fiel. Als Johann morgens vors Haus trat, blieb er erst einmal stehen, um einfach zu schauen. Die ganze Kate war beinahe im Schnee versunken. Und es schien nicht aufhören zu wollen: Immer mehr große, weiße Flocken fielen still und ununterbrochen.
Nein, wie war es doch still! Man hätte meinen können, die ganze Welt sei tot unter einer Decke aus Schnee. Die Kate, ganz Småland, ganz Schweden, die ganze Welt.
Aber nicht völlig tot. Es erwachte ein Laut irgendwo in der Ferne. Das schwache Geläut von Schlittenglocken, das sich näherte und an Stärke zunahm. Bald konnte Johann den Schlitten unten auf der Landstraße sehen. Es war wohl der Großbauer aus Bäckhult, der in die Stadt fuhr.
Als der Schlitten außer Sichtweite war, stapfte Johann entschlossen hinaus in den tiefen Schnee. Er mußte sich einen Weg zur Schule hinunter zur Landstraße bahnen, denn es war der letzte Schultag vor den Weihnachtsferien. Der Schnee reichte ihm fast bis zum Bauch. Unten am Hoftor stand sein Tretschlitten, wenngleich man nicht viel davon sah. Mit einiger Mühe bekam Johann ihn aus der Schneewehe heraus und schüttelte den Schnee ab.
Zum Glück war bereits der Schneepflug auf der Landstraße gefahren, und außerdem ging es zur Schule fast immer bergab. Er stieß sich mit dem Fuß tüchtig ab, um das Tempo zu steigern. Dann stellte er sich auf die Kufen und glitt den ersten Hügel hinunter. Während er so auf dem Tretschlitten stand und in das Schneetreiben blickte, mußte er immer wieder an das Entsetzliche denken. Und dann mußte er plötzlich die Augen zusammenkneifen, um die Flut der Tränen zurückzudämmen.
Das Entsetzliche — gestern war es geschehen. Als die Mutter am Morgen in den Kuhstall kam, fand sie Embla tot in ihrem Verschlag. Ganz und gar tot. Sie hatte einen Nagel verschluckt, sagte der Tierarzt, der sie nachträglich untersuchte. Ihre einzige Kuh hatte sich an einem Nagel totgefressen! Johann ballte die Faust in hilfloser Verzweiflung fest um den Griff des Tretschlittens. Es war ungerecht, daß so etwas denen widerfahren mußte, die arm waren und nur eine Kuh

besaßen. Der Großbauer aus Bäckhult hatte wohl mindestens zwanzig Kühe, aber hatte man je gehört, daß eine davon zu Schaden gekommen wäre? Nein. Die wuchsen und gediehen und lebten und waren allesamt bei bester Gesundheit. Bestimmt hätte man sie mit zwölfzölligen Nägeln füttern können, ohne daß ihnen das geringste zugestoßen wäre.
Aber seine Embla! Sie war nun tot. Ganz und gar tot. Und sie war so lebendig gewesen ... und so lieb ... und er hatte sie so gern gehabt. Er erinnerte sich an einen Abend im letzten Sommer. Ach, es war ein so herrlicher Abend gewesen, er spürte den Sommergeruch in der Nase, wenn er nur daran dachte. Er war mehrere Stunden über die Wiesen gegangen, um Embla zu suchen. Sie sollte gemolken werden, und das besorgte Johann nach der Schule. Aber sie war verschwunden, er fand sie an keiner der üblichen Stellen. Schließlich wurde er ängstlich. Da hörte er plötzlich das zarte Läuten ihrer Glocke von der Bäckhultweide herüber. Er rief nach ihr, und sie trabte zwischen den Büschen auf ihn zu, daß es dröhnte. Und als sie ihn sah, machte sie vergnügt muh. Den ganzen Weg zurück bis zum Melkplatz ging Johann brummelnd neben ihr her, weil sie ihm solche Angst eingejagt hatte. Als er dann aber auf dem Melkschemel saß, den Eimer zwischen den Knieen, den Kopf an ihre braune Seite gelehnt, und die Milch in zwei dicken weißen Strahlen zwischen seinen Fäusten hervorspringen sah, konnte er ihr nicht mehr gram sein. Er hatte sie nur noch lieb.
Aber jetzt war sie tot. Ganz und gar tot. Die kleine Box im Stall stand nun leer. Er hatte keine Kuh mehr. Und Mutter hatte gestern abend geweint, das war wohl fast das schlimmste von allem gewesen. Johann hatte sie bisher nie weinen sehen. Er wußte gar nicht, daß sie es konnte. Daß sie es jetzt tat, machte ihm klar, welch entsetzliches Unglück das war, diese Sache mit Embla. Und Vater, der sonst immer so fröhlich war und stets einen Rat wußte, hatte den ganzen Abend am Küchentisch gesessen und geseufzt.
Es gibt keine Gerechtigkeit in der Welt, dachte Johann. Es gab keine Hilfe für den, der arm war. Es geschahen nur entsetzliche Dinge, Kühe starben einem weg, und weder Gott noch die Menschen fragten danach. Johann trat seinen Schlitten zornig weiter durch den Schnee und verspürte plötzlich heftigen Grimm gegen Gott. Er war wohl am

ehesten derjenige, der darauf zu achten hatte, daß Kühe keine Nägel fraßen.
„Aber auf den Gedanken kommt er gar nicht", sagte Johann laut und verbittert. Doch, bei den Kühen des Bäckhultbauern vielleicht. Auf die hatte er sicher ein Auge. Vermutlich beschäftigte ihn das so sehr, daß er gar keine Zeit hatte, auch auf die arme Embla zu achten.
Embla war tot. Ganz und gar tot. Er hatte keine Kuh mehr. Er schleuderte den Schlitten von sich und ging, das Herz voll Bitterkeit und die Hände trotzig in die Hosentaschen vergraben, zum Schultor hinein.

Astrid Lindgren

Jopp kam mit dem Abendzug

Die alte Mutter war sehr krank. Wieder war es sechs Uhr am Abend; Gritt kam herein. Jeden Abend um sechs Uhr brachte Gritt der Mutter das Abendessen ans Bett. Und jeden Abend fragte die Mutter dasselbe. Gritt wurden diese Fragen bald zuviel. Sie mußte sich von Tag zu Tag mehr zusammennehmen, um deswegen nicht ungeduldig zu werden.
„Ist es schon wieder sechs Uhr?" fragte die Mutter.
„Es ist sechs, schon nach sechs", antwortete Gritt.
„Ist der Abendzug schon durch?" fragte die Mutter.
„Der muß längst durch sein", antwortete Gritt.
„Dann könnte er ja bald hier sein . . ."
Gritt sah die Mutter an. „Mutter", sagte sie, „daran darfst du jetzt überhaupt nicht mehr denken. Seit drei Jahren wartest du auf Jopp. Glaubst du denn wirklich, der käme überhaupt noch einmal?"
Die Mutter blickte Gritt ruhig an; dann antwortete sie langsam: „Aber es könnte doch sein, daß er kommt."
Jopp war seit drei Jahren von zu Hause fort. Anfangs hatte er einige Male eine Karte geschrieben; dann hatten sie nichts mehr von ihm gehört. Aber seit einem Jahr schrieb Gritt jeden Monat einen Luftpostbrief: An Herrn Jopp Schnieders, Hobart/Tasmania, POB 78, Australien. Keiner der Briefe war zurückgekommen; also mußte Jopp die Briefe doch bekommen haben! Aber er ließ nichts von sich hören.

Seit einem Jahr schrieb Gritt jeden Monat: „Mutter ist sehr krank, Jopp. Kannst du nicht einmal kommen, bevor Mutter stirbt?" Aber Jopp schwieg. Er kam nicht und schrieb nicht. Er schwieg. Und die Mutter wartete. Manchmal war Gritt auf ihren Bruder wütend — „auf diesen Kerl", wie sie dann sagte, „dieses Ekel". Aber mit der Mutter durfte sie von Jopp so nicht reden.

Auch an dem Abend kam Jopp nicht. Warum hätte er auch kommen sollen. Er war ja schon drei Jahre nicht gekommen.

Aber ein halbes Jahr später kam Jopp. Er kam wirklich mit dem Abendzug, wie die Mutter es erwartet hatte. Als die Mutter gerade gesagt hatte — wie jeden Abend: „Dann könnte er ja bald hier sein ...", da war er da. Er kam herein. Er gab der Mutter die Hand. Die Mutter wollte es zuerst nicht glauben, daß Jopp wirklich da war. Aber als sie ihn nach einer halben Stunde immer noch sah, glaubte sie, daß sie nicht träumte. Da sagte sie: *„Jopp, wir wollen Gott danken,* daß du gekommen bist."

Jopp schwieg. — Der Mutter wurde bange, als Jopp so schwieg. Sie wiederholte noch einmal: „Jopp, wir wollen Gott ..."

Zuerst schwieg Jopp wieder. Er saß auf einem Stuhl neben dem Bett der Mutter. Dann faßte er sich ein Herz und sagte: „Mutter, es ist besser, wenn du es weißt. Ich möchte dich nicht betrügen."

„Was meinst du, Jopp?" fragte die Mutter.

„Ich muß es dir wohl sagen, Mutter: Ich glaube — nicht mehr an Gott. Du darfst aber nicht meinen, ich lachte nun über die andern Menschen, die an Gott glauben — nein, nur ich selbst glaube nicht mehr daran ..."

Die Mutter war weiß geworden. Sie glaubte unerschütterlich an Gott. Aber gerade deshalb wollte sie nicht schimpfen. Sie wollte gerade jetzt gut zu Jopp sein, wie Gott immer dann besonders gut ist, wenn ein Mensch anders ist, als Gott ihn will. „Jopp", sagte sie, „ich könnte darüber weinen, was du mir da sagst. Aber ich will jetzt nicht weinen; ich will lieber mit dir darüber reden."

„Es hat keinen Zweck, darüber zu reden, Mutter", antwortete Jopp. „Ich kann nicht glauben, daß ein Gott für uns sorgt. Ich kann nicht glauben, daß Gott alles für uns wachsen läßt und all das ..."

Die Mutter lachte leise vor sich hin. Fast erschrocken sah Jopp sie an. Nun lachte die Mutter sogar? Dann sagte sie: „Du meinst, weil du Gott nie auf der Erde umhergehen siehst? Oder weil du nicht siehst, wie er Radieschen sät und Tomaten begießt, deshalb sorgte er nicht für uns? Jopp, du mußt dir Gott größer vorstellen, nicht so klein wie in einem Bilderbuch. Du darfst ruhig glauben, daß in allem seine Kraft ist. Wenn Quellen die Erde bewässern und wenn Samen aufgehen und Pflanzen blühen und Blüten Frucht ansetzen, so daß wir die Frucht essen können — das ist Gottes Kraft. Durch seine Natur geschieht das, Jopp. Die Natur ist Gottes Hand. Überall in der Natur sind Gottes Hände."

Jopp sah zu Boden. ‚Das kann ja sein', dachte er. ‚Aber sprechen die Menschen nicht auch immer von Gottes Liebe? Von der Sorge Gottes, wenn ein Mensch krank wird?' Und das sagte er dann auch zur Mutter: „Wo ist zum Beispiel jetzt die Sorge Gottes für dich?"

Die Mutter seufzte. „Jopp, du bist aber wirklich ein bißchen dumm. Meinst du, Gott müßte an mein Bett kommen? Das wäre dann ja kein Menschenleben mehr. Nein, das hat Gott ganz anders eingerichtet . . ."

„Eingerichtet?" fragte Jopp. „Wie hat er es denn eingerichtet?" Er wußte wirklich nicht, wie er die Mutter verstehen sollte.

Die Mutter merkte das. „Da war zum Beispiel all die dreieinhalb Jahre, die du fort warst — da war die Gritt da; die hat immer für mich gesorgt. Warum? Weil sie wußte, daß ich ihre Pflege nötig hatte. Und woher wußte sie das? Weil Gott sie so gut geschaffen hat, daß sie mich unverdrossen gepflegt hat und daß sie dir unverdrossen geschrieben hat, obwohl du nie geantwortet hast. Da war die Gritt die Hand Gottes, durch die er für mich gesorgt hat. — Und dann . . ."

Jopp sah die Mutter gespannt an. „Dann?"

„Dann warst du da. Du warst weit fort — in Australien. Aber du hast mich nicht vergessen. Ja, lange bist du fort gewesen, aber vergessen hast du mich nicht. Dann bist du sogar gekommen. Da warst du doch auch die Hand Gottes, die mir Gutes getan hat. Oder nicht?"

„So ist das?" fragte Jopp verwundert.

„Ja, so ist das", antwortete die Mutter.

Heinrich A. Mertens

Markus kann keinen Regen gebrauchen

Die ganze Woche hatten sie sich schon auf das Picknick gefreut: Christina, Kathrin und Markus. Sogar Wolfi, der kleine Bruder, war durchs Haus getappelt und hatte „Pittnitt! Wolfi auch Pittnitt" gerufen. Das schönste Fest des Jahres sollte es werden. Frikadellen sollte es geben, hartgekochte Eier, Rosinenbrötchen und Hefekranz. Ja, und Zitronentee natürlich, vier große Flaschen voll, und . . .

Und nun regnet es! Regen ist gar kein Ausdruck für das, was da vom dunkelgrau verhangenen Himmel herabrauscht und gegen die Fenster klatscht. Zu welcher Himmelsrichtung man auch hinausschaut: Nirgendwo ist auch nur das kleinste helle Fleckchen zwischen den düsteren Wolken zu erblicken.

Markus starrt maßlos enttäuscht auf das Unwetter draußen. „Er hat doch recht, der Thomas!" brummt er.

„Was weiß er denn, der Thomas?" erkundigt sich der Vater.

„Er erzählt allen, daß Beten Quatsch ist. Da hab' ich gesagt: Das stimmt nicht! Und nun? Was ist nun? Jeden Abend hab ich gebetet: ‚Laß es nicht regnen, lieber Gott!' und gestern, weißt du, als die ersten Wolken gekommen sind — oh, Papi, was meinst du, wie oft ich es da zwischendurch noch gesagt hab! — Und nun guck' dir das an da draußen! Thomas hat's ja gleich gewußt: Es gibt keinen Gott, der sich anhört, was Kinder zu ihm sagen."

Gleichmäßig rauscht der Regen. Ein großer Vater und ein kleiner Junge gucken zusammen hinaus.

„Weißt du, Markus", sagt der Vater, „Wolfi bittet mich dreimal täglich um Dinge, die ich ihm nicht geben kann. Aber ich habe durchaus nicht den Eindruck, daß er deshalb denkt, es gäbe mich nicht . . ."

„Dich kann man ja auch sehen!" meint Markus.

Da kommt die Mutter herein. „Gerade hat Tante Gerda angerufen", erzählt sie. „Wißt ihr, was die sagt? Sie ist ja so glücklich, daß es heute regnet! Das Korn auf den Feldern hinter ihrem Haus war nämlich schon fast vertrocknet. Die Bauern dort in Stakensdorf sind froh über jeden Tropfen, der vom Himmel fällt."

Markus kommt es vor, als sähen die Wolken draußen auf einmal anders aus.

Friderun Krautwurm

Der Schlüssel

Als Rita sich endlich von ihrer Freundin verabschiedete, war es schon nach zwölf Uhr. Der Platz vor der Kirche lag wie ausgestorben. „Höchste Zeit, nach Hause zu gehen!" dachte das Mädchen und bog im Sturmschritt um die Ecke in den Lindenweg ein.
Hier wurde gerade eine Leitung erneuert. Die schmale Straße bestand links nur noch aus einem tiefen Graben, der zu beiden Seiten von Haufen ausgeschachteter Erde eingefaßt wurde. Jetzt um die Mittagszeit war niemand unterwegs, und Rita machte es nicht viel aus, von einem Hügel zum anderen zu hüpfen.
Da wurde sie plötzlich aufgehalten. In den Erdmassen hinter der dritten Laterne krabbelten fünf Kinder herum, die ihr bekannt vorkamen. Da lief auch schon der dicke Peter auf sie zu und rief: „Gut, daß de kommst! Hilfste mit suchen?"
„Suchen?" fragte Rita. Was in aller Welt wollt ihr denn hier ausbuddeln?" „Mickys Hausschlüssel!" erklärte Peter und deutete vom einen Ende der Straße bis zum anderen: „Irgendwo hier muß er sein."
Rita guckte auf die vielen Erdhaufen und auf die Kinder, die den Sand bei jedem Schritt halbzentnerweise ins Rutschen brachten. „Na, denn Prost Mahlzeit!" wollte sie gerade sagen. Da sah sie Mickys tränenverschmiertes Gesicht und verstand jetzt, warum sogar der freche Peter sich auf eine so nutzlose Suche eingelassen hatte.
„Wird deine Mutter denn soo sehr böse?" fragte sie das schmächtige kleine Mädchen mit dem spitzen Gesichtchen, das jetzt noch viel winziger aussah als sonst.
„Böse wird se nich", sagte Micky, „aber weinen tut se. Das is, weil mein Papa nich mehr zu uns kommt, weißt du? Und nu muß se arbeiten gehn, heute auch. Und wenn se nu kommt, un ich steh' vor der Tür, un nix is fertig, un der Schlüssel is auch weg, denn weint se wieder un ..." Neue Tränen malten helle Streifen auf Mickys staubiges Gesicht. Die übrigen Kinder hatten ihre Suche auch unterbrochen. Zu fünft standen sie jetzt um Rita herum und schauten sie mit großen Augen an.

„Warum betste nu nicht?" fragte Peter. „Inner Kirche, wenn de die Geschichten erzählst, denn redste von Beten un daß das immer hilft und so. Und nu? Was machste nu? Nix machste. Und wir dachten, das is wahr, was du sagst. Wir wollten's schon selbst probier'n; aber wir können bloß ‚ich bin klein . . .' beten, un das paßt doch hier nich, oder?"
„Habt ihr gedacht, ich meine Verse, wenn ich ‚beten' sage?" fragte Rita verwundert. „Wenn ich bete, red' ich einfach so, wie ich immer rede." Aber dann guckte sie auf die Erdhaufen und dachte an letzten Dienstag, wo sie vor der Mathematikarbeit schnell noch: „Lieber Gott, hilf mir!" gesagt und dann doch eine Fünf geschrieben hatte. Da blieben ihr alle weiteren Worte im Hals stecken.
„Siehste", brummte Peter. „Was de immer sagst von Gott und so, das stimmt gar nich. Oder?"
Viele kluge Antworten auf diese Frage hatte Rita schon gehört. Aber jetzt fiel ihr keine einzige ein und sie wußte nichts anderes zu sagen als: „Und doch stimmt es, das mit Gott! Ich weiß es ganz genau."
Da machte Micky auf der Stelle die Augen zu, faltete die Hände, als sei sie in der Kirche, murmelte hastig: „Lieber Gott, mach, daß ich den Schlüssel find!" und rannte zurück zu den Erdbergen, die anderen hinterher. Rita stand allein und hatte wieder die Fünf in ihrem „Mathe"-Arbeitsheft vor Augen.
Gerade dachte sie, wie erklär' ich Micky bloß, daß Gott ihr auch auf andere Weise helfen kann? Da schrie jemand: „Mann, da is der Schlüssel!" Micky wischte die Tränen vom Gesicht und strahlte: „Is grad' noch Zeit, bis Mama kommt!" Dann raste sie davon, daß der Staub nur so wirbelte.
Die andern guckten ihr nach und sagten ein paar Sekunden lang gar nichts, bis einer anfing mit Erdklumpen zu werfen. Dann war wieder alles wie immer.

Friderun Krautwurm

Die „richtige“ Religion?

In unserer Klasse sind seit einiger Zeit einige türkische Gastarbeiterkinder. Zuerst haben sie nur stumm und scheu dagesessen. Jetzt aber können sie schon etwas Deutsch reden und sich mit uns unterhalten.
Vor jeder Religionsstunde müssen sie die Klasse verlassen. Nur einmal, vor drei Wochen, da blieb Dawud einfach sitzen. Wir sagten: „Dawud, du mußt gehen. Wir haben jetzt Religion!“ Aber er rührte sich nicht vom Fleck. Wir waren alle sehr gespannt, was Fräulein Berg, unsere Religionslehrerin, dazu sagen würde. Aber Fräulein Berg schien nichts zu bemerken. Die Stunde fing mit Singen an, wie immer. — Merkt sie denn nicht, daß heute etwas anders ist?
Der Gesang war matt. Alle mußten andauernd zu Dawud hinübersehen. Fräulein Berg ging an die Tafel, um etwas anzuschreiben. Da hielt es Marion nicht mehr aus. Sie meldete sich. „Fräulein Berg, Sie haben gar nicht gemerkt, daß der Dawud heute hier ist. Der darf doch gar nicht am Religionsunterricht teilnehmen. Der ist doch kein Christ. Der ist doch ein Muselmann oder so etwas Ähnliches. Der glaubt doch nicht an Gott, sondern an so einen komischen Mann, ich glaube der heißt Mohammed. Mit denen darf man nicht verkehren. Meine Mutter sagt das auch! Fräulein Berg, Sie müssen ihn rauswerfen, das ist ein Heide. Der hat nicht die richtige Religion.“

Udo Kelch

Gespräch über Mohammed

„Rostam hat uns heute in vier Sprachen ‚Guten Morgen‘ gesagt“, erzählt Krischi bei Tisch.
„Toller Bursche, dieser Rostam“, lacht Thomas. „Jeden Tag hört man etwas Neues von dem. Woher kommt er eigentlich?“
„Aus dem Morgenland“, hat Frau Ehlers gesagt. „Es ist sehr heiß dort!“
„Ich hätte es gern ein bißchen genauer gewußt“, brummt Thomas. „Nehme an, er kommt aus irgendeinem arabischen Staat.“

„Rostam glaubt nicht an Gott. Er hat es mir heute auf dem Schulhof gesagt." Damit ist Krischi so richtig rausgeplatzt. So, als handele es sich darum, daß jemand keine Schularbeiten macht oder sein Frühstücksbrot nicht aufißt.

„Ihr habt vielleicht Gespräche!" meint Thomas.

„Warum sollen sie sich nicht über Gott unterhalten?" sagt Vater. „Rostam wird schon an Gott glauben. Bei ihm hat Gott nur einen anderen Namen. Er heißt Allah."

Ach so, denkt Krischi! ‚Allah!' Das Wort kennt er aus seinen Karl-May-Büchern. ‚Allah sei mit dir!' heißt es dort oder ‚Gelobt sei Allah'.

Aber kann so ein Geschichten-Allah etwas zu tun haben mit dem Gott, von dem er gehört hat? „Rostams Gott muß ein anderer Gott sein." Krischi fragt es. „Nein", sagt Vater: „Allah ist ein arabisches Wort und heißt einfach ‚der Gott'." Das hätte ihm Rostam ja auch gleich sagen können. — Aber vielleicht weiß er das selber nicht?

Dann macht Krischi Schularbeiten. Er sitzt bei Mutter in der Küche. Doch es geht nicht so recht. Er muß wieder an Rostam denken. Wenn der nun gemeint hat, er glaube überhaupt nicht an Gott, auch nicht an Allah? Er selbst hat ja auch manchmal solche Gedanken. Warum kann man Gott nicht sehen? Und wieso sieht Gott alles? Kann Gott durch die Wand gehen? Und wenn Gott alles geschaffen hat, die ganze Welt und alle Menschen, warum gibt es dann Krieg und Bomben und hungrige Kinder?

In Krischis Kopf verwirren sich die Gedanken. Es ist wirklich sehr schwer, über Gott nachzudenken. Er muß mit Mutter darüber reden.

„Ja", sagt sie. „Es ist unmöglich für uns, sich Gott vorzustellen. Aber einer ist gekommen und hat von ihm erzählt, Jesus! Jesus hat Gott seinen Vater genannt. Am einfachsten ist es, Jesus über Gott zu fragen."

„Und Rostam, kann der auch Jesus fragen?" Krischi versucht, Ordnung in seinen Kopf zu bringen.

„Nein, Rostam nicht", sagt Mutter. „Rostam fragt den Propheten Mohammed. Der hat seine Gedanken über Gott im Koran aufgeschrieben. Das ist ein Buch wie die Bibel."

Krischi findet das alles auf einmal sehr interessant. Vom Propheten hat er gehört. Von dem heißt es immer ‚Beim Barte des Propheten'. Morgen wird er Rostam fragen, was er von diesem Mohammed weiß.

Hanna Hanisch

Das Beiramfest

Wir wohnen in Berlin, in einem großen Mietshaus mit vielen Wohnungen. Seit einem halben Jahr wohnt auch eine türkische Gastarbeiterfamilie in diesem Haus. Sie sind Moslems. Sie glauben an Allah und leben nach den Lehren des Propheten Mohammed. Sie haben zwei Kinder. Der Junge heißt Halef, das Mädchen Mirjam. Wir haben uns schon etwas mit ihnen angefreundet. Am Weihnachtsabend hatten wir sie zu uns eingeladen. Sie kannten Weihnachten gar nicht. Über den Lichterbaum haben sie sehr gestaunt. Als wir ihnen unsere Geschenke gaben, waren sie ganz verlegen. Sie wußten nicht, wie sie sich bedanken sollten. Man merkte, daß sie sich freuten. Aber sie können erst sehr wenig Deutsch sprechen.

Später wurden wir von ihnen zum Beiramfest eingeladen. Beiramfest? Das war komisch. Davon hatten wir nie gehört. Wahrscheinlich ist es für uns genauso komisch wie Weihnachten für die Moslems.

Halef erklärte es uns: „Wir Moslems einmal im Jahr fasten. Gar nicht essen und trinken. Einen Monat lang. Monat heißt Ramadan."

Barbara, meine Schwester — ich heiße übrigens Michael —, konnte sich das gar nicht vorstellen. „Einen ganzen Monat lang? Muß man da nicht verhungern?" Halef mußte lachen: „Ist nicht so schlimm. In der Nacht wir dürfen essen. Nur am Tag nicht!"

„Mußt du auch fasten, Halef?" wollte meine Schwester wissen. „Ich nicht", sagte er, „nicht Kinder, nicht alte Leute, nicht kranke Leute, nicht Leute auf der Reise!"

„Und wenn der Monat zu Ende ist . . . wie heißt der noch? (Barbara kann sowas aber auch gar nicht behalten.) Und was ist dann?" fragte Barbara. „Dann ist Beiramfest", sagte Halef, „dann ist Ende von Fasten, dann warten wir auf Dunkelheit."

„Und dann, wie feiert ihr? Auch mit einem Lichterbaum, auch mit Geschenken?“

Halef machte ein geheimnisvolles Gesicht: „Ich verrate nicht!“

Dann war es soweit. Ich durfte mit Halef und seinem Vater zusammen in die Messehallen am Funkturm fahren. Dort sollte für die türkischen Gastarbeiter der große Gottesdienst gehalten werden. Tausende von Männern knieten in langen Reihen in der großen Halle. Alle hatten das Gesicht in eine Richtung gewendet — nach Mekka. Mekka in Arabien ist ihre heilige Stadt. Aus Mekka ist ihr Prophet Mohammed gekommen. Dort gibt es die Kaaba, einen heiligen schwarzen Stein. Sie machen immer Wallfahrten dorthin.

Von den Gebeten und der Predigt habe ich nichts verstanden. Aber etwas kann ich nicht vergessen. Sie hatten einen Vorbeter. Der sang mit mächtiger Stimme. Und immer, wenn er „Allah akbar“ sang (das bedeutet: Gott ist groß), dann knieten alle nieder und berührten mit dem Kopf die Erde. Immer wieder tönte dieses „Allah akbar“ durch die weite Halle, und wie ein Mann beugte sich die Menge zur Erde nieder.

Zum Schluß des Gottesdienstes verneigten sich alle zuerst nach rechts und dann nach links und wünschten sich dabei gegenseitig den Frieden und das Erbarmen Gottes. — So hat es mir Halef später erklärt.

Danach standen alle auf, und in freudiger Stimmung strömten wir zur U-Bahn, um möglichst schnell nach Hause zum großen Festmahl zu kommen. In der Bahn fiel mir auf, daß alle Türken neue, festliche Kleidung trugen. Ich machte Halef darauf aufmerksam. „Das ist so bei Beiramfest“, sagte er, „da wir alle haben neue Kleider.“

Zu Hause waren schon viele Verwandte und Freunde versammelt, die nun stürmisch begrüßt wurden. Alle umarmten sich, wünschten sich Glück und beschenkten sich mit kleinen Aufmerksamkeiten. Bald darauf setzten wir uns um den großen Tisch, und Halefs Mutter trug auf einer schönen Platte einen prächtigen Hammelbraten herein. Wir ließen ihn uns schmecken. Dann erinnerte der Hausvater an die alte Sitte, zum Beiramfest armen Glaubensgenossen eine Freude zu machen. Halef erklärte es mir. Es wurden Päckchen gepackt und von einigen Männern zu Landsleuten gebracht, die ohne Arbeitserlaubnis nach Berlin gekommen waren und die in großer Not lebten.

Immer mehr Freunde und Bekannte kamen und gingen. Auch unsere Eltern wurden eingeladen. Unsere Mutter wollte zuerst nicht, aber Vater hat sie dann doch noch überreden können. Es wurde gesungen, gelacht und getanzt. Einige Männer zeigten einen alten türkischen Tanz. Mit ausgebreiteten Armen drehten sie sich dabei langsam im Kreis. Das sah sehr lustig aus. Wir waren begeistert und klatschten im Takt mit.

Plötzlich wurde stark an die Tür geklopft. Alle wurden still und sahen sich beklommen an. Halefs Vater öffnete die Tür. Wir hörten die Stimme unserer Hauswartsfrau: „Jetzt reicht's mir aber! Das geht hier ja zu wie bei den Hottentotten. Das kann ja kein Mensch aushalten! Wir sind doch hier in Deutschland. Hier hat Ruhe und Ordnung zu herrschen." Auf der Treppe schimpfte sie noch weiter: „So ein hergelaufenes Gesindel!"

Halefs Vater schloß langsam die Tür. Die Stimmung war hin. Einige versuchten noch weiterzuerzählen vom Beiramfest in ihrer Heimatstadt, von den Böllerschüssen, die das Ende des Ramadan ankündigten, von den mit Lichterketten geschmückten Moscheen, vom Besuch der Gräber. Aber sie waren jetzt ganz bedrückt. Einer nach dem anderen verabschiedete sich und ging leise hinaus. Schließlich auch wir. Halef blickte mich traurig an.

Warum dürfen die Türken nicht auch einmal fröhlich sein?

Udo Kelch

Die Kaaba

Ich darf Mekka sehen, ich, ein Europäer, Mekka, die heiligste Stadt der Moslems, die sie mit aller Strenge vor jedem Fremden bewachen. Ich bin zum Glauben der Moslems übergetreten. Ich bin auf einer Pilgerfahrt.

Die Stadt ist übervoll von Pilgern. Sie liegen auf den Straßen. Hunde drängen sich schnüffelnd herum. „Dies ist nicht die Stadt des Reichtums, sondern die Stadt der Gottesverehrung", sagt mein Begleiter. Durch die winkligen Gassen der Stadt suchen wir den Weg zum Heiligtum.

Der Tag lichtet sich schon, als wir die Säulenhalle, die die Kaaba umgibt, erreichen. Vor dem Tor drängen sich Hunderte, ja Tausende von Pilgern. Wir streifen die Sandalen ab und legen sie auf die dafür vorgesehenen Holzständer. Wir gehen durch die Säulenhalle — barfuß. Wir erreichen den Hof des Heiligtums. Ich sehe die Kaaba, diesen mächtigen Würfel. Düster ragt er auf in der Mitte des riesigen Hofes, bedeckt mit einem schwarzen Tuch. Ringsumher wogt das Volk: Männer, Frauen, Kinder.
Ich weiß: jetzt muß ich rufen: „Allah akbar" — „Gott ist groß." Ich rufe es. Ich bete es:

Allah, ich suche Zuflucht in deinem Hause,
Zuflucht vor dem Elend,
Zuflucht vor dem Tod,
Zuflucht vor der Habgier des Herzens.
Allah, segne Mohammed,
segne sein Haus und seine Gemeinde.
Segne mich, den Pilger.

Ein unbeschreibliches Gefühl ergreift mich. Ich darf das Heiligtum sehen, ich, ein Ungar. Ich sehe die Pilger im Heiligtum, wie sie sich drehen, wie sie beten, schreien, jammern, weinen.
Mein Führer spricht die heiligen Gebete. Ich muß den Umgang beginnen. Mein Körper beginnt zu zittern. Die Ekstase der Menge geht über auf mich. Alles dreht sich um die Kaaba. Javaner bahnen sich den Weg, Tataren aus Mittelasien, Chinesen mit ihren Mandelaugen, langbärtige, kriegerische Afghanen, sanfte, träumerische Inder. Alle sind Moslems.
Alle wollen zum Schwarzen Stein. Alle wollen die Hand zum Himmel erheben: „Allah ist groß und sein ist das Lob!"
Aber erst muß ich die Kaaba umgehen. Siebenmal! Dreimal leicht laufen, dann viermal im Schritt.
Ich fühle keinen Schmerz mehr. Ich muß ihn erreichen, den Schwarzen Stein. Entsetzlich ist das Gedränge. Sie stoßen sich von vorn, von hinten, von der Seite. Jeder will den Kuß, die Berührung des Steines und damit — einen guten Platz im Paradies.

Mein Führer stößt mit Händen und Füßen. Er arbeitet sich mit den Ellbogen voran. Er brüllt. Da sehe ich den Stein, seine glatte, glasartige Oberfläche. Ich werde herangestoßen. Ich drücke meinen Mund darauf.

Oh, dieser Schwarze Stein!

Schon werde ich wieder fortgerissen. Andere drängen heran. Meine Kräfte sind erschöpft. Die Sonne ist aufgestiegen. Glühend steht sie am Himmel. Kaum, daß ich mich durch den Hof des Heiligtums dahinschleppen kann. Da springen mir einige Kinder entgegen. Sie geben mir Wasser zu trinken, Wasser aus einer flachen Zinnkanne, Wasser aus der heiligen Quelle Zem-Zem.

Udo Kelch

Die Katze

Es ist Sommer. Die Geräusche klingen gedämpft, als wären sie in Watte gepackt. Mittags ist die Stadt still. Erst am Abend erwacht das Leben. Am Tag sind nur die Autos schnell.

Sommer, das ist die Zeit, wo es nach Gras und Benzin riecht. Die Blumen in dem kleinen, verwilderten Garten an der Straße sind staubig. Es ist lange her, daß es regnete.

Thomas hat sich im Schatten des Kirschbaumes ausgestreckt. Es ist Mittag, die Stunde der großen Hitze. Das Haus mit den herabgelassenen Fensterläden sieht abweisend aus.

„Warum bleibst du nicht drinnen?" hatte die Mutter gefragt.

In der Wohnung war es jetzt dämmerig und kühl. Thomas hatte die Achseln gezuckt. Warum? Es war überall gleich. Das würde sie nicht verstehen. Auch nicht, daß er jetzt manchmal gern allein ist.

Thomas greift in den Sand und läßt ihn durch die Finger rinnen, wieder und wieder.

Gestern war die Großmutter da. Die Großmutter ist sehr alt. Viele Unterröcke trägt sie unter dem schwarzen Kleid. Vielleicht zwanzig Stück, wer weiß.

Kaffee gab es und Schokoladenkekse. Aber den süßen, roten Wein hatte die Mutter nicht aus dem Schrank geholt.

Thomas liegt auf dem Rücken und starrt auf seine Füße.
Früher war er gern mit der Großmutter spazierengegangen. Am Kiosk an der Ecke kaufte sie ihm immer Eis. Gestern mochte er nicht mitgehen.
Thomas bewegt seine Zehen. Dann schließt er die Augen. Die Hitze sitzt wie ein Ball in seinem Kopf. Wie ein dicker, weicher Gummiball. Einmal hat Thomas so einen Ball besessen. Einen roten. Außer dem Geräusch der Autos ist nichts zu hören. Um die Zeit schlafen viele Leute.
Von hier aus fahren die Autos in die Altstadt. Da sind die Gassen so eng, daß der Fahrer manchmal anhalten und aussteigen muß, um ein Hindernis aus dem Weg zu räumen. Eine Karre vielleicht, oder sonst was.
Thomas liegt ganz still. Er öffnet ein Auge, dann das andere und wiederholt das in schnellem Wechsel. Das Bild springt von links nach rechts. Baum, Haus und Himmel.
Ich warte, denkt Thomas.
Aber er weiß nicht, worauf er wartet. Es gibt auch nichts mehr, woran er denken könnte. Es gibt überhaupt nichts außer dem dünnen, säuerlichen Geruch seiner verschwitzten Haut.
Thomas gräbt die Fersen tiefer in den Sand. Er selbst und Gras und Benzin.
Da ist mit einemmal eine Katze da. Zwischen dem Gestrüpp kommt sie hervor. Grau und weiß. Hier sind manchmal Katzen. Nie hat Thomas sie beachtet. Aber jetzt ist es so, daß die Katze sich bewegt in diesem Mittag. Die Katze bewegt sich und sonst nichts. Dann sieht sie Thomas und bleibt stehen.
Geh weiter, denkt Thomas.
Ganz wenig spannen sich seine Muskeln. Er will, daß die Katze weitergeht. Aber die steht immer noch und starrt. Thomas richtet sich vorsichtig auf. Seine Hand findet einen Stein.
Er weiß später nicht, ob er getroffen hat. Hat die Katze geschrieen, bevor sie auf die Straße sprang? Oder schrie sie nur das eine Mal, als das Taxi sie überfuhr? Das Taxi, das noch quietschend zu bremsen versuchte. Nein, Thomas weiß das nicht.
Er steht neben der toten Katze, und es ist, als wache er auf.

Grau und weiß, denkt er.
Er hat nie eine Katze genauer betrachtet. Er zieht sie vorsichtig an den Straßenrand und schaut sie an. Sie ist nicht sichtbar verletzt und ist doch tot. Thomas sieht ihre Pfoten. Vorhin noch haben sie sich bewegt, und ihre Augen haben ihn angesehen.
So ist das, denkt Thomas. So ist das.
Die Katze liegt vor ihm und ist eine Katze und ist doch keine Katze mehr. Sie ist nur noch das Äußere einer Katze.
Leer, denkt Thomas.
Er hat einen Stein geworfen, und nun ist die Katze nur noch ein leeres Fell. So schnell geht das. So einfach. Das, was die Katze gewesen ist, ist fort, und er, Thomas, kann es nicht wieder herbeischaffen.
Er legt leicht die Hand auf ihr Fell. Sie fühlt sich noch warm an. Plötzlich sind die Katze und er sehr beieinander. Und für einen Augenblick denkt er, daß sie nun aufstehen wird.
Aber sie steht nicht auf, und Thomas Magen wird ein riesiges Loch, das wächst, bis auch er innen ganz leer ist. Leer wie die Katze.
Er hat das getan, und er kann es nicht wieder in Ordnung bringen. Nie wieder.
Vorsichtig nimmt Thomas das schlaffe, tote Tier auf seine Arme und geht. Es ist heiß. Nach Gras riecht es und nach Benzin.
Aber Thomas merkt nichts davon.

Gina Ruck-Pauquèt

Tod der Großmutter

Großmutter war gestorben. Achim fuhr mit seiner Mutter zur Beerdigung. Damals mußte er sechs oder sieben Jahre alt gewesen sein. Während ihres Aufenthaltes wohnten sie bei den Eltern seiner Mutter, die in derselben Stadt lebten, und nicht im Trauerhaus. Achim hatte noch nie einen toten Menschen gesehen, ihm graute ein wenig vor dem Anblick, gleichzeitig war er jedoch auch neugierig und gespannt darauf.

Abends waren sie in der Stadt angekommen, am andern Morgen gingen sie, ihren Besuch abzustatten. „Du sprichst aber Tante Ännchen und Tante Marie dein Beileid aus!" sagte unterwegs seine Mutter. „Und auch Tante Else."

„Och", sagte Achim gedehnt. „Warum denn?"

„Weil sich das so gehört."

Achim haßte es, Förmlichkeiten herzusagen. Es fiel ihm ungemein schwer, Glückwünsche oder ähnliches auszusprechen; er wußte dann nie, was er sagen sollte, und suchte verkrampft nach Worten, und wenn es irgendwie ging, drückte er sich davor. Kam Besuch, lief er oft davon und versteckte sich, nur um nicht guten Tag sagen zu müssen.

„Hast du verstanden?" fragte seine Mutter noch einmal mit Nachdruck.

„Ja", sagte er und nahm sich vor, nichts zu sagen. Im Beisein der andern würde sie ihn kaum noch einmal auffordern — er kannte doch seine Mutter.

Am Haus der Großmutter hing draußen ein schwarzer Trauerflor. Als sie eintraten, schlug ihnen ein eigentümlicher Duft entgegen, und Achim dachte sofort: Das ist Leichengeruch. Er konnte nicht wissen, daß nur die Blumen und Kränze so stark dufteten. Obwohl er einen leichten Ekel empfand, ließ er sich nichts anmerken.

Die Tanten kamen ihnen entgegen, umarmten seine Mutter und dann ihn, was er widerstrebend über sich ergehen ließ. Seine Mutter sagte etwas von wie schrecklich es sei und wie leid es ihr tue, er sagte nichts.

„Hast du unser Telegramm erhalten?" fragte Tante Else.

„Ja", sagte seine Mutter. „Wir sind daraufhin sofort hierher gekommen."

„Ist es nicht schrecklich?"

„Schrecklich! Aber wir müssen alle einmal sterben, Else."

Und sie sei noch so rüstig gewesen, warf Tante Ännchen ein, die die Schwester der Verstorbenen war und Achims Großtante. Sie war klein und verwachsen und mußte am Stock gehen. Immer hatte sie bei ihrer Schwester gelebt und mitgeholfen, deren vielköpfige Familie zu versorgen.

„Wie alt ist sie genau geworden?"
„Nur vierundsechzig."
„Hat sie sehr gelitten?"
„Nein, gar nicht. Noch am Vormittag lief sie herum und ..."
Tante Ännchen brach in Tränen aus und konnte nicht weitersprechen.
Achims Mutter nahm sie in den Arm und tröstete sie. „Aber Tante Ännchen ... Wir müssen doch alle einmal sterben! Sie ist schnell und leicht gestorben — das ist ein schöner Tod."
„Wir müssen alle einmal sterben", schluchzte Tante Ännchen. „Die nächste werde jetzt ich sein!"
„Aber Tante!" riefen die Frauen. „Red keinen Unsinn, du bist doch noch so rüstig!"
Doch, die nächste werde sie sein, bestand hartnäckig Tante Ännchen, hörte aber auf zu weinen. Und dann erzählte sie, welch großartige, welch wundervolle Frau ihre Schwester gewesen war. Das wußten alle, die im Zimmer waren, und das Erinnern wollte kein Ende nehmen.
Eine der Tanten fragte seine Mutter, ob sie die Tote noch einmal sehen wolle.
„Ja, ich möchte sie gerne noch einmal anschauen", erwiderte sie. Alle Erwachsenen standen auf und gingen hinaus.
„Ich möchte mit", sagte Achim.
„Nein, du bleibst hier!" Dann war er mit seinem gleichaltrigen Vetter Klaus allein im Zimmer.
„Has' du sie gesehen?" fragte Achim ihn.
„Wen?"
„O ... ma." Das Wort kam ihm ein wenig stockend von den Lippen.
Einen Moment war er unschlüssig, ob man einen toten Menschen überhaupt Oma nennen konnte.
„Ja-ha ...", sagte sein Vetter gedehnt.
„Und wie sieht sie aus?"
„Och ... weiß nich."
„Wenn du sie gesehen hast, mußt du es doch wissen."
„Nä, tu ich aber nich. Du, ich hab' jetzt 'ne Eisenbahn!"
„'Ne elektrische?"

„Ja."
„Zeig mal!"
„Hab' ich doch nicht hier — zu Hause."
„Kann ich sie mal sehen?"
„Klar, wenn du kommst."
„Ich komme. Und dann spielen wir schön zusammen!" sagte Achim.
Danach Schweigen. In die Stille sagte Achim plötzlich leise: „Ich möchte sie aber doch gerne mal sehen."
„Hab' doch gesagt, daß ich sie dir zeige!" erwiderte sein Vetter unwirsch.
„Ich meine Oma."
„Ach so."
„Ob das geht?"
„Warum nich? Geh doch 'rein."
„Einfach so 'reingehen?" fragte Achim. „Wo liegt sie denn?"
„In dem kleinen Zimmer, hinten an der Tür da."
„Soll ich?"
„Klar", sagte Klaus, „stell dich nicht so an!"
„Gehst du mit?"
„Hab' sie doch gesehen."
„Los, geh mit!"
„Nö . . ."
„Dann geh' ich eben alleine", sagte Achim und machte vorsichtig die Tür auf. Im nächsten Augenblick kamen die Erwachsenen zurück, und so blieb er im Zimmer und spielte den Gleichgültigen. Die Frauen redeten durcheinander und beachteten die Kinder nicht.
Auf einmal sagte seine Tante Else zu ihm: „Willst du sie auch sehen?"
Er wußte sofort, wer mit ‚sie' gemeint war, stellte sich aber dumm und fragte: „Wen denn?"
„Oma natürlich."
„Ach so . . . Gerne."
Sie durchquerten den Flur und traten in das lange schmale Zimmer ein. Wieder schlug Achim dieser eigentümliche Geruch entgegen, diesmal aber noch viel stärker als beim Betreten des Hauses. Die Blumen

und Kränze dufteten so durchdringend und süßlich, daß er Ekel empfand.

Am anderen Ende des Zimmers, direkt unter dem Fenster, stand der Sarg.

„Sieht sie nicht schön aus?“ sagte seine Tante.

Achim erwiderte nichts. Langsam ging er mit zusammengekniffenen Lidern näher heran, um besser sehen zu können. Das vom Fenster kommende Licht ließ die eingefallenen Gesichtszüge der Toten, die Nase und Backenknochen noch schärfer hervortreten. Seine Großmutter sah abstoßend kalt und leblos aus, leblos wie eine Plastik aus hellem Stein. Sie war ihm völlig fremd. Er fürchtete sich und wollte zurückweichen, dennoch trat er einen Schritt vor.

„Sieht sie nicht schön aus?“ sagte seine Tante noch einmal.

Achim wußte nicht, was er darauf antworten sollte — schön kam sie ihm wirklich nicht vor. Er schluckte und murmelte: „Hm . . .“

„So werden wir alle einmal aussehen“, sagte seufzend seine Tante.

Daß *er* einmal so aussehen würde, davon war er ganz und gar nicht überzeugt. Es schien ihm völlig unmöglich. Doch er widersprach nicht.

„Einmal werden auch wir so daliegen . . . du und ich, wir alle. Ich werde viel früher sterben als du — doch wann, weiß niemand, das weiß allein der liebe Gott.“

Nein, dachte Achim, nein. Das war nicht wahr: *Er* nicht — nein, er nicht. Er stand völlig ruhig, kniff die Augenlider eng zusammen, hielt den Kopf etwas schief und betrachtete seine tote Großmutter. Und auf einmal wußte er: Sie war gar nicht richtig tot, sie war nur scheintot!

Er überlegte noch einmal und kam zu demselben Ergebnis. Er schaute und grübelte, schaute und grübelte, und es wurde ihm zur Gewißheit: Seine Oma war nicht richtig tot. Es sah auf den ersten Blick vielleicht so aus, aber sie war nur scheintot. Und er war der einzige, der es wußte!

Seine Tante sah, daß ihn etwas beschäftigte, und fragte, was er habe.

„Nichts“, sagte er schnell, „nichts.“

Sie verließen das Zimmer und gesellten sich wieder zu den anderen.

Achim zog sich in eine Ecke zurück und setzte sich auf einen Stuhl. Sein Vetter fragte, ob er sie gesehen habe.

„Hm . . ." murmelte Achim. Klaus sagte dann noch etwas, ging aber schließlich, da er keine Antwort bekam, zu den Erwachsenen hinüber.

Achim saß auf dem Stuhl und behielt ständig die Tür zum Flur im Auge. Er wartete voller Ungeduld und Spannung, daß sie aufging und plötzlich seine Großmutter eintrat, und in seiner Phantasie malte er sich aus, wie die Anwesenden darauf reagierten: Wie sie von ihren Plätzen sprangen und aufschrien und davonliefen. Allein *er* würde ganz ruhig sitzen bleiben, als ob gar nichts geschehen sei!

Doch das fest Erwartete wollte nicht eintreten. Schließlich wurde es Zeit zu gehen. Sie verabschiedeten sich und verließen das Haus.

Der Tag der Beerdigung kam, und noch immer hatte Achim keine Nachricht von der Auferstehung seiner Großmutter. Direkt mochte er auch nicht danach fragen — doch so ein Ereignis würde sich bestimmt schnell herumsprechen. Wenn es jetzt noch nicht soweit war, wurde es höchste Zeit!

Seine Mutter ging mit ihm und ihren Eltern zum Trauerhaus hinauf. Auf der Straße stand schon der Leichenwagen, vor den zwei mit schwarzen Decken behängte Pferde gespannt waren, und unter dem schwarzen Baldachin stand bereits der Sarg. Er war geschlossen, fest zugeschraubt.

Achim erschrak. Sollte er es ihnen sagen? Er ging einmal dicht an dem Wagen vorbei und lauschte. Da er aber keine Klopfzeichen hören konnte, kehrte er wieder zu seiner Mutter zurück.

Die Pferde setzten sich in Bewegung. Sie schlossen sich dem Wagen an; hinter ihnen gruppierten sich die anderen Trauergäste. Es war ein langer, schweigender Zug.

Während des Gehens überlegte Achim, ob man bei den Fahrgeräuschen des Wagens hörte, wenn seine Oma von innen an den Sarg klopfte. — Der Kutscher würde bestimmt achtgeben und sofort Alarm schlagen.

Sie erreichten den Friedhof. Sechs alte Männer hoben den Sarg vom Wagen und trugen ihn zu dem Grab, wo er über der Öffnung auf zwei

Hölzern abgesetzt wurde. Dann begannen die kirchlichen Zeremonien.

Achim hörte nicht auf die Worte des Pfarrers, lauschte nur in Richtung des Sarges – aber nichts!

Der Sarg wurde an Stricken in die Grube hinuntergelassen. Man betete, und Achim horchte auf Laute, die das Murmeln übertönen mußten. Der Pfarrer warf mit einer kleinen Schaufel Erde hinab. Es polterte, und fast hätte Achim „da!" geschrien, doch er besann sich rechtzeitig: Nur die aufschlagende Erde hatte diese Geräusche verursacht.

Jetzt traten auch seine Verwandten vor und warfen Erde hinunter. Schließlich war sogar er selbst an der Reihe. Auf den Wink seiner Mutter trat er an die Grube, nahm braunen Lehmboden auf die Schaufel und ließ ihn hinabfallen. Seltsam dumpf und hohl schlug er unten auf. Seine Tanten weinten, er war ratlos.

Nach der Beerdigung verlief sich die Trauergemeinde, und auch Achim ging mit seiner Mutter und den Großeltern nach Hause. Es wurde nur wenig gesprochen. Er hörte nicht darauf, dachte nur immer wieder: Ist sie tot? Ist sie wirklich tot?

Er grübelte den ganzen Tag und auch abends im Bett noch. Er konnte darüber nicht einschlafen. Spät am Abend kam seine Mutter noch einmal ins Zimmer. „Du, Mutti . . ." sagte er leise.

„Schläfst du immer noch nicht? Ja, was ist?"

„Du . . . es gibt doch Scheintote?"

„Was meinst du?"

„Es gibt doch Scheintote – oder nicht?"

„Ja, die gibt es."

„Kommt das . . . oft vor?"

„Nein, ganz selten." Und plötzlich ahnte sie etwas. „Oma ist aber nicht scheintot, Junge!"

„Nein – nein, das weiß ich", sagte er schnell, „das weiß ich. Ich meinte nur so . . ."

Er nahm sich vor, morgen früh noch einmal auf den Friedhof zu gehen. Vielleicht würde er Klopfzeichen hören – nein, ganz bestimmt!

Dieter Pflanz

Das Fräulein mit dem weißen Kopftuch

Robert hatte das Gefühl, daß sein Gesicht nicht zu ihm gehörte, daß es fremd geworden war. Das ging ihm oft so, wenn er aus dem Kino kam. Er war während des Filmes langsam mit dem Hauptdarsteller verschmolzen.

Jetzt stand er auf der Straße, ein wenig fröstelnd, ein wenig verloren, ausgestoßen aus einer Welt, in die er für eine Weile gehört hatte.

Es war früher Abend. Robert steckte die Hände in die Taschen und machte sich langsam auf den Heimweg. Er sah sich immer am liebsten Wildwestfilme an.

Das war eine Zeit gewesen, damals, in der es etwas zu tun gab für die Menschen. Die Erde war jung gewesen. Man mußte sie sich gefügig machen. Die Gesetze waren jung gewesen. Jede neue Erfahrung konnte alles ändern. Da hieß es kämpfen, seine Kräfte einsetzen, seine Geschicklichkeit. Es hieß, Zentimeter um Zentimeter zu gewinnen.

Das ist vorbei, dachte Robert. Kein Raum mehr für Abenteuer. Es ist alles getan. Schade, dachte er.

Jetzt flammten die Leuchtreklamen auf. Menschen drängten an ihm vorbei. Ein wenig noch war Robert Mike, der dem Land seinen Teil abrang, der seine Feinde unterwarf.

Er bog aus der erleuchteten Innenstadt in das Viertel ab, in dem er wohnte. Hier war es dunkler und ruhiger.

Da raste mit heulenden Sirenen der Polizeiwagen an ihm vorbei. Als Robert in seine Straße kam, sah er den Menschenauflauf. Wie eine riesige Traube ballten sich die Leute vor dem Nachbarhaus zusammen. Polizisten hielten die Haustür frei.

Robert schob sich näher heran.

„Selbstmord", hörte er.

„. . . und niemand etwas gemerkt."

„Sie muß drei Wochen in ihrer Wohnung gelegen haben."

„Noch gar nicht so alt", hörte er.

„Wer denn eigentlich? Wer?" fragte eine Frau, und ihr Mund sah ganz gierig aus.

„Das Fräulein", sagte jemand. „Die mit dem weißen Kopftuch."

„Daß es keiner gemerkt hat!" hörte Robert.

„Hat sie denn nirgendwo gearbeitet?"
Achselzucken.
„Es kam nie jemand zu ihr", sagte ein Mann in Pantoffeln.
Robert kannte ihn. Er wohnte im Haus. Das Fräulein mit dem weißen Kopftuch hatte Robert auch gekannt. Wie man Leute so kennt. Vom Ansehen. Er hatte nie mit ihr gesprochen. Manchmal waren ihre Blicke sich begegnet, so im Vorübergehen. Sie hatte ein blasses Gesicht gehabt, ein bißchen gelblich. Hübsch war sie nicht gewesen.
Jetzt trugen zwei Männer vom Roten Kreuz sie heraus. Sie lag auf einer Bahre, zugedeckt.
„Wahrscheinlich Tabletten", sagte jemand.
Sie hat drei Wochen in ihrer Wohnung gelegen, dachte Robert, und niemand hat sie vermißt.
Und plötzlich wußte er, daß nicht alles getan war auf dieser Erde. Es stimmte etwas nicht, wenn solche Dinge passieren konnten.
Der Krankenwagen fuhr ab. Robert überlegte, ob sie auch jetzt das weiße Kopftuch tragen mochte.
„Eine eigenartige Person", sagte jemand. „So zurückgezogen."
Für einen Augenblick huschte ein Bild aus dem Film durch Roberts Kopf. Er sah noch einmal, wie Mike sein Land absteckte.
Das war wichtig, dachte er. Damals war das wichtig.
Und es wurde ihm klar, daß das vorbei war. Daß es jetzt andere Dinge zu tun gab.
Vielleicht würde sie noch leben, dachte er, wenn jemand dagewesen wäre.
Nein, es war längst nicht alles getan. Ihm war, als müsse die Erde neu erobert werden, wieder und wieder.
Es sind nur andere Probleme, dachte er, und andere Gefahren.
Die Menschen zerstreuten sich langsam. Sie würden in ihren warmen Wohnungen weiter über die Sache sprechen. Einen Augenblick stand Robert allein vor der Haustür. Er spürte die Muskeln in seinem Gesicht, und es war wirklich wieder sein Gesicht. Und etwas darin mochte sich verändert haben.

Gina Ruck-Pauquèt

Die Auslöschpistole

Ursula hat ein Fernsehspiel gesehen.
„Toll!" sagt sie. „Das war einfach Klasse."
„Erzähl doch mal", bittet Onkel Tim.
„Menschen sind von einem anderen Planeten gekommen. Wollten auf der Erde spionieren. Überall haben sie sich eingeschlichen. Niemand konnte sie von anderen Menschen unterscheiden. Nur — sie hatten keinen Pulsschlag. Wenn Gefahr drohte, wenn sie nicht mehr zu ihrem Stern zurückfliegen konnten, haben sie sich aufgelöst. Mit einer Pistole beschossen. Dann waren sie einfach weg."
„Na, so toll finde ich das nun auch wieder nicht", meint Onkel Tim. „Diese Leute konnten doch bei uns bleiben. Konnten es sich hier gemütlich machen."
„Sie waren Feinde der Erde, Onkel Tim. Wollten uns vernichten."
„Feinde? Warum denn? Wir haben ihnen doch gar nichts getan."
„Es war aber so", mault Ursula jetzt. „Du hast den Film ja gar nicht gesehen. Du hast was gegen Fernsehen."
„Überhaupt nicht!" protestiert Onkel Tim.
„Ich frage mich nur: Wollen uns Menschen von einem anderen Erdteil wirklich vernichten? Sie könnten sich doch ebensogut für uns interessieren. So wie wir für den Mond. Urselchen, ich fürchte, da will uns jemand nur Spannung verkaufen."
„Vielleicht. Aber diese Pistole finde ich gut. Man richtet sie auf sich selbst, drückt los, und schon ist man verschwunden. Kein Ärger mit der Leiche."
„Ärger?" Onkel Tim wird ernst. „Nimm einmal an, ich oder du oder Tante Ilse würden sterben. Ja, nimm das ruhig an. Es könnte ja passieren. Bei deiner Auslöschmethode würden alle Menschen, die uns lieb gehabt haben, nichts mehr von uns sehen. Nichts wissen. Vielleicht würden sie uns suchen und kämen nie zur Ruhe. Es gäbe keine Beerdigung."
„Ich finde Beerdigungen gräßlich. Darum gefällt mir ja die Sache mit dem Auflösen in Nichts so gut."
„Beerdigungen sind sicher traurig. Aber gräßlich? — Das ist wohl nicht das richtige Wort."

„Du verstehst mich nicht", sagt Ursula.
„Doch, ich verstehe dich sehr gut. Wir denken vielleicht alle so ähnlich. Wir wollen der Trauer aus dem Wege gehen. Aber die Trauer gehört zum Leben wie die Freude. Man muß sie durchstehen."
„Nächste Woche kommt eine Fortsetzung von diesem Film. Ich sehe sie mir trotzdem an."
„Wir können uns die Sendung ja zusammen ansehen", schlägt Onkel Tim vor.

Hanna Hanisch

Warum?

Warum
ist das nicht mehr da,
was ich gestern dachte?
Daß ich gestern lachte,
war doch so nah.
Hund, dem ich begegnet,
und daß es geregnet,
daß die Sonne schien,
sag, wo ist das hin?
Mittags gab es Kuchen,
nachher gab es Streit,
Kit kam mich besuchen,
dann verging die Zeit.
Wie kann Zeit vergehen?
Wo vergeht sie hin?
Zeit kann man nicht sehen,
doch ist alles drin:
Was ich heute denke,
was ich morgen tu,
wenn ich Tom was schenke,
und mein Loch im Schuh.

Gina Ruck-Pauquèt

Derselbe Sommer kommt nicht wieder

„Weißt du sicher, daß einmal wieder Frühling wird?“ fragt Babsy ihre Mutter, als sie durch die Stadt spazieren.
„Ja“, sagt die Mutter.
„Woher weißt du es?“ will Babsy wissen.
„Es ist immer wieder Frühling geworden.“
Sie bleiben vor den Schaufenstern stehen und schauen sich die Stiefel an und die Pelzmützen.
„Wo kriegen die Bäume die neuen, grünen Blätter her?“ fragt Babsy, als sie durch den kleinen Park gehen.
„Sie kommen aus ihnen heraus“, sagt die Mutter. „So, wie die Gedanken aus dir herauskommen.“
„Hm“, macht Babsy.
Die Mutter holt eine Tüte mit Brotkrumen aus der Tasche, und sie füttern die Enten, die über den Eisrand des Weihers herangewatschelt kommen.
„Im Sommer saß ein kleiner Junge mit einer Mundharmonika hier“, sagt Babsy. „Und auf der Bank die dicke Frau, die strickte.“
„Und dann war da noch der Hund – weißt du, der, der immer Löcher gebuddelt hat. Wo sind die alle? Ich meine“, setzt sie hinzu, „wo ist der ganze Sommer? Kommt er wieder?“
„Nein“, sagt die Mutter, und sie läßt einen Schwan aus ihrer Hand picken. „Derselbe Sommer kommt nicht wieder.“
„Ist er einfach fort?“ fragt Babsy.
Die Mutter nimmt Babsy an die Hand.
„Nein“, erwidert sie. „Er ist nicht fort. Nichts, was gewesen ist, ist einfach fort. Er ist in dir. Wenn du die Augen zumachst, kannst du ihn sehen.“
Da schließt Babsy schnell die Augen. Und wahrhaftig – alles ist grün! Der kleine Junge spielt Mundharmonika, die dicke Frau sitzt auf der Bank, und der Hund buddelt Löcher.
„Mm“, meint Babsy. „Wird das, was heute ist, morgen auch in mir drin sein?“
„Ja“, sagt die Mutter.

Gina Ruck-Pauquèt

Neue Mütter gibt es nicht

„Du brauchst nicht traurig sein." Christina zog ihrer Puppe Jette den rechten Strumpf hoch. „Ich lasse dich nicht allein. Nie!" fügte sie bekräftigend hinzu.

Aber Jette schien ihr trotzdem traurig. Das war früher anders gewesen. Vieles war anders gewesen, – Christina selber, der Vater, die Wohnung und der Garten.

Christina ging die Straße entlang. Sie hielt Jette am Arm, so daß sie neben ihr baumelte. Vorm Gemüseladen lag Flupsy in der Sonne, den Kopf zwischen den Pfoten.

„Gehst du mit?" fragte Christina.

Aber der Hund rührte sich nicht. Christina ging weiter. Sie wollte auch gar nicht, daß er mitkam. Plötzlich hörte sie Schritte hinter sich.

„Du sollst heimkommen!" rief Peter. „Deine Mutter sucht dich."

„Pah!" sagte Christina.

„Hörst du nicht?" Peter blieb neben ihr.

Er hatte ein Pflaster auf dem Knie.

„Bist du hingefallen?" fragte Christina.

„Abgestürzt", sagte Peter.

Er war nämlich manchmal ein Flugzeug.

„Deine Mutter sucht dich", wiederholte er dann.

Christina blieb stehen.

„Ich habe keine Mutter", sagte sie. „Meine Mutter ist tot."

Sie fühlte, daß sie sehr zornig war, als sie das sagte.

„Na ja." Peter zupfte an einer Schlaufe, die aus seiner Strickjacke heraushing. „Deine neue Mutter mein' ich."

„Neue Mütter gibt es nicht", erklärte Christina. „Du bist blöd!"

„Selber blöd!" sagte Peter. „Haut sie dich?" fragte er dann.

Christina schüttelte den Kopf. Plötzlich mußte sie heftig schlucken.

„Hast du was?" wollte Peter wissen.

„Nein," sagte Christina.

Und damit es glaubhaft wirkte, wirbelte sie Jette am Arm durch die Luft.

„Laß mich mal!" Peter griff nach der Puppe.

„Nicht!" fauchte Christina.

Was der sich dachte! Schließlich war Jette ihr Kind.
„Dann tschüs!" sagte Peter.
Christina ging in der falschen Richtung weiter. Die neue Frau ihres Vaters wartete auf sie. Sie hieß Heide. Er hatte sie geheiratet. Aber bloß deswegen war sie noch lange nicht ihre Mutter! Sie hatte den Sessel ans Fenster gestellt. Den dicken, grünen Sessel, der immer neben dem Ofen gestanden hatte. Und dann begoß sie die Veilchen von oben. Dabei mußte man sie von unten gießen. Aber die Veilchen blühten trotzdem. Christina wünschte, sie täten das nicht.
Es gab vieles, das Christina nicht wollte. Daß ihr Vater seine Hand auf die Hand der neuen Frau legte, wollte sie nicht, und daß der Wellensittich sang, als ob nichts wäre, Fips der Wellensittich, der auf der Schulter ihrer Mutter gesessen hatte.
Und im Garten blühte nicht eine Sonnenblume. Immer hatten da Sonnenblumen geblüht.
„Hast du schon gegessen?" Die Zeitungsfrau kam aus ihrem Kiosk und schloß hinter sich ab.
„Ich ..." sagte Christina. „Ich muß irgendwo hin", fügte sie dann hinzu.
Und sie ging eifrig weiter auf dem vertrauten Weg, den hohen Bäumen entgegen, die den Friedhof umstanden. Jette waren die Augen zugefallen. Christina drückte sie fester an sich. Sie blickte auf die Puppe hinab. Hübsch sah sie nicht aus in ihren fleckigen Kleidern.
Zu Christinas Geburtstag hatten neue Puppenkleider auf dem Tisch gelegen, neben den Blumen und dem Kuchen. Aber Christina hatte sie in ihren Schrank verkramt. Ganz hinten unter den Nachthemden.
Jetzt hatte sie den Friedhof erreicht. Sie zog das große, rostige Eisentor auf und ging hinein. Der Friedhof war ein guter, fröhlicher Ort. Christina war gerne hier. Überall blühten bunte Blumen, in den Bäumen sangen die Vögel, und Eichhörnchen huschten die Äste entlang.
Christina wußte genau, wo ihre Mutter nun wohnte. Sie hätte im Dunkeln hinfinden können.
„So", sagte sie, als sie da war. Sie legte Jette neben sich und setzte sich ins Gras. „Du brauchst keine Angst haben", sagte sie, „ich laß' dich nicht allein."

Ein gelber Schmetterling flog über den Blumen dahin. Er sah aus, als ob er müde sei. Christina schaute ihm nach, bis er hinter den Tannen verschwand. Dann legte sie den Kopf auf den Erdhügel, zwischen die Stiefmütterchen, die Katzengesichter hatten, und schlief ein.
Im Traum suchte sie ihr Bett. In der Wohnung stand es nicht mehr. Aber sie fand es endlich im Garten, zwischen den Sonnenblumen. Kaum hatte sie sich hineingelegt, begann es hochzuschweben, dem Himmel entgegen. Christina wußte, daß sie da oben erwartet wurde. Doch die neue Frau ihres Vaters, die Heide hieß, machte aus ihrem schmalen Ledergürtel ein Lasso und fing das Bett ein.
„Nein!" schrie Christina, als sie zum Boden zurücksank, „laß mich los!"
Eine tiefe Stimme lachte neben ihr. Es war der Friedhofswärter, der sich über sie beugte.
„Du wirst dich erkälten", sagte er. „Steh auf, Kleines."
„Ja", antwortete Christina.
Sie sprang auf die Füße und nahm Jette an sich.
„Willst du nicht heimgehen?" fragte der alte Mann.
Christina nickte ihm zu. Für einen Augenblick kniete sie am Grab nieder.
„Tschüs", flüsterte sie, „bis morgen."
Dann machte sie sich auf den Weg. Es begann, leicht zu regnen. Christina blickte zum Himmel empor. Da fiel ihr das Lied ein:

„Regentier mit tausend Füßen
will vom fernen Himmel grüßen.
Klopft ans Fenster, springt aufs Dach,
Kätzchen unterm Herd wird wach."

Aber das mochte Christina nicht denken. Sie ging weiter, am Zeitungskiosk vorbei, der jetzt leerstand. Flupsy war auch nicht mehr draußen. Es war überhaupt sehr still.
„Schläfst du?" fragte sie Jette. Jette schien zu blinzeln.
Christina wollte nicht nach Hause gehen. Aber sie ging trotzdem nach Hause. Als sie hinunterblickte, sah sie wieder, daß sie ihre Sonntagsschuhe trug. Sie hatte sie einfach angezogen heute morgen, und es war nicht aufgefallen. Sicher wußte die neue Frau gar nicht, daß es ihre Sonntagsschuhe waren.

Es waren rote Schuhe. Christina hatte sie damals selber aussuchen dürfen.
Sie wich einer Pfütze aus und ging schneller.
Die Frau des Vaters stand am Fenster. Sie hatte geweint.
„Da bist du ja", sagte sie. „Ich habe mir Sorgen gemacht."
Christina biß die Zähne aufeinander. Stumm hielt sie Jette umklammert.
„Wasch dir schnell die Hände. Du hast ja noch nicht gegessen."
Christina blickte auf ihre Hände hinab.
„Sind sauber", sagte sie.
Die Frau stand mit dem Rücken zum Fenster. Das Licht von draußen legte einen hellen Schein auf ihr Haar. Christina sah, wie die Schultern der Frau sich zusammenzogen, als fröstelte sie. Dann ging sie an ihr vorüber in die Küche.
Plötzlich begann Fips zu singen. Er saß auf der Lampe. Sie ließen ihn oft aus seinem Käfig am Nachmittag. Früher war er dann auf die Schulter ihrer Mutter geflogen.
Und nun saß er auf der Lampe und sang, als sei nichts anders geworden. Fröhlich sang er, jubilierend. Christina blickte ihn feindlich an.
„Sei still!" sagte sie.
Im selben Augenblick bemerkte sie, daß das Fenster einen Spalt offenstand. Wenn er nun hinausflog! Christina wußte, daß sie das Fenster schließen mußte. Ganz schnell mußte sie es schließen. Aber gleichzeitig war der böse Wunsch in ihr, daß er fortfliegen möge.
Und während sie dastand wie gelähmt, sah sie zu, wie er die Flügel breitete. Er flatterte auf den Vorhang zu, krallte sich für Sekunden in den Stoff. Dann, wie von ihrem Wunsch getragen, flog er durch den Fensterspalt hinaus.
„Fips!" schrie Christina. „Fips!"
Sie hörte die Küchentür und spürte, daß die Frau neben ihr stand.
„Was ist geschehen?"
„Er ist weggeflogen."
„Ich habe vergessen, das Fenster zu schließen", sagte die Frau. „Mein Gott!"
Sie riß beide Fensterflügel auf und lehnte sich hinaus.
Plötzlich begann Christina hemmungslos zu weinen.

„Ich war es!" schluchzte sie. „Ich."
Die Frau stand mit hängenden Armen vor ihr, wagte nicht, das Kind zu berühren.
„Wieso?" fragte sie leise.
„Ich habe es gewollt", weinte Christina. „Ich habe gewollt, daß er wegfliegt."
„Ich dachte, daß du ihn gern hast", sagte die Frau.
„Ja!" schrie Christina. „Nein! Er sollte nicht singen!"
Mit einemmal umklammerte sie verzweifelt die neue Frau ihres Vaters. Heide legte den Arm um ihre Schultern.
„Warum sollte er nicht singen?" fragte sie.
„Wie kann er singen, wo sie gestorben ist", schluchzte Christina. „Er hat auf ihrer Schulter gesessen. Alles ist anders. Alles ... Du bist nicht meine Mutter", setzte sie hinzu. „Nie bist du meine Mutter!"
„Nein", sagte die Frau. „Ich bin nicht deine Mutter. Aber ich bin bei dir."
Minutenlang standen sie still beieinander.
„Komm", sagte die Frau endlich, und sie strich Christina die feuchten Haare aus dem Gesicht. „Wir wollen versuchen, ihn wiederzufinden. Die Nächte sind schon kühl. Das bekommt ihm nicht."
Christina blickte zu ihr auf.
„Es tut mir so leid", sagte sie.
„Ich weiß", sagte die Frau. „Ich weiß, wie traurig du warst. Und ich war es auch."
Dann gingen sie zusammen hinaus und begannen, Fips zu suchen.

Gina Ruck-Pauquèt

Warum?

Warum
ist denn der gestorben?
Und wohin?
Und ist er morgen auch noch tot?
Auf seinem Grab, da blüht es rot.
Doch da ist nur sein Körper drin.

Seine Furcht und sein Glück,
seine Traumgestalten,
und was in seinen Worten enthalten,
ist nicht mit Erde zugedeckt.
Wo hält sich das alles versteckt?
Was er gehofft hat und geliebt,
obs das noch gibt?
Ob es einer weiß?
Und versteht,
wohin alles geht?

Gina Ruck-Pauquèt

Die große Familie

Katrin kann nicht einschlafen. Viele Gedanken gehen ihr heute durch den Kopf.
Plötzlich läuft sie noch einmal ins Wohnzimmer. Vater und Mutter sitzen beide dort. Welch ein Glück!
„Na, was gibt's denn noch?" fragt Vater.
Katrin schaut über seine Schulter hinweg zum Fernseher. Die Bilder laufen rasch ab, sie begreift nicht, worum es geht. Fast hat sie ihre Frage vergessen. Es war eine wichtige, aufregende Frage. Jetzt genügt es ihr, bei Vater und Mutter zu sein und auf die flimmernden Bilder zu schauen.
„Ich mag nicht, wenn Kinder wieder aus dem Bett laufen, statt zu schlafen", sagt Vater ärgerlich.
„Geh wieder zu Bett", bittet Mutter.
Aber Katrin rührt sich nicht.
„Ich kann nicht einschlafen", sagt sie.
„Es geht nicht. Ich muß immer daran denken."
Katrin zittert.
Vater stellt den Fernseher ab. „Also los, dann erzähle!"
Es geht nicht gleich. Katrin muß erst die richtigen Worte finden.
„Wenn ich einmal tot bin und in den Himmel komme — zu wem gehe ich da: Zu euch beiden oder zu meinem Mann und zu meinen Kindern?"

Mutter schweigt. Vater sagt: „Na sowas! Du hast doch noch gar keinen Mann und keine Kinder. Was sind das bloß für wunderliche Gedanken? Schlaf dich lieber aus."

„Wenn ich groß bin, werde ich eine Familie haben. Und wenn sie alle tot sind, kommen wir in den Himmel. Ich möchte dann mit euch zusammen sein, aber auch mit den anderen.

Ich habe mir überlegt, daß ihr beide dann mit euren Eltern zusammensein wollt, und die wieder mit ihren Eltern und immer so weiter. Werden wir uns da im Gedränge nicht verfehlen? Und nicht erkennen?"

Katrin kämpft gegen die aufsteigenden Tränen.

Mutter zieht Katrin an ihre Seite.

„Das ist wirklich eine schwierige Frage. Ich habe mir auch schon Gedanken darüber gemacht. Aber wir müssen Vertrauen haben. Gott möchte nicht, daß wir uns den Kopf darüber zerbrechen. Er wird es schon für uns regeln, daß wir nicht traurig zu sein brauchen."

Katrin hört Mutters Stimme. Es ist gut, diese Stimme zu hören. Sie ist auf einmal sehr müde. Sie hört noch, wie Vater die Knöpfe vom Fernseher drückt. Es rauscht. Stimmen klingen auf. Mutter bringt sie hinüber ins Bett. Für heute ist alles gut.

Hanna Hanisch

Am ersten Schultag

Am ersten Schultag hat uns die Lehrerin gefragt, wo wir wohnen.

Straße und Namen des Vaters.

Ich bin aufgestanden und habe gesagt: „Im Himmel."

„Welche Nummer?" hat die Lehrerin gefragt und mich gar nicht angeschaut.

Da bin ich zornig geworden und habe gesagt: „Mein Vater ist tot, und im Himmel gibt es keine Nummern."

Da haben alle gelacht!

Es ist schlimm, wenn man seinen Vater im Himmel hat . . .

Markus, 6 Jahre, Österreich

Der Ascheimer

Wenn Jan das bloß geahnt hätte: Dann wäre er doch an dem Freitagmorgen ganz früh aufgestanden und noch einmal zum Vati ins Bett gekrochen. Dann hätte der ihm die Geschichte vom großen Häuptling Adlerfeder noch weiter erzählen können, die Jan nun nie zu Ende hören wird. Ach, wäre er doch wenigstens auf bloßen Füßen die Treppe hinuntergelaufen und hätte sich einen Abschiedskuß geholt, als sein Vati zur Arbeit ging!

Aber wer hat sich denn so etwas vorstellen können! Der Tag hat angefangen wie alle andern auch. Jan ist aufgestanden und in die Schule gegangen. Einen Fehler hat er nur gehabt im Diktat. Auf dem Heimweg hat er einen blanken Käfer gefangen. Der hat geglitzert in der Sonne und ist noch auf Jannis Hand langgekrabbelt, als der fröhlich ins Haus reingegangen ist.

Da hat der ganze Flur voller Menschen gestanden, Oma, Onkel und Tante und noch andere, die er nicht gekannt hat. Er hat sich gleich gewundert, was die alle gewollt haben. Sie haben ihn so merkwürdig angeschaut. „Ach, Junge", haben sie gesagt. „Kleiner Jan." Und dann haben sie ihn in den Arm genommen und es stockend erzählt. Es hat lange gedauert, bis er verstanden hat, was geschehen war. Ein Auto hat ihn überfahren, seinen Vati. Seinen Vati überfahren! Einfach so. Aus Versehen natürlich.

„Es hat ihm nicht wehgetan!" haben sie noch dazugesagt. „Er war gleich tot. Er hat nichts gemerkt. Und nun ist er bei Gott im Himmel, und da hat er es gut."

Sie haben so geredet, als ob sie das alles gut fänden, und haben ihm Kuchen und Saft geben wollen. Aber dabei sind Oma und Mutti die Tränen übers Gesicht gelaufen, und der Onkel hat sich dauernd die Nase geputzt. Da hat Jan nichts heruntergebracht. Bloß Gunda, die kleine Schwester, die hat überhaupt nichts verstanden. Die hat sich das kleine runde Bäuchlein vollgestopft den Tag. Erst abends im Bett hat sie gesagt: „Pappi tommen! Pappi beten!" Aber als dann der Onkel sich zu ihr gesetzt hat, hat sie das auch gut gefunden. Nur die Mutter ist aus dem Zimmer gegangen. Ihr Gesicht ist ganz weiß gewesen. Jan hat fast Angst bekommen vor ihr.

Und doch haben sie in diesen ersten Tagen noch nicht so sehr gespürt, was ihnen gefehlt hat. Es ist ja sowieso alles anders gewesen als sonst. Dauernd sind Besucher und Blumen und Briefe gekommen. Alle sind lieb zu ihnen gewesen, und zur Schule hat Jan auch nicht gehen brauchen. Er ist durchs Haus gegangen und hat immer noch hoffen können, daß alles nur ein böser Traum ist, der eines Tages aufhört.
Aber der Traum hat nicht aufgehört, auch nach vielen Wochen noch nicht. Für die andern ist bald alles wieder wie früher geworden, und das ist gerade das Schlimmste gewesen.
Die Lehrerin hat in der Schule gestanden und rechnen und schreiben lassen, als sei gar nichts vorgefallen. Die Sonne ist auf- und untergegangen. Es hat Frühstück und Mittag und Abendbrot gegeben. Die Kinder auf der Straße haben gespielt und gelacht, sich gezankt und dann wieder vertragen, und Jan hat überall mitgemacht. Aber manchmal, ganz unerwartet, ist dann alles wieder dagewesen. Er ist nach Schulschluß die Straße entlanggeradelt. Die Lastwagen haben gerattert und die Autos gehupt. Frauen mit Einkaufstaschen sind an ihm vorbeigehuscht. Ein paar kleine Schulmädchen haben gekichert, und ein Junge auf der anderen Straßenseite hat „Hallo, Janni!" gerufen.
Da hat er plötzlich seinen Vater vor sich gesehen, groß und blond, im braunen Mantel, wie immer. Ziemlich weit weg ist er gewesen und gerade in eine Seitenstraße gegangen. Nur von hinten hat man ihn sehen können.
Jan ist die Straße hinabgeradelt, wie ein Wilder. „Gleich wird er sich umschauen!" hat er gedacht und hat schon die Stimme seines Vatis gehört: „Tag, alter Räuber, wie geht's denn so?"
Aber der Mann ist sehr schnell gegangen. Der Junge hat die Fahrradklingel schrillen lassen. Jetzt hat der Mann wirklich den Kopf gedreht — und da ist es ein ganz fremdes, unfreundliches Gesicht gewesen, in das Jan geblickt hat. „Paß doch auf, du fährst noch mal jemand an!" hat der Mann gesagt.
Der Junge hat dagestanden, wie vor den Kopf geschlagen. Es ist das dritte Mal gewesen in dieser Woche, daß ihm das so gegangen ist. Zu der Zeit ist es Jan vorgekommen, als sei die Stadt voll von großen blonden Männern in braunen Mänteln. Aber sie haben alle nur von hinten so ausgesehen wie sein Vater. Eine dicke Frau hat ihn angestoßen:

„Mach mal Platz! Was stehst du hier auf der Straße herum?“ Da hat der Junge sein Fahrrad genommen und ist weitergetrottet. Viele Menschen sind an ihm vorbeigelaufen. Aber er hat sie gar nicht gesehen.
„Ich bin ja auch dumm!“ hat er gedacht. „Ich weiß doch, daß mein Vater nie mehr durch die Stadt gehen wird. Er ist doch im Himmel.“ Aber er hat sich darunter nichts vorstellen können.
Natürlich hat Jan es gewußt. Die Toten schweben nicht da am Himmel, hinter den Wolken hoch über der Stadt. Sie haben's ihm anders gesagt in der Kirche: „Gott ist immer bei dir“ und „dein Vater ist bei Gott.“
Aber er hat sich die Sätze zehnmal aufsagen können, sie haben ihm nichts genützt. Es ist ihm vorgekommen wie Chinesisch. Zum Schluß hat er „Vater im Himmel“ gesagt und gar nicht mehr gewußt, welchen er nun gemeint hat: Seinen eigenen Vater oder den, den sie alle in der Kirche „Vater unser“ nennen. Weil sie doch beide Väter und im Himmel gewesen sind. Aber das ist wohl auch gleich gewesen. Allmählich ist er ruhiger geworden.
Er hat sich wieder aufs Rad gesetzt und ist weitergefahren, über die Kreuzung, am Bahndamm vorbei in die Birkenstraße. Hier ist es still gewesen. In manchen Gärten haben noch ein paar verschrumpelte Äpfel an den obersten Ästen der Obstbäume gehangen. Sonst ist alles kahl gewesen vom Wind. Der hat noch geweht.
„In dem Haus Nummer zwanzig da drüben wohnen jetzt nur noch drei!“ hat er traurig gedacht und sich wieder gewundert, warum sein Opa so weit hinten gebaut hat. Der Weg bis zur Straße ist immer so weit gewesen.
Und dann hat er die Ascheimer gesehen. Neben jeder Gartenpforte hat einer gestanden, ganz voll bis zum Rand. Da ist es ihm eingefallen. Ihren eigenen Eimer hat immer der Vater nach vorne getragen, früh am Morgen, noch ehe er wegging. „Der ist zu schwer für dich“, hat er zur Mutter gesagt. „Das ist was für Männer.“ Nie hat er vergessen, daß dienstags die Eimer vors Tor gestellt werden müssen.
Aber heute ist auch Dienstag gewesen, und vorm Tor Nummer zwanzig hat doch nichts gestanden. Sie hat es vergessen, die Mutti.
Da hat Jan schnell den Eimer geholt.

Au, ist der schwer gewesen, kaum von der Stelle zu bewegen! Aber Jan hat noch gewußt, was sein Vater getan hatte. Er hat das Ding auf der Kante gerollt.

Es ist langsam gegangen, nur Meter für Meter. Aber: „Das ist was für Männer!" hat der Junge gedacht. Da hat er nicht aufgegeben.

Das Rumpeln und Krachen des Müllabfuhrwagens ist bald zu hören gewesen, und die Mutter ist voller Schreck in den Garten gelaufen. „Oh, oh, unser Eimer!" hat sie gerufen.

Rrrums, hat Jan das Ding vor die Pforte geknallt und hat „Juhu!" geschrien vor Freude. „Das wär' geschafft!"

„Was hätten wir ohne dich machen sollen", hat die Mutter gesagt. Und es ist ihm gewesen, als stünde sein Vati dicht bei ihm.

Wo ist der Himmel, in dem Jans Vater jetzt sein soll? Er kann nicht weit weg sein.

Friderun Krautwurm

Die Heimkehr

Ich muß euch ganz schnell erzählen, daß heute bei uns was Wunderschönes geschehen ist, gerade heute am Ostersonntag. Ich kann es noch gar nicht glauben, so schön ist es, und es ist wahr!

Da muß ich aber erst erzählen, wie alles gekommen ist. Also im letzten Sommer, kurz nach der Urlaubsreise, da haben sich mein Vater und meine Mutter ganz furchtbar zerstritten. Ich kam gerade aus der Schule, da hörte ich sie schon vom Treppenhaus aus. Sie redeten laut miteinander und waren alle beide sehr aufgeregt. Sie hatten sich schon manchmal gezankt, aber nur eine Weile, und dann hatten sie sich wieder vertragen. Diesmal war es viel schlimmer, das hörte ich gleich.

Ich setzte mich auf die oberste Treppenstufe und wartete, denn ich dachte, wenn sie sich gerade zanken, wollen sie sicher nicht gestört sein. Ich konnte nicht genau verstehen, was sie sagten, aber dann hörte ich den Vater brüllen: „Ich halte das nicht länger aus!" Darauf schrie die Mutter zurück: „Glaubst du, ich?"

Nach einer Weile wurde es plötzlich ganz still. Nur die Mutter weinte. Sie weinte so laut, daß ich dachte, ich muß sie trösten. Da klingelte ich.

Aber niemand machte mir auf. Ich setzte mich wieder auf die Treppenstufe und wartete. Aber die Stufe war kalt, und ich war so allein, und da fing ich an zu weinen. Nicht einmal ein Taschentuch hatte ich bei mir. Ich saß eine lange Zeit so da und wischte mir ab und zu das Gesicht mit dem Ärmel ab.

Plötzlich flog die Tür auf, und Vater kam herausgestürmt. Die Krawatte hatte er ganz unordentlich umgebunden und den Mantel nicht zugeknöpft. In der einen Hand trug er einen Koffer, in der anderen eine dicke Reisetasche. Die Mutter kam nicht zur Tür, wie sonst, wenn der Vater zur Arbeit ging oder eine Reise machte. Sie gab ihm nämlich an der Tür immer einen Abschiedskuß.

Als Vater mich sah, blieb er einen Augenblick stehen und sagte hastig: „Geh rein, Nina, die Mutti wartet schon auf dich."

„Wo gehst du hin, Vati?" fragte ich und stand auf.

„Ich muß mal eben ganz kurz verreisen", antwortete er.

„Aber du hast doch so einen großen Koffer mit!" rief ich. „Sonst nimmst du doch immer den kleinen gelben."

„Na ja", sagte er, als er schon die Treppe hinunterlief, „ich bleibe vielleicht ein paar Tage länger als sonst."

Ich rannte hinter ihm her, ich stolperte neben ihm die Treppe hinunter, denn ich merkte schon, daß da etwas nicht stimmte, und ich rief voller Angst: „Vati, fahr doch nicht weg!"

„Ich muß!" sagte er finster und ging weiter.

„Fahr doch erst morgen!" rief ich und begann zu weinen.

Inzwischen waren wir schon unten vor der Haustür, mitten auf dem Bürgersteig und mitten zwischen den vielen Leuten, die da vorübergingen. Ich packte den Koffer am Griff, neben seiner Hand, und zerrte daran, dabei weinte ich laut. Da blieb er stehen und stellte Koffer und Reisetasche einen Augenblick nieder. Dann beugte er sich zu mir herunter und sagte: „Du mußt jetzt umkehren, Nina. Sei eine liebe Nina und geh hinauf zur Mutti. Ich schreibe dir auch."

Als er das sagte, wußte ich, daß er für immer fortgehen wollte.

„Vati, Vati!" schrie ich und klammerte mich an seinem Mantel fest. Er zog sein großes Taschentuch aus der Tasche, putzte mir die Nase und wischte mir die Tränen weg. Er hob mich hoch und drückte mich an sich, dann ging er mit dem Koffer und der Reisetasche fort. Er winkte mir noch einmal, dann war er zwischen den Leuten verschwunden.

Alle die Monate sind wir nun allein gewesen, Mutti und ich. Mutti hat viel geweint. Jeden Tag hat sie nach dem Briefträger ausgeschaut. Es kamen auch zwei Briefe von meinem Vater, aber nicht an sie, sondern an mich. Er schrieb nicht viel. Er schrieb nur, daß er gesund sei und daß es ihm gut gehe und daß er mich gern sehen würde. Aber wann er nach Hause kommen wollte, davon schrieb er gar nichts. Der letzte Brief kam im Oktober, danach schrieb er überhaupt nicht mehr. Sein erster Brief kam aus einem Hotel in Hamburg, der zweite aus Düsseldorf, aber nicht aus einem Hotel. Ich schrieb ihm zurück, daß wir auf ihn warten, und Mutti schrieb Grüße darunter. Aber mein zweiter Brief kam zurück, darauf stand: ADRESSAT UNBEKANNT VERZOGEN. Da konnten wir ihm nicht mehr schreiben.

Die Weihnachtstage waren schrecklich ohne ihn. Er konnte so schön auf der Mundharmonika spielen. Die lag jetzt auf der Kommode. Er hatte sie nicht mitgenommen. Mutti ließ den ganzen Heiligen Abend den Plattenspieler laufen, damit Vatis Mundharmonikamusik nicht so fehlte. Aber was sind schon ein paar Platten gegen Vatis Musik. Und er hatte zu Weihnachten immer die Nüsse geknackt, die länglichen braunen, die so schwer zu knacken sind. Mutti kriegte manche von ihnen gar nicht auf, obwohl sie sich große Mühe gab. Als alle Platten abgespielt und die Nüsse geknackt und die Lichter am Baum abgebrannt waren, saßen wir beide da und weinten, weil wir so allein waren. Nicht einmal der Apfelstrudel, den Mutti gebacken hatte, schmeckte uns.

„Den aß er so gern", sagte Mutti. „Heute abend wird er keinen haben, denn wer kann schon Apfelstrudel backen?"

Im Januar, als Schlittenwetter war, ging Mutti mit mir Schlitten fahren. Die anderen Jahre war immer Vati mit mir losgezogen. Das war ein Vergnügen gewesen. Wir rodelten die steilsten Hänge zusammen hinunter. Mutti war zu ängstlich.

Und so ging das weiter.

„Glaubst du, er kommt noch einmal wieder?" fragte ich einmal meine Mutter.

„Ich weiß nicht“, antwortete sie und starrte an die Wand. Aber an ihren Augen merkte ich, daß sie nicht mehr viel Hoffnung hatte.
„Wir müssen jetzt fest zusammenhalten“, sagte sie.
Aber heute, heute morgen am Ostersonntag, da ist er wiedergekommen! Mutti und ich sind ganz närrisch vor Freude! Als wir gerade beim Frühstück saßen, klingelte es, und Mutti sagte: „Nanu, wer kommt denn jetzt am Ostersonntag zur Frühstückszeit?“
Ich rannte zur Tür und machte sie auf, und da, da stand er mit dem Koffer und der Reisetasche und einem großen Strauß Osterglocken!
„Mutti, komm!“ schrie ich und umarmte meinen Vater. Dann fiel ihm auch Mutti um den Hals. Dabei zerdrückte sie den Strauß Osterglocken. Aber das war ja nicht schlimm.
Vater sagte: „Wollen wir wieder Frieden schließen? Es tut mir leid.“
„Ach Richard“, rief Mutti. „Ich war ja auch daran schuld, daß wir uns so gezankt haben. Aber jetzt ist alles wieder gut.“
„Ja“, sagte Vati. „Und jetzt laßt mich mal mitfrühstücken.“
Es ist alles wieder gut. Wirklich! Heute nachmittag wollen wir zusammen in den Stadtwald spazieren gehen. Das machen wir jeden Ostersonntag. Vati geht dann ein Stück voraus, und plötzlich liegen am Wegrand lauter Ostereier.

Gudrun Pausewang

Was doch da ist

Vater, Mutter und drei Kinder saßen am Eßtisch. Es gab Spinat, Spiegeleier und Bratkartoffeln. Danach einen Himbeerpudding. Plötzlich legte Brigitte den Löffel zur Seite, obwohl sie Himbeerpudding, so wie er zu Hause schmeckte, für ihr Leben gern aß.
Sie starrte ein Loch in die Luft.
„Warum ißt du nicht?“ fragte die Mutter.
„Ich überleg was“, sagte Brigitte. Sie war seit acht Tagen in der Schule. Seitdem überlegte sie oft etwas.
„Ich überlege“, sagte sie, „wo meine Seele eigentlich ist.“

„Deine Seele?“ Vater und Mutter tauschten einen Blick. Fritz, der Zwölfjährige, prustete los, daß ihm der Pudding aus den Mundwinkeln quoll. Nur Christoph, dem Jüngsten, war Brigittes Seele egal.
„Wie kommst du denn darauf?“ fragte die Mutter.
Brigitte zuckte mit den Schultern. „Unser Lehrer hat gesagt, daß jeder Mensch eine Seele hat. Aber ich habe keine, glaube ich. Ich habe überall in meinem Tornister gesucht und in meiner Schürzentasche und im Spielschrank. Ich finde sie nicht. Wo hebt ihr eure Seele denn auf? Ich kann mich gar nicht erinnern, wie meine ausgesehen hat.“
Der Vater räusperte sich. Er sah auf die Uhr. „Ich muß weg“, sagte er. Er mußte zurück in sein Büro, das zum Glück in wenigen Minuten zu erreichen war. Deswegen konnte er auch mittags zum Essen kommen. Um eine Antwort drückte er sich trotzdem nicht.
„Hier“, sagte er zu Brigitte, „hier habe ich meine Seele.“ Der Vater pochte an seine Brust. Aber Brigitte glaubte, daß er seine Westentasche meinte. Sie lief dem Vater bis zur Gartentür nach.
„Zeig sie mir doch, Papa. Nur ganz kurz. Du kannst sie danach gleich wieder einstecken, Papa!“
Aber der Vater eilte davon. Es schlug schon zwei Uhr.
„Brigitte“, rief die Mutter vom Balkon. „Was ist denn das? Seit wann läßt du dein Essen stehen? Ich räume ab.“
Brigitte schlang ihren Lieblingspudding in sich hinein, als wäre es der morgendliche Haferbrei, den sie nicht mochte. Sie merkte gar nicht mehr, was sie aß. Die Mutter war schon in der Küche beschäftigt. Aber Fritz kam noch einmal zurück.
„Du bist vielleicht eine Type“, sprach er die sechs Jahre jüngere Schwester an.
Brigitte hätte sich ein anderes Mal genau erkundigt, was eine „Type“ war. Aber jetzt wollte sie nicht alles durcheinanderbringen.
„Zeig mir deine doch mal“, bettelte sie.
„Meine was?“ fragte Fritz.
„Deine Seele natürlich. Papa hat seine in der Brieftasche mit dem Geld.“
Jetzt machte Fritz ein geheimnisvolles Gesicht. „Ich verrate dir was, wenn du keinem was sagst.“
Dann flüsterte er der Schwester ins Ohr. „Ich habe meine verkauft.“

Brigitte riß ihre Augen auf. „Kann man denn das?"
Fritz nickte. „Wenn sie was taugt. Kommt eben drauf an. Meine wurde mit 250 Mark taxiert. Dafür habe ich mir das Fahrrad mit den vielen Gängen und der tollen Beleuchtung gekauft."
„Das hast du nicht. Das hast du von Vater und Mutter und Oma und Opa zu deiner Versetzung bekommen. Von allen zusammen."
Fritz pfiff sich eins. „Glaub's oder glaub's nicht."
Brigitte glaubte es nicht. Blieb nur noch die Mutter, der sie jetzt mit dem endlich leergegessenen Teller und ihrem Trinkglas in die Küche nachlief.
„Mama, sag's mir doch. Wo ist die Seele? Wo hat man die denn?"
Die Mutter nahm sich für eine halbe Stunde Zeit. Das langte gerade, um in den nahen Stadtanlagen einmal um den Teich zu gehen.
Das war außer der Reihe. Brigitte hakte sich bei der Mutter ein.
„Hast du mich gern?" fragte die Mutter. Worauf Brigitte ihr beinahe den Arm abquetschte. „Und wie, Mama. Das weißt du doch."
Ein zahmes Eichhörnchen sprang über den Weg. Es ließ sich streicheln. Ein drolliger Hund erweckte Brigittes Entzücken. Auf dem Teich gab es ganz junge Enten zu sehen. Die Sonne schien. Erste Blumen blühten. Veilchen, Krokusse und Narzissen bedeckten die Wiesen. Auf dem Kinderspielplatz war eine ganz neue Wippe aufgestellt. Von irgendwoher tönte Musik.
Brigitte freute sich. Sie freute sich immerzu.
Plötzlich blieb die Mutter stehen. Sie hatte den Arm um Brigittes Schultern gelegt. „Nun überleg mal, woher das kommt, daß wir uns überhaupt freuen können? Woher kommt es, daß Menschen sich zugetan sind? Woher kommt es, daß du ein kleines Tier streicheln willst?"
Brigitte sah zu der Mutter auf. Sie lief plötzlich rot bis hinter die Ohren an.
„Macht das die Seele, daß das so ist?"
Die Mutter nickte.
„Aber ich sehe sie doch nicht?"
„Es gibt genug, was wir nicht sehen und was doch da ist. Du fühlst doch, wenn du jemanden lieb hast. Du fühlst doch, wenn du dich freust. Und du fühlst auch, wenn du traurig bist."

Brigitte nickte. „Als Nicki starb" — es war Brigittes Wellensittich —, „da habe ich das furchtbar gefühlt."

„Und du fühlst auch, wenn du ein schlechtes Gewissen hast."

„Beim Schwindeln", nickte Brigitte, „da fühle ich das sehr."

Aber so ganz zufrieden war sie immer noch nicht.

„Aber wenn ich böse bin, dann fühle ich das auch. Wenn ich Wut auf Fritz habe, der mir immer alles wegnehmen will. Oder auf die Sybille in meiner Klasse, die so gemein die Zunge rausstreckt. Da strecke ich meine erst recht raus. Noch viel länger als sie. Ist das dann auch die Seele? Oder was ist das?"

Die Mutter kam nicht mehr dazu, eine Antwort zu geben, wenigstens an dem Nachmittag nicht.

Denn eine Bekannte lief auf sie zu, die von ihrem neuen Kochrezept schwärmte: „Rindfleisch mit Meerrettichsoße und die mit süßem Rahm angemacht. Ich sage Ihnen: das ist der Himmel. Das setzen Sie Ihrem Mann mal vor!"

Mutters Freizeit war um. Alle drei kehrten heim. Die Bekannte auch.

Brigitte sprang im Hüpfschritt voran, wobei sie die Füße abwechselnd grätschte und nebeneinanderstellte.

Das machte Spaß.

Marieluise Bernhard-von Luttitz

Karl und Kai

Karl und Kai hockten auf der Mauer am Fluß und ließen die Beine baumeln. Hin und wieder warfen sie mit einem Schwung ihre selbstgebastelten Angeln aus. Sie taten, als ob sie große Angler seien. Aber sie spielten es nur. In Wirklichkeit wollten sie gar nicht, daß ein Fisch anbiß.

„Ich mag kein Tier töten", sagte Kai.

„Ich eigentlich auch nicht", sagte Karl.

„Aber wenn's Fisch gibt, essen wir ihn doch."

„Ja. Genauso wie Fleisch, Schnitzel und Kotelett und Gulasch, Gulasch mit Rahmsoße. Hm."

Kai schnalzte mit der Zunge, und auch Karl lief das Wasser im Mund zusammen.
„Als ich klein war, habe ich geglaubt, daß Schnitzel auf den Bäumen wachsen."
Karl lachte. Kai auch.
Eine Weile sagten sie nichts. Dann fing Karl von neuem an.
„Totsein ist doch was Verrücktes, nicht wahr? Du siehst eine Fliege. Sie summt noch herum. Ein Patsch mit der Zeitung, und sie ist tot. Sie liegt einfach da. Ich möchte wissen, wo das ist."
„Was?" fragte Kai.
„Nun das eben. Weswegen sie summen und herumfliegen konnte. Das muß doch irgendwo sein. Man sieht es nur nicht."
„Komisch, daß man es nicht sieht, nicht wahr?"
„Elektrischen Strom sieht man auch nicht."
„Doch. Den sehe ich. Dann schalte ich nur den Lichtschalter an. Dann wird's hell. Oder ich höre ihn. Wenn unsere Waschmaschine im Keller läuft."
„Mann!" Karl schüttelte den Kopf. Er war älter als Kai.
„Das ist doch dasselbe wie mit der Fliege. Du siehst das, was der Strom macht. Aber ihn selbst siehst du nicht."
„Aber ich weiß, daß es ihn gibt."
„Ja, das weiß man."
„Aber ich weiß nicht, was die Blumen wachsen läßt."
„Und die Bäume."
„Und die Tiere. Und uns. Wir wachsen ja auch."
„Und wieso wir reden."
„Und denken."
„Und das alles eben. Wenn wir nun mal tot sind, als alte Leute, meine ich, wo ist das dann? Ist das auch tot? Einfach weg? Oder gibt's das noch?"
„Meinst du, ob es uns noch gibt?"
„Uns gibt's nicht mehr. Wir sind tot."
„Kommt drauf an, ob wir das sind, was da liegt. So'n Körper, der nicht mehr spricht, der einfach begraben wird. Oder ob wir das sind, was eben noch geredet hat. Und sich was gewünscht hat?"

„Mann, darüber möchte ich mal was richtiges wissen. Wenn man so denkt, was die Erwachsenen sich dauernd erzählen, all den Kram."
„Aber über sowas sprechen sie nicht."
„Ich frage meinen Vater heute mal."
„Ich meinen auch."
Kai und Karl kletterten von der Mauer herunter. Sie zogen die Angelschnüre ein.
Sie schritten heim mit erhobenem Kopf.
„Tolle Angelei war das heute", sagte Karl.
„Ganz toll", bestätigte Kai.

Marieluise Bernhard-von Luttitz

Sprachen

Eine Familie zog weit weg in eine andere Stadt. Die Kinder gingen gleich am ersten Tag einkaufen. Sie sollten Wurst und Brötchen für die Möbelmänner holen, und der Vater brauchte Nägel.
Als die Kinder zurückkamen, riefen sie: „Hier gibt es keine Wurst und keine Brötchen! Hier gibt's nur Woscht und Weck! Und Nägel gibt es hier auch nicht, nur Neeschel!"
Sie lachten und lachten.
Am nächsten Tag lernten sie die Nachbarskinder kennen. Sie fragten: „Ist hier viel Verkehr auf der Straße? Darf man hier Rollschuhlaufen und Seilspringen?"
Die Nachbarskinder sagten: „Bei uns uff de Gaß derf mer laafe un hippe wie mer will. Nor mißt er uffbasse, des er eich eiern Schwelles net an enem s-pitze S-tein s-tumbe duht!"
Und die Nachbarskinder lachten und lachten.
„Was meint ihr?" fragten die anderen. „Was heißt ‚Schwelles' und ‚s-tumbe'?"
„Ihr liebe Leit!" riefen die Nachbarskinder. „Versteht mer dann bei eich kein Deitsch? Schwelles, des maant Kopf, un stumbe haaßt stoßen!"
„Ach so", sagten die anderen, und dann lachten sie mit.

Es dauerte gar nicht lange, bis sie genauso redeten wie die Kinder in dieser Stadt.
In den Ferien reisten die Kinder mit ihren Eltern in ein anderes Land. Sie wohnten dort im Zelt auf dem Campingplatz, und den ganzen Tag spielten sie mit den Kindern aus den anderen Zelten und den Wohnwagen. Das waren Kinder aus Frankreich, England und Italien. Am Anfang konnte keiner den anderen verstehen. Ursula Wölfel

Der Pfingstbesuch

Mutter hatte vorgeschlagen, Monika einzuladen. Kerstin war Feuer und Flamme. Ja, sie wollte Monika diese Freude machen, diesem armen Mädchen, das sein ganzes Leben lang im Heim leben mußte.
Es war Pfingstsamstag. Kerstin stand auf dem Bahnsteig; der Zug rollte ein. Es war ausgemacht, Monika sollte mit einem hellen Tuch winken. Sie kannten einander ja noch nicht. Kerstin hielt Ausschau nach diesem Tuch.
Aber niemand winkte.
War Monika nicht gekommen?
Doch, da! Zwischen den Reisenden, die jetzt zum Ausgang drängten, stand ein Mädchen. Ganz verloren stand es da. Jemand hatte die Reisetasche danebengestellt. Das mußte Monika sein.
Kerstin lief auf sie zu: „Guten Tag, Moni! Ich bin Kerstin. Fein, daß du da bist!"
Monika hielt den Kopf gesenkt. Sie lachte und versuchte zu nicken. Dann lallte sie ein paar Worte. Schwer und langsam kamen diese Worte heraus. Kerstin verstand sie nicht.
Dann sah Kerstin das zerknüllte Tuch zwischen Monis Fingern. Seltsam verkrampft waren sie. Nein, dachte Kerstin, mit diesen Fingern kann sie nicht winken.
Kerstin faßte nach Monikas Tasche und ging voran. Monika schleppte sich mühsam hinterher. Den linken Fuß zog sie nach.
Kerstin erschrak. Auch die Füße? dachte sie. Die Füße sind auch verkrampft? — Ich muß langsam gehen. — Soll ich lieber ein Taxi rufen? — Habe ich genügend Geld?

Ihre Freude war auf einmal ganz klein geworden.
Nein, so hatte Kerstin es sich nicht vorgestellt.
Nicht so schlimm. Was soll ich anfangen mit ihr? dachte sie. Wie soll das gehen? Drei Tage lang?
Dann tranken sie zusammen Kaffee auf dem Balkon: Die Eltern, Kerstin, Monika und Dieter. Dieter war fünf Jahre alt. Er hatte gern Besuch. Ein paarmal hatte er Monika angeschaut, sie hatte zurückgelächelt. Da war er zufrieden. Er futterte und redete drauf los, wie immer, wenn Besuch da war.
Monika hielt die Tasse zwischen beiden Händen. Sie beugte sich tief über den Kuchenteller, den Löffel zwischen die Finger geklemmt. Brocken vom Kuchen krümelten auf ihren Schoß. Dann, als sie wieder nach der Tasse greifen wollte, rutschte die Tasse ab. Kaffee floß über die bunte Decke. Monika stammelte etwas. Noch tiefer senkte sie jetzt den Kopf. Aber Mutter sagte: „Es macht gar nichts. Die Decke muß sowieso in die Wäsche."
„Wenn ich was umschmeiße, schimpfen sie immer gleich", sagte Dieter. Er lachte und sprang vom Stuhl.
Kerstin war froh, als Vater vorschlug: „Wir wollen zur Talsperre fahren. Bei diesem Wetter sind bestimmt viele Boote auf dem See."
Monikas Augen glänzten. Sie lachte jetzt wieder. Dieter faßte nach ihrer Hand. Im Auto wollte er neben ihr sitzen.
Es war schön am See! Fröhliche Menschen schlenderten am Ufer entlang. Manche gingen über den Damm zur anderen Seite, wo der Wald begann. Die Nachmittagssonne spiegelte sich im Wasser. Kleine bunte Jollen glitten vorüber und große Boote mit weißem Segel.
Dieter lief wie ein vergnügter Hund ein Stück voraus und wieder zurück. Er las Steine und Holzstücke auf und warf sie ins Wasser.
Kerstin ging still neben Moni her. Sie hatte es schon ein paarmal beobachtet: Die Leute drehten sich nach ihnen um. War das Zufall oder Absicht? Sie starrten auf Monika.
Was haben die Leute so zu gucken? dachte sie empört. Das gehört sich nicht! — Aber Moni schien es gar nicht zu bemerken.
Doch dann blieb Moni plötzlich stehen. Es war etwas mit ihrem Schuh. Dunkles Blut drang durch den Strumpf. Der Schuh mußte gerieben haben. Vielleicht schon lange.

Mutter prüfte den Schuh. Es waren neue und sehr kräftige Schuhe. Die Kappe war zu hart. „Es ist besser, wenn wir zurückgehen", sagte Mutter. „Monika braucht ein Pflaster."

Dieter war enttäuscht. Aber dann faßte er Monis Hand und fragte: „Tut es sehr weh? Du kannst ruhig sagen, wenn es weh tut."

Am anderen Morgen passierte die Sache mit dem Nagellack. Monika saß vor Kerstins kleinem weißen Schreibtisch. Die Flasche mit dem roten Lack war umgekippt. Monika versuchte verzweifelt, mit einem Papiertaschentuch die Platte abzuwischen. Aber es wurde nur ärger davon. Der häßliche Fleck verschwand nicht mehr.

Kerstin stand an der Tür, bleich vor Schreck. Dann rannte sie in die Küche und rief: „Sie hat meinen Schreibtisch verdorben! Sie hat ihren Nagellack umgekippt! Warum muß sie sich die Nägel lackieren? Bei solchen Fingern?"

Mutter schaute Kerstin an. Zwischen ihren Augen stand die kleine Falte wie immer, wenn sie sich ärgerte. Nagellack auf dem weißen Holz, das war wirklich schlimm.

Aber dann sagte sie ruhig: „Viele junge Mädchen lackieren sich gern die Fingernägel. Ist Monika kein junges Mädchen?"

Kerstin konnte sich nicht beruhigen.

„Das ganze Pfingsten ist verpfuscht!" schrie sie. Tränen liefen ihr über die Backen.

„Geh jetzt zu Monika!" sagte Mutter. „Wir lassen den Schreibtisch wieder in Ordnung bringen."

Monika war nicht mehr in Kerstins Zimmer. Hatte sie die bösen Worte gehört?

Kerstin warf sich auf's Bett. Sie wollte nachdenken, wollte wieder ruhig werden.

Wie hatte das alles mit Monika angefangen?

Kerstin hatte von Monika gehört. Daß sie in einem Heim für spastisch gelähmte Kinder aufgewachsen war. Daß sich niemand um sie kümmerte, auch nicht ihre Eltern.

Da hatte sie ihr Briefe geschrieben, hatte manchmal ein Päckchen geschickt.

Monika hatte kleine, kurze Dankesbriefe geschrieben. Rührende Worte in krakeligen Buchstaben. Kerstin hatte es schön gefunden, jemandem zu schreiben, der sich so sehr darüber freute.
Dann hatte Mutter vorgeschlagen, Monika einzuladen. Kerstin fand das wunderbar. Sie wollte lieb und freundlich zu Monika sein. Sie hatte soviel guten Willen gehabt! Aber nun war es schiefgegangen mit dieser Einladung. Warum nur?
Später fand Kerstin Monika in Dieters Zimmer. Er war dicht an sie herangerückt. Sie hatte den Arm um ihn gelegt. Vor ihnen aufgeschlagen lag sein Lieblingsbuch: die Geschichte von der Mäuseschule. Dieter zeigte auf die Bilder, und Monika las ihm vor. Sie las leise und langsam. Seite für Seite. Wort für Wort.
Da schlich Kerstin wieder davon.
Mutter hatte jetzt den Frühstückstisch gedeckt und brühte gerade den Kaffee auf.
„Sie liest ihm vor", sagte Kerstin. „Monika liest Dieter aus seinem Mäusebuch vor, und er hört zu. Er kann verstehen, was sie sagt. Wie kommt das?"
Mutter hielt einen Augenblick in ihrer Arbeit inne. Sie blickte aus dem Fenster, wie abwesend.
Dann blickte sie Kerstin voll an:
„Vielleicht kann nur jemand sie verstehen, der sie wirklich lieb hat."

Hanna Hanisch

Stadtrundfahrt

„Hier verlassen wir den Louvre und biegen von der Rue de Rivoli nach rechts ab", wisperte es in den unförmigen Muscheln des Kopfhörers.
Der mächtige doppelstöckige Bus, dessen Wände und Decken nur aus bläulich gefärbtem Glas zu bestehen schienen, kurvte langsam entlang der Bordsteinkante um die Ecke.
Mit einem Blick nach links verabschiedete sich Martina von der endlos langen Front des Louvre-Schlosses. Als sie den Kopf zurück-

wandte, kniff sie die Lippen zusammen und atmete mehrfach tief durch die Nase.

„Vor uns liegt die Place Colette", erklärte die Stimme vom Tonband weiter, „genannt nach der bedeutendsten französischen Dichterin Colette, die bis zu ihrem Tode 1954 im angrenzenden Palais Royale gelebt hat. – Schauen Sie bitte nach rechts: Sie sehen den Eingang zum Palais Royale, das in der Zeit zwischen 1630 und 1640 im Auftrag des Kardinals Richelieu erbaut wurde."

Alle Köpfe, die Martina auf dem Oberdeck des Busses vor sich erkennen konnte, schwenkten nach rechts. Der Japaner auf der anderen Seite des Mittelgangs griff nach einer der beiden Kameras, die er um den Hals hängen hatte, und knipste. Die alte Amerikanerin mit dem geschmacklos hellen Hütchen fuchtelte mit den Händen durch die Luft. Einzig der dicke Niederländer am Fenster hielt den Kopf gesenkt, als ob er etwas auf dem Straßenpflaster suche.

Martina strich sich unauffällig mit der Hand über die schweißnasse Stirn. Die Feuchte wischte sie unbemerkt am Polster des Sessels ab. Um sich von dem leichten Druck zu befreien, lüpfte sie ein wenig den Kopfhörer und versuchte noch einmal, ganz tief durchzuatmen.

„Neben dem Palais Royale, zur Straße hin, steht das wohl berühmteste Theater Frankreichs, die Comédie Française, errichtet kurz vor Beginn der großen Französischen Revolution von 1789 . . .", beschrieb die geheimnisvolle Stimme in der Hörmuschel die Sehenswürdigkeiten am Weg des Busses.

Martina faßte angstvoll nach der Hand neben ihr.

Brigitte schreckte auf, sah Martina an und nahm entsetzt die Kopfhörer. „Du bist ganz weiß", sagte sie.

„Ich glaube, mir wird schlecht", erklärte Martina leise, „das ungewohnte französische Essen und diese Stadtrundfahrt im Bus . . ."

Brigitte suchte in ihrer Handtasche nach einem Taschentuch und reichte es Martina.

„Vor uns liegt die Avenue de l'Opéra, eine der Prachtstraßen von Paris", tönte es im Kopfhörer. Dann erklang noch einmal das Wort „Opéra", es machte „knack", es knatterte noch etwas nach, dann verstummte das Gerät.

Der riesige Bus setzte seine langsame Fahrt fort.

Martina riß sich die Kopfhörer ab und wischte sich mit Brigittes Taschentuch über das ganze Gesicht; sie lehnte sich zurück, soweit das möglich war.

Auf dem Oberdeck wurde es unruhig. Einzelne Fahrgäste hoben sich aus den Sitzen und blickten fragend zu den Kopfhörern der übrigen hin. Die alte Amerikanerin klopfte, für alle sichtbar, auf die gepolsterten Muscheln, aber niemand ging darauf ein.

Da stieg von unten her eine der Stewardessen empor; sie stellte sich vor die Fahrgäste auf dem Oberdeck und bat durch eine Handbewegung, die Kopfhörer abzunehmen.

Alle — außer dem dicken Niederländer am Fenster — folgten der Bitte.

„Messieurs-Dames", begann die Stewardeß und erklärte, was geschehen war. Mit der Anrede „Ladies and Gentlemen" wiederholte sie das Gesagte in Englisch. „Meine Damen und Herren", verkündete sie schließlich in Deutsch, „leider hat unsere Übertragungsanlage einen Schaden bekommen. Wir bitten um kurze Geduld; wir werden das wieder in Ordnung bringen." Sie wollte das Oberdeck wieder verlassen.

Da überfiel sie der Japaner mit einem Schwall unverständlicher Worte und deutete auf seinen Kopfhörer.

Einen Augenblick lang stand die Stewardeß ratlos. Dann machte sie mit dem rechten Zeigefinger gegen den Boden gerichtet die kreisende Bewegung, als ob sie eine Tonbandspule drehe, bis sie mit allen zehn Fingern durcheinanderwusselte, um zu zeigen, wie das Tonband sich verheddert hatte. Schließlich hob sie lächelnd beide Hände, die Innenfläche nach oben gerichtet in Schulterhöhe, neigte den Kopf zur Seite und schob die Unterlippe vor.

Der Japaner schien zu verstehen.

Die Stewardeß wies dann auf sich selbst und nach unten. Sie ahmte die Geste nach, durch die man mit Hilfe eines Schraubenziehers eine Schraube anzieht und fragte gleichzeitig den Japaner: „Compris?"

Der Japaner lächelte und dienerte mehrfach hintereinander, um seinen Dank auszudrücken.

Die alte Amerikanerin aber klatschte der Stewardeß Beifall für ihre kleine Vorstellung.
Viele stimmten in den Beifall ein und lachten freundlich.
Nur der dicke Niederländer kümmerte sich um nichts; er behielt die Kopfhörer auf und prüfte anscheinend die Bordsteinkante neben dem Bus.
Martina kämpfte gegen das Schüttern des Fahrzeugs, gegen die schlechte Luft und die Hitze der Pfingstsonne.
Hilflos bemühte sich Brigitte, der Freundin beizustehen, indem sie ihr den Arm hielt und die Hand streichelte.
Die Stimmung unter den Mitreisenden hatte sich gelockert. Fetzen von Polnisch, Hebräisch und einigen unbekannten Sprachen wurden laut. Statt nach Befehl auf die Sehenswürdigkeiten zu starren, kehrte man sich einander zu und verständigte sich durch Gesten und Grimassen.
Der Japaner bemerkte als erster, daß Martina sich nicht wohl fühlte. Aus seiner Jackentasche holte er ein Päckchen mit Dufttüchern und bot sie Martina an. Als Martina zögerte, nahm er selbst eines, riß es auf und hielt es ihr geöffnet hin.
Martina bediente sich und dankte.
Mit zahllosen kleinen Verbeugungen schnitt der Japaner ihr den Dank ab. Er hatte zu danken und er lächelte.
Martina rieb sich mit dem duftenden Papiertuch Gesicht und Hals ab.
Die Freundlichkeit des Japaners hatte auch die Aufmerksamkeit der übrigen Fahrgäste auf Martina gelenkt.
Eine junge Frau kramte in ihrem Gepäck, bis sie eine kleine Schachtel in der Form eines Rettungsrings fand. Mit der Schachtel näherte sie sich über den Mittelgang Martina und redete sie in einer unbekannten Sprache an.
Martina schüttelte den Kopf, so gut sie konnte, und Brigitte erklärte in ihrem Schulfranzösisch, daß sie nichts verstanden.
„Du deutsch?" fragte die Fremde.
Brigitte und Martina nickten gleichzeitig.
Mühsam sammelte die Fremde ihre Deutschkenntnisse und radebrechte: „Gut für Schiff." Dabei tippte sie auf die Schachtel und tat, als müsse sie erbrechen. Das wirkte überzeugend.
Unsicher schaute Martina sich um.

Sie war von mitfühlenden Gesichtern umgeben. Alle nickten ihr zu.
Die Fremde öffnete die Schachtel und hielt zwei Finger hoch. Die Geste war zwingend.
Noch ehe Martina die beiden Pillen geschluckt hatte, drängte die alte Amerikanerin heran. Sie hielt eine übergroße Flasche mit französischem Parfum in der Hand. Großzügig goß sie davon auf ihr Taschentuch und feuchtete damit Martinas Ohren und Nacken an. Sogleich füllte der starke Geruch das Oberdeck.
Daß alle — außer dem dicken Niederländer am Fenster — sich um sie kümmerten, lenkte Martina ab. In Deutsch redete sie auf die Hilfsbereiten ein und dankte ihnen.
Und sie alle nickten freundlich, als hätten sie jedes Wort verstanden. Sie antworteten wiederum in ihrer Sprache, rieten, erklärten, trösteten und halfen mit Gesicht und Händen nach, wo das Wort nicht mehr reichte. Niemand beachtete mehr die Sehenswürdigkeiten, an denen der Bus sich gemächlich vorüberschob.
Von hinten kam ein Franzose zu Martina. Er hockte sich neben ihr in den Mittelgang und zauberte eine Taschenflasche hervor. „Eau-de-vie", sagte er. Als Martina nichts begriff, grübelte er kurz und überraschte sie strahlend mit dem deutschen Wort „Schnaps". Er drehte die Kappe der Flasche ab und schenkte sie voll, um sie Martina zu reichen. Weil Martina sich sträubte, trank er selbst, indem er ihr zuprostete. Dann schenkte er ein zweitesmal ein und drängte Martina die Probe auf.
Alle Umstehenden redeten auf ihre Weise zu, nur die Amerikanerin war offenbar dagegen.
Martina goß das scharfe Getränk in den Mund, um die Kappe nicht zu berühren, aus der bereits der fremde Mann getrunken hatte. Sie schluckte, verdrehte die Augen, hustete, prustete . . .
Verständnisvoll lächelten alle ihr zu. Der Franzose nahm noch einen Schluck aus seiner Flasche.
Martina griff nach Brigittes Hand und preßte sie fest. „Das war Feuerwasser!" stieß sie hervor. Dann entspannte sie sich. „Das brennt, aber das tut gut", gestand sie leise.
Die Amerikanerin ließ Martina noch einmal an der Parfum-Flasche riechen.

Der Franzose aber, auf dem Boden sitzend, zeigte nach vorn auf die Straße. „Les Champs-Elysées!" rief er. Und um sich verständlicher zu machen, stimmte er laut ein französisches Chanson an, in dessen Kehrreim die „Champs-Elysées" vorkamen.

Auf einer der zehn Fahrbahnen schob sich der Bus über diese baumgesäumte Straße, die in der ganzen Welt ein Begriff ist.

Die Amerikanerin stimmte in dieses Chanson mit ein; sie sang den Text auf Englisch.

Martina und Brigitte kannten eine deutsche Fassung, die sie mitsummten.

Alle schienen dieses Chanson schon gehört zu haben.

Sein Erfolg ermutigte den Franzosen. Er ging nach vorn und übernahm die Stadtführung. Als sie sich dem Triumphbogen näherten, verkündete er: „L'Arc de Triomphe." Dann streckte er seine rechte Hand hinter die obersten Westenknöpfe, wölbte den Bauch vor, rief „Napoléon!", um damit allen verständlich zu machen, daß Napoleon den Triumphbogen habe bauen lassen. Auch zu Napoleon fiel ihm ein Chanson ein, das er vorsang.

Martina fühlte sich wieder wohl. Ihr Gesicht hatte neue Farbe bekommen; sie schwitzte nicht mehr, sondern lachte über den lustigen Franzosen, der da auf seine Weise seine Hauptstadt vorstellte.

Was der selbsternannte Fremdenführer zeigte, gefiel allen — außer jenem dicken Niederländer am Fenster, der stur der Straße zugewandt blieb und die Kopfhörer noch immer nicht abgelegt hatte.

Als die Stewardeß das Oberdeck betrat, um mitzuteilen, daß die Übertragungsanlage wieder in Ordnung sei, da fand sie nicht mehr die übliche Reisegesellschaft vor, die sich beim gehorsamen Schwenken der Köpfe durch den fremden Nachbarn nur gestört fühlt, sondern eine ausgelassene Gruppe, die in bester Stimmung in einem Dutzend verschiedener Sprachen aufeinander einredete und sich verstand.

Auf die Kopfhörer verzichtete man und schaute lieber dem Franzosen zu, der da singend und schauspielernd sein Paris erklärte.

Vor Begeisterung vergaß der Japaner zu knipsen. Er lächelte selig und wiegte dankbar den Oberkörper vor und zurück wie ein Schaukelpferd.

Nur der dicke Niederländer ließ sich nicht einbeziehen. Er verharrte in seiner vorgebeugten Haltung und ließ sich von dem berieseln, was aus den Hörmuscheln über seinen Ohren kam. Aber er hatte nichts davon; denn er war schon zu Beginn der Stadtrundfahrt eingeschlafen und bisher nicht aufgewacht.

Hans Peter Richter

Was ist Freude?

Freude ist Glück.
Freude ist ein winziges Baby.
Freude ist, wenn Vater heimkommt.
Freude ist, im Wasser spielen und schwimmen.
Freude ist, viel Schokolade essen.
Freude ist Hochzeit machen.
Freude ist, wenn der Krieg aus ist.

Teresa, 8 Jahre, Canada

Brif, Bruf, Braf

In einem Hof spielten einmal zwei Kinder ein äußerst lustiges Spiel. Sie dachten sich eine ganz besondere Sprache aus, in der sie miteinander reden konnten, ohne daß andere Leute eine Silbe davon verstanden. „Brif, braf", sagte der erste. „Braf, brof", antwortete der zweite. Und dann lachten alle beide ganz toll.

Im oberen Stock des Hauses saß ein alter Herr auf dem Balkon und las seine Zeitung. Im Haus gegenüber lehnte eine alte Frau zum Fenster hinaus. „Was sind das für dumme Kinder, die zwei da unten", sagte die Frau. Aber der alte Herr war nicht ihrer Meinung: „Das finde ich nicht."

„Sagen Sie mir nur nicht, daß sie verstanden hätten, was sie eben gesagt haben."

„Doch. Ich habe alles verstanden. Der erste sagte: ‚Was für ein herrlicher Tag heute.' Und der zweite antwortete: ‚Morgen wird's noch viel schöner.' "

Die alte Frau rümpfte die Nase, schwieg aber still, weil die Kinder unten im Hof wieder angefangen hatten, sich in ihrer Geheimsprache zu unterhalten. „Maraschi, barabaschi, piffirimoschi", sagte der erste. „Bruf", antwortete der zweite. Und wieder brach ihr tolles Gelächter los.

„Wollen Sie das auch wieder verstanden haben?" rief die alte Frau erbost ihrem Nachbarn zu. „Sicher", antwortete der alte Herr lächelnd. „Der erste hat gesagt: ‚Wie sind wir doch froh, daß wir auf der Welt sind!' Und der zweite hat ihm geantwortet: ‚Die Welt ist ganz wunderbar!' "

„Aber ist sie wirklich wunderbar, die Welt?" bohrte die alte Frau weiter.

„Brif, bruf, braf", antwortete der alte Herr.

Gianni Rodari

Feste feiern

Man sollte öfter einmal Feste feiern,
und nicht erst, wenn eins fällt.
Man kann sie ohne Gäste feiern
und ohne Geld.

Ein hübsches Fest heißt Freunde-Suchen.
Ein lustiges heißt: Lachen-Fest.
Es gibt das Fest der Pflaumenkuchen,
das Drachenfest.

Ich könnte euch noch viele nennen,
doch hoff ich, ihr versteht:
Man muß auch grundlos feiern können,
wenn's sonst nicht geht.

Rudolf Neumann

Der Mantel

Der junge Offizier trat aus dem Gebäude heraus. Oben, auf den Stufen der Freitreppe, blieb er stehen. Klirrender Frost lag in der Luft. Es war bereits dunkel in den Straßen von Amiens.
Der Offizier zögerte. Drinnen war das flackernde Licht der vielen Öllampen gewesen. Jetzt mußte er seine Augen erst an die Dunkelheit gewöhnen. Es war keine Freude für ihn, in diese Nacht hinausreiten zu müssen. Erst gegen Mittag war er von einem dreitägigen Ritt zurückgekehrt. Aber es war ihm befohlen worden. Und ihm kam nicht der Gedanke, zu fragen: Warum gerade ich? Schließlich war es auch eine Auszeichnung für ihn, als man ihm sagte: Ihr seid der einzige, der hier nicht die Nacht versäuft. Ihr könnt am ehesten noch die wichtige Meldung überbringen.
Der junge Offizier mochte kaum 18 Jahre zählen. Straff und sehnig war sein Körper. Bei Tageslicht hätte man gesehen, daß seine Augen dunkel glühten. Unten im Hof schnaubten Pferde. Er lauschte. Ein Lächeln umspielte seinen Mund: Pferde — ja — das war etwas. War er nicht im ungarischen Sabaria geboren? Dort, wo man das Licht der Welt gleich neben dem Pferdesattel erblickte.
Mit wenigen elastischen Sätzen war er plötzlich die Stufen hinabgeeilt. Der eiskalte Wind erfaßte seinen roten Offiziersmantel und blähte ihn auf. Leise klirrend schlug das Schwert an die Rüstung.
Aus der Dunkelheit lösten sich die Gestalten mehrerer Soldaten. Sie hielten die Pferde am Zügel. Offensichtlich hatten sie auf den Offizier gewartet. Er nickte ihnen zu: „Wir haben eine wichtige Meldung! Sofort aufsitzen! Unterwegs wird wenig gesprochen! Dafür stramm geritten! Hat jemand eine Frage?"
Der Offizier blickte in die bärtigen Gesichter. Es waren treue Burschen. Vielleicht ein wenig zu rauh.
„Haben verstanden", sagte einer leise. „Das wird eine kalte Angelegenheit", meinte ein anderer.
Der Offizier nickte: „Du hast recht. Die Nacht wird kalt. Aber dafür habt ihr ja schließlich eure Umhänge!"
Jemand reichte ihm die Zügel seines Pferdes. Mit einem blitzschnellen Sprung war er im Sattel. Nur wenige konnten es ihm ebenso schnell

nachmachen. Donnernd klangen die Hufe auf dem unebenen Pflaster der Stadt Amiens. In scharfem Galopp ritt der junge Offizier voran. Einige späte Fußgänger drückten sich ängstlich in Toreinfahrten. Sie hatten wenig Lust, mit den Pferdeleibern in Berührung zu kommen. Man war es gewohnt in Amiens zu dieser Zeit, daß nächtens Reiter durch die Gassen preschten.

Die kleine Gruppe näherte sich dem Stadttor. „He, reiß auf!" rief der Wachhabende. Man kannte diesen jungen Offizier. Die wuchtigen Torflügel öffneten sich. Und schon stob die Gruppe vorbei. Vor dem Tor noch wenige Häuser. Dichtauf folgten die Reiter ihrem Offizier.

Da, fast wären die nächsten gestürzt. Im letzten Moment vermochten sie ihre Pferde zu zügeln. Etwas zu hastig hatte der junge Offizier sein Pferd angehalten. Er starrte auf eine lumpige Gestalt, die sich scheu in eine Mauernische drückte. Die Soldaten sahen kaum etwas. Der Offizier sprach leise: „Mann, was zittert ihr? Was zittert ihr vor mir, Alter?"

Die Antwort kam müde.

„Ich zittere nicht, weil ich Angst vor euch hätte."

„Du kennst mich?" fragte der Offizier.

„Wer kennt euch nicht!"

„Dann hör auf mit dem Gezitter!"

Das hatte ein Unteroffizier gesagt. Er wollte seinen Herrn unterstützen. Der Alte aber sprach: „Herr, es ist nicht die Angst. Es sind Hunger und Kälte!"

Der Offizier runzelte die Stirn. Er drehte sich um zu den Reitern: „Wer von euch hat etwas zu essen da?"

Die Soldaten blickten sich an. Einer kramte in seiner Manteltasche. Er zog sein Verpflegungsbrot heraus, brach ein kleines Stück ab und warf es dem Bettler hin.

Der Offizier beobachtete ihn: „Warum gibst du nicht die Hälfte?"

Der Soldat schwieg. War er dazu bestimmt, Almosen zu verteilen?

„Er friert! Seht ihr es denn nicht?" Immer noch blickte der Offizier die Soldaten an. Sie wußten nicht, was sie antworten sollten. Nervös tänzelten die Pferde auf der Stelle.

Plötzlich hatte der Offizier die Schnüre seines Mantels gelöst und ebenso schnell das Schwert gezogen. Die Klinge blitzte auf. Man hörte in der Dunkelheit das Geräusch reißenden Stoffes.

„Herr!" Einer der Unteroffiziere rief es: „Herr, es ist kalt in dieser Nacht!"

„Eben deshalb! Soll er denn erfrieren?"

Der Offizier warf dem Alten die Hälfte seines wärmenden Mantels zu. Die andere Hälfte schlug er über die Schulter zurück. Schon spürte das Pferd die Sporen. Schon stob er davon, die Gruppe ihm nach.

Aus der frostdurchzitterten Dunkelheit blickte ihnen ein Alter nach, der zaghaft einen roten, für ihn unendlich kostbaren Stoff durch die mageren Finger gleiten ließ. Konnte er es fassen, daß ein Offizier seinen Mantel teilte, um einem Bettler die Kälte der Nacht zu ersparen?

Langsam drang die Wärme des Tuches über die kalten Hände. Sie tat unsagbar wohl, diese Wärme.

Der Offizier aber ritt. Er hatte eine Meldung zu überbringen.

Dies alles geschah im Jahre 335 nach Christi Geburt. Der Offizier hieß Martinus.

Später wurde Martin Christ. Er trat aus der Armee aus. Er ließ sich taufen. Wieder später wählten die Christen von Tours ihn zu ihrem Bischof.

Für die Katholiken heute ist er ein heiliger Mann, der heilige Martin. Der 11. November ist sein Tag, der Martinstag.

nach Ronald Ross

Matthias hat einen großen Freund

Matthias wohnte mit seinen Eltern in einem Mietshaus. Er hatte große Angst vor dem Hausmeister, Herrn Andersson. Herr Andersson konnte keine Kinder leiden. Matthias hatte keinen Freund. Er hatte nur ein Eichhörnchen. Das hieß Jimjim. Der Lehrling Martin hatte ihm das Tierchen geschenkt. Matthias hatte den großen Martin sehr gern. Er war fast wie ein älterer Bruder zu ihm.

Einmal ging Matthias mit seinem Eichhörnchen auf die Straße. Als er zurückkam, stand der Hausmeister da. Er schimpfte furchtbar über das Eichhörnchen.

Er sah böse und sogar gefährlich aus. Matthias war dem Weinen nahe. Er war dem Weinen so nahe, daß ihm tatsächlich die Augen ein bißchen naß wurden, und er mußte das Taschentuch hervorholen und sich die Nase putzen. Und Jimjim schnalzte so trübselig, daß Matthias merkte, er war auch traurig. „Kleiner Jimjim", sagte er seufzend. „Wir kommen sicher nie mehr nach Hause. Wir werden wohl unser ganzes Leben lang auf den Straßen herumlaufen müssen. Und nie mehr werden wir Mama und Papa wiedersehen." Als er das dachte, war er wieder so traurig, daß er sich unbedingt noch einmal die Nase putzen mußte. Und noch einmal.

Plötzlich hielt jemand mit seinem Fahrrad neben ihm. Matthias konnte nicht sehen, wer es war, denn die Augen standen ihm so voller Tränen, daß alles verschwamm.

„Aber was ist denn los?" fragte jemand, und als Matthias sich zum vierten Male die Nase geputzt hatte, sah er, es war Martin. Es war Martin, der sich zu ihm herabbeugte, und Matthias wurde richtig froh. „Du weinst doch nicht etwa?" fragte Martin. „Ich habe mir nur die Nase geputzt", entgegnete Matthias. „Aber warum stehst du denn hier herum? Sogar Jimjim sieht betrübt aus", fuhr Martin fort.

Jimjim schnalzte immerzu, so als wolle er versuchen, etwas zu erklären, und sprang mit einem Satz in Martins roten Haarschopf hinein.

„Herr Andersson . . .", begann Matthias schnaufend. „Er sagt, man darf keine Eichhörnchen halten. Das steht in irgend was drin — wie hieß es doch gleich? Niemand darf Katzen oder Hunde oder irgend etwas haben . . . sagt Herr Andersson." „Soso, das steht vielleicht im Mietvertrag", sagte Martin. „Darüber laß dir nur keine grauen Haare wachsen. Ich komme mit und werde mit Andersson reden."

„Aber er will mir Jimjim wegnehmen!"

„Wenn ich dabei bin, brauchst du keine Angst zu haben", sagte Martin. „Ich lasse das Rad hier stehen, das kann ich später abholen."

Matthias nickte. Martin nahm sich Jimjim aus dem Haar, setzte ihn auf die Schulter und faßte Matthias an der Hand. Am Torweg

stand Herr Andersson und guckte. „Aha, da kommt ihr wieder mit dieser Ratte an", sagte er.
„Erstens ist es ein Eichhörnchen, und zweitens verstehe ich nicht, was Sie damit zu schaffen haben, Andersson", sagte Martin und hielt Matthias fest an der Hand.
„Es steht im Mietvertrag, daß man keine Tiere halten . . ."
„Das weiß ich", unterbrach ihn Martin gleichmütig. „Steht aber auch im Vertrag, daß man Eichhörnchen nicht zu Besuch haben darf?"
„Hm, ja das weiß ich allerdings nicht. Soll dies Ding da denn zu Besuch dableiben?" fragte Andersson und zeigte auf Jimjim, der heftig schnalzte.
„Das junge Eichhörnchen gehört mir. Und Matthias darf es den Sommer über haben. Darüber steht nichts im Vertrag, und wenn Sie deswegen irgendwie Krach machen, dann rufe ich den Hauswirt an", sagte Martin streng.
„Na ja, Krach . . .", sagte Herr Andersson.
„Ja, genau das", sagte Martin. „Komm jetzt", sagte er zu Matthias und begleitete ihn auf den Hof und sogar bis zur Treppe.
„Das war wirklich ein Glück, daß du kamst", sagte Matthias.
„Du hättest mich nur gleich rufen sollen", sagte Martin und gab Matthias das Eichhörnchen zurück. „Ich bin ja beinahe dein großer Bruder. Und wenn man einen großen Bruder hat, braucht man niemals Angst zu haben, das weißt du doch", sagte Martin. Matthias antwortete nichts. Aber er fand tatsächlich, daß Martin sein großer Bruder war. Und er war weder ängstlich noch traurig, als er jetzt zu seiner Mutter die Treppe hinaufrannte.

Hans Peterson

Nikolaus und Nikolaus

Cornelia hat in der Schule erzählt: „Zu mir kommt der Nikolaus immer nur nachts, wenn ich schlafe. Dann tut er mir leckere Sachen in meine Schuhe, aber gesehen habe ich ihn noch nie."
Doch dann stapft am Nikolausabend etwas über den Vorplatz. Man hört, daß da jemand mit riesigen Stiefeln kommt, und er schnauft und

hustet schrecklich. Dann schellt es und schellt, und jemand ruft mit tiefer Stimme:
„Cornelia! Cornelia! Komm her, der Nikolaus ist da!"
Cornelia will zuerst gar nicht zur Tür gehen, aber die Mutter lacht und schiebt sie vor sich her, und der Vater sagt: „Ich bleibe ja in der Nähe!"
Cornelia macht die Tür auf, und da steht ein Nikolaus, kaum größer als sie selbst! Er trägt einen braunen Pelzmantel, der geht ihm bis auf die großen Gummistiefel. Eine rote Zipfelmütze hat er sich tief in die Stirn gezogen, und natürlich hat er auch einen Sack auf dem Rücken und am Kinn einen Bart.
„Ich bin der Nikolaus!" sagt er. „Du bist ja immer ein liebes Kind gewesen, Cornelia. Willst du auch immer so lieb bleiben? Dann sehe ich mal nach, was ich für dich in meinem Sack habe."
Ehe Cornelia antworten kann, hört man schon wieder etwas stapfen und brummen und prusten – und da kommt noch ein Nikolaus, ein langer, dünner. Der trägt einen feuerroten Mantel und eine hohe Bischofsmütze, und auf seiner Nase sitzt eine große Brille. Einen Bart hat er natürlich auch.
„Nanu!" sagt er, wie er den Pelzmantel-Nikolaus sieht.
„Was willst du denn hier?" ruft der Kleine. „Ich bin doch der Nikolaus!"
„Hm", macht der Große und rückt seine Brille zurecht und streicht sich den Bart. „Du bist wohl Cornelias Nikolaus vom vorigen Jahr? Natürlich, mit so kurzen Beinen in so schweren Stiefeln! Da braucht man viel Zeit, um hierherzukommen."
„Wenn du frech werden willst, kriegst du etwas mit der Rute!" sagt der Kleine.
Der Große schüttelte den Kopf und sagt: „Wir dürfen uns doch nicht streiten! Was soll denn Cornelia von uns denken? Sie fängt nie Streit an. Wir brauchen sie gar nicht zu fragen, ob sie brav gewesen ist. Komm, wir wollen lieber unsere Säcke ausleeren!"
Und der kleine und der große Nikolaus schnüren ihre Säcke auf, und durcheinander und übereinander rollen Äpfel und Nüsse und Süßigkeiten auf den Boden, und sechs bunte Farbtuben sind auch dabei!
Cornelia bückt sich – und schon sind die beiden Nikolause fort, ganz leise.

„Ich weiß nicht . . .", sagt Cornelia. „Den Pelzmantel von dem kleinen Nikolaus, den kenn ich doch! Und solche Gummistiefel gibt es nur bei Martin in der Gärtnerei. Und der Mantel von dem großen Nikolaus sah aus wie der Mantel von Evchens großer Schwester. Versteht ihr das?"

Ursula Wölfel

Der 5./6. Dezember

Michael möchte gern Kapitän werden. Er schreibt ein Logbuch, wie auf dem Schiff – in Wirklichkeit ist es ein Tagebuch vom 1.–25. Dezember. Daraus hier ein Teil:

5. Dezember

Ach du lieber Gott, heute war ein Tag!
Die Tante Karolin war schon um neun zum Frühstück da. Und während der ganzen Frühstückszeit haben sie nur übers Backen geredet. Papa ging mit der Bille den ganzen Tag zu Bekannten. Sie kamen eben erst nach Hause, und die Bille hatte im Auto schon geschlafen. Hoffentlich erzählt meine Mutter meinem Vater nicht ... also, ich muß jetzt der Reihe nach anfangen.
Nach dem Frühstück ging der Papa gleich mit Bille los. Weil Mama nicht wollte, daß ihr die Bille zwischen den Füßen herumläuft, weil sie heute das schwierigste Weihnachtsgebäck backt. Und Papa sollte ihr auch nicht zwischen den Füßen rumlaufen, mit seinen zwei linken Händen, wenn er was anfaßt, sagt sie. Erst sollte ich auch mitkommen, aber ich kann die Beckers nicht leiden. Die haben auch nur kleine Mädchen, und die spielen andauernd nur mit ihren Puppen.
Der Peter war zu Hause, und ich ging gleich runter zu ihm. Mama und Tante Karolin backten und backten, und es duftete im ganzen Treppenhaus nach Stollen.
Ins Treppenhaus mußten wir uns nämlich verziehn, weil Peters Eltern wegen dem Bäckerladen nur sonntags Zeit haben, sauber zu machen oder irgendwelchen Bürokram zu erledigen. Also saßen wir vor der Kellertür, und ich erzählte dem Peter vom Nikolausbrief. Wobei sich

herausstellte, daß er auch einen gekriegt hatte. Daß der Nikolaus am 6. abends, also morgen, zu uns hochkommen würde. Daß der Peter dann auch hochkommen sollte. Das stand drin.
Peter dachte dasselbe wie ich: Die verschaukeln uns. Die denken, wir sind Babies und glauben an den Nikolaus.
„Überleg doch mal logisch!" sagte der Peter. Wir überlegten nochmal alles, was wir sowieso schon wußten. Logisch. Daß der Nikolaus nicht Jahr und Tag mitten im Wald leben kann, auf der andern Seite aber auch nicht im Himmel wohnt. Mit Engelchen in kurzen Hemdchen, die Spielzeug machen und Plätzchen backen. Genau so ein Buch mit solchen Bildern hatte mir die blöde Tante Karolin mitgebracht. Ich hab's ja gestern schon gewußt. Da rutscht der Nikolaus auf seinem Esel an einem Mondstrahl zur Erde runter. Kann gar nicht stimmen. Der Peter und ich, wir haben im Fernsehen gesehn, daß auf dem Mond nichts, aber auch rein gar nichts ist. Konnte man ja deutlich sehn bei den ganzen Mondlandungen mit den Astronauten. Und daß der Nikolaus die Sachen durch den Schornstein schmeißt, in den Kamin, das erzählt der Jim, das stimmt auch nicht. Bei uns würde das Zeugs durch den Schornstein geradewegs in den Ölofen fliegen. Oder daß der Nikolaus nachts heimlich durch die Wohnung geistert und was in die Schuhe steckt.
Auch der Peter hat seine Eltern gefragt, wieso denn manchmal sechs Nikoläuse am Nikolausabend auf der Straße herumlaufen, wenn's doch nur einen geben soll? Sie haben zwar gesagt, daß sich Männer als Nikolaus verkleiden, damit die Kinder Spaß haben. Und dabei machen sie einem doch Angst mit der Rute! Und sie sagen, daß ein Nikolaus nicht zu jedem Kind kommen kann an dem Abend. Daß es aber einen richtigen gibt. Daß man nicht wissen kann, ob nicht gerade der, der zu einem kommt, der richtige ist. Irgendwie kann man's besser verstehn als die Geschichte mit dem Mond. Trotzdem: Der Peter und ich, wir waren uns einig: *Es gibt keinen Nikolaus!*
Beim Essen fragte mich Tante Karolin, wie mir das Buch gefiele. Ich habe gelogen. Ich sagte, ich hätte noch nicht reingeguckt. Dann fragte sie mich, ob der Nikolaus zu mir käme, ob ich artig gewesen bin. Ich sagte nichts. Ich fragte sie nach dem Brief, ob sie den geschrieben

hätte. „Schau, schau! Ein Brief vom Nikolaus", sagte sie nur, so wie Erwachsene immer mit einem reden, wenn sie irgendwas besser wissen. „Wie kommst du denn drauf, daß ich den geschrieben haben soll?" „Nur so", sagte ich. Tante Karolin war aber in letzter Zeit auch nicht verreist gewesen. Sie muß ja jeden Tag ins Büro.
Dann, nachmittags, haben wir die Kerzen angemacht am Adventskranz, beim Kaffeetrinken. Die Vanillekipferln waren noch warm vom Ofen. Es war sehr gemütlich. Da fragte sie wieder nach dem Buch. Ich holte es aus dem Kinderzimmer, und dabei fiel mir ein, daß in der letzten Micky-Maus was von Astronauten und Mondlandungen drin war. Ich nahm die also auch gleich mit und suchte die Bilder raus.
Die Mama bewunderte das Bilderbuch und die Tante auch nochmal, obwohl sie mir's geschenkt hatte und genau kannte.
Als sie so richtig am Gucken waren, schob ich die Micky-Maus mit den Weltraumbildern darüber, und sagte: „Das im Buch ist alles gelogen. Stimmt nicht! Guckt mal hier!" Sie sahen mich beide ganz erschrocken an, und die Tante sagte mit spitziger Stimme: „Du kannst das Buch ja Bille schenken. Die hat ihren rührenden Kinderglauben noch!"
Au, mein Ellbogen ist ganz aufgescheuert und meine Hand lahm. Aber ich muß fertig schreiben. Wenn ich Kapitän wäre und hätte einen aufregenden Tag hinter mir, so wie heute und gestern, könnte ich auch nicht einfach aufhören.
Die Mama sagte: „Warte nur, wenn morgen der Nikolaus kommt!" Sie sagte es ganz ernst. Komisch, daß sie ernst und sogar böse werden, wenn man ihnen sagt, wie es richtig ist. Dabei wissen die Erwachsenen doch besser als wir Kinder, daß das vom Nikolaus eine Sage ist. Wegen dem einen Bischof, der mal besonders gut zu Kindern war. Seltsamerweise glauben sie selbst anscheinend an ihre eigenen erfundenen Märchen. Ich blätterte noch im Buch rum und dachte so über all das nach, da schoß die Tante mit einem Schrei in die Höhe, und Mama schrie: „Mein Früchtebrot!"
Und als ich nachher in die Küche kam und ein bißchen Teig haben wollte, da lag das Früchtebrot kohlschwarz auf dem Kühlschrank. Beide brüllten mich gleich an, und schrien: „Zur Strafe gibt's keinen Teig!" „Wofür Strafe?" wollte ich fragen und ließ es sein. Mutter und Tante

Karolin rannten gleich wieder wie aufgeschreckte Hühner rum. Auch beim Abendbrot redeten sie kaum mit mir. Irgendwie hab ich was Blödes gemacht, ich weiß nicht genau was. Nur hoffentlich erzählen sie's nicht Papa. Für das verbrannte Dings kann ich aber wirklich nichts. Also manchmal versteh ich die Erwachsenen nicht.

6. Dezember, mittags

Auch heute kein, kein Schnee. Ich muß schnell was aufschreiben; wer weiß, was heute abend ist, und jetzt, wo ich Schularbeiten mache, hab ich wenigstens noch nicht vergessen, was heute früh war.
Der Peter und ich, wir haben ein eigenes Nikolausgedicht gemacht! Es ist große Klasse. Auf dem Heimweg von der Schule hatten wir uns so geärgert, daß die uns alle heute abend verschaukeln wollen, und jetzt legen wir *sie* rein. Auf Ehrenwort, wir haben beide geschworen, daß wir's zusammen aufsagen. Und keiner hatte die Hände auf dem Rücken, keiner konnte die Finger kreuzen, daß der Schwur nicht gilt. Und hier ist das Gedicht:

Raus aus dem Haus,
Nikolaus!
Mit deiner blöden Zipfelmütz
verschwinde wie'n geölter Blitz!

Klasse! Klasse! Ich kann kaum warten bis heute abend. Die werden wir reinlegen. Ich hab nur Angst, der Peter kneift, wenn sein Vater so streng guckt. Ich hab auch Angst. Irgendwie ein bißchen. Ich würde mich fürchterlich schämen, wenn der Nikolaus mich mit der Rute verdrischt.

6. Dezember, abends

Nikolaus könnte so schön sein ohne Nikolaus. Mist, ich hab's ja gewußt, daß der Peter seinen Mund nicht aufkriegt. Da hat sein Vater aus der Ecke zu ihm rübergefunkelt, und da hat er glatt aufgesagt: „Von drauß' vom Walde komm ich her ..." Trotz Schwur. Nie wieder glaub ich ihm, auch wenn er zehnmal schwört. Aber ich, ich war so böse auf ihn und den dämlichen Nikolaus mit seiner Brummelstimme, ich hab's gesagt. Alleine.

Die Mama hat die Bille an sich gezogen und ihr die Ohren zugehalten. Peters Vater und Mutter und mein Vater, die haben was geflüstert, was ich nicht verstehen konnte. Ich stand ja vor dem Nikolaus. Der sagte mit ganz hoher wackeliger Stimme, so als ob er lachen müßte: „Du hast wohl lange meine Rute nicht gespürt!" Und daran konnte ich sehen, daß er nicht lachte. Er hieb mir ein paar Mal kräftig eins über den Hintern. Ich machte Fäuste. Die Fingernägel krallten sich mir in die Hand. Ich schämte mich so. Verdroschen von einem blöden, unechten Nikolaus. Auch noch vor allen anderen. Vor Bille. Und dem feigen Peter. Der stand artig da und grinste. Das werd' ich nie vergessen. Ich wünschte mir, als ich so allein dastand, ich könnte einmal so kräftig und fest pusten, daß dem Nikolaus der Wattebart, die Rute und der rote Mantel wegflögen, auf einen Schlag. Daß er nur noch in Stiefeln und Unterhosen dastände, und ich sehen könnte, wer er ist. Dann hätte *ich* gelacht, und die andern wären blöd herumgestanden. Leider konnte ich nicht so pusten. Der Nikolaus fragte: „Willst du dich von heute an bessern?" Und er hielt mir ein Säckchen hin, daran baumelte die Schneekugel, die ich mir gewünscht hatte. Beinahe hätte ich schon „Nein!" gesagt, vor lauter Wut. Da dachte ich, dann würde ich die Schneekugel nicht kriegen. Und bestimmt hätte ich sie nicht gekriegt. Also sagte ich „Ja!" Und nicht nur „Ja", sondern: „Ja, lieber Nikolaus!" Obwohl ich's eigentlich nicht tun wollte. Aber ich freute mich so auf die Schneekugel. Und da war ich eben einfach so, wie alle gern gehabt hätten, daß ich sein sollte.

Die Schneekugel mit dem Fachwerkhaus innendrin liegt jetzt neben meinem Kopfkissen, und drinnen schneit's. Am Kopfende von meinem Bett hängt das Säckchen mit Äpfeln, Plätzchen, Nüssen und Mandarinen. Mhhmm, Mandarinen! Es duftet nach Weihnachten. Jetzt ist's richtig gemütlich zum Einschlafen. Es wäre zu schön, wenn Nikolaus ohne Nikolaus wäre.

Susanne Kilian

Krippenjesuskind

Heute war's schon um viertel nach vier dunkel. Ich glaube, heute ist der kürzeste Tag und die längste Nacht. Oder war das gestern? Die riesigen, grauen Wolken draußen sehn verdächtig nach Schnee aus. Sagt Papa auch.
Wir haben endlich Weihnachtsferien gekriegt. Da war in der Schule nicht mehr viel los. 'Ne Geschichte haben wir vorgelesen gekriegt. Und die war bestimmt erfunden und nicht wahr.
Also da hat ein Junge sich in der Kirche die Krippe angeguckt. Dabei hat er gesehn, daß das Gips-Jesuskind nackt war. Er ist nach Hause gesaust und hat aus dem besten Kleid seiner Mutter, ihrem Samtabendkleid, unten am Rock ein Stück rausgeschnitten. Dann ist er in die Kirche zurückgesaust und hat das Stoffstückchen dem Gipskind in der Krippe übergedeckt. Seine Mutter hat einfach ihr Kleid dann kürzer gemacht. Und sie hat sich darüber *gefreut*, daß ihr Junge sowas gemacht hat. Also wirklich, wenn *ich* das an Mamas Abendkleid machen würde! Die würde sich gar nicht freun. Die würde mir eine knallen und fürchterlich schimpfen.

Susanne Kilian

Vor Weihnachten

Die Geschäftsstraße prangte im Weihnachtsschmuck. Zwischen den Lichterketten hingen Lautsprecher, die ununterbrochen ihr „Stille Nacht . . ." auf die Köpfe der Vorübergehenden herabdröhnten. Unter den Angeboten der Kaufhäuser schienen die Schaufenster zu bersten.
Die alte Dame trippelte von Auslage zu Auslage. Sie hielt einen Schreibblock in der Hand. Auf den Blättern hatte sie die Namen derjenigen vermerkt, die sie beschenken wollte. Jetzt betrat sie eine Buchhandlung.
Mit ausgebreiteten Armen kam der Buchhändler hinter seinem Ladentisch hervor. „Gnädige Frau", begrüßte er sie, „wie lange habe ich Sie

nicht mehr gesehen. Das freut mich aber, daß Sie mich wieder einmal besuchen. Wie geht es Ihnen denn?"

Die alte Dame reichte dem Buchhändler lächelnd die Hand. „Ich war ein wenig krank in den letzten Wochen", erklärte sie leise, „doch nun geht es wieder. Ich muß ja auch die Weihnachtsgeschenke für die Kinder und meine Enkelchen besorgen."

Der Buchhändler winkte einer Verkäuferin und geleitete die alte Dame zu einem Tisch. Dort rückte er ihr einen Stuhl zurecht, während die Verkäuferin den Tisch freimachte.

Obwohl sich die Kundschaft im Laden drängte, widmete sich der Buchhändler nur der alten Dame. „Und womit darf ich Ihnen heute dienen?" erkundigte er sich hilfsbereit.

„Ich suche etwas für meinen Sohn", sagte die alte Dame, „das will ich ihm mitbringen . . ."

„Ach", fiel ihr der Buchhändler ins Wort, „in diesem Jahr werden Sie also die Festtage bei ihrem Sohn verbringen?"

„Ich denke, ja", sagte die alte Dame. Ein wenig Trauer dämpfte ihre Stimme. „In den vergangenen Jahren hat es nicht so recht geklappt. Zuerst haben sie das neue Haus gebaut, da war noch kein Platz, um mich unterzubringen. Dann mußten sie einmal einen ausländischen Geschäftsfreund mit seiner Familie einladen, und sie hatten das Haus voll. Im darauffolgenden Jahr ist dann ganz unerwartet die Heizung ausgefallen, da wollten sie mir nicht zumuten, mit ihnen in der Kälte auszuhalten. Im vergangenen Jahr war mein Sohn so überarbeitet, daß er zur Winterkur fahren mußte. Für mich wurde wieder nichts aus Weihnachten. Aber in diesem Jahr, so hoffe ich, wird es gehen. Ich habe zwar noch keine Einladung, doch ich bin sicher, die kommt. Wissen Sie, ich bin eine alte Frau. In meinem Alter hat man nicht mehr so viele Weihnachtsfeste vor sich. Deswegen möchte ich gern noch einmal so richtig mit meinem Sohn, mit meiner Schwiegertochter und mit den Enkelkindern unter dem geschmückten Weihnachtsbaum sitzen. Vielleicht ist es zum letztenmal!"

Hans Peter Richter

Der Weihnachtsbaum

Endlich haben wir den Weihnachtsbaum! Also wenn ich etwas gern mache, dann ist das Weihnachtsbaum kaufen gehn. Da duftet es so gut nach Weihnachten von all den vielen Tannenbäumen, daß einem richtig schwindlig wird. Die Bille und ich, wir haben so gebettelt, daß wir dieses Mal einen Baum kriegen sollten, der bis an die Wohnzimmerdecke geht. Aber die Eltern wollten so einen nicht. „Der ist ja so riesig. Der hat im Wohnzimmer keinen Platz. Und außerdem muß man da so viel dranhängen." Schade. Wir haben einen kleinen gekauft, der wieder auf das runde Tischchen in der Ecke kommt.
Mama wollte elektrische Kerzen kaufen, weil die keine Wachstropfen auf den Teppich machen. Aber da war zum Glück Papa auch dagegen. Die richtigen Kerzen sind irgendwie viel echter. Die flackern. Und Bille und ich können sie auspusten.
Jetzt steht der Weihnachtsbaum auf dem Balkon. Er sieht richtig aus, als würde er warten. Manchmal geh ich mit Bille raus, und wir riechen dran. Einen kleinen Tannenzweig davon haben wir an den Adventskalender gesteckt.
Mama will nicht, daß es jetzt schneit, solange der Baum da draußen ist. Weil er dann so tropfnaß in die Wohnung kommt. Ich wünsche mir trotzdem wieder jeden Abend Schnee und rase morgens ans Fenster. Weihnachtsabend ohne Schnee mag ich nicht so gerne.

Susanne Kilian

Weihnachten wird abgeschafft

Wie ein graues Tuch hängt der Himmel über der Siedlung. Nieselschnee fällt auf Achims Haar. Er prellt seinen Fußball gegen ein Garagentor. Jedesmal gibt es einen dumpfen Ton. — Da kommt die Stimme von oben. „Hör endlich auf mit dem Gepolter! Das klingt ja gräßlich!"
Der alte Bokelmann! Achim kennt ihn. Immer hat er etwas zu meckern.

Achim setzt sich auf die Mülltonne, den Fußball zwischen den Beinen. Noch fünf Tage bis Weihnachten! Ist denn niemand auf dem Vorplatz, mit dem er spielen kann? Werner ist mit seiner Mutter in die Stadt gegangen. Achims Mutter kommt erst gegen sieben nach Hause. Vor Weihnachten wird es immer so spät im Geschäft. Was tun? Nach oben zu gehen, hat Achim keine Lust. Im Fernsehen gibt es doch nur Kleinkinderkram.

Zwei Arbeiter gehen vorbei. Einer trägt einen verschnürten Baum unterm Arm.

„Ich habe noch keinen Baum besorgt", sagt der andere.

„Im vorigen Jahr waren sie Heiligabend um die Hälfte billiger. Überhaupt, der ganze Rummel! Von mir aus kann Weihnachten abgeschafft werden."

Achim hört nicht mehr, was der andere darauf antwortet. Ihm ist plötzlich kalt im Rücken geworden. Was meint der Mann? Weihnachten abschaffen? Kann man etwas abschaffen, das es schon immer gibt? Achim umkrallt seinen Ball. Gibt es Weihnachten nicht schon immer? Nicht schon seit zweitausend Jahren? So hat er es doch gehört. Eine lange Zeit! Warum gefällt es dem Mann jetzt nicht mehr?

Abschaffen! Oma Lettwig hat im Herbst ihren Hund abschaffen müssen. Er hatte die Mieter gestört. Noch lange Zeit hat sie deshalb geweint. Aber Weihnachten? Kann man das auch abschaffen wie einen Hund, der die Leute stört?

Achim rutscht von der Tonne und fingert nach seinem Schlüssel. Oben klingelt er bei Oma Lettwig. Zum Glück ist sie zu Hause. Warmer Dunst schlägt ihm entgegen, als er die Tür öffnet. Eifrig schabt er seine Füße ab.

„Ich bin beim Backen", sagt Oma Lettwig. „Wenn du dir die Finger wäschst, kannst du mir ausstechen helfen."

Achim ist es recht. Nur jetzt nicht allein sein müssen!

Auf der Kommode hat Oma Lettwig ihre Figuren aufgestellt. Achim kennt sie vom letzten Jahr: Kleine Engel mit kurzen Hemden und nackten Füßen. Jeder spielt ein anderes Instrument. Sie haben ihm eigentlich immer gut gefallen. Jetzt kommen sie ihm plötzlich albern vor.

Er sticht Herzen und Sterne aus, Monde und Blumen. Seine Finger erwärmen sich und werden geschickter. Was hat doch der Mann auf der Straße gesagt?

„Kann man Weihnachten abschaffen?“ Im gleichen Augenblick hat er es laut gesagt. Es ist heraus. Oma Lettwig schaut ihn erschrocken an.

„Wie kommst du denn darauf?“

„Nur so. Ein Mann hat es gesagt. Es stört ihn. Zuviel Rummel.“

Oma Lettwig antwortet nicht. Sie knetet die Teigreste zusammen, rollt sie von neuem aus und drückt die Förmchen hinein. Achim hängt seinen Gedanken nach. Es stimmt: Im Kaufhaus, wo die Mutter an der Kasse sitzt, drängen sich die Leute. Es ist hell und warm dort, die Menschen lachen und reden. Hier bei Oma Lettwig ist es auch sehr gemütlich. Aber ist das Weihnachten? Weihnachten muß doch noch etwas anderes sein. Der Mann ist schuld, daß seine Weihnachtsfreude plötzlich einen Sprung bekommen hat. Ob der Sprung wieder heilt? Oder wird Achim sein ganzes Leben lang über Weihnachten nachdenken müssen, bis er das Geheimnis entdeckt? Ein Geheimnis muß dahinterstecken, das spürt er genau. Auch Oma Lettwig scheint es zu wissen. Aber sie schweigt noch immer.

Hanna Hanisch

Schenk mir Hände

Zwei Tage vor Weihnachten schreibt Manfred seinen Wunschbrief. Voriges Jahr hat ihm die Mutter noch geholfen. Heute kann er es allein. Er sitzt auf dem Teppich. Vor ihm steht die kleine Leselampe. Auf der Schreibunterlage liegt der Briefbogen. Manfred hat keine Hausschuhe an, keine Socken. Der Füllhalter steckt zwischen der großen Zehe und der zweiten Zehe am rechten Fuß. Der linke Fuß drückt das Blatt nieder. Manfred schreibt mit dem Fuß. Er hat keine Hände. Seine Arme hören beim Ellbogen auf. So ist er auf die Welt gekommen. Er weiß nicht, warum! Niemand weiß, warum!

Voriges Jahr ist Achims Wunschbrief lang gewesen. Er hat alles bekommen: die Eisenbahn, das Auto, den Legokasten, die drei Bücher. Heute schreibt Manfred nur einen Wunsch auf:

‚Schenk mir Hände!'
Es gelingt ihm, das Blatt mit den Füßen in den Umschlag zu schieben. Auf den Umschlag schreibt er:

An das
Postamt „Christkindl"
in Salzburg

Dann klemmt er den Brief zwischen die Armstümpfe und legt ihn auf das Fensterbrett in seinem Zimmer.
Am nächsten Tag riecht es gut in der Wohnung. Die Mutter bäckt Plätzchen. Manfred spielt mit der Eisenbahn.
Die Mutter kommt aus der Küche. Sie sagt: „Manfred, ich gehe schnell einkaufen. Ich komme bald zurück."
Manfred nickt. Er ist nicht allein. Der Vater arbeitet in seinem Zimmer.
Nach einer Weile steht Manfred auf. Er geht in die Küche. Dort steht die Schüssel mit dem Backwerk. Ein Plätzchen ist auf den Tisch gerutscht. Es liegt ganz nahe am Tischrand. Manfred spitzt den Mund und schnappt es auf. Es schmeckt sehr gut.
Da sieht er die Gummihandschuhe der Mutter. Sie liegen auf dem Abwaschtisch.
Hände! Finger! denkt Manfred.
Mit dem linken Arm streift er die Handschuhe auf den Boden. Dann hockt er sich hin. Er steckt jeden Armstumpf in einen Handschuh. Mit den Zähnen zieht er sie hoch. Die Handschuhe sitzen fest.
Manfred rennt ins Wohnzimmer und schreit: „Hände! Ich habe Hände!" Er tanzt im Zimmer umher und schreit immer wieder: „Hände! Ich habe Hände!"
Die Mutter ist zurückgekommen. Der Vater kommt aus seinem Zimmer. Da stehen die Eltern und schauen auf ihr Kind. Der Vater preßt die Lippen zusammen und geht in sein Zimmer. Die Mutter schluckt.
Auf einmal bleibt Manfred stehen. Er schaut auf die Handschuhe. Er jubelt nicht mehr. Er ist still.
Und dann schleudert er die Handschuhe weg, wirft sich auf die Couch und weint. Die Mutter läuft zu ihm und nimmt ihn in die Arme.

„Manfred, wenn du groß bist, bekommst du Hände. Es gibt Menschen, die können Hände machen, künstliche Hände“, sagt sie.

Aber Manfred hört nicht zu.

Später holt er den Brief und wirft ihn in den Abfalleimer. Am Abend geht er schlafen. Er betet. Aber er sagt nicht mehr:

„Schenk mir Hände.“

Er weiß, er bekommt keine — auch nicht zu Weihnachten.

Elfriede Becker

Die Weihnachtstorte

Weihnachten ist nur einmal im Jahr. Wir feiern es zwei Tage lang. In Caracas aber, in Venezuela, feiern die Menschen drei Tage lang Weihnachten.

Auch Pele möchte drei Tage Weihnachten feiern. Er sagt zu seiner Schwester: „Maria, gehst du mit mir auf die Straße, auf die Avenida? Miteinander könnten wir mehr zusammenbringen. Ich nehme meine Gitarre mit und spiele. In drei Tagen sind wir unermeßlich reich.“

„Unermeßlich“, das sagt Pele gern.

Maria ist begeistert. Sie schlägt ihren Bruder auf den nackten Rücken und holt das einzige Paar Rollschuhe, das sie haben. Pele zieht den Bindfaden an seiner Hose fester und nimmt seine Gitarre. Sie laufen den Hügel hinunter. Es ist Abend, aber es ist sehr warm. Die Steine spüren sie nicht. Ihre Fußsohlen sind abgehärtet.

In der Avenida bleiben sie stehen. Pele bindet den einen Rollschuh an seinen rechten Fuß, Maria den anderen an ihren linken Fuß. Halb rollend, halb laufend eilen sie dahin. Pele stößt sich mit dem linken Fuß ab, Maria mit dem rechten.

Plötzlich stoppt Pele. Da ist eine Konditorei. In der Auslage liegt eine große Torte. In Zuckerguß steht darauf: FROHE WEIHNACHTEN! Maria steht neben Pele. Beide schauen auf die Torte. Pele sagt: „Diese Torte kaufen wir, Maria. Diese Torte bringen wir nach Hause. Da werden die Eltern und die Großeltern staunen. Da werden sie sich freuen.“

Maria sagt: „30 Bolivar! Wann hast du 30 Bolivar, Pele?"
„Du wirst schon sehen, Maria", sagt Pele.
Sie laufen weiter, von einem Geschäft zum anderen, von einem Hotel zum anderen. Pele singt und spielt, und Maria sammelt das Geld ein. Und sie haben Glück heute! Es ist noch nicht 11 Uhr nachts, und schon hat Pele sechs Bolivar in der Hosentasche. Aber Maria sagt: „Das dauert fünf Tage, bis wir 30 Bolivar haben." Pele gibt nicht auf. Es ist drei Uhr früh, als sie heimkommen. Sie haben 11 Bolivar.
„Morgen noch einmal", sagt Pele.
Am nächsten Abend laufen sie wieder über die Avenida. An diesem Abend bekommen sie acht Bolivar. „Das sind zusammen 19 Bolivar", sagt Pele.
Sie laufen zur Konditorei und schauen die Torte an. Sie kostet 30 Bolivar.
„Vielleicht gibt er sie uns schon für 19", sagt Pele.
„Das glaube ich nicht. Aber vielleicht können wir die halbe Torte kaufen", sagt Maria. Pele hebt die Schultern hoch und sagt: „Und wer kauft die zweite Hälfte?"
Auf einmal gibt Pele sich einen Ruck und geht in das Geschäft, Maria ängstlich hinterher. Der Verkäufer will ihnen eine Münze geben, aber Pele sagt: „Nein, nein, wir wollen die Torte kaufen, aber wir haben bloß 19 Bolivar."
„Nun, es gibt auch eine kleinere Torte", sagt der Verkäufer, als er das Geld sieht. Er bringt eine Torte. Sie ist halb so groß. In der Mitte schimmert ein Stern aus Zuckerguß, keine Schrift!
„Macht nichts", sagt Pele, „die Eltern und die Großeltern können sowieso nicht lesen."
Pele trägt seine Gitarre, Maria die Torte. So laufen sie heim.
Am Weihnachtsabend steht die Torte auf dem Tisch. Alle bewundern den Stern. Endlich schneidet die Mutter die Torte auf: 18 Stücke! Jeder bekommt 3 Stücke für drei Tage.
In Caracas, in Venezuela, feiern die Menschen drei Tage lang Weihnachten!

Elfriede Becker

Seltsame Weihnacht

Es ist eigentlich gar keine fröhliche Geschichte.
Wir Jungens der „Langen Terrasse" mit den vielen, ewiggleichen und engen Fensterreihen wußten es lange: Peter Arp würde keinen Tannenbaum und keine Bescherung bekommen.
Ich saß mit Adolf Wienken und Willi Wellpott auf der schiefgetretenen Steinstufe des Hauseingangs Nummer 13. Eigentlich warteten wir, daß es schneien sollte. Der Himmel — das heißt das schmale Stück, das wir zwischen den Dächern hindurch sehen konnten — war auch dunkelgrau. Aber schneien wollte es trotzdem nicht. So kamen wir dazu, über Peter Arp und Weihnachten zu sprechen, und daß er keinen Tannenbaum kriegen würde. Es war im vorigen Jahr schon ebenso gewesen.
„Meine Mutter hat kein Geld dazu, nicks zu machen" — hatte Peter Arp gesagt und dabei gelacht und von Aberglauben und Kinderkram geredet. Es sei ihm auch vollkommen schnuppe.
Mir war es schon im vorigen Jahr eiskalt über den Rücken gelaufen. Und daß er so lachen konnte, das wollte mir nicht recht stimmen. Und ich hatte mir damals schon lange überlegt, ob ich meine Mutter nicht bitten sollte, Peter Arp zu unserer Bescherung einzuladen. Aber dann müßte er auch etwas geschenkt bekommen. Und dann erhielten meine Brüder und ich weniger. Daß das Geld knapp war, wußte ich nur zu genau. Dazu brauchte es nicht erst Weihnachten zu werden. Dem Vater wagte ich schon gar nichts zu sagen. Weihnachten — und Gäste? — fremde Gäste? Das war ganz unmöglich! So hatte ich den Gedanken aufgegeben und über dem Hangen und Bangen vor der eigenen Bescherung bald vergessen.
Nun saßen wir drei da, und Peter Arp kriegte wieder keinen Weihnachtsabend. Es rumorte uns allen dreien und mir besonders im Kopfe — oder besser; es wehrte sich, da hineinzukommen. Ich dachte zwar mit heimlichem Lächeln daran, daß unser Vater gestern abend beim Nachhausekommen und In-die-Tür-Treten laut und mit großem Bedauern in der Stimme gesagt hatte, diesmal gebe es keinen Tannenbaum. Der Kaiser habe es verboten. Aber das war bloßer Spaß und jedes Jahr derselbe, wenn er nämlich den Baum bereits ausgesucht und

beim Grünhöker Grimpen hatte zurückstellen lassen. Und damit fing Weihnachten beinahe schon richtig an. Meine Brüder und ich machten: oh! – und taten so, als ob wir es glaubten. Dann lachte unser Vater so um seine Augen herum und so heimlich hinter seinem Vollbart, sagte das Verbot aber ernsthaft noch einmal.

Dann stieg hinternach, wenn wir im Bett lagen und schlafen sollten, das Bild des brennenden Christbaums so hell und märchenhaft vor uns auf, daß wir gar nicht schlafen konnten und uns gegenseitig unsere Wünsche zuflüsterten, und die Mutter schalt: „Einschlafen! Einschlafen!"

Und nun sollte Peter Arp keinen Tannenbaum haben.

Es blieb lange still zwischen uns auf der Steinstufe Nummer 13. Wir sahen nach oben. Aber schneien wollte es auch nicht.

Endlich sagte Willi Wellpott: „Er könnte ja bei uns vielleicht zukucken."

Willi Wellpott hatte einen jüngeren Bruder, mit dem er sich schlecht vertrug, weil der Kleine immer alles haben wollte. Er dachte, dann müßte der Kleine sich am Ende schicken.

Ich ließ mir meinen vorjährigen Plan wieder durch den Kopf gehen – und wieder hinaus. Es nützte nichts. „Zukucken, das macht keinen Spaß" – meinte Adolf Wienken langsam, und seine dichten Augenbrauen schoben sich eng aneinander. Darauf schwieg er. Ich dachte: Peter Arp, der uns allen immer zu helfen weiß – und wir drei Mann hoch wissen ihm nicht zu helfen. Schrecklich – dachte ich und muß es auch wohl laut gesagt haben, denn Adolf Wienken sagte: „Weißt du denn was Besseres?"

Da kam mir ein leuchtender Einfall. „Wir machen ihm eine Bescherung in unserer Höhle!" – sprudelte ich heraus, so schnell, daß Willi Wellpott es gar nicht verstanden zu haben schien.

„Wo?" – fragte er gedehnt und sah mich durchdringend an. „In unserer Höhle am Katerstieg" – wiederholte ich, und bei dieser Wiederholung meiner eigenen Worte stand mein Entschluß auch schon baumfest. Adolf Wienken war begeistert, das heißt, auf seine Art, indem er alle Bedenken nacheinander zusammentrug, die dagegen stimmen konnten. Ich aber rannte sie in meiner Begeisterung allesamt über den Haufen. Und am Ende unserer Unterredung auf jener Stein-

stufe Nummer 13 war es wenigstens mir völlig klar, daß ein rechter Weihnachtsabend für uns eigentlich nur in unserer Höhle gefeiert werden könne.
„Aber —" sagte Adolf Wienken auf einmal. Weiter kam er nicht. „Was denn?" — rief ich. „Wir müssen es aber doch heimlich machen" — fuhr er fort. „Natürlich" — sagte ich, und Willi Wellpott stimmte mir kopfnickend bei.
„Das geht aber doch nicht" — sagte Adolf Wienken verdrossen.
„Warum denn nicht?" — schrie ich ihn an und wollte meinem Ärger noch mehr Luft geben, als Adolf Wienken langsamer noch als sonst sagte: „Weil wir es ohne ihn nicht fertigbringen."
Dabei sah er uns hilflos an. Mir blieb das Wort im Munde stecken. Ja, das war eine Sache und das blieb eine, die man nicht umreden konnte, ohne Peter Arp war noch nie etwas Besonderes unternommen worden. Daß wir daran gar nicht gedacht hatten.
Wir saßen still und schwiegen, und unsere Gedanken waren wie ein Spinnennetz von lauter feinen dünnen Fäden zwischen uns. „Ich besorge den Baum", sagte da Willi Wellpott und stand auf, als wolle er sofort drauflos.
„Aber nur einen kleinen, Willi!" — warf ich ein, so, als ob ich seinen Vorschlag längst erwartet hätte.
„Denkst du, ich weiß nicht, wie groß unsere Höhle ist" — sagte er beleidigt.
„Wir wollen überhaupt erst mal nachsehn, ob die Höhle noch heil ist" — meinte Adolf Wienken.
Wir machten uns auf den Weg nach der Höhle. Der Katerstieg war nicht weit. Es war schon dämmerig. An Ort und Stelle entfernten wir unter den Schwestereschen die Büsche und Rasenstücke, womit wir den Eingang verborgen hatten, und Willi Wellpott kroch hinein. „Sie ist in Ordnung!" — rief er drinnen. Es klang dumpf. „Richtig mollig!" — meinte er im Herauskrabbeln. Danach kroch ich hinein und wieder heraus und zuletzt der lange Adolf. Es war alles in Ordnung.
„Wenn es bloß bis dahin noch schneien wollte" — sagte ich und sah zweifelnd den Himmel an, an dem hier und dort die Sterne langsam hervorkamen. In Gedanken sah ich schon alles weiß und rundum dunkle Nacht und das flackernde Kerzenlicht, wie es wunderbar aus

der Höhle schimmerte. Wir deckten den Eingang wieder sorgsam zu und machten auf dem Rückweg alles genau ab, was getan werden müsse. Willi Wellpott besorgte den Baum. Auch die Lichter wollte er beschaffen. Für die Lichthalter garantierte ich. Ich wußte, daß mein Vater doch jedes Jahr neue kaufte, so viel meine Mutter auch auf den „Luxus" schelten mochte und die alten Halter herkramte. „Einmal im Jahr ist bloß Weihnachten" — lachte mein Vater. Es war wirklich so, daß er beim Sprechen lachen konnte. Er machte das auch so, wenn meine Mutter und er am Abend vor Weihnachtsabend den Baum aufputzten und mein Vater eine Flasche Portwein in seiner Rocktasche mit nach Hause trug. Die Flasche stand mitten auf der weißen Tischdecke, und wir Jungens bewunderten die rot und goldene Etikette, auf der ein Schloß mit Türmen abgebildet war, das auf einem Berge stand. „Ich bringe die Lederkissen zum Sitzen" — sagte Adolf Wienken. Er sagte es etwas zögernder noch als sonst. Sein Vater, ein früherer Seemann, war sehr streng. Die Lederkissen waren seine gehüteten Schätze. Sie stammten noch von Bord der „Santa Josepha", auf der er zuletzt gefahren hatte.

„Damit es feierlich wird" — setzte Adolf Wienken nach einer Pause noch hinzu. „Geschenke?" — sagte da plötzlich einer.

Ja freilich: Geschenke mußte Peter Arp auch haben. Abgelegte Sachen durften es nicht sein. Wir drei Jungens von zehn bis zwölf Jahren wälzten schwere Gedanken durch unser Hirn. Zuletzt entschieden wir uns für eine Peitsche. Peter Arp mochte gern knallen. Das wußten wir. Er hatte auch eine Peitsche. Das wußten wir auch. Wir hatten alle eine Peitsche. Aber es waren selbstgemachte. Peter Arp sollte eine gekaufte haben aus dem Laden von Wilhelm Jückstock an der Eimsbütteler Chaussee. So eine, die mit braunem und weißem Leder umwickelt war. Und so geschah es.

In den zwei Wochen, die noch bis zum Heiligabend hin waren, sammelten wir, wo es nur irgend anging, beim roten Pfennig angefangen bis zum blanken Groschen, Weihnachtsgelder für Peter Arp. Und alles in der Heimlichkeit. Und zwei Tage vor dem Ziel hatten wir das nötige Geld zusammen — und kauften bei dem dicken Jückstock die Peitsche. Der Stiel war hellgelb und biegsam, unten mit weißen und

braunen Lederstreifen umwickelt. Und am Ende der Schnur wippte der „Sweep", der beim Knallen den schneidenden Ton gab.
Adolf Wienken nahm die Peitsche unter seine Obhut. Es ging alles richtig. Am Morgen des 24. Dezember fing es behaglich an zu schneien: große, flaumige Flocken, die feierlich herabsanken.
Ich kam an diesem Morgen zu spät in die Schule und erhielt von Herrn Hinz eine „kleine Ohrfeige". Sie tat nicht sonderlich weh. Hauptsache war, daß es weiterschneite.
Nachmittags sagte Willi Wellpott: „Er weiß Bescheid", und: „Die Alte ist gar nicht zu Hause" — fügte er grinsend hinzu. Adolf Wienken rieb sich die Hände. Vor der buckligen Stiefmutter Peter Arps hatte er eine unheimliche Angst. Schon vor ihrer keifenden Stimme riß er aus. Darum rieb er sich nun die Hände. Wir hatten die Sache mit der Höhle sehr geheimgehalten. Um sieben Uhr hatten wir alle zu Hause Bescherung. Um sechs sollte die Feier in unserer Höhle sein.
Um vier Uhr, als es schon dunkelte, schlich Willi Wellpott, den Tannenbaum unterm Arm, die Terrasse entlang. Der Schnee lag weiß und dick. Keine Menschenseele war zu sehen. Ich lag bei der Höhle auf Posten. Es war kalt. „Parole?" — rief ich Willi Wellpott an. Peter Arp hieß die Parole. Aber Willi Wellpott sagte bloß: „Halt den Mund, Mensch!" — und dann war er bei mir in der Höhle.
Der Baum war noch zu hoch. Gott sei Dank — Adolf Wienken, der auch ohne Parole hereingestolpert kam, besaß ein großes Taschenmesser. Damit kriegten wir endlich die richtige Größe heraus. Der hölzerne Kreuzfuß saß auch bald fest. Der Baum stand. Ich kramte meine Halter aus allen Taschen und befestigte sie außen herum an den Zweigen. „Ein paar mehr in die Mitte!" — sagte Willi Wellpott und fing an, die Lichter einzustecken.
„Wo ist denn die Peitsche?" — fragte ich.
Adolf Wienken suchte nach irgend etwas hinter sich herum und sagte dabei: „Bei den Kissen."
Ich suchte nach den Kissen, konnte sie aber nirgends finden. Ich wurde unruhig. „Wo hast du denn die Kissen?" — fragte ich zuletzt.
„Ich hol' sie gleich" — sagte Adolf Wienken. Es klang sehr unsicher. Danach kroch er hinaus und verschwand.

Willi Wellpott und ich lagen in der dunklen Höhle. Es war sehr kalt von der Erde. Draußen hatte der Schneefall aufgehört. Durch das runde Eingangsloch sah ich einen Stern blinken.
Willi Wellpott und ich sagten beide nichts. Wir hatten nur einen Gedanken. Wir lauerten auf die Peitsche. Als Adolf Wienken immer noch nicht zurückkam, meinte Willi Wellpott, daß es Zeit sei, Peter Arp zu holen. Damit kroch er auch hinaus. Ich lag in der dunklen Höhle allein und sah nach dem Stern.
Ich lag so sehr lange. Es war kalt, und mir war etwas ängstlich zu Sinn, aber es war doch wunderschön. Es war so still, daß ich meinen Atem hören konnte. Und draußen blinkte der helle Stern.
Plötzlich zuckte ich zusammen. Eine dunkle Gestalt war auf einmal da und warf sich fast in die Höhle, und eine trostlose Stimme sagte: „Ich kann nicht helfen, aber die verdammten Kissen sind weg — und die Peitsche ist auch weg."
Wenn die ganze Höhle über mir zusammengestürzt wäre, hätte ich kein größeres Entsetzen fühlen können als in diesem Augenblick. Nun war alle Herrlichkeit dahin. Und ich hatte doch den Gedanken gehabt. „Schafskopf" — sagte ich aus tiefster Seele heraus und sah Adolf Wienken ingrimmig an. Aber das konnte er im Dunkeln nicht merken. Und da hörte ich dicht vor der Höhle draußen auch schon deutlich Peter Arps trockene Stimme: „Ist ja alles Blödsinn. — — Ihr seid ja nicht richtig —." Ach Gott, er wußte noch gar nicht, wie recht er haben sollte.
„Schnell den Baum anstecken!" — befahl ich. Aber Adolf Wienken hatte keine Streichhölzer und ich auch nicht.
Willi Wellpott klemmte sich in den Eingang: „Anstecken!" schimpfte er. Aber auch er hatte kein Zündholz.
So kam es, daß Peter Arp seinen eigenen Christbaum, der ihn überraschen sollte, selber anstecken mußte. Denn er hatte natürlich Streichhölzer bei sich, sogar deutsche, die er an der Hose anriß und die herrliche blaue Funken gaben und knisterten — wenn ihr Gestank uns auch in die Nase biß.

Endlich brannten alle Lichter. Auch ein paar Schaumstücke hingen dazwischen. Ich sah den Baum an — und — ich konnte mir nicht helfen, ich mußte an die wahrhaftige Geschichte von der Geburt Jesu denken, wie Maria und Joseph allein gewesen waren in dem Stalle. Und wie der Stern geschienen hatte. Der Stern stand ja draußen, wenn ich ihn jetzt auch nicht sah. Mir war sehr feierlich zumute. Ich weiß nicht, ob es den andern dreien auch so feierlich zumute war. Ich dachte auch gar nicht an sie. Sie sagten aber nichts. Es war ganz lange still. Und die Lichter brannten.

Da sagte Willi Wellpott leise zu Adolf Wienken: „Wo hast du sie denn?" – Adolf Wienken sah nieder und schwieg. „Gib sie doch her, Mensch!" – sagte Willi Wellpott ungeduldig.

Und dann stellte es sich heraus, daß die Peitsche nicht da war. Adolf Wienken erzählte mit dunkler Stimme, daß sein Vater die Sache mit den Lederkissen gemerkt und sie plötzlich irgendwo eingeschlossen habe. Zwischen den Kissen hätte er aber die Peitsche versteckt gehabt, um beides zusammen hertragen zu können.

Adolf Wienkens dunkle Augenbrauen schoben sich beinahe übereinander. Er tat mir und Willi Wellpott leid, deshalb sagten wir gar nichts und warteten, was Peter Arp nun loslassen würde. Er hatte eine sehr ehrliche Art, sich auszudrücken, und würde uns sicher schön auslachen. Aber Peter Arp lachte uns nicht aus. Er sagte auch kein einziges Wort. Er saß und sah in den Lichterbaum, als ob er uns gar nicht gehört hätte. Wir sahen ihn alle drei an, und auch das merkte er nicht.

Endlich rückten wir mit unserem Unglück deutlich heraus. Und Adolf Wienken sagte sehr bedrückt: „Ich hab' es ja gleich gesagt, Peter, es konnte nicht richtig gehn, wenn du es nicht wissen solltest." Da leuchteten Peter Arps Augen, und er meinte, die Peitsche, was die anlangte, die wollte er schon kriegen, und wenn der Alte die Lederkissen in den Schornstein gehängt hätte.

Da mußten wir alle zusammen laut lachen, und es wurde auf einmal gemütlich in der Höhle, so wie im Sommer, wenn wir gespielt hatten. Und wir aßen die Schaumstücke auf. Jeder hatte eins und Peter zwei Stücke. Es paßte großartig.

Danach lagen wir alle vier wieder still, bis die Lichter heruntergebrannt waren. Als das letzte Licht ausflackerte, sah ich durch das Dunkel draußen wieder den hellen Stern. Eine Minute später, als wir

hintereinander durch den tiefen Schnee stapften, vermochte ich ihn unter all den tausend anderen Sternen nicht wiederzufinden.
An der Ecke der Terrasse trennten wir uns. Adolf Wienken gab Peter Arp die Hand und sagte: „Ärgere dich man nicht — — die Peitsche —."
„Quatsch!" — sagte Peter Arp und schnitt ihm das Wort vom Munde ab. — „Fein war das, sag ich euch, wirklich fein!"
Einen Augenblick stand er noch kerzengerade und sah uns der Reihe nach an.
Dann drehte er sich jählings um und rannte fort.

Hermann Claudius

Der 24. Dezember

Weihnachten! Ich kann's nicht mehr aushalten! Warten, warten, andauernd dieses Gewarte. Fernsehen kann ich auch nicht. Das Wohnzimmer ist abgeschlossen. Den Weihnachtsbaum sieht man auch nicht durchs Schlüsselloch.
Heute abend kann ich sicher nicht so viel schreiben. Mama ist grade beim Frisör. Papa ist mit Bille zusammen zu Opa und Oma gefahren, um Bescheid zu sagen wegen dem Weihnachtsessen morgen. Also heute war die Mama supernervös. Morgens sind wir Berge von Sachen einkaufen gefahren, wegen der zwei Feiertage hintereinander, Bille, Mama und ich. Und dann hatte Mama doch die Hälfte vergessen, und ich hab von Edeka nochmal 'ne Riesentasche Zeugs angeschleppt.
Die Gans fürs Weihnachtsessen morgen ist schon gefüllt. Der Kartoffelsalat für heute abend ist schon fertig. Ist alles gemacht. Und die Mama saust durch die Gegend, brüllt jeden an, der ihr im Weg steht, und sagt andauernd: „Ich schaff's nicht. Ich bin so fertig. Ich werd's nicht schaffen!"
Also ich würde am Weihnachtsabend sowieso am liebsten gar nichts essen. Wenn ich dran denke, wie besonders langsam Papa da ißt. Manchmal glaub ich, das tut er extra. Er macht lauter Quatsch beim Essen. Schlenkert seine Würstchen an der Gabel in der Luft rum und sowas alles. Die Bille lacht immer. Ich kann gar nicht lachen, weil ich

fast platze von der ganzen Warterei und Aufregung. Ich denke andauernd nur: „Iß! Mach schon! Iß doch endlich mal auf!" Aber das nützt nichts. Es ist der einzige Abend im Jahr, wo es mir vorkommt, als würde Papa drei Stunden lang essen.
Ich krieg das Fahrrad nicht. Ich krieg das Fahrrad doch. Ich krieg das Fahrrad nicht. Ich krieg . . .
Wenn ich heute abend in mein Logbuch schreibe, dann weiß ich's endlich.

24. Dezember, abends

ICH HABE DAS FAHRRAD GEKRIEGT!!!
Es ist sogar eine Flasche dran. Da kann man gleich beim Fahren trinken, wenn man Durst hat. Wie bei einem richtigen echten Rennrad.
Aber ich muß von vorne anfangen, wie der ganze Abend gewesen ist, nachdem wir *endlich* fertiggegessen hatten. Denn vielleicht ist es das allerletztemal, daß ich in mein Logbuch schreibe. Ich überleg mir nämlich ganz ernsthaft, ob ich nun Kapitän oder lieber Radrennfahrer werden soll, Profi natürlich.
Aber bis jetzt muß ich mein Logbuch noch ordentlich führen. Also:
Abwechselnd verschwanden Papa und Mama im Wohnzimmer. Bille und ich hatten schon vor dem Abendessen gebadet und unsere schönen Sachen angezogen. Die wir immer am Geburtstag oder so anziehen. Wir hatten nichts mehr zu tun, als zu warten, immer noch zu warten. Und die Bille hing an mir rum und brabbelte und brabbelte vom Weihnachtsmann und vom Christkind, vom Christkind und vom Weihnachtsmann. Sie machte mich richtig verrückt. Nach mindestens fünf Jahren bimmelte es endlich. Mama kam ins Kinderzimmer. Sie sah richtig feierlich aus. Die Haare so schön und das rote Kleid an, das ich so gern mag. Sie war auch gar nicht mehr nervös.
Und dann das Wohnzimmer. Das sah irgendwie so anders aus, so fremd. Jedes Jahr denke ich das. Und überhaupt sah ich nur den Christbaum mit den Kerzen. Der machte alles hell. Wir sangen „Stille Nacht, Heilige Nacht" und Bille sagte „Alle Jahre wieder" auf, aber nur die erste Strophe. Und ich sang mit Papa, wir zwei Männer alleine,

„Oh Tannebaum". Er brachte mich immer aus dem Takt, weil er so brummte.
Während der ganzen Zeit guckte und guckte ich mir die Augen aus nach dem Fahrrad. Bille piepste schon andauernd: „Oh! Meine Puppenküche! Oh! Oh!" dazwischen. Aber ich sah keinen Stips von einem Fahrrad. Dann legte Papa eine Schallplatte auf, und da sang ein Kinderchor weiter Weihnachtslieder. Wir durften endlich, endlich nach den Geschenken gucken. Bille stürzte sich mit einem Schrei auf ihre Puppenküche. Sie legte sich auf den Bauch und spielte den ganzen Abend damit. Ich fand auf meinem Platz das ‚Schatzinsel-Buch', einen Schipullover, ein fernlenkbares Rennauto, na, den bunten Teller, und immer, immer noch schielte ich nach dem Fahrrad. Mir wurde richtig schwach. Das war sicher alles, was ich kriegte. Ich freute mich ja auch, aber ... da sah ich zu Papa und Mama hin.
Die saßen in den neuen braunen Sesseln, die sie sich gegenseitig geschenkt hatten. Um den neuen Glastisch rum, den sie sich auch gegenseitig geschenkt hatten. Wieso sich Erwachsene so komisch was schenken? Das werd ich nie verstehn. Also ich würde mich da gar nicht mehr auf Weihnachten freuen. Und auf so Sessel und so 'nen Tisch!
Na, sie saßen da, knabberten Plätzchen und beguckten mein Mobile. Papa stellte sein und Mamas Schnapsglas auf Billes Deckchen. Sie sahen zu mir und grinsten sich an. Ja, sie grinsten mich an! Und Mama zwinkerte und sah zur Tür.
Als wir ins Wohnzimmer gegangen waren, hatten wir die Tür aufgelassen. Und da, *hinter* der offenen Tür lehnte das Fahrrad. Deshalb hatte ich's andauernd nicht gesehn! Da schrie ich aber in den ganzen Kinderchor rein und wollte mich gleich draufschwingen. Durfte ich natürlich nicht. Aber ich war *froh!!* Sowas von froh. Am liebsten wäre ich sofort mit dem Rad auf die Straße gesaust. Aber das ging auch nicht.
Morgen früh darf ich. Und heute abend wünsch ich mir bestimmt keinen Schnee. Ich hab mir andauernd nur das Rad beguckt. Es ist große Klasse.
Mama wollte in die Christmette gehn, später. Aber Papa hat gesagt, er hat schon soviel Schnaps getrunken, da fährt er mit dem Auto

Zick-Zack. Bille und ich waren froh, daß sie nicht gingen. Sonst hätten wir schon ins Bett gemußt.
Langsam brannten die Kerzen alle, und wir machten das Fernsehen und das Wohnzimmerlicht an. Papa und Mama setzten sich in ihren Sesseln so, daß sie jetzt Fernsehen gucken konnten. Manchmal redeten sie leise miteinander, ab und zu schauten sie zu uns hin. Bille lief manchmal zu ihnen und zeigte was aus der Puppenküche. Ich hob mein Rad hoch und ließ das Vorderrad surren. Die Speichen glitzerten blitzeneu.
Bald gingen wir, die Bille und ich, dann ins Bett. Aber es war auch schon halb zwölf. Ich hab Papa und Mama beim Gutenachtsagen „Danke, vielen, vielen Dank", ins Ohr geflüstert. Und sie haben gelacht und gesagt: „Das war das Christkind!" Immer noch!!
Aber ich bin froh! So froh. Das Fahrrad steht hier im Kinderzimmer gegenüber an der Wand, damit ich's morgen früh, wenn ich aufwache, gleich sehe.

Susanne Kilian

Heiliger Abend

Die Mutter,
frisch vom Friseur
mit gelocktem Dutt,
ist ganz kaputt
von all der Arbeit vorher.

Unter dem Christbaum
mit flimmernden Kerzen
sagen Kinder Gedichte.
Wie brav!
Nur Peter,
das Schaf,
bleibt stecken.

„Macht doch mal Schluß",
sagt der Vater.

„Ich muß
doch mal sehn,
was im Fernsehn
läuft!"
Aber erst wird noch gesungen!
„Alle Jahre wieder"
und
andere
schöne
alte
Weihnachtslieder.

Susanne Kilian

Das Weihnachtswunder

Seitdem Rainers Eltern geschieden waren, hatte die Mutter das rote Kleid nicht mehr getragen. Nun hielt sie es in der Hand. Rainer roch das süßliche Parfüm von damals. Der Vater hatte es nicht gemocht. Aber sie hatte es trotzdem benutzt.
„Wenn es so weiterschneit, können wir nicht mehr raus", sagte Anja. „Nicht wahr?" Sie drückte die Nase ihrer Puppe gegen das Fenster.
„Ja, ja", antwortete die Mutter. Sie hatte nicht hingehört. Sie hörte ihnen niemals zu.
Die Puppe hatte Anja nach dem großen Krach bekommen. Ihm hatten sie den Werkzeugkasten gekauft. Er hatte ihn unter sein Bett geschoben. Es war nicht einmal aufgefallen. Sie hatten damals schon keine Zeit mehr gehabt, sich um Anja und ihn zu kümmern.
„Euer Vater kommt Weihnachten", sagte die Mutter jetzt. Anja machte große Augen.
Euer Vater, dachte Rainer. Es lag so viel Entfernung darin.
„Wir müssen mit dem Essen warten", hatte sie damals gesagt. „Euer Vater kommt wie immer zu spät."
Rainer hatte herausbekommen, warum der Vater zu spät kam. Es stimmte nicht, daß er länger arbeitete. Er ging im Park spazieren. Einfach so — um zu spät zu kommen. Aber der Vater wußte nicht, daß

Rainer es wußte. Dann folgten Fragen, bohrend, unwillige Antworten und zuletzt Tränen. Die Mutter war eine Frau, der man Tränen übelnahm. Rainer haßte sie, wenn sie weinte. Der Vater schloß leise die Tür hinter sich.
Wenn er zurückkam, kümmerte er sich um die Schularbeiten. Rainer hatte das Gefühl, daß ihn das alles nichts mehr anginge. Aber er kümmerte sich trotzdem. Eigentlich gingen sie einander überhaupt nichts mehr an. Das war früher gewesen. — Damals hatte ihn alles traurig gestimmt. Danach war der Zorn gekommen. Zorn, der kein Ventil fand. Er entzündete sich an der Art, wie der Vater schweigend eine Augenbraue hob, wie die Mutter das Geschirr abräumte, jede Bewegung eine Spur zu hart, und daran, wie sie Anja übers Haar strichen, einander belauernd.
Dann hatten die Eltern sich scheiden lassen. Eine Weile fragte Anja noch. Aber die Mutter schien nicht richtig zuzuhören.
Nachts brannte noch lange das Licht. Rainer zog sich die Decke über den Kopf. Der Zorn war geblieben.
Später holte der Vater Anja und ihn alle vierzehn Tage mit dem Auto ab. Er ging mit ihnen in den Zoo und auf Rummelplätze.
Er macht es sich leicht, dachte Rainer.
Er beschloß, sich nicht wohlzufühlen, baute eine Mauer in sich auf. Wenn ihm trotzdem etwas Spaß machte, die Achterbahn vielleicht, fühlte er sich eingefangen. Er nahm es seinem Vater übel.
Jetzt zog die Mutter das rote Kleid an.
„Ich muß es enger machen", sagte sie.
Rainer ging hinaus.
Die Tage lösten einander ab. Weihnachten kam näher. Schon strahlten vor den Geschäften Lichterketten auf. Nikoläuse nickten mit bärtigen Häuptern, und die Musik von der Stillen Nacht dröhnte lautstark über die Straßen.
Wieder und wieder schneite es frisch auf den schmuddeligen Großstadtschnee. Ein sanfte Gewalt, die stärker war als die Leute hier unten.
Rainer hielt Anja an der Hand.
„Das Christkind bringt mir eine Puppenbadewanne", plapperte sie, „und Kamm und Bürste. Und der Papa kommt!"

„Ja", sagte Rainer.

Fast unmerklich hatte sich eine Veränderung in ihm vollzogen. Er begann sich zu freuen. Zwar ahnte er, daß seine Hoffnung eher ein Zurückfallen war. Sie zog ihn noch einmal in eine andere Phase seiner Kindheit, eine Phase, die er in Wirklichkeit längst durchschritten hatte. Es war nur seine Erinnerung, die den Weg dahin fand.

Etwas warnte Rainer, dieser Freude nachzugeben, aber schließlich füllte sie ihn doch völlig aus.

„Ja", sagte er, „der Papa kommt. Und ich bekomme vielleicht ein Fahrrad."

Wenn es wieder so würde wie vor langer Zeit? Verschlossene Türen, Rascheln und Flüstern, ein Klirren, der unterdrückte Aufschrei seines Vaters, darauf als Antwort das Lachen der Mutter.

Die Erwartung und die Erfüllung — Weihnachten, prall und rund, duftend, strahlend, makellos.

Jetzt zündete Mutter abends Kerzen an. Rainer knipste die Lampe aus, so wurden die Dinge weicher. Sie saßen zu dritt um den Tisch, und manchmal lächelten sie einander zu.

„Bleibt der Papa dann hier?" fragte Anja.

„Du mußt jetzt schlafen gehen", sagte die Mutter leise.

„Und die Badewanne soll blau sein!" verlangte Anja.

Rainer strich ihr übers Haar und blickte die Mutter verstohlen an.

In den Nächten träumte er, daß das Wunder geschah. Wunder der Weihnacht, Neubeginn. Alle Tage waren voller Hoffnung.

Dann endlich war Heiligabend.

„Um drei", sagte die Mutter. „Er kommt um drei."

Sie trug das rote Kleid. Rainer roch, daß sie ein anderes Parfüm benutzt hatte. Aber der alte, süßliche Geruch drang trotzdem durch.

Die Mutter war nervös. Sie nahm Dinge auf und stellte sie wieder hin.

Anja lauschte einem Märchen aus dem Radio, und Rainer starrte zum Fenster hinaus.

Komm, dachte er, komm!

Die Mutter verschwand ins Bad. Das Märchen war zu Ende. Musik erklang, Weihnachtsmusik. Frühe, durchsichtige Dämmerung senkte sich herab.

Rainer bemerkte plötzlich, daß all seine Muskeln angespannt waren. Er blieb trotzdem unbeweglich. Wenn er durchhielt, würde alles gut werden. Um vier wandte er sich ab. Er ging in sein Zimmer und setzte sich auf einen Stuhl.

Kurz darauf klingelte es.

Vielleicht, wenn sie nichts sagt, dachte Rainer noch.

„So spät!" hörte er kläglich ihre Stimme.

Die Antwort verstand er nicht.

Er lief auf den Flur. Blitzschnell veränderte der Vater seinen Gesichtsausdruck. Er stemmte Rainer in die Luft und lachte.

Und Rainer spielte mit. Er sah, daß seiner Mutter Tränen in den Augen standen, aber er spielte mit.

Anja kam hinzu. Für einen Augenblick schien alles in Ordnung zu sein. Dann fiel Rainers Blick auf die Reisetasche. Sein Vater wohnte nicht hier.

„Husch, in die Küche mit euch!" rief die Mutter.

Die Eltern verschwanden im Wohnzimmer. Rainer ging wieder ans Fenster. Schnee fiel. Das Auto des Vaters hatte das Kennzeichen einer fremden Stadt.

Nebenan raschelte es, und es flüsterte. Aber dann klang das Flüstern ärgerlich. Das war der Augenblick, wo Rainer wußte, daß sein pralles, rundes Weihnachten einen Sprung für immer hatte.

Er dachte, daß er sie haßte — alle beide, weil sie ihm das Fest verdorben hatten. Er stellte das Radio an, damit Anja nichts merkte.

Wenig später öffneten sie die Tür. Sie lächelten ihnen zu, und der Baum stand strahlend und wie damals. Aber das Wunder geschah nicht. Trotz der blauen Badewanne und des Fahrrades geschah es nicht.

Anja schrie vor Freude, und Rainer sah, daß sich die Eltern flüchtig umarmten. Es wirkte verlegen und ängstlich, und nachher blickten sie aneinander vorbei.

Mit einemmal hörte Rainer auf, sie zu hassen. Er bemerkte ihre Unsicherheit, und daß sie schwach waren und guten Willens. Und er verstand, daß das Bemühen zählte — das Bemühen der Menschen umeinander.

Ihm war, als sei er plötzlich ein Stück gewachsen. Aber als er im Schlafzimmer in den Spiegel schaute, sah er aus wie immer.

Trotzdem, dachte er.

Und er ging zurück ins Weihnachtszimmer, wo das Essen aufgetragen war. Er fühlte sich gut. Es war ganz leicht, nett zu den Eltern zu sein. Und während die Spannung in ihm selbst nachließ, schienen auch die anderen gelöster.

Der Vater würde wieder abreisen, morgen vielleicht. Und doch war etwas Wunderbares geschehen, wenn auch nicht das Kinderwunder, das Rainer erwartet hatte.

Er hatte begriffen, daß man die Dinge verändern kann. Man muß nur selbst damit beginnen.

Weihnachten ist ein Anfang, dachte Rainer.

Aber es hätte auch an jedem anderen Tag geschehen können.

Gina Ruck-Pauquèt

Rauch verhüllt die Sterne von Kalkutta

Müde setzt der Vater die zwei Bündel ab. Die Kinder legen ihre Matten nieder. Der Vater sagt: „Wir müssen hierbleiben. Ich finde keine andere Wohnung für uns." Er zeigt auf eine dicke Betonröhre. Sie ist leer. Sie liegt auf einem Schuttplatz der Stadt. In anderen Röhren hocken Frauen, Kinder und alte Männer. Diese Röhren braucht niemand mehr. So sind sie Wohnungen für viele Flüchtlinge.

Die Mutter seufzt und nickt. Sie gibt Durga das Baby zum Halten. Sie öffnet ein Bündel. Sie nimmt eine Decke heraus und breitet sie in die Röhre. Dann kriecht sie hinein. Durga reicht ihr das Baby. Die vier kleinen Kinder legen ihre Matten hinein und kriechen zur Mutter. Sie schmiegen sich dicht aneinander.

Durga schaut rundherum. Das ist nicht ihre Lehmhütte auf dem Berg. Die Lehmhütte steht nicht mehr. Das Dorf ist verschwunden. Der Sommermonsun hat alles weggeschwemmt. So sind sie in die Stadt geflüchtet. Aber in der Stadt ist kein Platz für sie.

Der Vater sagt: „Ich gehe Arbeit suchen." Er geht.
„Komm herein", sagt die Mutter. Doch Durga schüttelt den Kopf. Sie sagt: „Ich gehe ein wenig umher. Vielleicht finde ich etwas, das wir brauchen können."
Durga geht in die Gassen der Vorstadt. Es ist kalt in Kalkutta, abends am 24. Dezember. In den Gassen stehen kleine Eisenöfen. Männer von der Stadt haben sie aufgestellt. Die Stadt schenkt den Armen die Kohle. Die Armen sitzen um die Öfen herum und wärmen sich die Hände oder den Rücken. Dicker Rauch steigt auf. Durga muß husten.
Da fährt ein Lastwagen vorbei. Ein leerer Karton fällt herunter. Drei Kinder springen hin. Durga ist am schnellsten. Sie fängt den Karton auf.
Dann geht sie weiter. Sie biegt um eine Hausecke. Sie merkt sich das Haus. Es ist ein Hotel. Sie muß wieder zurückfinden.
Ein Tor führt in einen Hof. In einer Ecke steht eine Mülltonne. Durga schaut hinein. Es riecht nicht gut. Da blitzt etwas Helles. Durga greift zu und zieht eine Konservendose heraus. Sie ist leer. Jemand schimpft. Durga läuft schnell aus dem Hof. An einem Brunnen wäscht sie die Konservendose ab.
Durga läuft „heim" zu ihrer Röhre. „Schau, Mutter, was ich gefunden habe", sagt sie. Die Mutter freut sich: „Jetzt kann ich euch Reis kochen. Geh und hol Wasser."
Der Vater kommt aus der Stadt. Er sagt: „Heute habe ich keine Arbeit gefunden; vielleicht morgen. Es sind zu viele Menschen in der Stadt."
Die Mutter holt ein Säckchen Reis aus einem der Bündel. „Wir haben noch drei Säckchen Reis und zwei Säckchen Mehl." Sie sagt es sehr leise.
Der Vater sucht Steine und baut einen Herd. Er hat ein paar Kohlen mitgebracht. Mit Durgas Karton macht er Feuer.
Reis in Wasser gekocht — das ist das Abendessen. Müde kriechen die Kinder mit der Mutter in die Röhre. Sie sind nicht satt. Der Vater geht noch einmal weg.
Auch Durga kann noch nicht schlafen. Sie geht an den Rand des Schuttplatzes und hockt sich nieder. Sie schlingt die Hände um die

Knie und schaut zum Himmel. Sie denkt: Wo sind die Sterne? Die Sterne aus ihrem Dorf? In Kalkutta glitzern keine Sterne am Himmel.
Rauch verdunkelt die Sterne von Kalkutta, auch am 24. Dezember.

Elfriede Becker

Der Teppich aus Schiras

Die Tür öffnet sich, und sie treten ein. Der Weihnachtsbaum reicht vom Fußboden bis zur Decke. Das kennen Fredi und Ilse schon. Der Baum hängt voll guter Dinge. Auch das kennen die Kinder. Ein Knopfdruck, und alle elektrischen Kerzen leuchten. Das kennen die beiden auch schon. Sie kennen auch alle Geschenke. Sie haben ihre Wünsche aufgeschrieben. Sie bekommen alles. Das wissen sie. So ist es jedes Jahr.
Heute ist Onkel Philipp zu Besuch. Die Mutter sagt: „Und Onkel Philipps Geschenk gefällt euch nicht?"
Fredi und Ilse suchen. Sie finden es nicht.
„Ihr steht darauf", sagt die Mutter und lacht. Ilse schaut nach unten und schreit: „Ein Teppich!"
„Ja, ein Schiras", sagt der Onkel.
„Was heißt das, ein Schiras, Onkel Philipp?" fragt Fredi.
„Setzt euch. Ich will es euch erzählen", sagt der Onkel.
„Das war so: Im vorigen Jahr war ich in Schiras, im Iran. Dort habe ich eine Teppichfabrik besucht. Ihr müßt euch folgendes vorstellen: In einem großen Raum stehen viele Holzgestelle. Daran hängen die halbfertigen Teppiche. Vor den Gestellen sitzen Frauen und Kinder. Die Kinder sind so alt wie ihr. Sie knüpfen Teppiche.
Ich bin zu einem Jungen gegangen und habe ihn gefragt: ‚Wie heißt du?'
‚Hamid, Herr.'
‚Wie alt bist du?'
‚Zehn Jahre, Herr.'
‚Wie lange arbeitest du an einem Tag, Hamid?'
‚Zehn Stunden, Herr!'

Ilse schreit auf: „Zehn Stunden am Tag? Und wann geht er in die Schule?“
Auf einmal findet Ilse die Schule schön.
Der Onkel sagt: „Er geht nicht in die Schule. Nicht mehr. Er hat vier Schulklassen durchgemacht, jetzt arbeitet er. Kinderarbeit ist billiger für den Fabrikherren.“
Fredi bittet: „Erzähl weiter, Onkel Philipp.“
Der Onkel erzählt weiter: „Ich habe Hamid gefragt, ob der Teppich im Dezember fertig sein wird. Hamid hat mit dem Kopf geschüttelt, aber der Fabrikherr hat es mir versprochen. Und jetzt habe ich den Teppich für euch geholt.“
„Und was ist mit Hamid? Hast du ihn wiedergesehen?“ fragt Ilse.
„Nein. Hamid ist krank geworden. Der Fabrikherr hat ihn entlassen. Mehr weiß ich nicht“, sagt der Onkel.
Fredi und Ilse schweigen. „Ihr habt euch noch gar nicht bedankt“, sagt die Mutter.
Die Kinder bedanken sich. Sie nehmen ein Buch und setzen sich auf die Couch. Auf den Teppich setzen sie sich nicht.
Am nächsten Tag schlafen die Großen länger. Fredi und Ilse sind zeitig auf. Die Mutter hört ein Huschen und Wispern. Sie achtet nicht darauf.
Später läutet es an der Tür. Die Mutter öffnet. Der kleine Huseyin aus dem Nachbarhaus steht draußen. Er lehnt eine Teppichrolle gegen die Tür. Er sagt: „Das Fredi und Ilse mir geschenkt. Ich nicht wollen.“ Er geht.
Die Mutter rollt den Teppich ein wenig auf. „Der Schiras!“ schreit sie.
Dann stehen alle im Kinderzimmer, die Eltern und der Onkel.
Fredi und Ilse spielen mit Holzkugeln auf ihrem alten Teppich.
Ilse sagt: „Wir wollen den Schiras nicht! Wegen Hamid! Vielleicht ist er schon tot.“
Und Fredi sagt: „Wir haben ihn Huseyin geschenkt. Bei ihm ist es kalt in der Wohnung. Er hat keinen Teppich.“
Die Eltern sagen nichts. Noch am selben Tag fährt Onkel Philipp weg. Den Schiras nimmt er mit.
Die Eltern brauchen lange, bis sie alles verstehen.

Elfriede Becker

Hans-Peters schönstes Weihnachtsgeschenk

Hans-Peter hatte zu Weihnachten zwei genau gleiche Teddybären geschenkt bekommen, einen von der Großmutter und einen von Onkel Fritz.
„Du kannst ja einen umtauschen", sagte Hans-Peters Mutti.
„Nein!" gab Hans-Peter zur Antwort, „einen werde ich verschenken. Und zwar an einen Jungen, der so alt ist wie ich. An irgendeinen Jungen."
„Und wie heißt der Junge, wo wohnt er denn?"
„Wie er heißt, weiß ich nicht. Und er wohnt . . . er wohnt . . . er wohnt in Indien."
Der Vater lachte: „Wie soll denn der Teddybär nach Indien kommen?"
Hans-Peter dachte nach. Und weil er in Hamburg wohnte, und Hamburg eine Stadt ist, die einen großen Hafen hat mit vielen Schiffen, fiel ihm etwas ein:
„Gibt es nicht Schiffe, die nach Indien fahren?"
„Die gibt es", sagte der Vater.
„Dann bitten wir einen Kapitän, der nach Indien fährt, er soll den Teddy mitnehmen."
„Das machen wir", sagte der Vater, „und pack den Teddy gut ein, denn bis Indien hat er eine weite Reise."
Hans-Peter ging mit dem Vater zum Hafen. „Liegt hier ein Schiff, das bald nach Indien fährt?" fragten sie. Ein Matrose zeigte auf einen Dampfer, und so kletterten sie den Laufsteg hoch.
„Guten Tag, Kapitän", sagte Hans-Peters Vater, als sie den Kapitän gefunden hatten, „mein Junge möchte einem kleinen Jungen in Indien seinen Teddybär schicken. Können Sie ihn mitnehmen?"
„Den Teddy oder den Jungen?" lachte der Kapitän. Er hatte weiße Zähne im braunen Gesicht.
„Den Teddy natürlich", sagte Hans-Peters Vater, „den Jungen möchten wir gern behalten."
Der indische Kapitän sagte, er wolle den Teddy gern mitnehmen. Und dann erzählte er, daß er zu Hause in Indien selbst einen kleinen Jungen habe, und ob der den Teddy bekommen könnte.
Hans-Peter überlegte. Dann fragte er: „Ist das dein Schiff?"

„Ja, das ist mein Schiff."
„Dann bist du reich", sagte Hans-Peter, „dann kannst du deinem Jungen selbst einen Teddy kaufen. Mein Junge ist nicht reich, der hat keinen Teddy, und er kriegt auch keinen, wenn ich ihm nicht einen schicke."
„Gut", sagte der Kapitän, „es gibt genug arme Jungen in Indien." Er ließ sich Hans-Peters Namen und Adresse sagen, und dann gingen Hans-Peter und sein Vater nach Hause.
Sie dachten, der Junge in Indien würde einen Brief schreiben, daß der Teddy gut angekommen sei. Aber es kam kein Brief. Auch keine Karte. Nichts, gar nichts. Es verging viel Zeit, und Hans-Peter dachte nicht mehr an den Jungen in Indien.
Es wurde wieder Weihnachten. Ein ganzes Jahr war vergangen. Eine Stunde vor der Bescherung klingelte es. Hans-Peter ging und öffnete. Draußen stand der indische Kapitän und brachte ein kleines Paket für Hans-Peter und einen Brief. Den mußte er übersetzen, denn er war indisch geschrieben:
Lieber Hans-Peter!
Ich habe Dein Geschenk bekommen und danke Dir sehr dafür. Ich schicke Dir ein Tongefäß mit Reis. Laß ihn Dir gut schmecken. Das Gefäß hat mein Vater gemacht. Er ist Töpfer. Außerdem schicke ich Dir noch eine Kette aus bunten Federn. Diese Kette habe ich selbst gemacht. Bei uns gibt es viele Vögel mit solchen Federn.

Es grüßt Dich Dein Freund Sadhu

Hans-Peter bekam viele schöne Geschenke an diesem Weihnachtsabend. Die schönsten waren für ihn das Tontöpfchen mit dem Reis und die Vogelfederkette. Er trug die Kette den ganzen Abend und sagte jedem, der es hören wollte: „Die hat mir mein Freund Sadhu aus Indien geschickt!"

Mira Lobe

Der alte Sebastian

Pit, Pat und Pet schlenderten die stillen Straßen entlang. Es roch noch ein wenig nach Tannengrün und Kerzenwachs, und manchmal leuchteten hinter den Fenstern eines Hauses die Lichter des Weihnachtsbaumes auf.

„Mein Auto hat nur noch drei Räder", sagte Pit traurig, und er zeigte den anderen sein Spielzeug.
„Meinem Flugzeug fehlt ein Flügel, seht ihr", seufzte Pat, und Pet hielt sein Schiff fest, dem der Mast gebrochen war.
„Ach ja", meinten sie traurig.
Dann hockten sie sich auf den Bürgersteig und kegelten mit Nüssen. Aber es machte ihnen keinen Spaß.
„He, Struppi!" riefen sie einem kleinen, schwarzen Hund zu, der vorüberlief.
Doch Struppi hatte sich über Weihnachten den Magen verdorben. Er war schlecht gelaunt und knurrte sie an. Da stellten sich Pit, Pat und Pet auf die Zehenspitzen und schauten ein wenig in die Fenster zu den Leuten hinein. Die Leute saßen unter ihren Weihnachtsbäumen. Sie hatten ihre neuen Pantoffeln angezogen und gähnten vor sich hin.
Tap, tap, tap, — schlurften da plötzlich Schritte die Straße entlang.
„Es ist der alte Sebastian", flüsterte Pit. „Mit dem spricht keiner."
„Weil er sich nicht wäscht!" erklärte Pat.
„Und überhaupt", setzte Pet hinzu.
Der alte Sebastian ging langsam an ihnen vorbei.
„Weihnachten soll man nett sein", sagte Pit.
„Weihnachten ist vorüber", meinte Pat.
Pet aber dachte eine Weile nach.
„Vielleicht", überlegte er, „sollte man überhaupt immer nett sein."
So kam es, daß Pit, Pat und Pet hinter dem alten Sebastian herliefen und ihn grüßten.
„Guten Tag", entgegnete der erstaunt. „Wie geht es euch?"
„Ach", stotterten sie, und sie scharrten ein wenig mit den Füßen, „unser Spielzeug ist kaputt, und der Schnee ist auch schon schmutzig."
Da lachte der alte Sebastian, daß man seinen letzten Zahn sah. Er setzte sich auf die Stufen des Denkmals und nahm das Spielzeug in seine Hände. Und weil der alte Sebastian schon vielerlei geflickt hatte — was aber niemand wußte, weil niemals jemand mit ihm sprach —, dauerte es nicht lange, und er hatte das Auto, das Flugzeug und das Schiff wieder repariert.

„Oh", sagten Pit, Pat und Pet, und als es dann noch begann, frischen, sauberen Schnee zu schneien, sagten sie noch einmal „Oh". Und genau in diesem Augenblick flammten die Lichter am großen Weihnachtsbaum auf dem Marktplatz auf.
„Wir müssen uns bedanken", flüsterte Pit.
Da nahmen sie ihre Mützen ab und sangen dem alten Sebastian ein Weihnachtslied. Wer weiß, woran es lag, — vielleicht daran, daß der alte Sebastian ganz glänzende Augen bekam —, jedenfalls war es fast noch einmal so schön wie am Heiligen Abend. Und es dauerte nicht lange, da öffneten einige Leute ihre Fenster und sangen mit.
Ja, und als Pit, Pat und Pet den alten Sebastian am nächsten Tag wieder trafen, schien er ihnen direkt ein wenig sauberer zu sein. Vielleicht haben sie sich das ja nur eingebildet. Aber vielleicht ist es auch wahr.

Gina Ruck-Pauquèt

Der König aus dem Morgenland

Die Glocken des alten Domes erfüllten die Luft mit ihrem brausenden Geläut. Claudia kam es so vor, als ob die Glocken sie zur Eile mahnten. Sie ging an der Hand ihres Vaters und wollte mit ihm Schritt halten. Aber das gelang ihr nicht, denn wo er einen Schritt machte, da machte sie zwei, und so trabte sie neben ihm her wie ein kleiner Hund. Sie fand alles so schön, daß jetzt nach den großen Feiertagen noch ein Fest war, an dem man sich freuen durfte — das Fest der Heiligen Drei Könige.
„Wie lange", fragte sie ihren Vater, „wie lange dauerte die Reise der Heiligen Drei Könige?"
„Irgendwo", sagte ihr Vater, „steht von zwei Jahren geschrieben, aber so genau kann man sich auf derlei Zeitrechnungen nicht verlassen. Die Zeit kann ebensogut kürzer oder länger gewesen sein."
„Ich wäre gern dabeigewesen, als sie mit ihren Geschenken ankamen."
„Du kannst sie ja gleich im Dom sehen. Aber halt jetzt den Mund, Claudia, sonst schluckst du zuviel kalte Luft. Heute hat's der Winter in sich."

Claudia war still. Sie fühlte mit der Hand in ihre Manteltasche und spürte, wie es knisterte. Das war ihr letzter Lebkuchen, den hatte sie sich noch schnell vom Teller genommen, bevor sie von zu Hause weggingen. Sie wollte ihn unterwegs essen, nach der Kirche. Denn auf dem Weg nach Hause hielt man es doch vor Frühstückshunger kaum mehr aus. Der Lebkuchen war mit Schokolade überzogen, und in Zuckerschrift stand darauf: „Guten Appetit!"

Dann beschäftigte sich Claudia wieder in ihren Gedanken mit den Heiligen Drei Königen. Wie schwer die gereist sein mußten, auf Kamelen, und das so lange mit vielen Geschenken dabei!

Jetzt stiegen sie bereits die große Treppe zum Eingang hinauf. Aus dem Inneren des Domes drang ihnen die Musik der Orgel entgegen.

„Vater", flüsterte Claudia, „nach der Messe gehen wir zur Krippe."

Der Vater nickte ihr zu. Es roch nach Weihrauch, und die großen Tannenbäume standen wie Wächter rechts und links vom Altar.

Nach der Messe gingen sie zur Krippe. Davor standen sehr viele Menschen; der Vater sagte zu Claudia, die sich unruhig hin- und herbewegte und versuchte, sich auf die Zehenspitzen zu stellen: „Du mußt abwarten. Wir können nur langsam vorrücken."

Claudia unterdrückte einen Seufzer. Sie ließ die Augen unruhig hin- und hergehen. Plötzlich erblickte sie etwas. Vor Staunen blieb ihr der Mund offenstehen.

An einer hohen, hellen Säule stand allein und abgesondert ein junger Mann in einem blauen Mantel. Das war doch wohl nicht möglich! Claudia kniff zuerst einmal fest die Augen zu und riß sie dann wieder weit auf. Aber der Anblick blieb. Der junge Mann hatte ein schwarzes Gesicht, eine breite Nase und dicke Lippen. Sein Haar sah aus, als wäre es aus lauter feinen schwarzen Drähten. Er sah traurig und müde aus. Er hielt die Hände zusammengelegt und betete. Die Leute um sich herum schien er gar nicht zu bemerken.

Einer der Heiligen Drei Könige stand da, lebendig und kein holzgeschnitztes Abbild, wie es Claudia gewöhnt war! Sicher stand er dort und wartete geduldig, bis er seine Gaben abliefern konnte; denn über der Schulter trug er einen blauen Leinenbeutel mit Schriftzeichen, die Claudia nicht lesen konnte.

Claudia kümmerte sich plötzlich gar nicht mehr darum, daß ihr Vater weiter nach vorn ging, weil nun eine Lücke vor der Krippe frei wurde. Müde, der dunkle König sah so müde aus! Vielleicht hatte er Hunger? Claudia dachte daran, daß man auf der Reise immer Hunger hat. Da fiel ihr zum Glück der Schokoladenhonigkuchen ein. Sie holte ihn aus der Tasche und ging auf den dunklen jungen Mann zu. Der erstaunte zutiefst, als er plötzlich ein kleines Mädchen vor sich stehen sah, das ihm mit einem tiefen Knicks ein in glänzendes Papier gewickeltes Paketchen überreichte.
„Weil Sie doch eine so weite Reise hatten."
Ehe er noch danken konnte, ging das kleine Mädchen schon wieder eilig von ihm fort, suchte in der Menge und fragte ein wenig zu laut in die Stille: „Pappi, wo bist du?"
Aber da war schon Vaters Hand, die zog sie zu sich, nahm sie bei den Schultern und schob sie vor die Krippe. Claudia sträubte sich und versuchte, nach rückwärts zu sehen.
„Claudia, was hast du nur?"
Claudia gab dem Vater keine Antwort. Sie sah noch ein letztes Mal die Gestalt im blauen Mantel, die jetzt dem Ausgang des Domes zuschritt.

Der junge Student aus Afrika hielt noch immer das Päckchen in der Hand. Er war in die Kirche gekommen, weil er sehr traurig war, denn er war fremd in der Stadt. Die Leute starrten ihn neugierig an wegen seiner dunklen Hautfarbe. Nun hatte ihm ein Kind etwas geschenkt, weil er von weit her die Reise in dieses fremde Land gemacht hatte.
Es war ihm ganz leicht zumute, als er die Treppe hinunterlief, und lächelnd dachte er daran, daß heute das Fest der Heiligen Drei Könige war.

Ellen Schöler

Ottar und der Stern

„Ottar ist so dumm", sagten die andern Schulkinder. In jeder Schule muß es natürlich einen Dümmsten geben — hier war es Ottar. Er war ziemlich neu, ein kleiner Kerl aus der Stadt, den die Mutter in dieser

Gegend bei Bekannten untergebracht hatte, als sie krank wurde. Sie mußte in ein Krankenhaus und konnte sich deshalb nicht um ihn kümmern. Er hatte keinen Vater — das wußte man.

Die Lehrerin hatte es eines Tages gehört, wie die anderen sagten: „Ottar ist so dumm!"

Einige Schüler der dritten Klasse standen in der Pause beisammen und waren viel klüger; so fanden sie wenigstens.

Da bekam die Lehrerin plötzlich die tiefe Furche zwischen den Augenbrauen, und hinter dem Kneifer blitzte es scharf. „Still, Kinder!" sagte sie. „Ich bin nicht sicher, ob nicht Ottar einer der Klügsten von euch allen ist. Er ist nur anders. Marsch, weiter! Nicht herumstehen und den neuen Kameraden verleumden!"

Es war kurz vor dem Fest. Überall in den Häusern begann es nach Weihnachten zu riechen und zu schmecken, in allen Ecken wurde geflüstert, Koffer und Schränke wurden abgeschlossen. Der Weihnachtsbaum war aus dem Wald geholt worden und stand duftend da.

In der Schule erzählte die Lehrerin am letzten Tag vor den Weihnachtsferien von dem Kind, das in einem Stall geboren und in eine Krippe gelegt wurde, und von den drei weisen Männern aus dem Osten, die einen großen glänzenden Stern erblickt hatten und ihm auf seiner Wanderung gefolgt waren, bis er über dem niedrigen kleinen Stall in einem fremden Land stehengeblieben war.

Ottar vergaß ganz und gar, wo er war, denn als die Lehrerin die Erzählung beendet hatte, stand er auf und ging zu ihr hin, obwohl es mitten in der Unterrichtsstunde war. Sie trug an einer goldenen Kette um den Hals ein kleines Goldkreuz, an dem er zu fingern begann, und er fragte: „Bist du sicher, daß das alles wahr ist?" — „Ja, natürlich."

„Das mit dem Stern auch? Da haben sie wohl in der Nacht wandern und am Tage schlafen müssen?"

„Ja, wahrscheinlich."

Die andern fingen zu kichern an, denn es war nicht gebräuchlich, sich in dieser Gegend so zu benehmen. Sie pflegten in der Schule stillzusitzen und keine unnötigen Fragen zu stellen oder gar am Goldkreuz der Lehrerin zu fingern. Sie fand aber wohl, daß er es tun konnte, denn sie untersagte das Kichern, während Ottar auf seinen Platz zurückging — verlegen und errötend.

In Langset schmückte der Vater selbst den Christbaum, er war schon eine endlose Zeit allein im Zimmer drinnen, während die Mutter sich mit dem Weihnachtsmahl beschäftigte und alle Kinder die Ohren spitzten und warteten.

„Du kriegst auch etwas", sagten sie zu Ottar. „Hab nur keine Angst."

Ottar lächelte; sie waren heute so lieb — er aber wartete auf etwas ganz Bestimmtes. Er wartete auf einen Brief von seiner Mutter, denn seit dem letzten war es schon lange her. Und in dem Brief würde sicher stehen, daß sie viel wohler war und bald nach Hause kommen durfte.

Sie mußte ihm doch zu Weihnachten schreiben, da war er ganz sicher. Der Brief würde bald kommen. Er hatte gar nichts dagegen, nach einem Arm voll Holz hinausgeschickt zu werden, denn dabei konnte er nach dem Postboten Ausschau halten.

Der Brief war aber schon gestern gekommen; Ottar wußte es nur nicht. Er kam nicht von der Mutter selbst, nein. Und nun hatten sich die Leute in Langset dahin geeinigt, daß es Zeit genug sei, wenn der Junge nach dem Fest von dem Brief erführe. Dann allerdings müßte es anders werden, denn Ottars Mutter hatte für den Jungen nur bis Weihnachten bezahlt. Und es war wohl kaum anzunehmen, daß sie etwas hinterließ, womit die weitere Bezahlung erfolgen konnte. Jetzt sollte er aber die Weihnachtstage bei ihnen feiern — sie waren ja keine Unmenschen.

So allein er auch draußen mit seinem Holz in der Dämmerung über den Hof ging — in Wirklichkeit war er noch viel einsamer, als er wußte. Denn im Krankenhaus war seine Mutter kurz vor Weihnachten gestorben.

Viel Holz trug er nicht auf einmal herein, aber die Arme waren vollbeladen, und der Schnee biß in die blaugefrorenen Finger, die das Holz umklammerten. Er mußte bestimmt die Handschuhe anziehen. Als er am Fenster vorbeiging, sah er den Weihnachtsbaum, um den der Vater beschäftigt war; er hielt feine Glaskugeln und Kuchenmänner in den Händen — es war bestimmt nicht erlaubt, ihm zuzusehen.

Da – plötzlich sah Ottar den Stern. Droben zwischen den Wolken kam ein großer goldener Stern am blaßblauen Himmel daher. Ottar ging es wie ein Stoß durch den ganzen Körper. Er blieb still stehen und umklammerte die Holzstücke; das Herz klopfte, daß es ihm beinahe die Kehle zuschnürte. Konnte es wirklich wahr sein, konnte das . . . ? Jetzt war er hinter den Wolken verschwunden; aber im nächsten Augenblick war er wie durch einen Schleier wieder sichtbar; langsam glitt er dort oben seine Bahn entlang. Das konnte nichts anderes sein als der Weihnachtsstern! Der Stern der Weisen, der damals im Osten gesehen worden war und über den Himmel wanderte. Da war er wieder! Denn die gewöhnlichen Sterne standen doch still. Außer wenn manchmal eine Sternschnuppe herunterfiel.

Als Ottar sich darüber klar war, daß es der Stern der Weisen sein mußte, den er sah, wurde er so aufgeregt, daß er das Holz einfach fallen ließ, durch die Hoftür hinauslief und die Richtung einschlug, die ihm der Stern zeigte.

Er versuchte den Kopf so weit wie möglich in den Nacken zu legen und den Stern nicht aus den Augen zu lassen, während er lief. Er stolperte aber über die hohe Schneekante des Weges, fiel hin und stand wieder auf. Er mußte sich damit begnügen, nur dann und wann hinaufzuschauen. Zwischen den Höfen lagen große Abstände, und der Weg lag wie ausgestorben da. Auf jedem Hof war es still, denn hinter den Fensterscheiben hatte man die Lichter der Bäume bereits angezündet. Drinnen waren alle zum Fest versammelt, alle, die zusammengehörten, Vater, Mutter und die Kinder. Sie hielten einander an den Händen und sangen und taten alles, um an diesem Abend recht lieb zueinander zu sein. Nur Ottar stapfte in der Dämmerung auf dem Weg dahin. Er dachte aber gar nicht daran, daß er zu bedauern war, auch daran nicht, daß man ihn vielleicht suchte, daß es immer dunkler wurde und daß er für einen weiten Weg nicht angezogen war. Sogar der Brief, auf den er so gewartet hatte, war jetzt aus seinen Gedanken verschwunden. Ihn erfüllte bis aufs äußerste ein großes, unbekanntes Glücksgefühl: Der Stern der Weisen war noch einmal aufgegangen – für ihn! Wo wollte er mit ihm hin? Führte er ihn zur Mutter oder vielleicht wieder zu einem Stall mit einem Kind in der Krippe – was wußte er? Klopfenden Herzens eilte er dem Stern nach.

Ottar war ziemlich weit gelaufen, als er warm und atemlos wurde und immer langsamer vorankam. Er war in eine unbekannte Gegend gelangt. Es wurde jetzt kalt. Er begann zu frieren, und seine Zähne klapperten; hungrig war er auch geworden. Der Stern aber wanderte dort oben ruhig weiter. Nie wollte er sich senken oder über einem Haus oder einer Hütte am Weg stehenbleiben. Ottar steckte die Hände in die Taschen und ging weiter. Der Wind trieb ihm den Schnee ins Gesicht, so daß er den Kopf senken mußte. Er hob den Blick nicht mehr so oft zum Stern empor, aber er wußte, daß er dort oben war.
Inzwischen war es ganz dunkel geworden. Die Tannen längs des Weges waren gleichsam in dichteren Reihen aufmarschiert. Ottar merkte jetzt, daß er tiefen Wald zu beiden Seiten haben mußte. Wäre der Stern nicht gewesen, würde er sicher Angst bekommen haben. Er hob den Kopf, um sich seines Begleiters zu vergewissern — da blieb er wie gebannt stehen. Da war nicht nur ein Stern, sondern ein ganzer Haufen! Droben zwischen den Wolken zog jetzt eine ganze Schar desselben Weges.
Mit einem Male gingen ihm die Augen auf, und er erkannte, was wirklich war: Es war kein Wunder. Die Wolken waren gewandert — die Sterne aber standen still. Auch der Weihnachtsstern stand still, er war nur klarer und größer als die anderen und zitterte ein wenig, als ob er fröre. Ottar war erschrocken. Daß er sich so täuschen konnte! Es war ja jetzt ganz deutlich!
Etwas in ihm zerbrach, die Spannung ließ nach, das Wunder war nur ein Betrug. Brennend heiß um die Ohren, obwohl es ihn gleichzeitig vor Kälte schüttelte, stand er allein in dem schwarzen Wald.
Ottar ist dumm, Ottar ist dumm! Er ging im Takt mit diesen Worten, während er den Weg fortsetzte. Umkehren und heimgehen konnte er nicht, denn wie sollte er alles erklären ...
Und doch lag Ottar eine halbe Stunde später in einem warmen Bett und erzählte einem Mann und einer Frau, die bei ihm saßen, wie alles gekommen war.
Das war so zugegangen: Nils und Oline hatten sich eben an den Weihnachtstisch gesetzt, als es leise und vorsichtig an der Tür pochte. Es hätte ein Vogel sein können, der mit dem Schnabel pickte. Der kleine Hof von Nils und Oline lag wohl am Weg — aber wer konnte am Hei-

ligen Abend so spät noch unterwegs sein? Sie erschraken nicht wenig, als der Kleine hereinkam, ganz erschöpft von der Dunkelheit und der Kälte da draußen.

„Verzeiht – ich habe mich verirrt", stammelte er. Hier war es so schön warm und behaglich, es roch so gut nach Braten, die zwei alten Leute am Tisch sahen so freundlich aus, und in einer Ecke des Zimmers stand ein kleiner Weihnachtsbaum mit Lichtern. Das konnte wohl nicht stimmen ...

Dann zeigte es sich, daß es doch stimmte. Die zwei alten Leute, Nils und Oline, hatten alles, was zum Weihnachtsfest gehörte, außer einem Ottar. Und da stand er nun bei ihnen im Zimmer, hungrig wie ein Wolf, um mit dem guten Weihnachtsessen bei ihnen gesättigt zu werden, durchgefroren, um durch die Wärme bei ihnen aufgetaut zu werden, und gerade so todmüde, daß er gleich zu Bett gebracht werden mußte. Sie fragten ihn vorsichtig aus, während sie sich um ihn bemühten und ihn allmählich warm bekamen.

Was er ihnen erzählte, berührte ihre Herzen ganz wunderlich. Was er nicht erzählte, errieten sie. Ein Kind, das in der Welt so allein war, daß es am Weihnachtsabend allein in den Wald ging, war zu ihnen gekommen. Das Kind wollten sie behalten.

Am Tag darauf kam der Vater aus Langset. Es war ein großer Aufstand gewesen, als Ottar verschwunden war und sie nur die Holzstücke auf dem Hof gefunden hatten. Der Weihnachtsabend war auf dem Hof ganz ins Wasser gefallen, nur des fremden Jungen wegen. Die ganze Umgebung war aufgeschreckt worden, aber erst heute war man so weit nach Norden gekommen, bis zu Nils und Oline. Und jetzt sollte der Ausreißer wieder zurück – bis auf weiteres wenigstens.

„Nein", sagte Ottar bestimmt. Es fuhr ihm so heraus – bang sah er von einem zum anderen. Dann verkroch er sich wie eine erschreckte Katze unter dem Bett.

Aber es gab keine Schläge. Nils brachte den Vater in den Gang hinaus, und man hörte, daß sie miteinander etwas besprachen. Und dann ging der Vater. Es ist schwer zu sagen, wer zufriedener war, der, der ging, oder die, die zurückblieben.

„Hierauf müssen wir uns einen Herzensstärker zu Gemüte führen", meinte Mutter Oline und holte die Kaffeekanne und einen großen

Teller mit Weihnachtskuchen. Dann setzte sie sich freundlich und behäbig an den Tisch und goß ein. Vater Nils, lang und knochig, kam herbei und ließ sich auf der Bank nieder; man merkte, daß er ein wahrer Freund von Kaffee und Weihnachtskuchen war. Ottar hatte bereits seinen festen Platz neben ihm. Er hielt ein tüchtiges Stück Kuchen in der Hand, vergaß aber hineinzubeißen — sein Blick wurde immer ferner.

„Du mußt essen, mein Junge, damit du groß wirst und deine Beine bis auf den Boden reichen, wie die meinen", sagte Nils.

Da schaute Ottar ihn an, als wäre er plötzlich aus dem Schlummer geweckt worden. „Ich möchte nur eins wissen."

„Na, was denn?"

„Ob es nicht doch der Weihnachtsstern war!"

Marie Hamsun

Raiko und der Stern

Es war Winter, als Raikos Großvater starb, Winter in den jugoslawischen Bergen. Sie hatten miteinander in der Hütte am Fels gelebt, der Alte, Raiko und die Schafe. Und alles war gut gewesen. Jetzt aber stand die Hütte leer. Gebrechlich und windschief lehnte sie gegen den Stein, und nie zuvor war der Himmel so grau gewesen.

Die Nachbarn hatten Raiko mit sich nehmen wollen in ihr strohgedecktes Haus. Aber Raiko hatte sich davongemacht. Von seinem Versteck hinter der alten Föhre sah er, wie sie die Schafe forttrieben. Schmutziggelb hoben sich ihre zottigen Felle gegen den Schnee ab.

Raiko ballte die Fäuste und öffnete sie wieder. Eine Weile stand er unbeweglich mit hängenden Schultern. Dann ging er. Er schritt der Dunkelheit entgegen und nahm nichts um sich wahr. Nicht die Spuren der Tiere, die er kreuzte, und nicht den eisigen Wind, der um ihn herumstrich wie ein herrenloser Hund.

Lange ging er so, bis er endlich den Blick zum Himmel hob.

Da erblickte er den Stern. Ein einziger funkelnder, bebender Stern stand über ihm, und Raiko hatte ihn nie zuvor gesehen. Aber er fühlte

in dieser Stunde, daß etwas mit ihm geschah. Er war nicht mehr allein.
Lange lief er durch die Nacht, und es schien, als ob der Stern am Himmel mit ihm ziehe. In der Ferne heulten die Wölfe. Aber was konnten sie ihm anhaben? Ihm, der einen Stern zum Freund hatte. Er blickte empor und lächelte.
Seit dieser Stunde lebte Raiko für den Stern. Er verschlief die Tage in einem der Ställe, ernährte sich von Oliven und Brotresten, die er mit sich trug, und wenn es Abend wurde, ging er hinaus. Mehr und mehr entfernte er sich von den Menschen. Er vergaß die Hütte und das strohgedeckte Haus, und er vergaß den Klang seiner eigenen Stimme.
Stumm schritt er dahin. Er blickte zum Himmel auf und war glücklich. Er liebte einen Stern.
Nach ein paar Tagen begann der Hunger, Raiko zu quälen. Seine Vorräte waren aufgebraucht. Am Anfang litt er darunter. Dann aber war ihm, als verlöre er an Schwere. Er fühlte kaum, daß seine Füße den Boden berührten, durchwanderte die Nächte, und alles war wie ein Traum. Nur der Stern blieb klar. Man konnte sich auf ihn verlassen.
Aber dann geschah es, daß der Stern sich veränderte. Er wuchs, und er barg eine Glut in sich, die gewaltig war und doch still. Raiko starrte empor. Es schien ihm, als spreche der Stern zu ihm. Es war, als klinge Musik von irgendwoher, und als trügen ihn seine Füße nicht über knirschenden Schnee, sondern über einen Teppich aus Blumen. Er pflückte eine davon und trug sie mit sich.
Ganz langsam sank der Stern tiefer. Er zog vor Raiko her, und der Junge folgte ihm. Er merkte nicht, daß er zurückging, den Weg, den er einmal gekommen war. Die Bäume schienen mit ihm zu wandern, bunte Waldvögel setzten sich auf seine Schulter, und die Welt war von einer großen, unbekannten Fröhlichkeit erfüllt.
Es war die Heilige Nacht, — aber Raiko wußte es nicht. Er gehorchte dem Ruf des Sternes, den er liebte. Und der Glanz des himmlischen Lichtes war auch in seinem Blick.
Lange ging Raiko so, und er kannte sein Ziel nicht. Als die Umrisse des strohgedeckten Hauses auftauchten, sah er es nicht.

Plötzlich aber erlosch der Stern. Und Raiko, allein gelassen in der jähen Dunkelheit, schrie auf. Dann war ihm, als griffe die Nacht nach ihm, und er müsse in ihr ertrinken.
Die Tür des Hauses wurde geöffnet, und die Männer, in Felle gehüllt, traten hinaus und begannen zu suchen. Sie trugen Raiko herein. In seiner geschlossenen Hand hielt er ein wenig Schnee, der jetzt langsam schmolz und zu Boden tropfte.
Der Klang der Frula weckte Raiko endlich, — das Lied der Hirtenflöte. Er öffnete die Augen und sah den Stern. Er streckte die Hand aus und ließ sie wieder sinken. Dann spürte er die Wärme, die das Feuer in der Mitte des Raumes verbreitete, roch den Duft von gebratenem Fleisch, schmeckte die Milch, die man ihm einflößte, und nahm die Menschen wahr.
Lange blickte Raiko sie an, die Männer und Frauen, die seine Nachbarn waren, und die Kinder, mit denen er gespielt hatte. Und mit einemmal war ihm dies alles unendlich vertraut. Dann suchte sein Blick den Stern. Doch was er für den Stern gehalten hatte, war ein Kerzenlicht. Das Licht einer honiggelben Kerze, die die Spitze eines kleinen Tannenbaumes schmückte.
Raiko lächelte. Alles war gut. Er war heimgekehrt.

Gina Ruck-Pauquèt

Register

religio—Religion

Gibt es einen Sinn? Gibt es Gott? Hat es einen Sinn zu leben? Wer bin ich? Was soll ich? Woher komme ich? Woher kommt das alles? Hört die Welt einmal auf? Warum gibt es mich eigentlich? Was ist es um das Geheimnis von Zeit und Tod? Kann ich mich an etwas binden? An Glaube? An Liebe? An Hoffnung? Gibt es etwas Ver-Bindliches? Und was ist es um Angst, Krieg, Unrecht, Trauer, Ohnmacht, Elend, Not?

All dies beschäftigt den denkenden Menschen unserer Tage, wie es die Menschen eh und je beschäftigt hat. All dies ist ausgerichtet auf die Suche nach dem Sinn, auf das „maßlos verbindliche Wagnis des Sich-an-etwas-Bindens" (M. Buber).

‚Religio' als der entsprechende Begriff des Lateinischen hat die Sprachwurzeln re-legere = wieder lesen, sorgfältig überdenken, gewissenhaft beobachten, bzw. re-ligare = sich anbinden, verbinden, verbunden sein mit. Damit ist der Sachverhalt angesprochen. Wer immer sich bindet, hat religio. Wer in den sozialen und personalen Spannungen der Zeit sich dem Nächsten, dem Feind, verbunden weiß, wer seinen Ort in dieser Welt gewissenhaft erforscht, wer die Zukunft mitverantworten will (Zukunft als Realutopie), wer den Alltag auf das geheime Denken, Wünschen und Sehnen der Menschen, auf ihr Zu-, Mit- und Gegeneinander sorgfältig zu überdenken und ihn damit in seiner häufig vordergründigen Banalität zu überschreiten vermag, hat religio. Wer den Makro- und Mikrokosmos, die Möglichkeiten technologischer Entwicklung und biologischer Manipulation des Menschen im „Bereich tiefster Selbstbesinnung" (M. Buber) auf das Ganze menschlichen Lebens hin befragt und durchforscht, hat religio, hat Bindung, und zwar in einem dialektischen Verhältnis der Freiheit zugeordnet: keine Freiheit ohne Bindung, keine Bindung ohne Freiheit!

In all diesem zeichnet sich ein modifiziertes Religionsverständnis ab. Religio ist eine „Qualität des Lebens" (H. Halbfas), dem Leben untrennbar verbunden. Sie beginnt da, wo der Mensch sich selbst befragt, erprobt, entscheidet. Sie kann sich ebenso in den Lebensformen institutionalisierter, an Kult und Dogma gebundener Frömmigkeit vollziehen — etwa im Rahmen der hochentwickelten Ethik und der vielfach ausdifferenzierten, jüdisch gezeugten Gottesvorstellung des Christentums, — wie auch jenseits von Konfession und Religion, jenseits der Zugehörigkeit zu einer religiösen Gruppe oder Gemeinschaft.

Die Religionen in Geschichte und Gegenwart haben sich immer wieder an übermenschliche Kräfte und Wesen gebunden, an das faszinierende und erschreckende **Heilige, an ungreifbare Mächte, die in Kult und Opfer ihren Tribut forderten. Der** Mensch unserer Tage vermag sich — wohl entschiedener als ehedem — davon zu emanzipieren. Er versucht, nachhaltiger (in größerer Breite) als ehedem die „menschliche Lage in ihren profanen und religiösen Äußerungen von den Grenzen des Menschlichen her sichtbar zu machen" (P. Tillich). Er versucht, sich deutend in eine konkrete, religiöse (bindende) Wirklichkeit einzufügen, Erkenntnisvorgänge, die ethische Kategorien betreffen, einzuleiten, das Humanum zu treffen und es religiös, im Sinne von Freiheit und Bindung, zu interpretieren.

Die Kinder – die Geschichten

Die Kinder haben in diesem Zusammenhang ihren eigenen Rang. Weitergehend als alle Erwachsenen auf Zukunft angelegt und angewiesen, erleiden sie Ungerechtigkeit, Unverständnis und Lieblosigkeit des Alltags in Familie, Schule und anderen Gruppen stärker als die Erwachsenen. Ihre Sehnsucht nach Tröstung, ihr Wunschbegehren, ihr Fragen nach dem Dasein ist nachhaltiger, eindringlicher. Ihr Leben ist geprägt von Spiel, Lernnotwendigkeiten, Hoffnung und Konflikt, von der Frage nach „gut und böse". Trösten, Helfen, Ordnen, Mahnen sind die ihnen angemessenen pädagogischen Kategorien. Geschichten aus dem Alltag, Geschichten, die ihre „reale Lebensspannung" (P. Tillich) treffen, in denen sie sich selbst im Sinne der Identifikation — in Erfahrungsentsprechung und Neuerfahrung — wiederfinden, Geschichten, die auf das Humanum (auf Gott) verweisen, die „transzendieren ohne die himmlische Transzendenz" (E. Bloch), vermögen hier einen für die ‚religiöse' Erziehung unschätzbaren Beitrag zu leisten. Sie geben Handhabe zur Bildung und Schärfung eines kritischen, sozial phantasiereichen, politischen (religiösen) Bewußtseins. Sie lehren, sich in Sozialverhalten einzuüben, gleichzeitig soziale Verhältnisse auf Ungerechtigkeit hin, auf Vor-Urteile, auf Aggression und ihre Ursachen, auf Chancengleichheit, Solidarität, Toleranz — auf menschenwürdiges Leben hin — kritisch zu hinterfragen. Kinder erkennen, wenn sie diese Geschichten mithörend (mitsehend) miterleben, daß menschliches Dasein voller Widersprüche ist, daß Macht und Erbarmungslosigkeit regieren, daß Krieg und das absurde Elend von Millionen unseren Stern seiner Schönheit zu berauben drohen, daß nur gewissenhaftes Beobachten, Reflektieren, Kritisieren in der Dimension des Gewissens (Wissen darum, daß es bei aller Differenziertheit der Unterscheidung Pole des Guten und Bösen gibt) Hoffnung auf Zukunft ermöglicht mit einem (utopischen) Bild der Welt, in der Fetische aufgelöst werden, in der Wahrheit tatsächlich gehört wird.

Wer in diesem Sinne mit den Geschichten des Buches umgeht, ist gut beraten. Ist doch die Geschichte, auch von ihrer technischen Handhabung her, ein einfaches Medium, gleichzeitig ein hoch anspruchsvolles, denn es verlangt vom Vorlesenden nicht nur reproduktive Sprachvollzüge, sondern immer auch gestalterische (sprachgestaltende) Produktivität. Auf die jeweilige Hörsituation hin und von ihr her hat der Vorlesende in Tonfall, Lesetempo, Innehalten (Pausen), Unterstreichung durch Mimik usf. nicht nur die Möglichkeit, sondern auch die Aufgabe, die durch die Sprache dargestellte Situation optimal zu verwirklichen, sie situationsgemäß zu adaptieren und zu interpretieren.

Die Kinder werden das zu danken wissen. Je besser, d. h. je konsequenter im Detailaufbau eine Geschichte geschrieben und vorgetragen ist, um so intensiver werden sie sich hineingeben, mitgehen, spontan reagieren. Es gibt Texte, bei denen so viel zwischen den Zeilen steht, daß Kinder sich ununterbrochen genötigt sehen, dieses auszusprechen. Solche Texte sind ideal, denn sie enthalten in sich spontane Gesprächsanstöße. Andere bedürfen eines ruhigen Abwartens nach dem Vorlesen des Ganzen oder auch eines direkten, auffordernden Impulses. Gelegentlich sollte man einen Text ohne Nennung der Überschrift vorlesen (im Nachherein Überschriften suchen lassen!), dann wieder auch im Text angelegte Hinweise zur Weiterarbeit (vgl. etwa Susanne Kilian „Im Fernsehn gestern") beachten.

Der Zweck des Registers

Für die zahlreichen Möglichkeiten, die sich methodisch ergeben (Kreisgespräch, Gruppen- und Partnerarbeit, Rollenspiel, bildnerisches Gestalten — Malen, Schreiben, Kleben usf. — und Einzelarbeit an Arbeitsbögen), soll die nachfolgende Didaktische Dokumentation einige Hinweise bringen. In den dort wiedergegebenen Protokollen zeigen die situationsgebundenen, in unterschiedlicher Ausführlichkeit belegten und kommentierten Unterrichtsbeispiele immer wieder faszinierend das konkret-lebensnahe Denken unserer Kinder.

Insgesamt ist das Register nicht dazu da, in seinen Einzelausführungen eine fachspezifische Profilierung nach der jeweiligen Fachwissenschaft (Soziologie, Theologie usf.) zu leisten. Die Zielperspektivität einzelner Texte kann nur im Kontext zur jeweiligen Einzelplanung des Unterrichts (angesichts der jeweiligen Unterrichtssituation) ermittelt werden; sie kann als Intention und von den Methoden her erst dort festgelegt werden. Die Hinweise auf biblische Kontexte sind daher zunächst allgemein, im Hinblick auf Religionsunterricht insgesamt zu verstehen, nicht als Interpretationsschemata zu einzelnen Texten. Der Benutzer wird also nicht umhin können, konkrete Einzelentwürfe jeweils selbst zu erstellen.

Dietrich Steinwede

FREUNDSCHAFT

Die vielfältigen Aspekte des Themas (Stolz auf den Freund; wer ist mein Freund?; was ich für ihn tun würde — was er für mich; Anfang/Ende einer Freundschaft; Freundestreue; sich auf einen Freund verlassen können; keinen Freund haben; enttäuschte Freundschaft; der ‚falsche' Freund; schwierige Freundschaft; einen Freund vergessen, verlieren; Freundschaft zwischen Junge und Mädchen usf.) vermögen Kinder stets von neuem zu motivieren, da Freundschaft mit Gleichaltrigen, mit Älteren (auch mit einem Tier) für sie ein elementares Daseinsproblem ist. Die biblische Korrespondenz ergibt sich sowohl vom Alten Testament (Abraham als ‚Freund' Gottes; Freundschaft in Anfechtung und Bewährung bei David und Jonathan) wie auch vom Neuen Testament her (Jesus und seine ‚Freunde', die Jünger; wer ist ‚Freund' Gottes?) ganz unmittelbar.

Biblische Kontexte

Genesis (1. Mose) 12,1—3 (Gott—Abraham); 1. Samuel 19,1—7; 1. Samuel 20, 1—42 (David—Jonathangeschichten); Markus 1,16—20 (Berufungen); Lukas 19,1—10 (Zachäus als ‚Freund' Gottes)

Autor und Titel	Stichwort	Alter	Seite
Joan Walsh Anglund Ein Freund	Freunde muß man suchen (Kurztext)	6—9	7
Roberto, 9 Jahre Einen Freund wie meinen muß man haben	Begeisterung für den Freund (Kurztext)	6—9	7
Carol, 10 Jahre Ich möchte einen Freund	Wie ein Freund sein muß (Kurztext)	9—11	8
Irina Korschunow Niki fährt Schlitten	Den wahren Freund muß man finden	5—9	8
Hanna Hanisch Der Freund	Freigeben des Freundes	8—11	10
Janosch Hannes Strohkopp	Ohne Freund	8—11	12
Irmela Wendt Uli und ich	Freundschaft zwischen Junge und Mädchen in der Bewährung	9—11	13
Herbert Heckmann Pit kommt zu einem Hund	Wunsch nach dem Tier als Freund	6—8	14

ANGST

Angst ist eine Grunderfahrung und Grundgefährdung menschlichen Daseins. Existentielle Urangst (urplötzliches Alleinsein, Dunkel-, Gespenster-, Gewitterangst, Entborgen- und Ausgeliefertsein) steht für Kinder neben erkennbarer und überwindbarer Furcht vor einem eindeutig auszumachenden Objekt.

Eigenhilfe und Fremdhilfe, Vertrauen, Mut, Erfahrung von Geborgenheit und Tröstung vermögen zur Überwindung beizutragen; Kinder müssen aber erkennen, daß die Urangst des Menschen vor Krieg, Krankheit, Unfall, Tod und bösartiger Feindlichkeit im Alltag letztlich nicht aufzuheben ist.

Die biblische Überlieferung beschreibt viele Situationen, in denen Menschen Angst haben. Glaube besteht solche Situationen der Angst zwar mit Furcht und Zittern, aber zugleich in der Hoffnung, Gott letztlich als Liebe zu erfahren: Der Glaubende flieht vom zornigen zum gnädigen Gott aufgrund der Verheißung. Kinder sollten an menschlichen Schicksalen entdecken können, wie es möglich wird, trotz der Erfahrung von Angst seines Glaubens zu leben.

Biblische Situationen von Angst: Markus 14, 26—42 (Jesus im Ölgarten); Matthäus 8, 23—37 (Seesturm — die verfolgte Gemeinde); Psalm 4, 2; Trost: Psalm 23, ***Psalm 31, Psalm 118***

Autor und Titel	Stichwort	Alter	Seite
Hans Peter Richter Verreisen	Angst — Mutter verloren	5—7	19
Irina Korschunow Niki und das Dreimeterbrett	Überwindung von Furcht durch Hilfe eines anderen	5—8	21
Katrin Thomas Der tapfere Heiner	Überwindung der Furcht vor einem Tier, weil man gebraucht wird	5—8	22
Ursula Wölfel Der Nachtvogel	Nachtangst — Überwindung aus eigener Kraft	5—9	25
Markus Hartenstein Jeder hat Angst	Kinderängste — Hilfe. Man braucht einen Menschen	5—9	27
Hans May Bömmels Traum	Lehrer- und Zensurenängste. Neues Selbstbewußtsein	9—12	28

KIND — FAMILIE

Als Kleingruppe von engster emotionaler Bindung ist die Familie zugleich der Ort, an dem mitmenschliche Konflikte in allen Spielarten und Nuancen auftreten und ausgetragen werden müssen, der Ort, wo die christliche Herausforderung zum verantwortlichen Handeln am anderen, zur Einübung partnerschaftlichen Verhaltens und zur Ermöglichung gegenseitiger Entfaltung am unmittelbarsten gilt. Die eigene stets sich wandelnde Rolle im Geschwisterkreis, das Verhältnis zu Vater und Mutter, zu ihren möglichen Herrschaftsansprüchen, ihren Eigenheiten, ihrer vielleicht mangelnden Zuwendung, ihrem Verständnis/Unverständnis, ihrer Glaubwürdigkeit/Unglaubwürdigkeit, zu ihren oft unverständlichen Erziehungsmaßnahmen, zu ihrem Streit untereinander usf., all das beschäftigt jedes

Kind, all das ist immer wieder Gegenstand von Reflexion, von Duldung und Leid, von Aufbegehren und Aggression, aber ebenso auch von kindlicher Liebe, von Sehnsucht nach Geborgenheit, nach Führung und verläßlicher Weisung.

Biblische Aussagen zur Familie weisen immer wieder darauf hin, daß die Generationen vor Gott und füreinander Verantwortung tragen. Wenn Eltern und Kinder diese Aufgabe übernehmen, dann haben sie nicht nur die damit verbundenen Konflikte zu bestehen, sondern auch das biblische Angebot, dem Versöhnungswillen Gottes zu vertrauen. Die Generationen können einander annehmen, einander vergeben und immer wieder einen neuen Anfang miteinander wagen.

Biblische Kontexte

Exodus (2. Mose) 20,12a (Du sollst Vater und Mutter ehren); Genesis (1. Mose) 27,1—40 (Zerbrochene Familie: Jakob und Esau); Genesis Kap. 37 ff. (Streit und Versöhnung in der Familie: Josefsgeschichten); 1. Könige 3,16—28 (Eine rechte Mutter hat ihr Kind lieb); Epheser 6,4 (Ihr Väter, reizt eure Kinder nicht)

Autor und Titel	Stichwort	Alter	Seite
Osamu Noguchi, 5 Jahre Ich sagte	Stolz auf den Vater (Kurztext)	5—7	37
An Rutgers Mein Vater — Dein Vater	Gegenseitiges Übertrumpfen	5—7	37
Wilhelm Krick Rolf macht einen Vorschlag	Vater muß arbeiten	5—8	38
Mildred, 6 Jahre Ich habe meinen Vater nie gekannt	Uneheliches Kind (Kurztext)	5—7	39
Kinder aus USA Eine Mutter	Unterschiedliche Aussagen über die Mutter (Kurztexte)	5—8	39
Laura, 8 Jahre Mutter	Mutter arbeitet — Kind einsam (Kurztext)	6—9	39
Irmela Wendt Schöne Buchstaben	Auflehnung gegen die Mutter (Kurztext)	7—10	40
Eva Rechlin Das neue Spiel	Identitätswechsel in der Familie — Kind erkennt sein Verhalten	5—7	40
Viktor Dragunskij Wenn	Identitätswechsel in der Familie — Eltern könnten ihr Verhalten erkennen	8—11	42

Autor und Titel	Stichwort	Alter	Seite
Hans Adolf Halbey Trotzdem	Aggressive Elternkritik (Gedicht)	8—12	44
Susanne Kilian Ich hab' Zeit	Kind möchte tot sein — Eltern kümmern sich nicht	7—10	44
Bertolt Brecht Was ein Kind gesagt bekommt	Erziehungsmächte, negativ gesehen (Gedicht)	9—12	46
Erwin, 11 Jahre Zuerst die Kinder	Wenn Kinder die Gesetze geben könnten (Kurztext)	8—11	46
Hansjörg, 11 Jahre Hört auf	Elternstreit — Leid des Kindes (Kurztext)	9—12	47
Susan, 8 Jahre Nachts	Elternstreit — Leid des Kindes (Kurztext)	6—9	47
Gina Ruck-Pauquèt Wie andere Mütter auch	Eltern in Scheidung— Lehrerin hilft	8—12	47
Ursula Wölfel Joschis Garten	Wunsch eines vaterlosen Kindes nach einem Garten — Aggressio- nen gegen den Freund der Mutter	8—11	50
Gina Ruck-Pauquèt Sascha geht fort	Kein Verständnis bei den Eltern, dennoch Rückkehr	8—11	53
Hans Peter Richter Die Schuhe	Wunsch, die Liebe des Vaters zu gewinnen — keine Erfüllung	9—12	56

MENSCH UND KREATUR

Das Verhältnis des Menschen zur Kreatur, in seiner religionspädagogischen Relevanz noch wenig reflektiert, hat eine uralte religiöse Tradition. In allen Kulturen war und ist das Tier Gegenstand religiöser Verehrung (Tiergottheiten, heilige Kühe usf.). Israel hat den Menschen als Hüter (Namengeber) und Herrscher des Tieres, das Tier als die dem Menschen gottgegebene Hilfe beschrieben.
Kinder, einsame, alte Menschen leben mit Tieren als Freunden, oft in einer großen Intensität des täglichen Miteinanderseins, oft in leidenschaftlicher Zuneigung. Der Aufmerksame, der Empfindsame unter uns bekämpft entschieden jeden zerstörerischen Unverstand gegenüber Tier und Pflanze, leidet mit der hungernden, gequälten, ausgelieferten, oft brutal getöteten Kreatur, gibt auch dem Tier ein Recht auf Leben, und gerade da, wo er es freundlich in seinen Dienst nimmt, ein Recht auf Freiheit.

Biblische Kontexte

Genesis (1. Mose) 1,28; Genesis 2,19.20 a (Mensch und Tier in der Schöpfungsordnung); Ijob 38,39—41; Ijob 39,1—10 (Tiere haben ihr eigenes Leben)

Autor und Titel	Stichwort	Alter	Seite
A. Hackemann Die Biene	Kreatur (Insekt) im Schutz des Menschen (Kurztext)	7—11	59
Gianni Rodari Tante Ada und ihre Vögel	Verlassenheit des Alters — Zuwendung zur Kreatur	8—12	60
Hans Peter Richter Die letzte Reise	Kind bringt den geliebten Hund zur Tötung	8—12	62

DER ANDERE MENSCH

Der Mensch erlebt seinen Mitmenschen auf sehr verschiedene Art: als Fremden, als Rätsel, als Geliebten, als Freund, als Feind, Konkurrent oder Außenseiter. Wer ist der andere Mensch? — Für die Bibel ist es entscheidend, daß der andere Mensch der Nächste ist. Die Frage nach dem »Nächsten« (wer ist mir der Nächste? — wem bin ich der Nächste?) wird im Neuen Testament elementar gestellt. Jesus hat sie eindeutig beantwortet: Es geht um Hilfe. Und Hilfe bedeutet etwas: Man kann alles geben. Man kann viel geben. Man kann etwas geben. Man kann gar nichts geben.

Kinder erfahren dies in allen Dimensionen: Man kann Mitgefühl zeigen (ohne Überheblichkeit), man kann Wunschverzicht üben, eigene Interessen zurückstellen; man kann helfen, indem man jemand anderen annimmt, ihm eine Aufgabe stellt, ihn tröstet, nur einfach mit ihm spricht usf. Man kann es riskieren, daß man durch seine Hilfeleistung zum Außenseiter wird, man kann aber auch ‚falsches' Helfen oder Nichthelfen entlarven.
Und man erfährt selbst Hilfe — oft unerwartet. Die Hilfe des anderen ist etwas, worauf jeder angewiesen ist. Er kann sie verweigern oder dankbar annehmen. Wenn er sie annimmt, verhilft ihm diese Erfahrung dazu, wieder andere anzunehmen. Wenn er diese Erfahrung religiös interpretiert, kann darin der Nächste als die »Larve Gottes« ins Spiel kommen.

Biblische Kontexte

Lukas 10,25—37 (Wem bin ich der Nächste?); 2. Korinther 8,1—9 (gegenseitige Hilfeleistung in den ersten Christengemeinden); Matthäus 25,35.36.40 b (die geringsten Brüder)

Autor und Titel	Stichwort	Alter	Seite
Peter Schneider Straßenverkehr	Kein Einschreiten gegenüber „Straßenrichtern" (Kurztext)	9—12	84
Marieluise Elling Der Streit um den Rollstuhlschieber	Hilfe für ein Rollstuhlkind führt zur Außenseiterposition (Vorurteile)	9—11	84
Susanne Kilian Klumpfuß	Außenseiter sinnt auf Rache (Kurztext)	7—12	86
Hans Georg Noack Einer von vielen	Negative Vorerfahrungen eines elternlosen Kindes ändern sich im Heim	7—10	87
Hanna Hanisch Hermann, Bossi und ich	Erfahrungen eines Kindes mit einem geistig Behinderten	8—10	91
Gina Ruck-Pauquèt Josch	Freundschaft mit einem geistig Behinderten — dessen geheimnisvoll ‚andere' Welt	8—12	92
Günter Bruno Fuchs Freundesgruß	Angewiesensein auf den anderen (Gedicht) *Markus 11,23 (Glaube — und Handeln — versetzen Berge)*	8—12	96

AUSSENSEITER — VORURTEIL

Vorurteile wirken verletzend, gemeinschaftshindernd, gemeinschaftszerstörend. Ebenso wie von Erwachsenen, werden sie auch von Kindern geübt, beispielsweise gegenüber Mitschülern — „Neuen", Sprachgehemmten, „Dummen", „Dicken" usf. —, gegenüber Alten, Behinderten, „Ausländern". Jemanden nicht mitspielen lassen, ihn auslachen, ihm etwas nachrufen, ihn (ohne Berechtigung) zum Sündenbock machen, ist an der Tagesordnung. Einleitung von Bewußtseinsprozessen kann hier Disposition zur Veränderung des Verhaltens, zur Überwindung von Vorurteilen schaffen. Jesus von Nazareth hat in seiner Zeit ein ermutigendes Beispiel dazu gegeben (Integration von Außenseitern in das „Volk Gottes").

Biblische Kontexte

Lukas 19,1—10 bzw. Markus 2,13—17 (Zöllner); Lukas 17,11—19; Lukas 10,25.37 (Samaritaner — „Aussätzige"); Matthäus 8,5—10.13 (Hauptmann von Kapernaum — „Heide); Matthäus 7,3—5 (Vom Splitter und vom Balken)

Autor und Titel	Stichwort	Alter	Seite
Autorengemeinschaft Ist groß immer groß?	Der Blickpunkt verändert die Größendimension der Dinge (Kurztext)	5—7	96
Gisela Schütz Die Neue	Ausländerkind neu in der Schule — Kind erkennt im Traum die Situation des anderen	6—8	97
Gisela Schütz Wir haben einen Neuen	Rothaariger wird akzeptiert (Kurztext)	6—10	99
Gina Ruck-Pauquèt Neu in der Klasse	Außenseiterposition aufgrund eines Sprachfehlers — Versuch, durch Diebstahl zu kompensieren — Überwindung durch Einsicht und Vergebung der Mitschüler	8—11	99
Gebet der Sioux-Indianer O großer Geist	Bitte um Verständnis für die Situation des anderen (Kurztext)	8—12	103
Friderun Krautwurm Tommy Langbein und Trapper Geierschnabel	Außenseiter wird nach Bewährung in die Gruppe aufgenommen	5—8	103
Hans Peter Richter Der Hund	Vorbehalte gegenüber dem Herrn werden als Vorurteile auf ein Tier übertragen	8—12	106
Frederik Hetmann Antonella	Ausländerkind wird zu einer Verzweiflungstat getrieben *Levitikus (3. Mose) 19, 33—34 (der Fremde unter uns)*	6—10	110
Gina Ruck-Pauquèt Die mit den grünen Haaren	Aufarbeitung von Vorurteilen gegenüber Italienern	10—12	114
Ursula Wölfel Hautfarben	Kein Grund zum Vorurteil gegenüber schwarzen Menschen (Kurztext)	5—8	118
Alvadeer, 10 Jahre Schwarz ist die Tinte	Weißer Junge bringt seine Freundschaft mit einem schwarzen Jungen zum Ausdruck (Kurztext, Gleichnis)	6—10	118

Autor und Titel	Stichwort	Alter	Seite
Hans Peter Richter Der Ball	3. Reich: Gegen besseres Wissen Beschuldigung eines jüdischen Jungen — Übermacht des Bösen *1. Könige 21,1—16 (Naboths Weinberg)*	8—12	119
Joel König Gekreuzigt	3. Reich: Ausgeliefertsein eines jüdischen Jungen	8—12	122
Gianni Rodari Die Geschichte vom jungen Krebs	Mut zum Außenseitertum gegen die Norm (Fabel)	8—12	124

ORDNUNGEN

Der Mensch richtet sich nach (sinnvollen) Ordnungen, aber er befragt sie auch. Es muß nicht so sein, daß die einen bestimmen, die anderen nur gehorchen dürfen. Die Kinderfragen „Warum soll ich immer tun, was alle tun?" „Warum muß ich in die Schule gehen?" sind berechtigt. Das „Du mußt eben! Das ist ein Gesetz!" ist hinterfragbar; ebenso wie die Sprichwörter, die so brav, so ordentlich, so gehorsam klingen und die ewige Ordnungen zu repräsentieren scheinen, hinterfragbar und in ihrer oft irrationalen, pseudoreligiösen Unwahrheit aufzudecken sind.

Ordnungen sollen allseits geordnetes Leben in Freiheit ermöglichen. Bestehende Ordnungen sind daraufhin auszulegen, zu verbessern und in jeweils neuer Situation neu zu fassen und zu finden. Sie sind also niemals endgültig fixiert. Im Einzelfall kann man durchaus auf ihre Einhaltung verzichten. Nach biblischer Überzeugung sind sogar die Ordnungen, die im heiligen Gesetz Israels zusammengefaßt sind, um des Menschen willen von Gott gegeben worden. Sie sind nicht um ihrer selbst willen da.

Biblische Kontexte

Exodus (2. Mose) 20,2—17 (die Ordnungen des Volkes Israel: 10 Gebote); Jesus hat die Ordnungen (Gesetze) seines Volkes befragt: Markus 2,23—28; Markus 3,1—6; Johannes 8,1—11

Autor und Titel	Stichwort	Alter	Seite
Ursula Wölfel Schule	Die Norm wird hinterfragt (Kurztext)	6—10	126
Barbara Bartos-Höppner An der Parkuhr	Polizist verzichtet auf das Recht — um der Menschlichkeit willen	6—9	126

Autor und Titel	Stichwort	Alter	Seite
Ulrich Klever Morgenstund hat kurze Beine	Sprichwörter in ihrer (oft vordergründig moralischen) Glaubwürdigkeit erschüttert	8—11	128

LÜGE — WAHRHEIT, GUT UND BÖSE, SCHULD — VERGEBUNG

Wahrheit geht nicht in Normen auf. Wahrheit begegnet. Wahrheit wird in verschiedenen Lebenssituationen verschieden entdeckt. Wahrheit hat sich in der jeweiligen Situation zu erweisen.

Dies muß gegen alle normenbedingte Wahrheitserziehung von Haus und Schule („Du sollst nie lügen!" — „Immer schön die Wahrheit sagen!") festgehalten werden. Die Unwahrhaftigkeit von Sprichwörtern („Lügen haben kurze Beine" — „Die Sonne bringt es an den Tag" usf.) ist aufzudecken, ebenso die Gefährlichkeit phantasiegezeugter Kinderlügen (wenn andere dadurch gefährdet werden), ebenso die Gefährlichkeit von Konventionslügen (um sich herauszureden), ebenso das Lügen als Klatsch (als böser Leumund) oder um eines Vorteils willen.

Kinder sollen lernen, daß die Lüge als verantwortete Unwahrheit um des anderen Menschen willen das Gebot der Stunde sein kann (Wahrhaftigkeit kann es erforderlich machen, eine Einzelnorm zu durchbrechen); Kinder sollen aber auch lernen, daß nicht jede schwierige Situation eine Lüge rechtfertigt.

Die Wahrhaftigkeit des Menschen sich selbst und anderen gegenüber ist entscheidend, eine Wahrhaftigkeit, die auch täglich produzierte Schwarzweißklischees von „gut" und „böse" aufzudecken vermag, die Gelüste nach Rache einzudämmen, ein „Auge um Auge" durch das Wort Jesu „Liebet eure Feinde" zu überwinden vermag.

Im Alltag vergeben lernen — Vergebung als immer neue Bereitschaft zur Kommunikation, zur Versöhnung, als Verstehen und Vertrauen — das ist die schwierige menschliche, religiöse, christliche Aufgabe.

Biblische Kontexte

Römer 12,21 (Laß dich nicht vom Bösen überwinden, sondern überwinde das Böse mit Gutem); Matthäus 5,44 (Liebet eure Feinde); Matthäus 6,12—13 (Und vergib uns unsere Schuld, wie wir vergeben unsern Schuldnern. Und führe uns nicht in Versuchung ...); Matthäus 18,21—35 (Wie oft vergeben? Wie vergeben?)

Autor und Titel	Stichwort	Alter	Seite
Evaline Ness Tinas Fli—Fla—Flunkerei	Fantasiegeschichten eines mutterlosen, sensiblen Kindes bringen Unglück — Verhältnis von Wahrheit und gefährlicher Flunkerei	6—10	130

Autor und Titel	Stichwort	Alter	Seite
Heinz Rein Der Milchdieb	Verfehlung — Vergebung *Matthäus 9,1—8 (Jesus vergibt); vgl. Genesis 50,15—21 (Josef vergibt seinen Brüdern); vgl. Lukas 7,36—50 (die Sünderin)*	8—11	151
Gudrun Pausewang Unser Hausmeister, der Einbrecher	Einbruch aus Not — Erfahrung von Hilfe	8—11	154
Gudrun Pausewang Die Büßer	Menschen versuchen sich selbst zu strafen	8—12	158

ABERGLAUBE

Maskottchen, Horoskope, Wahrsagerei, Sprichwörtergläubigkeit, Zahlenmystik, Schornsteinfeger, vierblättriges Kleeblatt, Freitag, der Dreizehnte, all das regiert in seinen unendlichen Spiel- und Abarten unseren Alltag. Gegenüber solcher Übermacht von naiver Leichtgläubigkeit, vordergründiger Wundergläubigkeit und verdummendem Weismachen hilft allein entschiedene, gründliche Aufklärung und rationales, kritisches Hinterfragen. Nur so lassen sich Dispositionen schaffen für einen sinnvollen Glauben als Wagnis und Gewißheit, der allein den Aberglauben überwinden kann.

Biblische Kontexte

Jesaja 44,9—20; Apostelgeschichte 16,16—22 (Befreiung von Zwangsvorstellungen)

Autor und Titel	Stichwort	Alter	Seite
Hans May Maskottchen	Verurteilung von Aberglauben bei anderen — selbst abergläubisch	9—12	161
Bertolt Brecht Aberglaube	Aberglaube durch Geschehnisse widerlegt (Gedicht)	8—12	163

UNSERE WELT — DRITTE WELT

Die Not der Dritten Welt ist heute auch für Kinder sichtbar geworden. Geschichten können das, was an Informationen über die Massenmedien bereits gewonnen ist, intensivieren. Daß wir „besser dran“ sind als andere (daß es bei uns mehr zu essen als Menschen gibt, anderswo mehr Menschen als zu essen) bedeutet für jeden unter uns eine (auch biblisch begründete) Verpflichtung zum Mitdenken, Mitfühlen, Mithelfen — gerade auch darum, weil deutlich ist, daß Hilfe zur Selbsthilfe kaum noch von einzelnen geleistet werden kann.

Allerdings kann es nicht Ziel des Religionsunterrichts in der Schule sein, Kinder mit den Problemen der Dritten Welt über jedes Maß hinaus zu belasten. Bevor der biblische Glaube den Menschen zum sozialen Engagement verpflichtet, befreit er von dem Wahn, der Mensch müsse alle Geschicke und jedes Geschehen selbst und allein bestimmen. Glaube bringt Geduld und Gelassenheit, die jeder braucht, der konkret helfen will. Soll das Kind durch die Konfrontation mit den Problemen der Dritten Welt nicht zum Rebellen oder Zyniker erzogen werden, dann muß es an Erfolgserlebnissen gelungener Hilfe oder geduldigen Vertrauens teilhaben können: Es gibt keine heile, aber eine heilbare Welt.

Biblische Kontexte

Jesaja 58,7 (Brich dem Hungrigen dein Brot); Markus 6,37 (Gebt ihr ihnen zu essen); Lukas 16,19—22 (Armer Lazarus); Markus 10,17—27 (Reicher Jüngling); Markus 12,41—44 (Arme Witwe); Deuteronomium (5. Mose) 28,1—6 (Reichtum kann ein Segen sein)

Autor und Titel	Stichwort	Alter	Seite
Albert Gabriel Gagarin	Die Erde aus der Distanz (Gedicht)	8—12	163
nach *H. und J. Karmel* Ein Brot	Gier des Hungernden (Gedicht)	6—12	164
Bertolt Brecht Über die Berge	Technische Großleistungen, trotzdem Hunger in der Welt — Hoffnung auf die Zukunft (Gedicht)	8—12	164
Elfriede Becker Pedro sucht eine Schule	3. Welt: Wille zum Lernen — Protest und Selbsthilfe	7—10	165
Ursula Wölfel Sintajehu	Lernhunger — Afrikanischer Junge befreit sich aus dem Teufelskreis von Armut, Rückständigkeit und Resignation	7—11	167
Gudrun Pausewang Die Kinder von Boca Chica	3. Welt: Unverständnis und Überheblichkeit der Wohlhabenden	8—11	171
Jürgen Spohn Kindergedicht	3. Welt: Hunger der Kinder *Matthäus 25,35—36.40 b (Was ihr getan habt ...)*	6—10	174
Bertolt Brecht Reicher Mann und armer Mann	Der Reichtum des Reichen bedingt die Armut des Armen (Gedicht)	8—12	175
Unbekannter Verfasser Reiche Gabe	Der Wille zum Geben ist schon eine Gabe (Kurztext)	7—12	175

KRIEG – STREIT

Urplötzlicher Tod, unermeßliches Leid, Schrecken, Grausamkeit, Elend, Verlassenheit, Angst — das ist Krieg. Menschen haben ihn immer wieder verabscheut, in der Gegenwart den Schrecken der Vernichtungswaffen (und damit den Unsinn von Gewaltlösungen) angeprangert, die absurde Forderung, daß zur Durchsetzung von Interessen Männer der einen Seite Männer der anderen Seite töten sollen, die absurde Bitte um Sieg auf beiden Seiten als gotteslästerlich empfunden.

Friedenshoffnung, Friedenssehnsucht realisiert sich in unseren Tagen in einer reflektierten Friedenserziehung, die bei der Lösung von Streitfällen des Alltags, bei Aggressionsregulierung, Selbstüberwindung, Nachdenken und Nachgeben, beim Aufdecken von (oft vorurteilsbegründeten) Streitmotiven, bei dem Versuch zu einem friedlichen Miteinander, zum Suchen von Alternativen, zum Vergeben, beginnt. Der Anspruch Jesu („Glücklich, wer Frieden schafft"; „Liebet eure Feinde"; „Haltet auch die andere Backe hin" — in der Hoffnung, daß der andere nicht noch einmal zuschlägt) ist dabei (etwa bei Fragen und Aussagen, „Wer hat schuld?"; „Ich doch nicht!"; „Wer hat angefangen?"; „Immer die anderen!") entscheidende Hilfe, entscheidendes Korrektiv.

Biblische Kontexte

Markus 3,23—28; Markus 11,15—18 (Jesus hat Streit riskiert); Matthäus 5,9.39.44; Matthäus 6,12.14—15; Matthäus 18,21—34 (Jesus hat zu Vergebung und Frieden aufgerufen); Jesaja 2,4; Lukas 2,14 (Hoffnungen der Menschen auf dauernden Frieden)

Autor und Titel	Stichwort	Alter	Seite
Ursula Wölfel Teezeit	Krieg heißt: Urplötzlich Tod, Verwundung, Leid *Psalm 102 (Klage der Geschlagenen)*	6—11	175
Hue, 9 Jahre Brief eines Vietnamkindes nach dem Transport nach Deutschland	Sehnsucht nach der abwesenden Mutter (Kurztext)	5—10	177
Michael, 11 Jahre Die Bombe	Versuch eines Kindes, die Wirkung der Atombombe zu beschreiben (Zerstörung in unübersehbarem Ausmaß) — (Kurztext)	8—12	178
Eine kleine Französin Ein Traum	Kindergedicht von den Schrecknissen des Krieges (Kurztext)	8—12	178

Autor und Titel	Stichwort	Alter	Seite
Mädchen aus Israel, 12 Jahre Vati	Sehnsucht nach dem abwesenden Vater (Kurztext)	5—10	178
Laura, 10 Jahre Wann	Friedenshoffnung eines Kindes (Kurztext) *Amos 9,13—15 (Siehe, es kommt die Zeit . . .) vgl. Psalm 126; Jesaja 65,17—19; 66,12—13*	7—12	179
Marieluise Bernhard v. Luttitz Das Gebet	Ein Kind erkennt die Absurdität der Bitte um Sieg für die eigenen Waffen	8—12	179
Wolf Biermann Spielzeug	Kriegsspielzeug und seine Beziehung zum realen Krieg: Die sinnlose Zerstörung beginnt im Kinderzimmer (Gedicht)	7—10	181
Günter Haubold Wer ist schuld?	Gegenteilige Darstellung eines Streitfalles	5—9	182
Günter Herburger Helmut	Streit unter Kindern — Lüge	6—10	184

„ICH" — VERGANGENES LEBEN — WERDENDES LEBEN

Was überkommt den Menschen beim Nachdenken über sich selbst, über seine Vergangenheit, Gegenwart, Zukunft; beim Nachdenken über die unermeßliche Tiefe von Raum und Zeit, über sein Sosein und Hiersein? Wo gibt es Halt, verbindliche Weisung, konkrete Hilfe? Wo findet das Sehnen, die Ungewißheit, die Frage nach dem Einerlei des Alltags, nach der Ausweglosigkeit des Denkens eine Antwort?

Es gibt Hilfen: Das eigene Werden kann wissenschaftlich (biologisch, psychologisch, soziologisch) aufgeschlüsselt werden. Der Mensch weiß mehr als er sieht. Er weiß, was er werden kann — ein Mensch! Er kann Selbstbewußtsein gewinnen. Er kann sich binden an eine Überzeugung, an Zuspruch, an den, der ihn zum Herrn gemacht hat, der ihn dahinfahren läßt wie einen Strom, der ihm Zuflucht gewährt von Ewigkeit zu Ewigkeit — an Gott.

WÜNSCHE – TRÄUME – ETWAS VOLLBRINGEN

Welches Kind träumt nicht, welches Kind hat keine Wünsche! Wir alle haben Träume und Wünsche, Wunschträume. Wir leben davon. Wir leben von der wunscherfüllten, träumerischen Hoffnung auf Zukunft.

Versuchlichkeit durch das Objekt des Wunsches; ein Wunsch gegen den anderen; Wunschbegehren und Konflikt daraus — wer kennt das nicht? Traum (Tagtraum), der die Welt mit Phantasie erfüllt, der Unmögliches möglich, Unsichtbares sichtbar macht; Vergessen des Alltags vor einer anderen, von der Phantasie entworfenen Wirklichkeit; als Mensch auf der Suche sein nach dem „Etwas", das man nicht erklären kann und das es doch gibt — wer kennt das nicht?

Die Frage nach den Träumen und nach dem, was sie bedeuten, die Frage nach dem „Ich", nach der Identität des eigenen Selbst, die Frage nach dem Sinn (krankhaft überwuchert im Wahn-Sinn), jeder kennt das.

Das Bestreben, etwas zu vollbringen, zu leisten, es dem anderen zu zeigen, etwas ganz Großes zu tun, das die Welt verändert, diesen Urwunsch des Menschen — wer hat ihn nicht?

Biblische Texte zeigen, daß der Mensch zwischen seinen Wünschen und Träumen schuldig werden kann. Andererseits begegnet ihm auch im Wünschen und Träumen die Verheißung und die Weisung Gottes. Deshalb bedarf der Mensch angesichts seiner Fähigkeit, sich Wirklichkeit in Wunsch und Traum phantastisch zu entwerfen, der Gabe, Gewünschtes und Erträumtes kritisch beurteilen und unterscheiden zu können.

Autor und Titel	Stichwort	Alter	Seite
Max Bolliger Eliane	Sehnsüchte eines Mädchens. Ausbrechen aus dem Alltag. Rückkehr — aber es hat sich etwas geändert	8—12	193
Kang Kyong-won, 11 Jahre Wünsche	Versuchung durch das Objekt des Wunsches (Kurztext) *Genesis (1. Mose) 3,1—24 (Die Versuchlichkeit des Menschen)* *1. Könige 3,5—12 (Salomos Wunsch um ein gehorsames Herz)*	6—11	196
Susanne Kilian Was ich möchte	Realistisch orientierte Zukunftswünsche eines Jungen (Kurztext)	7—9	197
Gina Ruck-Pauquèt Lila mit grünen Streifen	Wunsch eines Mädchens zu gefallen (Jungen, Mode) — Konflikte	9—12	197
Gina Ruck-Pauquèt Der Auftrag	Tagträume eines Jungen — phantasieerfüllte Welt — Konflikt mit der Wirklichkeit *Genesis 37,19 (Seht, da kommt der Träumer!)*	8—11	200
Juri Korinetz Etwas	Der Mensch vermag Unsichtbares zum Ausdruck zu bringen	8—11	205
Gianni Rodari Die große Weltgeschichte	Was auf der Erde geschieht, hängt vom Menschen ab *Genesis 1,27—29 (Der Schöpfungsauftrag an den Menschen); Lukas 19,11—27 (Handelt!)*	8—11	207

GOTT – RELIGIONEN

In der Frage nach Gott kommt alles religiöse Fragen zu seiner Kulmination. Wer etwas von dem Unzählbaren, dem Unmeßbaren, von der Unendlichkeit des Daseins weiß, fragt auf Gott zurück. Was den Menschen umgibt, verweist auf Gott als auf ein Gegenüber. Mit anderen Worten: Gott ist im Dasein des Menschen erfahrbar, im Dasein immer wieder erfahren worden. Das biblische Zeugnis, etwa das von Abraham, von Mose, von Josef, von Jesus oder von den Propheten, zeigt dies eindeutig: Es gibt ein Leben von Menschen in unmittelbarer Nähe zu Gott, auf ihn hin, von ihm her.

Kinder kennen oder erfahren diese Beziehung. Sie fragen elementar nach Gott. Ihre Fragen sind zu beantworten, ihre oft magisch akzentuierten Vorstellungen (beispielsweise „Gott wohnt im Himmel über uns, er sieht alles, er ist der immer Strafende, er läßt es regnen, er hat die Welt gemacht" usf.) sind geduldig zu korrigieren. Positive Vorstellungen sind demgegenüber aufzubauen: Gott ist zwar nicht zu sehen, verborgen, aber Menschen denken immer wieder über ihn nach. Gott ist dort (in Spuren) auffindbar, wo Menschen voller Gewißheit an ihn glauben, wo sie sagen: Im Handeln des anderen Menschen an uns, in unserem Handeln am Mitmenschen können wir Gott erkennen.

Zweifel an Gott (etwa an einem Gott, der das Böse in der Welt geschehen läßt) sind damit nicht verhindert, eher ermöglicht. Man muß nicht an Gott glauben. Aber Menschen in der ganzen Welt haben immer wieder an ihn geglaubt und glauben an ihn. Z. B. auch die Moslems, die einen anderen Namen für ihn haben, die ihn anders anbeten, aber deren Glaube in seiner Eigenart zu respektieren, zu achten ist.

Wege zum Verstehen fremder Gläubigkeit sind für Kinder in der weltumspannenden Gesellschaft von heute zu eröffnen. Sie beginnen dort, wo Fernsehen und Bildpresse von anderen Religionen berichten, wo etwa islamische Gastarbeiter als Nachbarn in der Wohngemeinschaft, ihre Kinder als Nachbarn auf der Schulbank erfahren werden, wo gegen alle von einer Religion dogmatisch gesetzten Einzelaussagen ansatzweise eine Realisierung von Partnerschaft in gegenseitigem Kennen- und Achtenlernen — wie zu Pfingsten — sich einstellt.

Biblische Kontexte

Genesis (1. Mose) 12,1—20; 13,1—13; 15,1—6; 18,1—15; 22,1—19 (Abrahams Weg mit Gott); Genesis Kap. 37 ff. (Josefs Weg mit Gott)

Autor und Titel	Stichwort	Alter	Seite
Günther Weber Was wir zählen und messen können — Was wir nicht zählen und messen können	Der Mensch, umgeben von Nicht-Zählbarem, Nicht-Meßbarem (Kurztext)	6—9	208

Autor und Titel	Stichwort	Alter	Seite
Azita, 10 Jahre Gott kennen	Gott — der Unsichtbare! (Kurztext) *1. Könige 8,27 (Der Himmel und aller Himmel Himmel können dich nicht fassen); Exodus (2. Mose) 33,18—23 (Mein Angesicht kannst du nicht sehen); Exodus 20,4 (Du sollst dir kein Bild machen)*	6—9	208
Marie-Luise, 9 Jahre Potz Blitz	Gott — der immer Strafende? (Kurztext)	6—9	209
Martin Buber Wo wohnt Gott?	Wo er nicht wohnt! (Kurztext) *1. Könige 19,1—12*	8—11	209
Martin Buber Wo wohnt Gott?	Wo läßt man ihn ein? (Kurztext)	8—11	209
Heinrich A. Mertens Der verborgene Gott	Gott ist schwer zu finden (Sachtext) *Johannes 1,18 (Jesus hat sein Geheimnis erschlossen)*	6—10	209
Max Bolliger Eine Blume, eine Wolke, ein Stein	Alles Geschaffene Werk Gottes? — Es gibt nur die Antwort des Glaubens (Gedicht)	8—11	210
Ursula Wölfel Warum glaubt man an Gott?	Muß man an Gott glauben? (Kurztext)	7—11	211
Sigrid Friese Klaus	Muß man Menschen, die nicht an Gott glauben, verurteilen?	8—11	211
Rudolf Otto Wiemer Der Brief	Frage nach Gott — Antwort des Mitmenschen	9—12	213
Astrid Lindgren Das Entsetzliche	Zweifel eines Tagelöhnerjungen an Gottes Gerechtigkeit *Psalm 77,5—9 (Ist es aus mit Gottes Güte?); vgl. Jeremia 23,23 (der verborgene Gott)*	8—12	218

TOD

Als elementares religiöses Phänomen beschäftigt der Tod jeden nachdenklichen Menschen, jedes nachdenkliche Kind. Dazu kommen Erfahrungen aus Familie und Bekanntschaft (Unfall!), aus Bildpresse und Fernsehen (Katastrophen, Krieg!).
In der vielfältigen Perspektivität ihrer Motive wollen die nachfolgenden Texte solche Erfahrungen intensivieren und klären, korrigieren und erweitern. Von der anthropologischen Durchdringung der Problematik her sollen Voraussetzungen dafür geschaffen werden, daß religiöse Antworten auf das Phänomen des Todes nicht nur nachempfunden und verstanden, sondern auch kritisch beurteilt werden können. Dabei ist es wichtig, Denkansätze nicht auf der Ebene abstrakter Begrifflichkeit, sondern in den Situationen, wie sie die Erzähltexte vermitteln, zu finden.

Biblische Kontexte

Kohelet (Prediger) 8,8 (Der Mensch hat keine Macht über den Tag des Todes), vgl. Kohelet 9,5—6. Die christliche Hoffnung geht über den Tod hinaus: Johannes 12,24 (Bild vom Weizenkorn); Römer 8,38—49 (Gottes Liebe bleibt); Römer 14,8 (im Leben und Sterben Gott zugehörig), vgl. Psalm 68,21; vgl. Matthäus 28,20 b

Autor und Titel	Stichwort	Alter	Seite
Gina Ruck-Pauquèt Die Katze	Unabsichtliches Töten eines Tieres. Tod als Erfahrung	8—12	232
Dieter Pflanz Tod der Großmutter	Enkelkind will den Tod der Großmutter nicht wahrhaben. Erfahrung des Endgültigen *Psalm 90,10—12; Jesaja 38,12 (Er schneidet mich ab vom Faden)*	7—11	234
Gina Ruck-Pauquèt Das Fräulein mit dem weißen Kopftuch	Selbstmord — unbemerkt. Stimmt da alles?	9—12	241
Hanna Hanisch Die Auslöschpistole	Trauer gehört zum Leben	8—12	243

ZEIT — OSTERN (NEUE HOFFNUNG) — PFINGSTEN — FREUDE — FESTE

Der Themenzusammenhang ist komplex. Daß sich Vergangenes bewahren läßt, daß sich die eigene Zeit und Zukunft einem Gegenüber (Gott) anvertrauen läßt, daß es aus Trauer und tiefster Verzweiflung Wege zu neuer Hoffnung gibt, daß der Tod durch Vertrauen auf das Leben zu überwinden ist, daß Versöhnung und Wiederangenommenwerden „Ostern" bedeuten kann („Er war verloren und ist wiedergefunden. Er war tot und ist wieder lebendig geworden"), daß es ein Geheimnis des Lebens gibt, daß Menschen sich unter dem Geist von Liebe, Freundlichkeit, Wahrheit und Frieden (Schalom) zusammenfinden und verstehen können, obwohl sie verschiedene Sprachen sprechen, all das wollen die nachfolgenden Geschichten in ihrer konkreten Fülle Kindern verdeutlichen. Daß Freude am Dasein, an der Schönheit der Welt, Freude in Fest und Feier, in Lob und Dank in Entsprechung zu dem freudevollen, dynamischen Engagement für die Sache Jesu in den ersten nachchristlichen Jahrzehnten und Jahrhunderten gesehen werden kann, das sollten Kinder erfahren. Ostern und Pfingsten sind dabei als Feste, die durch Wandel und Wirkung, durch den Mut zur Wahrheit einer neuen Erkenntnis und zur Wahrheit eines neuen Geistes, durch Feuer und Leidenschaft bestimmt sind, auch anthropologisch bedeutungsvoll.

Biblische Kontexte

Kohelet (Prediger) 3,1—15 (Alles hat seine Zeit, und Gott holt wieder hervor, was vergangen ist); Psalm 31,16 a (Meine Zeit steht in deinen Händen); Bekenntnis-

formeln als Hintergund für Ostern und Pfingsten: 1. Korinther 15,3—8 (Christus auferweckt); Philipper 2,5—11 (Christus, der Herr); Römer 1,3—4 (Christus Sohn Gottes), vgl. Apostelgeschichte 10,34—43; Psalm 136,1 (Dank und Freude)

Autor und Titel	Stichwort	Alter	Seite
Gina Ruck-Pauquèt Warum?	Vergänglichkeit der Zeit (Gedicht)	9—12	244
Gina Ruck-Pauquèt Derselbe Sommer kommt nicht wieder	Man kann Vergangenes bewahren	6—10	245
Gina Ruck-Pauquèt Neue Mütter gibt es nicht	Von der Trauer zu neuer Hoffnung	7—11	246
Gina Ruck-Pauquèt Warum?	Von jedem Toten bleibt etwas (Gedicht)	6—12	250
Hanna Hanisch Die große Familie	Tod — und was danach? Überwindung der Furcht durch Vertrauen auf Gott	8—11	251
Markus, 6 Jahre Am ersten Schultag	Naiver Glaube: Der Tote im „Himmel" (Kurztext)	6—11	252
Friderun Krautwurm Der Ascheimer	Überwindung des naiven Glaubens, daß der Tote im Himmel sei — neuer Mut eines Jungen nach dem Tode des Vaters	8—11	253
Gudrun Pausewang Die Heimkehr	Zerbrechen menschlicher Beziehungen als „Tod" — aufgehoben durch Versöhnung (Ostergeschichte)	8—11	256
Marieluise Bernhard von Luttitz Was doch da ist	Die Frage nach der „Seele"	6—10	259
Marieluise Bernhard von Luttitz Karl und Kai	Das Geheimnis des Lebens. Totsein — Lebendigsein. Sehen — Nichtsehen	8—12	262
Ursula Wölfel Sprachen	Anderswo wird anders gesprochen (Mundarten, fremde Länder). Nur am Anfang kann keiner den anderen verstehen	7—10	264

Autor und Titel	Stichwort	Alter	Seite
Hanna Hanisch Der Pfingstbesuch	Fünfjähriger hilft einer spastisch Gelähmten, indem er Vertrauen (Liebe) schenkt (Pfingstgeschichte)	8—12	265
Hans Peter Richter Stadtrundfahrt	Keine Sprachgrenzen mehr (Pfingstgeschichte)	9—12	268
Teresa, 8 Jahre Was ist Freude	Umschreibungen für den Begriff (Kurztext)	5—10	274
Gianni Rodari Brif, Bruf, Braf	Die Welt ist ganz wunderbar — Glaube daran	7—12	274
Rudolf Neumann Feste feiern	Man muß Gelegenheiten finden (Gedicht)	7—12	275

WEIHNACHTSKREIS

In der deutschen Kinderliteratur gibt es kaum zu einem Thema soviele Geschichten. Die vorliegende Auswahl ist jedoch sehr bewußt getroffen. Gegenüber der Gefahr einer kommerzialisierten Weihnachtskonsumhaltung (ausgefallene Wünsche, Rummel, falscher Glanz der Lichterstraßen, Entleerung des Weihnachtsabends usf.) wird hier versucht, anzuleiten zum Nachdenken über den Sinn der Weihnachtsvorbereitungen, über den Sinn des Wartens, des Schenkens, der Zuwendung zum anderen (Helfen, wenn auch mit geringen Gaben, Hergeben, Schenken, Opfern; anderen durch Nachdenken Freude bereiten — in einer von Hunger, Ungerechtigkeit, Alleinsein, Armut, Entwurzelung und Ausbeutung weithin bestimmten Welt!).
Pseudochristliche Vorstellungen über ein geschenkbringendes „Christkind" werden als Klischees entlarvt, eine eher vordergründige Martins- und Nikolausüberlieferung findet durch geschichtliche Aufhellung einen sachgemäßen Bezugsrahmen; der Stern als Leitbild verweist auf das Licht in der Finsternis und damit indirekt auf die Botschaft von Frieden und Freude für alle Menschen in Lukas 2.

Biblische Kontexte

Texte des Glaubens: Lukas 2,1—20; Matthäus 2,1—23 (3 Weise); Jesaja 9,2 (Licht in der Finsternis)

Autor und Titel	Stichwort	Alter	Seite
nach *Ronald Ross* Der Mantel	Martinus von Tours (Martinslegende)	7—12	276

Didaktische Dokumentation

Der didaktische Anhangsteil soll in knapperen und in ausführlicheren (z. T. kommentierten) Dokumentationen, in Unterrichtsentwürfen und -protokollen zeigen, wie vielfältig und unterschiedlich die Vorlesetexte in Schule und Haus verwendet werden können. Es geht um Vorgespräche, Nachgespräche, um schriftliche Reaktionen und Rollenspiele. Im Entwurf Middel werden auch Arbeitsformen der Selbsttätigkeit (Arbeitsbögen usf.) sowie Schneide- und Klebearbeiten berücksichtigt. Für die Wiedergabe von Fotos zu den Texten (Ansätze in einigen Unterrichtsversuchen!), bzw. für die Dokumentation von Kinderzeichnungen bietet das Buch keinen Raum. Visuelle und bildnerisch-kreative Arbeitsformen — Erschließen von zuzuordnenden Bildern in Entsprechung, Ergänzung und Kontrast, eigenes Malen der Kinder als ausdruckshafte Spiegelung von Szenen und Situationen, Gestalten von Collagen usf. — sollten aber gerade für die Arbeit in der Schule wichtig sein.

Übersicht über die nachfolgenden Unterrichtsbeispiele

Text	Schuljahr	Arbeitsformen (vorwiegend)
Gina Ruck-Pauquèt: Neu in der Klasse	3	Schriftliche Reaktion
Hanna Hanisch: Wir rächen uns an Herrn Keume	4	Gespräch — Rollenspiele
Susanne Kilian: Im Fernsehn gestern	3	Schülernacherzählung — Gespräch
Marieluise Bernhard v. Luttitz: Das Gebet	3	Schriftliche Beantwortung einer texterschließenden Frage
Gina Ruck-Pauquèt: Das Fräulein mit dem weißen Kopftuch	6	Foto — Gruppenarbeit — Collage (Kurzfassung)
Gina Ruck-Pauquèt: Neue Mütter gibt es nicht	4	Vorlesen mit Textunterbrechung, Zwischengespräche, eingeschobene Rollenspiele (umfangreiches, kommentiertes Protokoll)
Gina Ruck-Pauquèt: Neue Mütter gibt es nicht	5	Begriffserörterung — Gruppenarbeit an Textausschnitten (Kurzfassung)
Hanna Hanisch: Weihnachten wird abgeschafft Elfriede Becker: Schenk mir Hände Susanne Kilian: Der 5./6. Dezember	2—4	Unterrichtsentwurf nach dem curricularen Schema: Lernziele, Funktion der Texte im Rahmen der Unterrichtseinheit, didaktische Überlegungen, Arbeitsbögen

Text	Schuljahr	Arbeitsformen (vorwiegend)
Hanna Hanisch: Weihnachten wird abgeschafft	4	Erschließendes Unterrichtsgespräch; biblischer Text als Kontext; Rollenspiele
Elfriede Becker: Schenk mir Hände	2/4	Altersstufenvergleich (unter modifizierten Bedingungen); im 2. Schuljahr: Vorgespräch „Wunschzettel", Vorlesen; im 4. Schuljahr: Initiation „Was ich mir wünsche", Unterbrechung des Textes an anderen Stellen; von den Kindern entworfene Alternativ-Wunschzettel
Elfriede Becker: Der Teppich aus Schiras	4	Texterschließendes Gespräch

Text: „NEU IN DER KLASSE" von Gina Ruck-Pauquèt, Seite 99

3. Schuljahr

Beispiel für schriftliche Reaktion auf einen Text.

Abfolge: Vorlesen, aufarbeitendes Gespräch, dann Tafelanschrift: „Etwas über Bernd". Aufforderung, das, was man für wichtig hält, niederzuschreiben.

Ergebnisse:

1. Zusammenstellung mehrerer Aussagen

Bernd ist neu in der Klasse. Er spricht das „r" so komisch. Darum heißt er der „Roller". Er fühlt sich traurig. Keiner spricht mit ihm. Er ist immer allein. Die Kinder aus der Klasse lachen ihn aus. Bernd ist traurig, weil er keinen Freund hat. Er fühlt sich einsam. Thomas könnte ihm helfen. Tobias ist sein Erzfeind.

Bernd ist ein Außenseiter. Er hat 5 DM aus der Ausflugskasse geklaut. Er hat ein schlechtes Gewissen.

Ich hätte mit Bernd gespielt. Man sollte ihn nicht Roller nennen.

Thomas hat am meisten an Bernd gedacht. Ich fand das richtig. Tobias hat nur am Schluß an ihn gedacht. Bernd ist nicht mehr traurig, weil er mit Fußball spielen darf.

Jetzt ist Bernd wieder glücklich.

2. Einzelaussagen

a) Stefan: Bernd war ein Außenseiter. Zuerst. Dann kam er eines Tages auf den Schulhof und hatte Bonbons und bot sie den andern an. Erst zögerten sie eine Weile, doch dann griffen sie zu. Eines Tages fehlten 5 DM in der Ausflugskasse.

b) Pia: Bernd ist nicht so wie die anderen, deswegen heißt Bernd in seiner Klasse „Roller". Thomas hat am meisten an Bernd gedacht. Bernd hat 5 DM aus der

Ausflugskasse gestohlen. Bernd ist der Außenseiter. Bernd kauft für 5 DM Bonbons und verteilt sie, damit er Freunde kriegt.

c) Anke: Bernd ist ein Außenseiter. Die Kinder aus Bernds Klasse beachten ihn überhaupt nicht. Aber nachher findet er Freunde.

d) Elke: Die anderen Jungen denken, woher hat Bernd das viele Geld für die große Tüte Bonbons? Doch Bernd hat nicht verraten, woher er das Geld hat. Er hat die 5 DM geklaut. Aber er könnte sich doch melden in der Schule. Der Lehrer hat doch gesagt, derjenige, der die 5 DM geklaut hat, soll sich melden.

Kurzkommentar:

Die ausgewählten Niederschriften zeigen, daß der Sachverhalt (Außenseiter, der sich nach Frieden sehnt und einen Diebstahl nicht scheut, um Freunde zu gewinnen) korrekt erfaßt und mit dem Begriff „Außenseiter" richtig beschrieben ist. Urteile werden gefällt („Ich fand das richtig"), Stellungnahme wird bezogen („Ich hätte mit Bernd gespielt"), Identifikation mit der Konfliktsituation ist deutlich. Insgesamt zeigt sich, wie engagierte Schüler eines 3. Schuljahres sich in Problemsituationen, die ihren Sitz im Leben haben (Korrespondenz zu eigenen Erfahrungen!), hineingeben können.

Dietrich Steinwede

Text: „WIR RÄCHEN UNS AN HERRN KEUME" von Hanna Hanisch, Seite 145

4. Schuljahr

Beispiel für freies Gespräch nach Anhören der Geschichte und für Rollenspiele zur Erarbeitung. Vorlesen der ganzen Geschichte. Tonbandprotokoll:

— Die Kinder sind auch gemein zu Herrn K., sie sind laut, vielleicht in der Mittagspause, das stört ihn.

— Der Spielplatz ist doch zum Spielen da, wenn ihn das stört, soll er woanders hinziehen.

— Wir haben auch so einen Meckerfritzen. Der hat es jetzt geschafft, bei unserm Spielplatz Schilder aufstellen zu lassen: Fahrradfahren, Moped fahren, Ballspielen verboten.

— Der ist geisteskrank

— Nein, nicht richtig geisteskrank, aber vielleicht nervös.

— Er ist vielleicht alt und hat Schmerzen.

— Es macht ihm vielleicht auch Spaß, die Kinder auszuschimpfen, aber er ist doch nicht der Hausmeister.

— Er ist doch auch mal Kind gewesen und wollte spielen.

— Er ist als Opa geboren worden.

— Oder er ist überarbeitet.

— Oder er läßt seine Wut an den Kindern aus.

— Ich finde, der Alte könnte das doch auch mit einem freundlichen Ton sagen.

— Die Kinder hätten aber auch nicht die Schnur spannen dürfen, und als sie das gemacht haben, hätten sie sich entschuldigen können und sagen: Entschuldigung wir wollten uns an Ihnen rächen, aber wir haben jetzt kapiert, daß es falsch von uns war.

— Die Kinder haben sich aber zu sehr an Herrn K. gerächt. Wenn der sich ein Bein bricht, ist das schlimmer, als wenn sie nicht mehr Fußball spielen können.

— Die Eltern hätten für das gebrochene Bein blechen müssen.

— Wenn das gelungen wäre, hätte es böse enden müssen.
Die Kinder haben noch mal Glück gehabt.

— Am Ende ist es trotzdem schlimmer. Sie werden wieder von vorne anfangen, Keume und die Kinder, sich gegenseitig zu ärgern.

— Die Geschichte wurde so schlimm, weil da ein Fußballplatz fehlt.

Rollenspiele unter der Fragestellung: Könnte die Geschichte anders — besser enden?

Lösungsmöglichkeiten in den Spielszenen (von den Kindern gefunden)

1. Streit Kinder — Keume.
   Gespräch Mutter — Kinder: Kinder müssen sich entschuldigen gehen.
2. Streit um die Ruhe in der Mittagspause.
   Zuspitzung des Streits mit Absägen der unteren Äste.
   Kinder geben nach und gehen weg.
3. Kinder, sehr laut und aggressiv, schießen Keume an. Keume behält den Ball. Kinder holen einen anderen Ball, spielen aber leise. Keume kommt und lobt: „So ist es besser".
4. Streit: Kinder verspotten Keume, lachen ihn aus. Reaktion: hilfloses autoritäres Verhalten. Kinder spielen Klingel-Mäuschen. Eine sich anbahnende Einigung über die Einhaltung einer zweistündigen Mittagspause veranlaßt Herrn Keume, die Kinder einzuladen.
5. Herr Keume redet vernünftig und ruhig mit den Kindern und sucht von sich aus einen Ausgleich.

Bärbel Daufeldt

Text: „IM FERNSEHN GESTERN" von Susanne Kilian, Seite 149

3. Schuljahr

Beispiel dafür, wie eine methodische Anregung des Textes aufgenommen wird („Rate mal, was Kay seinem Freund erzählt"). Arbeitsformen: Vortrag, Nacherzählung durch einen Schüler, aufarbeitendes Gespräch.

Lehrer: Die Sache heißt: „Im Fernsehn gestern"

Lehrervortrag, dann Reaktionsgespräch der Schüler

— Vielleicht erzählt er die ganze Geschichte.
Lehrer: So, wie sie hier steht?
— Das ist doch 'ne Reimgeschichte.

— Ich hab' gestern einen tollen Film gesehen. Da haben se drei Farmer ermordet, und dann war da einer, der hat den da verfolgt und der hat den nachher nicht getroffen und dann hat er sich mit einer Frau zusammengelassen, und dann sind se da bei der Frau ins Zimmer gegangen, und hinterher ist dann nichts passiert, und dann hat er ihn in einer Kneipe im Süden gefunden, da, den einen Mann, und dann hat der Gute gesagt, wenn du nicht feige bist, dann schieß! Und dann haben se sich erst eine Zeit angeglotzt, und dann gab es Schießerei, und dann hat der Gute den Bösen erschossen, und dann war der tot, dann lag er im Blut. Und dann hat der Gute die Mary Loo geheiratet.

Lehrer: Der Gute erschoß den Bösen.

— Aber das war ja richtig, der hat ja die Farmer umgebracht. Das sollte er wahrscheinlich büßen.

— Aber man darf nicht auf einen anderen schießen.

— Man darf nie einen unschuldigen Menschen töten.

Lehrer: Unschuldig?

— Ja, die Farmer waren unschuldig.

Lehrer: Der hat auch getötet, der Gute.

— Der Gute hat aber den Bösewicht getötet.

— Der hat aus Gerechtigkeit getötet, weil der Böse die drei Farmer aus dem Hinterhalt getötet hat. Der hat doch recht.

— Ja, aber das ist ja Selbstjustiz. Der Böse müßte höchstens ins Gefängnis, lebenslänglich vielleicht oder ein paar Jahre.

— Der Gute hätte ja auch den Bösen zum Gericht bringen können. Das hätte den dann verurteilen können.

— Wenn der Gute den Bösen mitgenommen hätte, vielleicht hätte der Böse den dann auch auf dem Weg erstochen.

Lehrer: Wer ist denn nun eigentlich zuständig dafür, Verbrecher zu schnappen?

— Der Sheriff.

— Kann auch ein anderer. Wenn der Sheriff Belohnung aussetzt, soundsoviel tausend Mark, kann auch ein anderer.

— Kopfgeld ist das.

Lehrer: Das war so üblich? Aber wir wollten ja noch mal untersuchen, wie das im Fernsehen im Western immer ist.

— Der Gute gewinnt immer.

— Im Krimi auch. In Shilo Ranch ist auch das gleiche. Dann hört ja der Film auf, wenn der Gute tot ist (gemeint ist, der Held muß die Serie durchhalten!).

— berichtet von einem Krimi, wo der Gute erstochen wurde.

— erklärt, daß der wichtigste Gute in dem Krimi nicht erstochen wurde, sondern nur der Bruder.

— Bei Old Shatterhand und Winnetou — Apachen tot!

— Die Weißen haben die Roten ausgerottet!

Lehrer: Also war es genau umgekehrt, wie es im Wildwestfilm gezeigt wird. Da sind die Weißen die Guten.

Lehrer: Was sagt hier der Gute z. B.?

— Hast du keinen Mumm? Glotz mich nicht so an. Dreckiges Schwein!

— Eigentlich sind das keine guten Ausdrücke.

Lehrer: Also, du meinst, die passen nicht zu einem Guten.

— Eigentlich ist der Gute ja nicht gut, der tötet ja auch. Man müßte eigentlich sagen: Der Gute ist ein Böser.

Lehrer: Also, wie ist das mit den meisten Western im Fernsehen?

— Da ist eigentlich alles verdreht. Die Guten da sind manchmal böse, so wie mit den Indianern und den Weißen.

Lehrer: Und wenn der Kai vor dem Fernseher nun nicht merkt, daß der Gute eigentlich böse ist?

— Dann findet er es vielleicht richtig, daß man andere totschießen darf.

— Aber nur im Film.

— Nein, nicht nur im Film, ich meine, wenn er sich mal für was rächen will.

Lehrer: Aber ihr seid ja jetzt kritische Zuschauer. Wenn der nächste Wildwestfilm im Fernsehen kommt, paßt mal ganz genau auf, ob der Gute wirklich so gut ist.

Kurzkommentar

Diese im Unterrichtsgespräch geförderten Schüler — in der skizzierten Stunde allerdings vorrangig die Spitzenreiter der Klasse — vermögen die Ambivalenz von „gut“ und „böse“ zu durchschauen (auch der Gute kann böse sein, da er — wenn auch aus Gerechtigkeitssinn — tötet; vgl. den Ausdruck „Selbstjustiz“). Sie durchbrechen also das diese Altersstufe zumeist beherrschende Schwarz/Weiß-Klischee von „gut“ und „böse“ (dies ist ja auch die Absicht des Gedichtes). Sie erkennen damit die unrealistische Grundstruktur vieler Western und Krimis; die Ironie dieses Gedichtes vermögen sie jedoch noch nicht zu erfassen.

Ulrike Rittmann

Text: „DAS GEBET“ von Marieluise Bernhard-von Luttitz, Seite 179

3. Schuljahr

Beispiel für die schriftliche Beantwortung einer texterschließenden Frage.

Vorlesen des Textes ohne die fünf letzten Zeilen. Unmittelbar daran anschließend:

Frage: Was soll man (Gott) tun, wenn die Menschen auf beiden Seiten beten:
„Gib, Gott, *unsern* Waffen Sieg“?
(Die Frage kann letztlich keine Antwort finden.)

Zusammenstellung der schriftlichen Arbeitsergebnisse:

— Die, die am schönsten beten (am meisten beten), die sollen siegen.

— Die anderen können doch nicht das gleiche Gebet wissen wie die Deutschen.

— Er (Gott ist gemeint) soll beiden *etwas* helfen.
— Er soll auf beiden Seiten stehen.
— Jedem ein Stück Sieg geben, daß jeder gleichviel Land bekommt.
— Beiden ein bißchen Kraft geben, damit der Krieg bald zu Ende ist.
— Die Leute abwechselnd gewinnen lassen.
— Keinen gewinnen lassen (dreimal).
— Ich würde gar keinem den Sieg geben.
— Gott kann doch nicht beiden den Sieg geben.
— Gott darf doch nur einen siegen lassen, denn sonst bekommt der Krieg ja gar keinen Schluß.
— Man sollte überhaupt keinen Krieg anfangen.
— Erst gar keinen Krieg führen.
— Es soll gar nicht erst zum Krieg kommen.
— Kein Krieg, das ist am besten.
— Aber wie kommt es eigentlich zu dem Krieg?
— Die Menschen sollen das behalten, was sie haben.
— Sie sollten keinen Krieg auf beiden Seiten machen.
Sie sollen gleich viel Land haben.
— Sie sollen alle ein gleich großes Land haben, und dann nehmen sie niemand etwas weg.
— Man soll den Menschen, die am wenigsten Land haben, noch Land dazu geben, so daß die Menschen auf beiden Seiten gleich viel Land haben.
— Wenn alle beten, warum machen sie denn da Krieg?

Dietrich Steinwede

Text: „DAS FRÄULEIN MIT DEM WEISSEN KOPFTUCH" von Gina Ruck-Pauquèt, Seite 241

6. Schuljahr (zwei Unterrichtsstunden)

Beispiel für die knappe Zusammenfassung eines unterrichtlichen Versuches (Eröffnung der Problemstellung durch ein Foto, Bearbeitung von unterschiedlichen Themen in Gruppenarbeit, Erstellung einer Collage)!

Im Mittelpunkt dieser Geschichte steht die Vereinsamung eines Menschen. Seine Situation ist so ausweglos, daß er Selbstmord begeht — unbemerkt von seinen Mitmenschen.
Um die Schüler für diese Erzählung zu motivieren, wurde zuerst ein Bild aus der Sammlung „Salz der Erde" * vorgestellt. Die Schüler erkannten größtenteils einen einsamen alten Mann und beschrieben grundlegende Züge der Einsamkeit: Er ist ausgestoßen, alt, hat keine Verwandten, die sich um ihn kümmern; er haßt die

* „Salz der Erde." Religionsunterricht im 7. bis 9. Schuljahr, Walter Verlag, Olten und Freiburg im Breisgau, S. 96.

Menschen, er fürchtet sie; vielleicht lebt er in einer großen Stadt, da hat man keinen Kontakt zu anderen Menschen; er ist arm; er zeigt uns nicht sein Gesicht, deshalb könnte er stellvertretend für alle einsamen Menschen stehen; das Bild ist trostlos. Mit diesen Äußerungen und mit kurzen Diskussionen zeigten die Schüler, daß sie für die Erzählung aufgeschlossen waren.
Im Anschluß an die Darbietung erhob sich heftige Kritik an Robert, der am Leben vorbeilebe, nicht seine Mitmenschen sehe, in einer Traumwelt (Kino) lebe und erst durch ein so fürchterliches Ereignis aufwache.

Fünf Gruppen untersuchten dann die Geschichte unter folgenden Aspekten:

1. Charakterisiere Robert! Was erfährst du über ihn?
2. Was weißt du von dem Fräulein mit dem weißen Kopftuch?
3. Welche Gründe könnte es für den Selbstmord geben?
4. Welche Rolle spielen die Mitmenschen in dieser Geschichte?
5. Werte den Anfang der Erzählung (Kinobesuch) aus!

Die anschließende Diskussion der Ergebnisse vertiefte den Inhalt und die Aussage der Erzählung. — Am Ende der Stunde stand die Frage: „Wie kann ich solchen Menschen helfen?" Die Schüler suchten in einer Collage mit dem Thema „Einsamkeit — Gemeinschaft" Lösungen.

Sigrid Köhler-Friese

Text: „NEUE MÜTTER GIBT ES NICHT" von Gina Ruck-Pauquèt, Seite 246

4. Schuljahr

Beispiel für Vorlesen mit Textunterbrechung, Zwischengespräche, eingeschobene Rollenspiele; kommentiertes Unterrichtsprotokoll.

Der Text wird vorgelesen

1. Textunterbrechung: „Der Friedhof war ein guter, fröhlicher Ort. Christina war gerne hier."

— Vielleicht war Christina gerne auf dem Friedhof, weil da ihre Mutter lag.
— Wie kann denn der Friedhof ein fröhlicher Ort sein?
— Sie ging gerne auf den Friedhof, weil ihre Mutter da lag. Weil sie ihre Mutter lieb hatte, und die andere Mutter, die hatte sie nicht lieb.
— Es war ja auch gar nicht ihre richtige Mutter.
— Die konnte sie doch nicht leiden.
— Die zweite Mutter ist höchstens eine Stiefmutter, aber keine richtige Mutter.
— Auf dem Friedhof hat Christina sich wohlgefühlt. Zu Hause hat die Mutter alles anders eingerichtet. Da hat sie den Sessel verrückt.

Es gelingt den Kindern, Christinas Rolle zu erkennen, ihr Problem zu identifizieren. Gleichzeitig zeigt die Textpassage, daß Kinder eines 4. Schuljahres in der Lage sind, fremdseelisches Verhalten zu verstehen.

— Aber eigentlich wollte die zweite Mutter auch nur, daß das Kind sich freut.

Nach einigen weiteren Äußerungen:

Lehrer: Puppenkleider, die man geschenkt kriegt, verkramt man. Tolle Kleider für die Puppe bekommt Christina geschenkt — und dann verkramt sie alles — ganz hinten in den Schrank? Typisch Mädchen ja? Ist das typisch?

— Die will sie vielleicht nicht haben. Die will von der zweiten Mutter nichts haben.

— Die hängt an der Puppe von der richtigen Mutter, weil sie ihre richtige Mutter viel lieber gehabt hat.

Hier wird der symbolische Wert erkannt, den die Puppe für Christina besitzt.

— Ich finde, das ist logisch. Wenn jetzt meine richtige Mutter stirbt, wäre ich auch nicht gerade glücklich drüber.

Lehrer: Ist euch aufgefallen, woran man merken kann, daß Christina traurig ist? Es wird gar nicht erzählt, warum sie traurig ist, und trotzdem merkt man's.

Der Lehrer greift die Schüleräußerungen des ersten Gesprächsabschnittes auf und versucht, das Verstehen von fremdseelischem Verhalten bei den Kindern zu fördern, indem er sie das Verhalten Christinas beschreiben läßt, das als Ausdruck ihrer psychischen Situation gelten kann.

— Wo sie wütend war und wo sie geschluckt hat.

— Sie ist nicht nach Hause gegangen.

— Vielleicht hat sie sich auch nur geschämt, das zu sagen, daß sie vielleicht doch Schläge bekommt.

Lehrer: Da müssen wir nachher einmal sehen, was das für eine Mutter ist. Die Geschichte hört ja noch nicht auf.

— Sie ist oft zum Friedhof gegangen.

— Sie war traurig, weil sie ihre Mutter verloren hat.

— Vielleicht hat sie doch Schläge gekriegt, weil sie so oft auf den Friedhof ging — und ihre Stiefmutter wollte das nicht. Sie wollte vielleicht, daß sie nur sie liebhat.

In dieser Äußerung wird erstmals selbständig erkannt, daß auch die neue Mutter sich in einer ungelösten Problemsituation befindet. Auf das Problem, wieweit körperliche Züchtigung des Kindes zu einer Lösung führen kann, konnte nicht eingegangen werden, weil das Gespräch einen anderen Verlauf nahm.

— Die war neidisch.

— Dann müßte sie das schon verboten gekriegt haben.

— Es kann aber sein, daß sie ihre richtige Mutter so liebte, daß sie doch immer hingegangen ist — trotz Verbot.

Das Kind erkennt, daß es wichtige Gründe geben kann, die das Übertreten eines Gebotes rechtfertigen. Hier werden Ansätze für ein differenziertes Verstehen von Handlungsweisen und Normen sichtbar.

— Vielleicht hat es ihr Vater ihr erlaubt!

— Die ging gar nicht gern nach Haus. Die ging lieber auf den Friedhof.

Lehrer: Der Friedhof war ein fröhlicher Ort. Erklärt, warum!

— Weil die Mutter da lag.

— Weil Christina die Mutter liebhatte.

— Vielleicht, daß sie gerne allein ist, weil sie ihre Stiefmutter nicht so gerne hat.

— Sie kannte die Stiefmutter vielleicht noch nicht richtig.

— Die Christina hat immer gefühlt, daß ihre Mutter noch bei ihr war. Sie konnte sie nicht vergessen.

Die Kinder erkennen Christinas seelische Einsamkeit und ihren Versuch, durch Selbstisolation die alten Bindungen zu bewahren.

Fortsetzung der Darbietung bis: „Christina wollte nicht nach Hause gehen. Aber sie ging trotzdem nach Hause."

— Sie wollte nicht nach Hause gehen, weil da ihre Stiefmutter ist. Aber sie ist doch nach Hause gegangen, weil es da warm ist und trocken.

— Ich meine, daß sie vielleicht doch nicht nach Hause gehen wollte, weil sie ihre Stiefmutter haßte. Ihre richtige Mutter war ihr viel lieber.

Lehrer: Zu Hause wird es ja jetzt was geben. Es ist spät. Niemand ist mehr auf der Straße. Und da kommt die Christina jetzt erst nach Hause.

— Vielleicht *durfte* sie so lange draußen bleiben bei ihrer richtigen Mutter.

— Vielleicht schlägt ihre Mutter sie jetzt.

— Vielleicht wollte sie doch nach Hause. Aber sie hat Angst vor den Schlägen.

— Vielleicht hat die Christina jetzt Mitleid gekriegt mit ihrer Stiefmutter, weil sie nach Hause gegangen ist.

— Aber vielleicht wollte sie auch zu ihrem Vater. Der liebte Christina ja auch.

Lehrer: Was würdest du denn erwarten, wenn du so spät nach Hause kommst?

— Wenn ich das nicht dürfte, hätte sie vielleicht ein bißchen geschimpft.

— Wenn ich mal zu Freunden fahre und dann ein bißchen später nach Hause komme, gibt's gleich Schimpfe.

Lehrer: So, und nun ist das die Stiefmutter!

— Die Stiefmutter schimpft Christina sicher aus.

— Sie kriegt vielleicht irgend etwas verboten.

— Vielleicht aber schimpft sie Christina gar nicht aus, um zu zeigen, daß sie gut zu ihr sein will.

— Ich glaube nicht, daß die Stiefmutter die Christina schlägt, weil sie auch alles gut machen möchte wie die richtige Mutter.

— Vielleicht wird sie aber auch Schläge kriegen von ihrer Stiefmutter.

— Vielleicht wird sie auch Schläge kriegen von ihrem Vater, weil sie doch so spät nach Hause kommt und weil doch die Mutter gesagt hat, sie sollte nicht so spät nach Hause kommen. Vielleicht wird sie dann der Vater schlagen und nicht die Mutter.

— Vielleicht will die Stiefmutter, daß die Christina sie auch liebgewinnt. Sie will genauso sein wie ihre richtige Mutter.

Die verschiedenen Deutungen belegen, daß Kinder durchaus in der Lage sind, fremdseelisches Verhalten in beiden Rollen (Mutter und Kind) differenziert zu sehen. Außerdem wird erkannt, daß ein vorschnelles Urteil über menschliches Verhalten fehlgehen kann.

Lehrer: Was müßte die Mutter denn tun, wenn sie genauso sein wollte wie die richtige Mutter? Wenn sie lieb zu der Christina sein will ... ?

Von der Auffassung ausgehend, daß Kommunikation eine Voraussetzung für gegenseitiges Verstehen und damit für die Lösung von Konflikten im zwischenmenschlichen Bereich ist, fordert der Lehrer die Kinder zu Rollenspielen auf. Sie bieten die Möglichkeit, menschliches Verhalten in sozialen Interaktionen zu beobachten. Diese Beobachtung kann Grundlage für eine Beurteilung des Verhaltens sein. Die Spiele werden frei gestaltet.

1. Rollenspiel:

Mutter: Warum bist du nicht nach Hause gekommen?

Kind: Weil ich weg war.

Mutter: Na, dann ist's ja gut. Beim nächsten Mal kannst du ja ein bißchen früher kommen.

2. Rollenspiel:

Kind: Guten Abend, Mutter.

Mutter: Ja, wo warst du denn die ganze Zeit? Ich hab' auf dich gewartet.

Kind: Kann ich nichts für. Ich war weg.

Mutter: Du kannst aber früher nach Hause kommen.

Kind: Ich bin bei meiner Freundin gewesen.

Mutter: Das nächste Mal kommst du früher!

Äußerungen der Kinder zum Rollenspiel:
— Aber das war ja gelogen.
— Die konnte ja sagen: ‚Ich bin weg gewesen.' Das wär' nicht gelogen.
— Aber dann würd' die Mutter die bestimmt ausquetschen, wo sie war und so.
— Das brauch ich zu Hause nicht zu sagen, wo ich war und so.
— *Wir* müssen aber immer sagen, wo wir waren, wo wir hingehen.

3. Rollenspiel:

Mutter: Na, wo warst du denn?

Kind: Auf dem Friedhof, die Mutti besuchen.

Mutter: Du sollst nicht immer auf den Friedhof gehen.

Kind: Warum denn nicht?

Mutter: Das ist gar kein schöner Ort.

Kind: Das macht doch nichts.

Mutter: Na ja, komm nächstes Mal eher.

Lehrer motiviert die Kinder zu Kommentaren über das dritte Spiel:
— Die Christina hat so richtig schön patzig gespielt.

— Die Stiefmutter hat die Christina auch lieb, die hat so lieb gesprochen.
— Ich finde das falsch, wenn die neue Mutter zu der Christina streng ist. Die kennt Christina ja noch gar nicht. Die sollte sie erst kennenlernen. Dann kann sie auch sagen: Du darfst das und das nicht.
— Die Christina und der Vater sollten der Mutter erst einmal helfen, sich in alles reinzufinden.
— Wenn die Mutter lieb sein will, dann muß sie erst ein paar Monate das verstehen, daß die Christina noch an ihre erste Mutter denkt.
— Und die Tochter muß sich erst eingewöhnen, weil sie wieder 'ne neue Mutter hat.

Lehrer: Ihr sagt, die Mutter muß sich auch erst eingewöhnen. Warum?
— Sie weiß nicht, wo die ganzen Sachen liegen.
— Sie muß sich an das Kind gewöhnen!
— Aber trotzdem hat Christina die Stiefmutter nicht so lieb. Sie kann sie n o c h so kennen (noch so ‚gut' ist gemeint).
— Die Mutter muß erstmal die Christina kennenlernen.
— Die muß sich auch daran gewöhnen, daß die Christina immer zum Friedhof geht.
— Sie muß das einsehen, daß die Christina gern zum Friedhof geht.

Die Kommentare der Kinder (man vergleiche die Entwicklung vom ersten zum dritten Versuch) zeigen, daß die Rollen von Stiefmutter und Kind eindeutig auch in ihrer wechselseitigen Bezogenheit erkannt werden.

Fortsetzung der Darbietung bis „Christina sah, wie die Schultern der Frau sich zusammenzogen, als fröstele sie. Dann ging sie an ihr vorüber in die Küche".
— Die Mutter hat Sorgen um sie gehabt, weil sie so lange weg war.
— Die Mutter ist eigentlich gut. Aber Christina ist immer so schlecht.
— Wenn Christina artig ist, dann ist die Mutter so fies, und wenn die Mutter gut ist, dann ist die Christina so trotzig.
— Die Christina muß ja auch helfen, daß die Mutter sich reinfindet. Die müssen sich ja einigen. Da muß nicht nur der Vater helfen, auch die Christina. Wenn die immer so frech ist, dann kann die sich auch daran gewöhnen, die Mutter.
— Man weiß ja auch nicht, wie alt die ist, die Christina.
— Weil sie so frech war.
— Weil sie noch nicht alles weiß.
— Man muß ja auch zu der anderen Mutter nett sein.

Fortsetzung der Geschichte bis „Die Frau stand mit hängenden Armen vor ihr und wagte nicht, das Kind zu berühren".
— Jetzt auf einmal merkt sie, daß die Mutter sie liebhat, wegen dem Vogel. Die macht sich ja auch Sorgen um den Vogel.
— Jetzt hat die Christina so langsam eingesehen, daß sie auch die Mutter liebhaben muß, weil sie gesagt hat: Ich habe vergessen, das Fenster zu schließen.
— Das sagt die Stiefmutter!

— Aber da steht doch auch: „I c h hab es getan, sagt Christina." Sie wollte auch, daß der Vogel wegfliegt, daß der Vogel nicht auf ihre Schulter kommt.

— Die Christina hat die ganze Welt verschworen gegen die neue Mutter. Alles was sie vorher gern gehabt hat, haßt sie jetzt.

Hier wird klar erkannt, daß aggressives Verhalten Ausdruck einer seelischen Notsituation sein kann.

— Außer der Puppe!

Lehrer: Und warum die nicht?

— Weil sie die Puppe von der richtigen Mutter bekommen hat.

— Und jetzt noch gern hat.

— Und sie hat auch immer gesagt: Ich laß dich nicht allein!

Lehrer: Warum?

— Weil die richtige Mutter sie geschenkt hat.

— Damit die andere Mutter sie nicht in die Finger bekommt.

— Das ist Christinas Kind.

— Die spielt jetzt auch Mutter.

Lehrer: Was sagt die Christina immer zu ihrem Kind?

— „Ich laß dich nicht allein, nein, ich laß dich nicht allein."

— Die spielt jetzt Mutter und Kind.

— Sie ist die Mutter und die Puppe ist die Christina.

— Die richtige Mutter hätte die Christina auch nicht allein gelassen.

Wieweit fremdseelisches Verstehen gehen kann, zeigt die Tatsache, daß die Kinder Christinas Puppenspiel richtig deuten: Sie spielt ihre Problemsituation und löst diese im Spiel ihren Wünschen entsprechend: „Die richtige Mutter hätte Christina auch nicht allein gelassen."

Lehrer lenkt zurück auf das Problem: Stiefmutter — Christina: Ich sehe einen Lichtblick in der Geschichte, in der zwei Menschen so traurig sind, Christina und die Mutter.

— Weil die Christina gemerkt hat, daß die Mutter sie liebhat.

— Sie sieht endlich ein, daß es so keinen Sinn hat. Sie sieht endlich ein, daß sie die Mutter auch liebhaben muß.

— Sie kann die Mutter jetzt besser leiden.

Darbietung der Geschichte bis „Nie bist du meine Mutter!"

— Aus Haß oder aus Wut, daß die neue Mutter Christina nicht geboren hat.

Lehrer: Wenn du die neue Mutter wärst, was würdest du der Christina antworten, wenn sie dich so anschreit und dabei weint?

— Ich würde Christina das erklären. Ich würde sagen: Du mußt dich an mich gewöhnen.

— Sie könnte sagen: „Ich will jetzt versuchen, deine Mutter zu sein. Deine Mutter ist tot. Du mußt dich damit abfinden."

— „Ich will jetzt alles für dich tun, genau wie deine Mutter. Dein Vater kann doch nicht alles schaffen."

— „Ich will versuchen, deine Mutter zu ersetzen."

— „Ich will versuchen, genauso zu sein, wie deine Mutter."

— Die Christina hat recht: Die Stiefmutter kann nie ihre richtige Mutter sein.

— Sie kann ihre Ersatzmutter sein.

Darbietung der Geschichte bis zum Schluß. Dann Arbeitsauftrag: Sucht eine Überschrift für die Geschichte!

Karin Walter

Text: „NEUE MÜTTER GIBT ES NICHT" von Gina Ruck-Pauquèt, Seite 246

5. Schuljahr (zwei Unterrichtsstunden)

Beispiel für die knappe Zusammenfassung eines unterrichtlichen Versuches: Vorausgehende Erörterung des zentralen Begriffes „Stiefmutter"; Erarbeitung von zwei Textausschnitten in Gruppen.

Das Problem der neuen Mutter oder der Stiefmutter ist den Schülern nicht unbekannt, sondern aus den Märchen, die ja fast alle bewußt die Stiefmutter als die Böse und Schlechte darstellen, sehr vertraut. Deshalb begann die erste Stunde mit einer Provokation: Das Wort „Stiefmutter" stand an der Tafel. Die Schüler assoziierten nur in negativen Äußerungen. Ein Schüler erklärte die Bezeichnung. Auf die Frage: Woher weißt du das alles? belegten die Schüler ihre Äußerungen durch Stellen aus Märchen, beispielsweise „Sie vergiftete die Äpfel" (Schneewittchen!) usf. Keiner ließ etwas Gutes an der Stiefmutter. Deshalb wurden die Märchen umgekehrt: Schneewittchen ist böse, die Stiefmutter ist gut usf. Ergebnis der Stunde: Wir haben Vorurteile gegen Stiefmütter, die wir ohne Kritik aus den Märchen übernommen haben. — In der Hausaufgabe sollte für Stiefmutter ein anderer Name gefunden werden. Ergebnis: Zweite Mutter, stellvertretende Mutter, andere Mutter, Ziehmutter, neue Mutter, Mutter. — Die Schüler begründeten ihre Wahl.

Durch diese Vorbereitung der Erzählung war eine einseitige Stellungnahme für Christina schon unterbunden. Die Schüler suchten bei der neuen Mutter und bei Christina zu gleichen Teilen die Schuld. Zwei Textausschnitte, die diese beiderseitige Schuld und ihr Entstehen belegen, wurden in Gruppen erarbeitet:

1. Christinas Traum auf dem Friedhof
2. Der entflogene Fips

Die Schüler bemühten sich um Lösungen und Ratschläge, die sie der neuen Mutter und Christina geben würden, damit sie besser miteinander auskommen.

Sigrid Köhler-Friese

Texte:

„WEIHNACHTEN WIRD ABGESCHAFFT" von Hanna Hanisch, Seite 289

„SCHENK MIR HÄNDE" von Elfriede Becker, Seite 291

„DER 5./6. DEZEMBER" von Susanne Kilian, Seite 282

2. bis 4. Schuljahr (acht Unterrichtsstunden)

Beispiel für eine nach dem curricularen Schema entworfene Unterrichtseinheit über drei Texte.

0. Vorbemerkungen

Die genannten Texte wurden im Rahmen einer achtstündigen Unterrichtseinheit zum Thema „Menschen feiern Feste" (Weihnachten), eingesetzt und an einer zweizügigen Grundschule in den Klassen zwei bis vier erprobt. An dieser Erprobung haben neben den Verfassern noch drei weitere Kollegen mitgearbeitet.

1. Lernziele der Unterrichtseinheit

Im Verlauf dieser Unterrichtseinheit sollten von den Schülern folgende Fähigkeiten erworben, m. a. W. folgende Lernziele erreicht werden:

— Die Bedeutung des Weihnachtsfestes im Bereich eigener Wirklichkeitserfahrungen beschreiben können.

— Den christlichen Ursprung des Weihnachtsfestes herausstellen können.

— Zwischen christlichem Ursprung des Festes und seiner gegenwärtigen Bedeutung unterscheiden können.

— Eigene Erwartungen an dieses Fest nennen und begründen können.

— Kriterien für ein „sinnvolles" Feiern dieses Festes aufstellen können.

Diese auf mittlerem Abstraktionsniveau formulierten Lernziele können trotz ihrer fast zu stark versachlichten Formulierung nicht ausschließlich dem kognitiven Bereich zugeordnet werden, weil im Verlauf ihrer Operationalisierung der affektive Bereich immer stärker in den Blick kommen wird. Es kann und darf auch nicht das Ziel einer solchen Unterrichtseinheit sein, den Schülerinnen und Schülern in der Grundschule durch eine ausschließliche Versachlichung die Freude am Weihnachtsfest zu nehmen; vielmehr sollen sie Fähigkeiten erwerben, Weihnachten im Spannungsfeld zwischen Erwartung und Wirklichkeit feiern zu können. Mit den genannten Lernzielen kann der Religionsunterricht einen Beitrag dazu leisten.

2. Funktion der Texte im Rahmen der Unterrichtseinheit

Ausgehend von einer religionspädagogischen Konzeption, die sich als fachdidaktisch und schulpädagogisch ausgewiesener Beitrag zur Verwirklichung allgemeiner Erziehungs- und Lernziele der Grundschule im Unterricht konkretisieren will, ist auch an dieser Stelle die Verwendung „profaner" Texte und Geschichten, die neben den biblischen Bezügen mehr als nur eine dekorative Funktion haben wollen, zu reflektieren und zu begründen.

Wir haben die genannten Texte für die Unterrichtseinheit „Menschen feiern Feste" (Weihnachten) ausgewählt und in den Unterrichtsverlaufsplan als Elemente integriert, um Lernsituationen organisieren zu können, die dem Schüler ein vielfältiges Lösungs- bzw. Lernverhalten ermöglichen. Während die didaktischen Überlegungen unter Punkt 4 aufgeführt werden, wollen wir an dieser

Stelle lediglich die Funktion der Texte im Hinblick auf die (möglichen) Lernvoraussetzungen der Schüler bzw. ihrer Motivationslage skizzieren.

(1) „Weihnachten wird abgeschafft"

Kinder werden in der Advents- und Weihnachtszeit mit den widersprüchlichsten Auffassungen und Meinungen konfrontiert. Sie werden auf der einen Seite von der heilen, traulichen und stimmungsgeladenen Welt, die das Kind in der Krippe in eine verzauberte Winterlandschaft einzubetten pflegt, in den Bann gezogen und müssen auf der anderen Seite zugleich die Trostlosigkeit, Leere und Betriebsamkeit auch des vorweihnachtlichen Alltags über sich ergehen lassen. Ihre Weihnachtsfreude kann durch diese Spannungen leicht einen Sprung bekommen, der sie nach dem Sinn des ganzen Unternehmens fragen läßt.
In Achim begegnen sie einem Jungen, mit dem sie sich leicht und schnell identifizieren können. Seine Erlebnisse sind ihre Erlebnisse, seine Fragen ihre Fragen und seine Erfahrungen ihre Erfahrungen. Der Text bietet keine fertigen Lösungen an, sondern schließt mit offenen Fragen. Es ist gelungen, den Kindern in einer nicht überzogenen Verfremdung ihre eigene Situation vor Augen zu führen. Dadurch wird eine fruchtbare Auseinandersetzung ermöglicht, die zu einer Klärung der eigenen Position beitragen kann.

(2) „Schenk mir Hände"

Nichts dürfte soviel Verdruß bereiten, wie nicht erfüllte oder nicht erfüllbare Wünsche. Das Fest der Freude und des Schenkens kann somit leicht zu einem Fest der Enttäuschung werden. Das Märchen vom Christkind, das Wunschzettel annimmt und allen braven Kindern ihre Wünsche zu erfüllen pflegt, ist von der Werbung dankbar aufgenommen und umsatzfördernd ausgebaut worden. Das Geschäft mit menschlichen Wünschen und Hoffnungen spart auch Kinder nicht aus, gerade sie sind zur Weihnachtszeit besonders empfänglich für solche Impulse, die leicht den Blick für die Wirklichkeit und die Freude an Kleinigkeiten trüben.
Manfred, der verkrüppelt auf die Welt gekommen ist, wünscht sich nichts sehnlicher als Hände zum Weihnachtsfest. Er hat nur diesen einen Wunsch und ist fest davon überzeugt, daß ihm dieser Wunsch erfüllt wird. Im letzten Jahr hat das Christkind ihm ja auch alle Wünsche erfüllt.
Wenn auch dieser Text nur in den seltensten Fällen direkt die Situation von Grundschulkindern aufnehmen wird, so ist diese Situation doch vortrefflich geeignet, mit den Kindern in das gerade zu Weihnachten stark in den Blick gerückte Problemfeld „Wünsche — Geschenke — Hoffnungen — Enttäuschungen" einzusteigen und auf die eigene Situation zu beziehen. Darüber hinaus wird dieser Text auch einen Beitrag zur Sensibilisierung für die Probleme und Erfahrungen *der* Kinder leisten können, die anders sind als die Mehrheit unserer Kinder.

(3) „Der 5./6. Dezember"

Am 6. Dezember wird in vielen Familien, Vereinen, Schulen und Kaufhäusern die Gestalt des Nikolaus von Myra in verniedlichter und zugleich bedrohlicher Form herangezogen, um unzureichende Erziehungspraktiken wirksam zu unterstützen, bzw. Lob und Tadel gleichsam von übernatürlicher Seite austeilen zu lassen. Die Freude an dieser zum Erziehungsritual gewordenen Gedenkfeier dürfte in den

meisten Fällen nur auf der Seite der Veranstalter und weniger bei den Betroffenen zu finden sein. Wir wollen hier nicht gegen den schönen Brauch der Nikolausfeier polemisieren. Eine kindgemäße und *nicht* kindisch unwahrhaftige Gestaltung wird mit Sicherheit bei allen Kindern Anklang finden.
Peter und sein Freund haben dies alljährliche Spiel durchschaut und wollen sich dagegen auflehnen. Sie überlegen sich Gegenmaßnahmen und müssen dann erleben, daß die Erwachsenen doch wieder ihren Willen durchsetzen. Diese beiden Jungen werden bei den Kindern sofort Sympathien gewinnen, weil doch in dieser Geschichte endlich mal das gesagt wird, was man selbst — und sei es nur im Geheimen — ja auch denkt. Die Geschichte rollt ein „dramatisches" Geschehen auf, in das jedes Kind seine eigenen Erfahrungen und Einstellungen einbringen und aktiv als Mitspieler einsteigen kann. Ausgehend von den eigenen Erfahrungen, kann der Text zur Klärung der eigenen Situation verhelfen und die Entwicklung von Strategien im Sinne einer aktiven Situationsbewältigung fördern.

3. Mögliche Feinziele der Unterrichtseinheit, die an den Texten verfolgt werden können

(1) „Weihnachten wird abgeschafft"

— Der Schüler kann die für die Advents- und Weihnachtszeit typischen Situationen im Text benennen und beschreiben.
— Der Schüler kann die Erlebnisse und Erfahrungen der Hauptperson (Achim) mit seinen eigenen Erlebnissen und Erfahrungen in der Advents- und Weihnachtszeit vergleichen und mögliche Unterschiede und Gemeinsamkeiten sprachlich darstellen.
— Der Schüler kann Gründe für die Beibehaltung und die Abschaffung des Weihnachtsfestes aufzählen und sie seinen Mitschülern vortragen.
— Der Schüler kann im Hinblick auf das kommende Weihnachtsfest seine eigenen Erwartungen und Vorstellungen artikulieren und seinen Mitschülern vortragen.
— Der Schüler kann zu den im Text aufgeworfenen Fragen Stellung nehmen und seine Stellungnahme in einem Brief an Achim als Antwort auf dessen Fragen formulieren.
— Der Schüler kann seinen Mitschülern die Gefühle und Einfälle mitteilen, die er beim Hören oder Lesen des Textes hatte.

(2) „Schenk mir Hände"

— Der Schüler kann Aussagen über seine Weihnachtswünsche machen und Gründe für diese Wünsche angeben.
— Der Schüler kann unterscheiden zwischen erfüllbaren und unerfüllbaren Wünschen und diese Unterschiede an ausgewählten Beispielen belegen.
— Der Schüler kann Gründe für Manfreds Weihnachtswunsch aufzählen und diese Gründe mit seinen eigenen Wünschen und deren Gründen vergleichen.
— Der Schüler kann Gründe für Manfreds und seinen eigenen Weihnachtswunsch sowie für die Wünsche seiner Mitschüler aufzählen, sie miteinander vergleichen und nach den Gesichtspunkten „erfüllbar — unerfüllbar" bzw. „notwendig — nicht unbedingt notwendig" ordnen.
— Der Schüler kann an selbständig gefundenen Beispielen mit dem Wunsch Manfreds vergleichbare Weihnachtswünsche finden und mögliche Lösungen entwickeln.

— Der Schüler kann unterscheiden zwischen eigenen Wünschen und solchen, die ihm z. B. durch Werbesendungen und Schaufensterauslagen eingeredet werden.

— Der Schüler kann die Gefühle und Gedanken Manfreds am kommenden Weihnachtsfest beschreiben.

— Der Schüler kann seine Überlegungen und Lösungsvorschläge in einem Weihnachtsbrief an Manfred zusammenfassend darstellen.

(3) „Der 5./6. Dezember“

— Der Schüler kann eigene Erlebnisse und Erfahrungen von zurückliegenden Nikolausabenden und Nikolausfeiern berichten.

— Der Schüler kann seine Erlebnisse und Erfahrungen mit denen seiner Mitschüler sowie der beiden Jungen aus dem Text vergleichen und Gemeinsamkeiten herausfinden.

— Der Schüler kann Beziehungen herstellen zwischen gegenwärtigen Nikolausgestalten und der Gestalt des Nikolaus von Myra und im Anschluß daran den Bedeutungswandel aufzeigen.

— Der Schüler kann das Verhalten der beiden Jungen mit seinen eigenen Gedanken und Reaktionen bei solchen Anlässen vergleichen und nach erfolgreichen Lösungen suchen.

— Der Schüler kann mögliche Gründe der Erwachsenen für die alljährliche Wiederholung dieses Auftrittes nennen und seine eigene Stellungnahme dazu abgeben.

— Der Schüler kann Möglichkeiten für eine seiner Meinung nach sinnvolle und zugleich erfreuliche Gestaltung dieses Erinnerungsfestes aufzählen und sie mit seinen Mitschülern besprechen.

Diese Feinziele orientieren sich an den unter Punkt 1 vorgestellten Lernzielen mittlerer Ebene. Die Formulierungen, die keinen Anspruch auf Vollständigkeit erheben wollen, sagen noch wenig über mögliche Lernverfahren und Erfolgskontrollen aus.

4. Didaktische Überlegungen zum Einsatz der Texte (Lernverfahren)

Die Veröffentlichung dieser Texte zusammen mit einem didaktischen Kommentar in einem „Vorlesebuch Religion“ beschreibt noch keine Vorentscheidung über mögliche Einsatz- und Arbeitsformen (Lernverfahren) im Religionsunterricht.

Der Religionsunterricht in der Grundschule bedarf — wie jeder andere Unterricht dort auch — zur Verwirklichung seiner Intentionen eines vielfältigen und didaktisch angemessenen Repertoires an Lernverfahren, die weit über die herkömmlichen Formen der Lehrererzählung und des Klassengesprächs hinausgehen. Mit Hilfe wechselnder Lernverfahren, die jeweils den Lernzielen, Inhalten und Medien entsprechen, kann die wiederholt konstatierte Methodenarmut, die dem Religionsunterricht anzuhaften scheint, im Sinne einer didaktischen Optimierung überwunden werden.

Wir haben uns bei unseren eigenen Unterrichtsversuchen mit den drei vorgestellten Texten vorwiegend solcher Lernverfahren bedient, die dem Schüler oder der Schülergruppe ein größtmögliches Maß an Selbsttätigkeit sicherten. Das an Erfahrungen, Themen und Problemen orientierte *Kreisgespräch* ermöglicht in

hohem Maße eine personen- und problembezogene Kommunikation und fördert damit zugleich die Sensibilisierung für sich und andere. Die Voraussetzungen für eine solche Gesprächsform können unter Berücksichtigung der individuell verschiedenen Lernvoraussetzungen der Schüler sowie ihres differierenden Sprachvermögens in mehr partnerbezogenen Arbeitsformen wie *Gruppenarbeit* und *Partnerarbeit* sowie in nicht-verbalen Gestaltungsformen wie *Malen, Rollenspiel, Schneide-* und *Klebearbeiten* geschaffen werden. Schließlich kann sich der Schüler die für einen Gesprächsgang notwendigen Informationen in *Einzelarbeit* mit Hilfe eines *Arbeitsbogens* aus einem Text selbständig erarbeiten.
Zu den Texten „Weihnachten wird abgeschafft" und „Schenk mir Hände" wurden für die Schüler Arbeitsbögen (vgl. Abschnitt 5) erstellt, die von diesen je nach Aufgabenstellung in Einzel-, Partner- oder Kleingruppenarbeit, bzw. in freien Gruppierungsformen bearbeitet wurden. Die Texte wurden entweder vollständig oder in Teilausschnitten als Problemanzeigen oder Teilinformationen den entsprechenden Arbeitsgängen vorangestellt. Dabei wurden diese je nach Klasse und Unterrichtsverlauf vom Lehrer oder von Schülern vorgelesen, sie standen außerdem vollständig oder in Ausschnitten als Tonbandaufnahmen und als vervielfältigte Abschriften zur Verfügung.
Der Text „5./6. Dezember" hingegen wurde als reiner Vorlesetext eingesetzt. Lehrer und Schüler lasen einzelne Abschnitte vor, an die sich dann Gesprächsphasen anschlossen. An Hand der jeweiligen Ausschnittsvorlage wurden dann die eigenen Erlebnisse und Erfahrungen eingebracht, Vergleiche gezogen und mögliche Lösungen gesucht.

5. Funktion von Arbeitsbögen im Religionsunterricht der Grundschule — dargestellt an Beispielen zu den Texten

Während Arbeitshefte in gebundener Form nur bedingt einen flexiblen und an Situationen orientierten Einsatz im Unterricht zulassen, ermöglichen vom Lehrer selbst erstellte Arbeitsbögen schülergerechte und didaktisch vollständig reflektierte Verwendungssituationen.
Wir wollen nur kurz zwei formale Kriterien umreißen, die für die optimale Gestaltung von Arbeitsbögen relevant sind: Zunächst einmal ist bei der Erstellung von Arbeitsbögen der Zusammenhang von Lernzielen, Inhalten, Medien und Lernverfahren zu berücksichtigen und in der Struktur des Arbeitsbogens aufzuzeigen. In der gleichen Weise muß dann auch der Zusammenhang von Aufgabentypus und Arbeitsform beachtet und aufgenommen werden.
Der nach solchen Kriterien gestaltete Arbeitsbogen sichert dem Schüler das größtmöglichste Maß an Selbsttätigkeit, geht auf seine Lernvoraussetzungen ein und vermag sein individuelles Lerntempo zu berücksichtigen. Unterschiedliche Aufgabenstellungen ermöglichen wechselnde Arbeitsformen und nehmen zugleich unterschiedliche Fähigkeiten zur Darstellung ernst. Auf Tonband gesprochene Arbeitsbögen werden sogar den Legastheniker zur Mitarbeit motivieren. Die Gestaltung der Arbeitsbögen hilft dem Schüler schließlich auch, seine eigenen Arbeitsergebnisse zu sammeln und überschaubar zu dokumentieren. Neben Tests verhelfen diese Bögen dem Lehrer zu einer schülergerechten Feststellung und Überprüfung des Lernerfolges.
Wie jedes andere Arbeitsmittel, so ist auch der Arbeitsbogen nicht vor Mißbrauch geschützt. Wenn fortlaufend Arbeitsbögen an die Schüler ausgeteilt, dadurch

Gesprächsphasen unterbunden und mögliche Aktivitäten von Seiten der Schüler unterdrückt werden, dann dürfte wohl offen von einem Mißbrauch gesprochen werden, der darin besteht, daß dieses Arbeitsmittel als Instrument zur Disziplinierung dient. Dieser „schmerzfreie Rohrstock" erweist sich dann als kurzfristig wirksames Manipulationsinstrument und wird auf lange Sicht bei den Schülern — wie die bereits oben erwähnte Methodenarmut — die negative Einstellung zum Religionsunterricht nur verstärken.
Zu den angefügten Arbeitsbögen sei noch vermerkt, daß sie nur 40—50 % der verfügbaren Unterrichtszeit beansprucht haben. Wir geben diese Beispiele als Anregungen aus unserer Unterrichtspraxis weiter und bitten den Leser um kritische Überprüfung.

1. Arbeitsblatt: „Weihnachten wird abgeschafft" (der Text ist vollständig bekannt)

Unsere Geschichte spielt genau fünf Tage vor Weihnachten.

Wir nennen diese Zeit *Advent*. Vieles ist anders als sonst.

▷ Was ist bei euch vor Weihnachten anders?

Was findet ihr nicht schön?

Viele Menschen freuen sich auf Weihnachten.

Auch Achim hat diese Zeit bisher immer Freude gemacht.

▷ Aber seine Freude hat einen Sprung bekommen:

Die zwei Arbeiter in unserer Geschichte finden Weihnachten nicht mehr schön.

Einer sagt sogar, Weihnachten könne abgeschafft werden.

▷ *Warum* kann man sich auf Weihnachten freuen?

Bist *du* dafür, daß Weihnachten abgeschafft wird? Ja ☐ Nein ☐

Warum? — Warum nicht?

2. Arbeitsblatt: „Manfreds Weihnachtswunsch" (die Schüler kennen nur den nachfolgenden Einleitungsteil)

Zwei Tage vor Weihnachten schreibt Manfred seinen Wunschbrief. Voriges Jahr hat ihm die Mutter noch geholfen. Heute kann er es allein. Er sitzt auf dem Teppich. Vor ihm steht eine kleine Leselampe. Auf der Schreibunterlage liegt der Briefbogen. Manfred hat keine Hausschuhe an, keine Socken. Der Füllhalter steckt zwischen der großen Zehe und der zweiten Zehe am rechten Fuß. Der linke Fuß drückt das Blatt nieder. Manfred schreibt mit dem Fuß. Er hat keine Hände. Seine Arme hören beim Ellbogen auf. So ist er auf die Welt gekommen. Er weiß nicht, warum. Niemand weiß, warum.

▷ Schreibt auf, wie Manfreds Wunschzettel aussehen könnte!

Was Manfred wirklich schreibt, ist kurz: „Schenk mir Hände!" steht auf seinem Wunschzettel.
Sein Wunsch kann so sicher nicht in Erfüllung gehen.
Gibt es also keine Hilfe für Manfred?

Überlegt einmal:

▷ *Wozu* wünscht sich Manfred Hände?
Was will er damit tun?

▷ *Wie* könnte Manfred geholfen werden, damit wenigstens ein kleiner Teil seines Wunsches erfüllt wird?

Klaus und Ingrid Middel

Text: „WEIHNACHTEN WIRD ABGESCHAFFT" von Hanna Hanisch, Seite 289

4. Schuljahr

Beispiel für ein erschließendes Unterrichtsgespräch; biblischer Text (Lukas 19, 1—10: Zachäus) als Kontext; Rollenspiele.

Vorbemerkung

In einer vorausgehenden Unterrichtsstunde wurde der historische Ursprung der Weihnachtsgeschichte verdeutlicht. Von daher haben die Schüler ein Vorwissen, das sie in den Stand setzt, gegenüber Hetze und Rummel den ursprünglichen Sinn des Festes aufzudecken.

Tonbandprotokoll

Lehrerin liest bis: „Überhaupt der ganze Rummel. Von mir aus kann Weihnachten abgeschafft werden."

— Warum?

— Der Mann meint das vielleicht so: Mit dem Tannenbaum, das sollte abgeschafft werden, aber die Geburt Jesu, die sollte nicht abgeschafft werden.

— Zum Beispiel, weil der Baum ja Geld kostet, und man verdient nicht so viel, und dann geht 'ne Kugel kaputt, und man muß Geschenke kaufen, ist ja auch viel Geld, vielleicht deswegen.

— Ich würde Weihnachten nicht abschaffen, wenn's nur um den Tannenbaum ging da, es ist ja viel wichtiger, daß Jesus geboren ist und wir daran denken, anstatt daß ich vielleicht 'ne Mark mehr ausgebe oder weniger.

— Die meisten wollen ja nur Weihnachten feiern wegen den Geschenken. Manche sagen: Ich denke an Jesus ...

— Und hinterher freuen sie sich vielleicht nur auf die Geschenke. Vielleicht sagen das die Leute nur so, ich denke an Jesus, dabei denken sie gar nicht daran.

Lehrerin: Ja, jetzt kommt zurück zu der Geschichte! Der Mann hat offensichtlich ein anderes Weihnachten im Sinn als ihr es in der letzten Stunde kennengelernt habt.

— Man braucht doch keinen Tannenbaum zu Weihnachten. Das ist doch gar nicht so wichtig. Man kann doch auch so Weihnachten feiern und an Jesus denken, ist doch trotzdem schön, und dann muß man sich auch nicht über die Preise ärgern.

– Ich glaube, der Mann meint das so, daß man Weihnachten ohne Geschenke und Weihnachtsbäume feiern sollte.

Lehrerin: Nein, er sagt: Von mir aus kann Weihnachten abgeschafft werden.

– Vielleicht meint er das deshalb, weil alles so teuer ist.

Lehrerin: Er ärgert sich zu Weihnachten. Seine Frau ärgert sich bestimmt auch. Worüber wohl?

– Daß sie backen und schleppen muß.

– Vielleicht will er nicht so'n Rummel. Vielleicht will er, daß man sich die Weihnachtsgeschichte durchliest und darüber denkt, daß man nicht so'n Theater daraus macht.

Lehrerin: Ja, und daß man nicht selber fix und fertig ist zu Weihnachten, das ist der Sinn der Sache ja nicht gewesen.

– Vielleicht denkt er, was soll ich denn Weihnachten machen, wenn alles so teuer ist. Und der Jesus ist ja auch nicht so 'ne berühmte Figur.

– Davon spricht er gar nicht. Er kennt nur dieses Weihnachten nach dem Brauch. Den zweiten Teil von Weihnachten, da weiß ich nicht, ob er ihn nicht kennt oder ob er ihn vergessen hat.

– Man braucht doch Weihnachten keine Geschenke zu kaufen, man kann doch auch basteln oder so was.

– An Weihnachten, da geht es ja um Gottes Sohn (gemeint ist: um Frieden, Freude), da müßten eigentlich die Sachen billiger werden, z. B. die Tannenbäume müßten ein paar Tage vorher billiger werden und nicht erst an Heiligabend, wenn keiner mehr welche braucht.

Lehrerin: Die Susanne hat recht, Weihnachten soll ja eigentlich ein Fest der Freude für alle sein, alle sollen sich beschenkt fühlen; statt dessen wird in den Geschäften alles teurer, und alle fühlen sich verkauft. Daran denkt der Mann auch.

Lehrerin liest weiter bis: „Warum gefällt es dem Mann jetzt nicht mehr?"

– Als er klein war, hat er es gern gehabt, jetzt ist alles so teuer.

Lehrerin liest bis: „Jetzt kommen sie ihm plötzlich albern vor."

– Vielleicht kommen sie ihm plötzlich albern vor, weil der Mann gesagt hat, der ganze Rummel und Weihnachten könnte eigentlich abgeschafft werden. Und jetzt denkt der Achim, das ist alles Quatsch, wenn Engel aufgestellt werden.

– Vielleicht sind die Figuren für den Mann langweilig geworden. Vielleicht denkt der Achim auch, für ihn sind sie langweilig, weil er sie schon kennt, es ist nichts Neues mehr.

– Wenn der Mann das sagt, warum denkt der Achim denn auch daran, daß Weihnachten jetzt abgeschafft wird?

– Vielleicht hat der Mann dem Achim das Fest verdorben.

– Der Mann hat den Achim damit beeinflußt.

– Vielleicht kommt dem Achim das jetzt genauso albern vor wie dem Mann, vielleicht will er sich jetzt groß tun.

Lehrerin: In der letzten Stunde erzählte ich euch nichts von Engeln mit kurzen Hemden.

— Der Achim hat sich von dem Mann beirren lassen?

— Der Achim denkt, die Engel sind albern, weil sie zu dem Weihnachten gehören mit dem ganzen Klimbims da. Zu einem Geburtstag macht man doch nicht so'n Rummel.

— Die kleinen Engel gehören zu den Krippenfiguren.

— Ein Engel hat doch auch den Hirten die Geburt angekündigt.

— Das war ein Erzengel.

Lehrerin: Ein Bote.

— Der hatte größere Flügel.

Lehrerin: Über die Engel in der Weihnachtsgeschichte sprechen wir noch in einer anderen Stunde.

Lehrerin liest bis zum Schluß. Spontane Schüleraussagen:

— Ich finde, die Oma Lettwig soll dem Achim ja nichts verheimlichen, sie soll helfen, daß er wieder seine Freude bekommt.

Lehrerin: Ja, was soll sie ihm sagen?

— Was sie weiß. Sie erzählt vom Ursprung des Weihnachtsfestes, wie es im Urchristentum Brauch war.

— Sie sollte ihm lieber sagen, daß der Mann vielleicht meint, daß es zwei Weihnachten gibt, Weihnachten, das sie immer im Dezember feiern und einmal das Weihnachten, das sie ohne diesen Tannenbaum feiern können.

Rollenspiel

Die Rolle der Großmutter war durch die vorhergehende Stunde fixiert. Oma Lettwig sollte darauf verweisen, daß Weihnachten in der Freude der Urchristenheit gründet (Zachäus!), daß Weihnachten für Christen heute heißen kann: Immer wieder Freude bereiten!

Achim: Kann man überhaupt Weihnachten abschaffen?

Die Oma: Wer hat dir denn das eingeredet?

Achim: Ein Mann kam da vorbei, er fand, das ist viel zu viel Rummel.

Die Oma spricht davon, wie man Weihnachten schön feiern kann, ohne Rummel: Der Mann hat eigentlich ein bißchen recht.

Achim: Ich hab es auch lieber gemütlich, als so'n Rummel.

Schüler: Eigentlich ist Weihnachten gar kein Rummel. Bei uns ist das kein Rummel. Auch die Weihnachtseinkäufe würde ich nicht als Rummel bezeichnen.

Schüler: Bei uns ist auch kein Rummel, wir lassen 'ne Platte laufen und stellen die schön leise, und dann ist es gemütlich und kein Rummel.

Neuer Versuch zum Rollenspiel, weil die Kinder spontan (entrüstet) unterbrochen hatten

Achim: Könnte man Weihnachten eigentlich abschaffen?

Die Oma: Wie kommst du denn da drauf, wer hat dir denn so'n Quatsch eingeredet?

Achim: Ach, da ging ein Mann vorbei, der hat zu seinem Kollegen gesagt: „Ich finde Weihnachten nicht schön, man sollte es abschaffen." Viel zu viel Rummel wär das in den Kaufhäusern und Weihnachtsmärkten.

Die Oma: Also ich meine, der Mann hat irgendwie unrecht. Vielleicht findet der Weihnachten jetzt nicht mehr schön. Als Kind hat er sich bestimmt auch mehr dran gefreut. Also ich finde es eigentlich Quatsch, was der redet. Wenn du jetzt deshalb Weihnachten nicht mehr schön findest, das ist übertrieben.

Achim: Ich finde Weihnachten noch ganz schön. Finden viele Erwachsene Weihnachten nicht schön?

Die Oma: Das weiß ich auch nicht, Achim, aber es kann schon sein. Ich mein bloß mit dem Rummel, was der Mann da gesagt hat, das gefällt mir nicht.

Achim: Warum denn nicht?

Die Oma: Ich weiß jetzt auch wohl, was der Mann scheinbar meinte, wie man Weihnachten feiern sollte. Früher die Christen, die haben das anders gefeiert, sie haben den Armen ihre halben Reichtümer gegeben, und die Zöllner haben den Menschen, die sie betrogen hatten, das Vierfache zurückgezahlt.

Achim: Und wieso ist das heute nicht mehr?

Die Oma: Ja, heute, leider, das kann ich dir auch nicht erklären. Die Menschen machen da jetzt so'n großen Aufwand, mit Tannenbäumen, Weihnachtsmarkt usw.

Achim: Also meinst du, die machen viel zu viel Zirkus?

Die Oma: Man könnte Weihnachten auch anders feiern, vielleicht meint der Mann das auch so, indem man nur an Christus denkt.

Achim: Nur so dran denken, für Kinder ist das aber nichts. Ich möchte lieber nur die Geschenke haben.

Die Oma: Ja hör mal Achim, wenn du nur Geschenke haben willst, dann brauchst du auch nicht Weihnachten zu feiern. Weihnachten ist das Fest der Freude. Wenn du jetzt anderen Menschen auch was schenkst, dann ist erst richtig Weihnachten. Dann hast du Freude und die anderen Menschen haben Freude.

Achim: Dann mach ich das so mal. Aber hat der Mann jetzt unrecht oder recht?

Die Oma: Jetzt hat der Mann recht oder unrecht, das kann man nicht richtig sagen. Man kann Weihnachten auf beide Weise feiern. Wie der Mann meint: ohne Tannenbaum. Oder: Man sollte den anderen eine kleine Freude machen und auch ein kleines Geschenk machen und an Christus denken. Das Weihnachten mit dem Rummel findet er nur nicht schön.

Achim: Ach so meint der Mann das.

Die Schüler klärten nach dem Spiel, daß die Zöllner, die Christen geworden waren, vor Freude über ihre Wiedergeburt Geschenke machten. Sie klärten noch einmal, daß Zachäus an dem Tag, als Jesus in sein Haus kam, Weihnachten feierte. Zachäus: Gepriesen sei der Tag, an dem du, Jesus, geboren wurdest. Wer hätte mir sonst gesagt, daß ich noch zu Gottes Volk gehöre.

Schüler: Aus Freude über Jesus verschenkt er die Hälfte seines Besitzes.

Lehrerin klärt noch einmal mit den Kindern zusammen, daß für den Mann mit dem Tannenbaum das Fest Rummel bedeutet und daß er den ursprünglichen

Sinn wahrscheinlich vergessen hat, daß es aber trotzdem gut ist, wie die Großmutter dem Achim geholfen hat. Achim kann Weihnachten wieder schön finden.

Ulrike Rittmann

Text: „SCHENK MIR HÄNDE" von Elfriede Becker, Seite 291

2. Schuljahr

Beispiel für eine Analogieinterpretation (Wunschzettel; Contergankinder/von Geburt an behindertes Kind, aber nicht durch Contergan!). Arbeitsformen: Vorgespräch, Bildbetrachtung, abschnittweises Vorlesen, Zwischengespräche.

Kommentiertes Unterrichtsprotokoll:

Lehrer fragt nach den Wunschzetteln der Kinder für Weihnachten:

Die Kinder nennen typische Kinderwünsche: Eisenbahn, Puppen, Teddybär, Puppenwagen, Schlitten usw.

Ein Foto von einem Contergan-Kind wird gezeigt, das in einer vorangegangenen Religionsstunde besprochen worden war (aus: „Wie wir Menschen leben", Bd. 2, Herder Verlag, Freiburg/Brsg., S. 13).

Begründung:

Die Kinder sollten an die Situation der Contergan-Kinder erinnert werden, damit sie die Situation des Kindes in der Geschichte sofort verstehen.

Lehrerdarbietung der Geschichte bis: „Dann klemmt er den Brief zwischen die Armstümpfe und legt ihn auf das Fensterbrett in seinem Zimmer."

— Das Kind hat keine Arme und bekommt sie auch nicht wieder.

— Das Kind muß alles mit den Füßen machen. Das finde ich traurig.

— Warum hat sich das Kind nicht früher Hände gewünscht?

— Arme kann man sich nicht wünschen!

Lehrer *fixiert die Kinder auf diese Aussage:* Denkt einmal darüber nach, was Petra gesagt hat.

— Man kann sich keine Arme kaufen.
— Diese Kinder nennt man Sorgenkinder.
— Man kann auch Holzarme bekommen.
— Holzarme kann man nicht bewegen. Man müßte schon Roboterarme haben.

Hier wird die Situation des Jungen realitätsgerecht erkannt. Holzarme sind lediglich ein Ersatz.

— Arme kann man sich wünschen von Gott.

— Kann man nicht. Wenn man geboren ist, kann man sie nicht mehr kriegen.

— Wenn man krank ist, betet man ja auch zu Gott.

In den letzten drei Kinderäußerungen wird das Problem der Allmacht Gottes und die Gebetsproblematik angesprochen. Beides konnte in diesem Gespräch nicht ausführlich aufgegriffen werden. Vgl. aber die Kinderäußerungen zum Gebet am Schluß des Protokolls.

Lehrer *setzt die Darbietung der Geschichte fort bis:* Er tanzt im Zimmer umher und schreit immer wieder: „Hände, ich habe Hände!"

— Die Gummihandschuhe kann man ausziehen, dann hat man keine Hände mehr!

— Da kann man nichts machen. Die sind so wackelig, so labberig. Die knicken immer um.

— Vielleicht denkt er, das sind die Hände, die das Christkind bringt.

Das Problem einer Wunschautomatik wird erneut angesprochen.

— Das war eine gute Idee mit den Handschuhen. Er hat doch wenigstens Gummifinger.

Lehrer: Warum zieht der Junge sich wohl Gummihandschuhe an?

— Er dachte, das wären richtige Hände.

— Er freute sich über die Hände.

— Er ist froh: So sehen Hände aus.

Lehrer: Was meint ihr? Wie wird die Geschichte wohl weitergehen?

— Mutter schimpft.

— Wenn die Mutter kommt, lacht sie.

— Mutter ist froh, weil er fröhlich ist.

— Mutter sagt: „Das sind keine richtigen Hände." Vielleicht auch nicht. Dann ist er enttäuscht und traurig.

— Vielleicht tut er ihr auch leid.

— Vielleicht denkt sie: Er tröstet sich.

— Es muß doch Trost geben. Vielleicht bekommt er doch Hände.

In diesem Gesprächsabschnitt ist deutlich zu sehen, wie sich die Gedanken der Kinder entwickeln. Sie erkennen, daß die Freude des Jungen über die „Hände" ein Selbstbetrug war. Auch eine religiöse Dimension seiner Lage wird deutlich: „Es muß doch Trost geben!" Nur wenige Kinder können sich in die Lage der Mutter versetzen. Jedoch zeigt auch hier der Gesprächsverlauf, wie sich in Ansätzen ein Verständnis für die Situation der Eltern entwickelt. Vgl. hier die größere Differenziertheit der Äußerungen im nachfolgenden Protokoll aus einem 4. Schuljahr.

Lehrer *liest die Geschichte bis zu Ende vor.*

— Er glaubt, daß er keine Hände mehr bekommt. Er hat die Handschuhe in die Ecke geworfen.

— Er denkt, es hat keinen Zweck.

— Die Fröhlichkeit ging bald wieder weg. Es waren ja keine richtigen Hände.

— Er denkt: Die Mutter will mich nur trösten. Er will ja echte Hände haben.

— Es nützt ja alles nichts.

Die Kinder interpretieren das Verhalten des Jungen richtig. Er resigniert. Sein Wunschbild ist zerstört. In Ansätzen erkennen sie die Situation der Eltern: Helfenwollen — Nicht-helfen-können.

Lehrer: Der Junge betet — aber nicht um Hände.

— Kann er nicht kriegen — und Holzhände nützen nichts.

Lehrer: Er betet aber trotzdem.

— Er betet, daß ihm jemand hilft.

— ... daß jemand mit ihm spielt.

Die letzten Äußerungen dürften auf den vorangegangenen Unterricht zurückzuführen sein. Thema: „Menschen brauchen einander". Insbesondere machen die Äußerungen über das Gebet deutlich, daß sieben- bis achtjährige Kinder eine vorrationale Wunschautomatik überwinden können, ohne den Glauben an Gott zu verlieren. In Ansätzen bahnt sich hier ein Verständnis dafür an, daß Gott in der liebenden Zuwendung des Mitmenschen begegnen kann.

Winfried Walter

Text: „SCHENK MIR HÄNDE" von Elfriede Becker, Seite 291

4. Schuljahr

Beispiel für einen Altersstufenvergleich (vorangegangenes Beispiel 2. Schuljahr!). Der Text wird an anderen Stellen unterbrochen. Die Reaktion der Schüler sieht anders aus: Die differenzierte Beschreibung des Verhältnisses zu den Eltern (Verständnis für den Standpunkt der Eltern!) wäre in einem 2. Schuljahr nicht so zu erwarten; ebenso würde man dort den Entwurf eines Alternativwunschzettels wohl noch nicht zur Aufgabe machen.

Wünsche der Kinder aus der Klasse u. a.:

— Ich krieg eine Packung, da sind so Gruseltiere drin.
Lehrer: Wieso kriegst du die?
— Weil ich sie mir gewünscht hab, ganz einfach.
Lehrer: Ich lese euch jetzt eine Geschichte vor, die auch von einem Wunschzettel handelt.

Darbietung der Geschichte bis: „Heute schreibt Manfred nur *einen* Wunsch auf."

— Daß er richtige Arme kriegt.

— Wie alt ist er denn? Wenn er noch sehr jung wär, dann könnt er meinen, daß er Arme kriegt.

— Ein körperliches Teil kann man nicht kaufen.

— Er wünscht sich das immer wieder. Er glaubt einfach daran, daß er welche kriegt.

— Er besinnt sich darüber, daß es so schlimm mit ihm ist. Er möchte genauso sein wie die anderen Kinder.

— Letztes Mal hat er noch nicht verstanden, daß er behindert ist.

— Ich hab ein Buch gelesen, da kämpft ein Kind darum, daß es behandelt wird wie ein richtiger Mensch.

Lehrer gibt kurze Information über Contergan-Kinder.

Darbietung der Geschichte bis: „Er jubelt nicht mehr. Er ist still."

— Vielleicht weint er, weil er keine Hände hat.

— Zuerst hat der Junge sich gefreut: Ich habe Hände!

— Die Eltern haben den Jungen enttäuscht. Sie haben ja gar nichts gesagt.

Lehrer: Kann das einen Grund haben? Vater preßt die Lippen aufeinander ...

— Er hat gemerkt, daß er die Finger nicht bewegen kann.

— Die Eltern haben ihn enttäuscht. Er jubelt — die Eltern sagen nichts. Da kriegt man 'ne Wut.

Lehrer: Wollen wir mal versuchen, die Eltern zu verstehen?

— Der Vater wollte das Kind nicht enttäuschen.

— Die Eltern waren traurig.

— Die Eltern waren traurig, weil er auch Hände haben wollte. Jetzt denkt er daran, daß er keine Hände hat.

— Sie sind vielleicht traurig, weil sie ihm keine Hände geben können.

— Sie sind traurig, weil sie kein gesundes Kind haben.

— Den Eltern hat das leid getan, daß das Kind das alles ertragen muß.

— Eigentlich war Weihnachten für den Jungen traurig.

— Das schönste Spielzeug kann ihn nicht erfreuen.

— Den Eltern tat es leid, weil er zu Weihnachten daran dachte, daß er keine Arme hat.

— Bei den Eltern war auch ein Sprung in der Weihnachtsfreude (vgl. die Geschichte „Weihnachten wird abgeschafft").

Darbietung bis zum Ende der Geschichte

— Er sagt nicht mehr „Schenk mir Hände"!

— Weil er weiß, daß er so keine kriegt.

— Er will die Eltern nicht traurig machen.

— Er will das ganz vergessen.

— Da bin ich dagegen. Er hat gesehen, daß die Eltern traurig sind. Das war scheinbar schlimm für ihn.

— Er hat verstanden, daß er keine richtigen Hände mehr kriegen kann.

Verifikation

Lehrer: Könntet ihr Manfreds Wunschzettel umwandeln?

— Schenk mir, daß ich nicht immer daran denke, daß ich keine Hände habe.

— Schenke mir etwas, wobei man die Hände nicht so braucht.

— Schenke mir etwas, worüber ich glücklich bin.

Lehrer: Was könnte das sein?

— 'Nen Bruder oder 'ne Schwester, die alles für einen tut.

— Schenk mir Freunde, die mir helfen, die mit mir spielen, die mich gern haben.

— Und die für mich Verständnis haben.

— Schenk mir einen Hund.

— Schenk mir, daß ich mich nicht immer erinnere an meine Arme.

— Schenk mir Ablenkung.

— Schenk mir Liebe.

— Schenk mir Kraft und Mut zum Leben.

— Ich will Hilfe!

— Ich brauche Hilfe!

— Ich möchte Hilfe!

Karin Walter

Text: „DER TEPPICH AUS SCHIRAS" von Elfriede Becker, Seite 312

4. Schuljahr

Beispiel für ein texterschließendes Gespräch (nach kurzem Vorgespräch).

Lehrer: Wer von euch hat schon einmal ein Weihnachtsgeschenk, das er bekommen hat, zurückgegeben?

— Ich weiß auch nicht, wie das war. Da hat mir meine Uroma eine Tüte Süßigkeiten gegeben. Auf alle Fälle hab ich ihr das vor die Füße geschmissen und gesagt: „Was soll ich mit dem süßen Kram?"

— Es war voriges Jahr. Da waren wir bei meiner Oma. Da kam die auf einmal an mit so 'nem dicken Malbuch. Da sagte ich: „Was soll ich denn damit?" Da hab' ich es einfach wieder hingelegt.

Lehrerdarbietung der Geschichte
An der Stelle „Der Fabrikherr hat ihn entlassen" Unterbrechung durch Kinderäußerungen

— Warum hat er ihn entlassen?

— Weil er krank ist.

— Wegen dem Teppich.

— Mein Vater war auch mal krank. Aber den haben sie deswegen nicht entlassen.

— Hamid hat doch gesagt, der Teppich wird nicht fertig. Und vielleicht hat er ihn nicht fertig gekriegt.

— Vielleicht hat er so gemeckert, weil er ihn bis Dezember fertig haben mußte.

Lehrer: Hamid ist krank geworden. Der Fabrikherr hat ihn entlassen. Genau deswegen!

— Weil er krank geworden ist?

— Aber der Junge hat doch keine Schuld!

— Was kann er dafür, wenn er krank geworden ist.

— Er kann nichts dafür. Aber der Fabrikherr denkt wahrscheinlich so: Der tut jetzt nichts und bezahlen muß ich ihn für die Zeit doch. Und da hat er ihn entlassen.

Fortsetzung der Darbietung bis: „Auf den Teppich setzen sie sich nicht!"

– Das kennen die vielleicht nicht: auf den Teppich setzen!

– Den hat ein Junge gemacht, der entlassen worden ist. Vielleicht tut denen das leid.

– Ja, das tut denen bestimmt leid. Jetzt haben sie den Teppich und jetzt wollen sie den nicht.

– Ich weiß nicht, vielleicht sind sie das nicht gewöhnt. Scheinbar sind das ganz reiche Leute, weil die alles kriegen. Und so ein Teppich kostet auch über 100 DM bis 1000 DM!

Lehrer: *Fortsetzung der Darbietung bis zum Schluß*

– Wahrscheinlich hat das den Onkel enttäuscht, daß sie den weggebracht haben.

– Aber das muß er doch eigentlich einsehen.

– Der ist bestimmt wütend auf die.

– Er war bestimmt beleidigt, daß Kinder den Teppich einfach verschenkt haben.

– Der wollte den Kindern extra 'ne Freude machen, daß sie 'nen Teppich kriegen, wo sie drauf spielen können, und jetzt wollen die den gar nicht.

– Ich kann das verstehen.

– Ich auch! (mehrere)

– Die haben ganz schön recht. Der konnte jetzt schon tot sein.

– Der verdient ja jetzt nichts mehr, hat kein Geld.

– Der verhungert vielleicht.

– Vielleicht arbeitet die Familie gar nicht, nur der Junge.

– Nein, das glaube ich aber nicht, daß die Eltern den Jungen alleine arbeiten lassen.

– Die Eltern könnten alt sein.

Lehrer: *Kurze Information über Kinderarbeit*

Lehrer *lenkt auf die Geschichte zurück:* Die Eltern verstanden das lange nicht. – So hört die Geschichte auf.

– Dann haben sie's wahrscheinlich verstanden.

Lehrer: Was haben sie denn wohl verstanden?

– Den Kindern war das Geld von dem Onkel (das er für den Teppich bezahlt hat) nicht wichtig, das haben die Eltern verstanden. Die Kinder haben immer nur an den Jungen gedacht, der krank war und jetzt vielleicht schon tot war. Und daß sie einen Teppich von einem Toten hatten.

– Dem Onkel war sein Geld wichtig und überhaupt nicht der Junge.

– Wenn der Junge den Teppich fertiggemacht hätte und wenn er nicht krank geworden wäre, dann hätten sie den Teppich behalten.

– Die Kinder wollten den Teppich lieber nicht annehmen. Sonst würden sie immer an den einen Jungen denken.

Lehrer: Die Kinder haben den Teppich nicht sofort dem Onkel zurückgegeben. Sie haben ihn Hussein geschenkt. Das war doch eigentlich ein Umweg.

– Der war ja arm.

– Der hatte ja keinen Teppich!

– Und keine Heizung!

Lehrer: Habt ihr den Namen gehört? Hussein!

– Das war ein Ausländer. Hussein ist doch so'n Name, der von da unten kommt. Deshalb haben sie dem vielleicht den Teppich geschenkt. Vielleicht kannte der sogar den Jungen.

– Sie wollten die Qual mit dem Teppich loswerden.

– Das hat die richtig gequält.

– Der Onkel hat einen dicken Fehler gemacht. Er sollte erst mal nachdenken, bevor er die Geschichte erzählt. Dann hätte er die nicht erzählt, dann wär auch nichts passiert.

Der Lehrer liest die Geschichte zum Abschluß noch einmal ganz vor.

Karin Walter

Inhalt

Freundschaft

Angst

Kind – Familie

Mensch und Kreatur

Der andere Mensch

Außenseiter – Vorurteil

Ordnungen

Lüge – Wahrheit, Gut und Böse, Schuld – Vergebung

Aberglaube

Unsere Welt – Dritte Welt

Krieg – Streit

„Ich" – Vergangenes Leben – Werdendes Leben

Wünsche – Träume – Etwas vollbringen

Gott – Religionen

Tod

Zeit – Ostern (neue Hoffnung) – Pfingsten – Freude – Feste

Weihnachtskreis

Quellenverzeichnis

Folgenden Verlagen und Autoren danken wir für freundlich erteilte Abdruckerlaubnis:

Neithard Anrich Verlag, Mülheim

Ursula Wölfel: Der Nachtvogel S. 25, Sintajehu S. 167, Teezeit S. 175, aus: Ursula Wölfel, Die grauen und die grünen Felder

Arena Verlag, Georg Popp, Würzburg

Ronald Ross: Der Mantel S. 276, aus: Georg Popp, Die Großen der Kirche; Ellen Schöler: Der König aus dem Morgenland S. 317, aus: Der Weihnachtsapfel

Hans Baumann

Leo N. Tolstoj: Wassja und der Bettler S. 66, aus: Der Bär auf dem Wagen, übersetzt von Hans Baumann, Ravensburger Taschenbuch, Otto Maier Verlag

Beltz-Verlag, Weinheim

H. A. Halbey: Trotzdem S. 44, Dieter Pflanz: Tod der Großmutter S. 234, Gina Ruck-Pauquèt: Warum? S. 250, Jürgen Spohn: Kindergedicht S. 174, Irmela Wendt: Schöne Buchstaben S. 40, Uli und ich S. 13, aus: Hans-Joachim Gelberg, Geh und spiel mit dem Riesen. Erstes Jahrbuch der Kinderliteratur — Susanne Kilian: Was ich möchte S. 197, aus: Susanne Kilian, Na und? — Juri Korinetz, Etwas S. 205, aus: Dort weit hinter dem Fluß — Ludek Pesek: Nur ein Stein S. 190, aus: Nur ein Stein — Susanne Kilian: Aus zwölf mach zehn oder sechzehn S. 136, Das Telefon klingelt S. 137, Heiliger Abend S. 305, Heute ist wieder Kaffeeklatsch S. 136, Ich hab' Zeit S. 44, Im Fernsehn gestern S. 149, Klumpfuß S. 86, Zwei Mark S. 143, aus: Susanne Kilian, Nein-Buch für Kinder

Georg Bitter-Verlag, Recklinghausen

Rudolf Neumann: Feste feiern S. 275, aus: Hans-Joachim Gelberg, Die Stadt der Kinder — Ausschnitt aus Janosch, Hannes Strohkopp S. 12

Max Bolliger, Zürich

Eine Blume, eine Wolke, ein Stein S. 210, Eliane S. 193

Rafael Buber, Haifa

Martin Buber: Wo wohnt Gott? S. 209, aus: Martin Buber, Die Erzählungen der Chassidim; Manesse Bibliothek der Weltliteratur, Zürich

Christliche Verlagsanstalt, Friedrich Bahn, Konstanz

Hans Georg Noack: Einer von vielen S. 87, aus: Geschichten auf buntem Papier

Hermann Claudius, Trittau

Hermann Claudius: Seltsame Weihnacht S. 295, aus: Hermann Claudius, Gesammelte Werke Band 2, erschienen im Wegner Verlag, Reinbek

Cecilie Dressler Verlag, Hamburg

Ulrich Klever: Morgenstund hat kurze Beine S. 128, aus: Schönfeldt, Geschichten-Geschichten

Hanna Hanisch, Goslar

Der Freund S. 10, Der Pfingstbesuch S. 265, Die Auslöschpistole S. 213, Die große Familie S. 251, Gespräch über Mohammed S. 226, Hermann, Bossi und ich S. 91, Weihnachten wird abgeschafft S. 289, Wir rächen uns an Herrn Keume S. 145

Carl Hanser Verlag, München

Günter Bruno Fuchs: Freundesgruß S. 96, aus: Das Lesebuch des Günter Bruno Fuchs

Hermann Herder Verlag, Freiburg

Günther Weber: Ich denke nach S. 185, Was wir zählen und messen können S. 208, aus: Wie wir Menschen leben

Max Heß, Hamburg

Viel Hilfe S. 66, aus: Kleine Geschichten, Verlag Erziehung und Wissenschaft, Hamburg

Frederik Hetmann, Wiesbaden

Antonella S. 110

Hirschgraben-Verlag, Frankfurt

Günter Haubold: Wer ist schuld? (bearbeitet) S. 182, aus: Bei uns nebenan; Sachhefte für die Grundschule
Günter Haubold: Ein griechisches Wort S. 191, aus: Bernd wünscht sich einen Bruder

Hoch-Verlag, Düsseldorf

Ursula Wölfel: Hautfarben S. 118, Schule S. 126, Sprachen S. 264, aus: 16-Warum-Geschichten — Ursula Wölfel: Die Geschichte vom grünen Fahrrad S. 189, aus: Lachgeschichten — Ursula Wölfel: Ausschnitt aus: Joschis Garten S. 50

Gerd Hoffmann, Köln

Blöd! S. 190

Max Hueber-Verlag, Ismaning

Wilhelm Krick: Rolf macht einen Vorschlag S. 38, aus: Mütterschule, Brief Nr. 14

Ferdinand Kamp-Verlag, Bochum

Barbara Bartos-Höppner: An der Parkuhr S. 126, aus: auswahl 3, Grundschule 3. Schuljahr

U. Kellner, Kiel

Rita G., Hausfrau, berichtet ihrem Mann S. 83

Kinderbuchverlag, Berlin

Albert Gabriel: Gagarin S. 163, aus: Das Windrad

Irina Korschunow, Grafrath

Niki fährt Schlitten S. 8, Niki und das Dreimeterbrett S. 21

Langewiesche Brandt, Ebenhausen
Kristof Wachinger: Einiges von früher S. 186, Miteinander spielen S. 73, aus: Huckepack

Paul List-Verlag, Ferd. Carl, München
Marie Hamsun: Ottar und der Stern S. 319, aus: Die Langerudkinder im Sommer und Winter

Mira Lobe, Wien
Hans-Peters schönstes Weihnachtsgeschenk S. 314

Hermann Luchterhand-Verlag, Darmstadt und Neuwied
E. Borchers: Der Reifen S. 144 (Titel redaktionell), Ausschnitt aus: Eine glückliche Familie

Hans May, Stockdorf
Auge um Auge S. 146, Bömmels Traum S. 28, Maskottchen S. 161

Gertraud Middelhauve-Verlag, Köln
Viktor Dragunskij: Wenn S. 42, Joseph S. Rippier: Geldangelegenheiten S. 70, aus: Middelhauve, Dichter Europas erzählen Kindern, 1972 — Herbert Heckmann: Pit kommt zu einem Hund S. 14, Günter Herburger: Helmut (gekürzt) S. 184, aus: G. Loschütz, Das Einhorn sagt zum Zweihorn, 1974

Friedrich Oetinger-Verlag, Hamburg
Astrid Lindgren: Das Entsetzliche (Originaltitel: Ein Kalb fällt vom Himmel) S. 218, aus: Astrid Lindgren erzählt — Evaline Ness: Tinas Fli-Fla-Flunkerei S. 130, Text des Bilderbuches: Tinas Fli-Fla-Flunkerei — Hans Peterson: Matthias hat einen großen Freund S. 278, aus: Matthias und das Eichhörnchen — An Rutgers: Mein Vater — dein Vater (bearbeitet) S. 37, aus: An Rutgers: Das Loch im Zaun

J. Pfeiffer-Verlag, München
Eta Linnemann: Die Brille S. 82, aus: Zum Religionsunterricht morgen III — Heinrich A. Mertens: Der verborgene Gott S. 209, Jopp kam mit dem Abendzug S. 220, aus: Die Messiastrompete

Dr. Heddy Pross, Bremen
Alexander Borisowitsch Raskin: Was Papa werden wollte, als Papa klein war S. 187

Eva Rechlin, Berchtesgaden
Das neue Spiel S. 40

Heinz Rein, Baden-Baden
Der Milchdieb S. 151

Dr. Hans-Peter Richter, Mainz
Der Hund S. 106, Die letzte Reise S. 62, Die Schuhe S. 56, Stadtrundfahrt S. 268, Vor Weihnachten S. 287, Verreisen S. 19, Der Ball S. 119

Gina Ruck-Pauquèt, Bad Tölz
Das Fräulein mit dem weißen Kopftuch S. 241, Das Weihnachtswunder S. 306, Der alte Sebastian S. 315, Der Auftrag S. 200, Derselbe Sommer kommt nicht wieder S. 245. Der Schluß einer Geschichte S. 79, Die Katze S. 232, Die mit den grünen Haaren S. 114, Josch S. 92, Lila mit grünen Streifen S. 197, Neue Mütter

gibt es nicht S. 246, Neu in der Klasse S. 99, Raiko und der Stern S. 325, Sascha geht fort S. 53, Sonnenblume S. 75, Warum? S. 244, Warum? S. 250, Wie andere Mütter auch S. 47

Suhrkamp-Verlag, Frankfurt

Bertolt Brecht: Aberglaube S. 163, Reicher Mann und armer Mann S. 175, Über die Berge S. 164, aus: Gesammelte Werke 10 — Bertolt Brecht: Was ein Kind gesagt bekommt S. 46, aus Gesammelte Werke 9

Gisela Schütz, Bielefeld

Die Neue S. 97, Wir haben einen Neuen S. 99

Pädagogischer Verlag Schwann, Düsseldorf

Ursula Wölfel: Nikolaus und Nikolaus S. 280, aus: Wunderwelt, Lesewerk für die Grundschule, 2. Schuljahr, 1968 — Ist groß immer groß S. 96, Textauszug aus: Sachgeschichten für kleine Kinder, 1971

J. F. Steinkopf-Verlag, Stuttgart

Rudolf Otto Wiemer: Der Brief S. 213, aus: Helldunkel

K. Thienemanns-Verlag, Stuttgart

A. Hackemann: Die Biene S. 59, aus: Der I-Punkt — Gianni Rodari: Brif-Bruf-Braf S. 274, Die Geschichte vom jungen Krebs S. 124, Die große Weltgeschichte S. 207, Tante Ada und ihre Vögel S. 60, aus: Gutenachtgeschichten am Telefon

Dr. Ruth Liepman, Zürich

Kinderaussprüche: S. 7, 8, 37, 39, 46, 47, 70, 118, 177, 178, 179, 196, 208, 209, 252, 274, aus: Jella Lepman, Kinder sehen unsere Welt

Vandenhoeck & Ruprecht, Göttingen

Joel König: Gekreuzigt S. 122, aus: Den Netzen entronnen

Verlag Kiepenheuer & Witsch, Köln

Wolf Biermann, Spielzeug S. 181 aus: „Nachlaß 1" von Wolf Biermann © 1977 by Verlag Kiepenheuer & Witsch

Verlag Wissenschaft und Politik, Köln

nach H.-J. Karmel: Ein Brot S. 164, aus: Inge Deutschkron, ... denn ihrer war die Hölle, Kinder in Ghettos und Lagern, Köln, 1965

Klaus Wagenbach-Verlag, Berlin

Peter Schneider: Straßenverkehr S. 84, aus: Peter Schneider, Ansprachen, Quartheft 47, 1970

Walter-Verlag, Olten u. Freiburg

Joan Walsh Anglund: Ein Freund S. 7, aus: Ein Freund ist jemand, der dich gern hat

P. Weiden Verlag, Porz

Marie-Luise Elling: Der Streit um den Rollstuhlschieber S. 84, aus: Auch Daniel gehört dazu

Alle übrigen Texte sind Originalbeiträge bzw. frei; alle Bearbeitungen stammen von Dietrich Steinwede

Arbeitshilfen für Erzieher...

Wolfgang Longardt

Spielbuch Religion

für den Umgang mit 5–12jährigen Kindern.
65 Ideen, Praxisvorschläge und Werkstattskizzen.

Dietrich Steinwede (Hrsg.)

Erzählbuch zur Kirchengeschichte

Band 1:
Von den Anfängen des Christentums bis zum Spätmittelalter

Das Christentum in der antiken Welt – das Christentum bei den Germanen – Kaiser und Papst im Hohen Mittelalter/Kreuzzüge/Bettelorden – Das Christentum im Späten Mittelalter.

Band 2:
Von der beginnenden Neuzeit bis zur Gegenwart

Luther im Gegensatz – Konfessionskampf und Pracht Gottes – Ratio und Innerlichkeit – Nationalismus, Romantik und industrielle Revolution – Weltkriege, Atomgefahr, Faschismus, Kommunismus.

Walter Neidhardt/Hans Eggenberger (Hrsg.)

Erzählbuch zur Bibel

Theorie und Beispiele. Über 40 Beispiele für das Erzählen biblischer Geschichten und Themen bei Kindern von 6–12 in Schule und Kindergottesdienst.

Dieses Arbeitsbuch bietet praktische Hinweise und viele Beispiele, wie man biblische Texte und Themen in spannenden und kindgemäßen Geschichten den Kindern nahebringen kann.

Elfriede Conrad, Klaus Deßecker, Heidi Kaiser (Hrsg.)

Erzählbuch zum Glauben

Für Religionsunterricht, Kindergottesdienst und Familie.

Band 1: Das Glaubensbekenntnis

Das Erzählbuch zum Glauben fügt sich ein in die Reihe der Vorlesebücher Religion und des Erzählbuchs zur Bibel. Anders als dort, will das Erzählbuch zum Glauben in explizit christlichen Texten die Dimension des Glaubens für Kinder erschließen und Frömmigkeit als Ausdruck von Religion glaubwürdig darstellen.

Band 2: Die Zehn Gebote

Nach einer theologischen Einführung, die kurz und klar Auskunft gibt über die Entstehung und Funktion der Gebote und ihre Bedeutung für Kinder begründet, folgen Texte, die den Geboten zugeordnet sind.

Band 3: Das Vaterunser

Nach einer theologischen Einführung werden die einzelnen Bitten des Gebets durch kindgemäße Texte konkretisiert und ihre jeweilige Inhaltsbreite erschlossen. Die einzelnen Bitten werden in ihren Problemfeldern kurz charakteresiert; wesentliche Stichworte werden herausgearbeitet und, wo es sinnvoll erscheint, werden biblische Kontexte zugeordnet.

Werner Laubi

Geschichten zur Bibel

Ein Erzählbuch für Schule, Familie, Gemeinde.

Band 1: Saul, David, Salomo

Das Buch enthält 23 spannend und lebensnah erzählte Geschichten über die großen Könige in Israel, angefangen von Sauls Berufung bis zur Reichstrennung unter Jerobeam.
Zu jeder Geschichte werden sachliche und theologische Erläuterungen, Vertiefungs- und Repetitionsvorschläge geboten.

Band 2: Elia, Amos, Jesaja

Das Buch enthält 22 spannende Geschichten über die Zeit und das Wirken von drei großen Propheten in Israel und in Juda vor der babylonischen Gefangenschaft.

Band 3: Abraham, Jakob, Josef

Das Buch enthält 20 spannende Geschichten über die Urväter aus dem AT.

Vorlesebücher Religion

für Kinder von 5–12 Jahren
Herausgegeben von Dietrich Steinwede und Sabine Ruprecht.
Verlag Ernst Kaufmann, Lahr; Vandenhoeck & Ruprecht, Göttingen; Patmos-Verlag, Düsseldorf; Theologischer Verlag, Zürich.

Vorlesebuch Religion 1

384 Seiten, Linson
Kurzgeschichten, die für die Altersgruppen 5–7 und 8–12 Jahre gegliedert und durch ein Sachregister nach Themen geordnet sind.

Vorlesebuch Religion 2

399 Seiten, Linson
Der Band 2 des „Vorlesebuches Religion" erweitert und ergänzt das Programm des weitverbreiteten ersten Bandes. Er enthält über 200 Geschichten und Texte aus der zeitgenössischen Kinderliteratur, darunter eine Reihe Originalbeiträge.
Ähnliche Themen wie in Band 1 über Grundfragen des Lebens werden in den vielen Vorlesetexten variiert und differenziert. Das Buch ist im Gegensatz zu Band 1 nicht nach Altersstufen, sondern nach Themen geordnet. Im Anhang wurde eine Dokumentation von Unterrichtsversuchen mit einzelnen Vorlesegeschichten aufgenommen.

Vorlesebuch Religion 3

409 Seiten, Linson
Stärker als in Band 1 u. 2 ist in Band 3 das Theologische berücksichtigt, die Deutung aller Lebenserfahrungen von der Gotteserfahrung her. Die thematische Gesamtordnung macht das ebenso deutlich wie die sehr sorgfältig erarbeitete, auf einen Dialog Bibel – Erfahrungswelt des Kindes hin ausgerichtete Zuordnung biblischer Kontexte im Registerteil.

Arbeitshinweise – Register · Vorlesebuch Religion 1–3

Erarbeitet von Renate Ohlemacher, Sabine Ruprecht und Heidi Kaiser.
504 Seiten, Linson
Dieses Arbeitsbuch nimmt dem Lehrer zeitraubende Sucharbeit, verbunden mit vielen Überlegungen zum methodischen Einsatz der Geschichten ab.
Es besteht aus zwei Teilen:

1. Arbeitshinweise:
Thema: Haupt- und Nebenaspekte der Geschichte in Stichworten. – Inhalt: Knappe Inhaltsangabe der Geschichte, didaktische Überlegungen, in vielen Fällen Hinweise auf biblische Kontexte. – Vorschläge für die Praxis: Abwechslungsreiches Angebot unterrichtspraktischer Vorschläge in methodischer Vielfalt. – Medien und Literatur: Eine Auswahl von Medien (vorwiegend Lieder und Dias, die leicht zu beschaffen sind), die zusätzliche Aspekte aufzeigen. – Vorlesezeit – Altersangabe.

2. Registerteil:
Themenregister, worin die Formulierungen den Lehrplänen angeglichen sind – Stichwortregister – Autorenregister – Bibelstellenregister.